中国老年人
宗教信仰研究

王武林 著

中国社会科学出版社

图书在版编目（CIP）数据

中国老年人宗教信仰研究 / 王武林著 . —北京：中国社会科学出版社，
2015.8

ISBN 978-7-5161-6910-0

Ⅰ.①中… Ⅱ.①王… Ⅲ.①老年人—宗教信仰—研究—中国

Ⅳ.①B928.2

中国版本图书馆 CIP 数据核字（2015）第 214610 号

出 版 人	赵剑英	
责任编辑	冯春凤	
责任校对	张爱华	
责任印制	张雪娇	

出　　版	中国社会科学出版社	
社　　址	北京鼓楼西大街甲 158 号	
邮　　编	100720	
网　　址	http：//www.csspw.cn	
发 行 部	010 - 84083685	
门 市 部	010 - 84029450	
经　　销	新华书店及其他书店	

印　　刷	北京君升印刷有限公司	
装　　订	廊坊市广阳区广增装订厂	
版　　次	2015 年 8 月第 1 版	
印　　次	2015 年 8 月第 1 次印刷	

开　　本	710 × 1000　1/16	
印　　张	23	
插　　页	2	
字　　数	373 千字	
定　　价	85.00 元	

凡购买中国社会科学出版社图书，如有质量问题请与本社营销中心联系调换
电话：010 - 84083683

序　言

在中国的宗教信仰者中,老年人占有相当大的比例,然而对这部分老年人的深入研究却一直都缺乏,影响了我们对宗教信仰与老年人生活关系的认识。改革开放三十多年来,我国一直坚持宗教信仰自由政策,伴随着社会的急剧转型,对外开放交流的增多,宗教的影响日益增大等原因,我国信仰宗教人数不断增长。老年人长期以来是宗教信徒中的主要群体,宗教生活成为部分老年人晚年生活的重要内容。因此,老年人宗教信仰问题应该受到关注,开展深入的研究。

研究我国老年人的宗教信仰问题是我国多民族多宗教的社会现状的需要,是我国老龄社会和人口老龄化快速发展的需要,是改善与提高我国老年人生活质量的需要,也是全面认识宗教信仰对老年人生活影响的需要。

难得的是,王武林愿意以此主题作为博士生期间研究的方向,并且在毕业以后继续开展了一些相关的老年人宗教信仰研究课题,在这个领域进行了认真的探索,增进了我们对这方面情况的认识,研究成果对老龄研究、宗教研究、心理研究都有独特的参考意义。

《中国老年人宗教信仰研究》是理论分析与实证数据相结合的成果。该书使用《2000年中国城乡老年人口状况一次性抽样调查》数据和《2006年中国城乡老年人口状况追踪调查》数据,分析了我国老年人宗教信仰的现状与特征,探讨了我国老年人宗教信仰的变化趋势,揭示了老年人信仰宗教和信仰不同宗教的影响因素;在此基础上使用个案访谈方式深入研究我国老年人接触宗教的原因与途径,信仰宗教的原因与目的和选择宗教模式;探讨了宗教信仰对老年人生活质量、身体健康与心理健康之间的关系。

通过研究，作者发现我国老年人宗教信仰的地区、城乡、性别和教派差异显著；总体上，我国信仰宗教的老年人呈现日益增多的趋势；个体老龄化过程中危机事件的发生是老年人信仰宗教的重要因素；有宗教信仰的老年人的主观幸福感比无宗教信仰的老年人高；研究结果也发现，宗教信仰对老年人具有双重性。

与已有的宗教信仰研究相比，《中国老年人宗教信仰研究》的意义与价值主要在于：

第一，对我国老年人宗教信仰问题有较全面、系统的认识，弥补了国内对老年教徒的数量、分布、不同宗教信仰的老年人现状与特征研究的不足。

第二，从纵向、动态的角度对老年人宗教信仰变化趋势进行深入分析，揭示了我国信仰宗教的老年人呈现日益增多的趋势，同时揭示了不同特征与不同宗教信仰的老年人的变化趋势以及老年人宗教信仰的原因、途径、影响和规律。

第三，突破了对老年人宗教信仰的传统认识。研究结果发现，有宗教信仰的老年人的幸福感和生活满意度高于无宗教信仰的老年人。因此，宗教信仰与我国老年人主观幸福感之间存在正向关系，对提高我国老年人的主观幸福感有一定积极意义。

作者的研究没有停留在只对宗教信仰的原因与因素进行分析，而是进一步从社会政策方面探讨了改进的措施。随着我国人口老龄化的加速发展，老年人口规模必将持续增加。在个体老龄化过程中，老年人对生与死的困惑，对死亡的恐惧，对来世的向往，使老年人不断追求精神寄托、精神支柱与精神归宿，心理需求日益增加，宗教性增强，宗教参与日益活跃。面对信仰宗教的老年人日益增多的趋势，作者提出完善老年社会保障制度和老龄政策与法规，为提高老年人生活质量做好制度安排；高度重视与关注我国老年人的心理健康与精神需求问题，注重心理调适与心理引导；尊重与理解老年人的宗教信仰；加强宗教事务管理，净化宗教环境；构建和谐社区，完善社会组织等措施。

《中国老年人宗教信仰研究》的出版将对我国开展老年人宗教问题以及老年宗教学研究有重要的实践及理论意义，对社会学、老年学和人口学研究老年人宗教信仰问题的学者有重要的参考价值，有助于宗教管理部门和老龄工作部门的工作者了解老年人的信教规律，也有助于社会各界全面认识老年人的宗教信仰。

杜鹏
中国人民大学老年学研究所所长
中国老年学和老年医学学会副会长
2015 年 8 月 1 日

目　录

第一章 导 论

一 研究背景与意义

（一）问题的提出

宗教是一种文化社会现象，是一种价值体系。改革开放三十多年来，我国信仰宗教人数不断增长。主要原因有三个方面：一是公民宗教信仰自由权利得到尊重和保护；二是我国社会的深刻变革，使宗教获得新的发展空间；三是对外开放条件下，国外宗教的影响越来越大①。我国有多少人信仰宗教？1995 年国务院新闻办公室公布的数据是 1 亿人左右②。五类宗教和各种民间宗教信仰在日益宽松的环境下正在迅速发展，信仰宗教者也不断增加。近年来老年人宗教信仰表现出的一些现象与问题，不断引起学者对老年人宗教信仰问题的关注。当前，研究我国老年人的宗教信仰问题主要是因为：

第一，与其他年龄群体相比，我国老年人信仰宗教的比例高。老年人是我国宗教信徒的重要组成部分。我国宗教信徒的基本特征是：年龄上以老年人居多，性别上以妇女居多，文化程度上以文化水平低者居多，在城乡分布上以农村信仰宗教群众居多，在区域分布上以少数民族地区、经济不发达地区居多③。近年来，针对老年信徒信仰宗教情况，一些学者进行了调研。黑龙江省对 10 个县（市、区）佛教、道教信仰宗教群众的调查表明，在信仰宗教的 44554 人中，16 岁至 30 岁的信徒占 15.3%，60 岁及

---

① 王作安：《我国宗教状况的新变化》，《中央社会主义学院学报》2008 年第 3 期。

② 国务院新闻办公室：《中国人权事业的进展》，《中华人民共和国国务院公报》1995 年第 32 期。

③ 王作安：《我国宗教状况的新变化》，《中央社会主义学院学报》2008 年第 3 期。

以上的老年人占34.3%①。浙江省湖州市对3281名天主教徒调查表明，60岁以上信徒占18.8%②。辽宁省2002年对160万名信徒的调查表明，信徒中65%是中老年人，女性占70%以上③。而其他群体如农村青年和大学生，信仰宗教的比例在10%—12%之间④。可见，与其他年龄群体相比，老年人信仰宗教的比例高是一个客观事实。老年人教徒的比例为何居高不下？

第二，与西方国家信仰宗教的老年人相比，我国老年人信仰宗教的原因复杂，值得探索和研究。西方国家民众受家庭和社会环境的影响，老年人一般从小就开始信仰宗教。国外教徒中60岁及以上的老年人所占比例为24%⑤；而国内一些地区的调查表明，我国教徒中60岁及以上的老年人远远超过这一比例，达到42%⑥、56%⑦、60%⑧，甚至高达70%⑨。可见，我国老年人在教徒中所占比例远远高于国外。而我国信仰宗教的老年人大多是"半道出家"，在进入中年时期或者老年时期才开始信仰宗教，那么我国老年人为何在中年或晚年时期才开始接触、信仰宗教？这一问题值得关注。

第三，近年来我国社会中出现了"宗教热"的现象，其中一个就是"信仰宗教热"现象。随着我国宗教信仰自由政策的贯彻与落实，社会深刻变革为宗教发展提供了越来越大的空间，以及国外宗教的影响等，我国

---

① 舒景祥、陆林、战广：《黑龙江省汉族地区佛教和道教的基本状况和信仰趋向的调查分析》，《黑龙江民族丛刊》2001年第2期。

② 屠文淑、姚蕾：《浅谈新时期妇女与宗教问题》，《浙江工商职业技术学院学报》2003年第1期。

③ 徐海燕：《关于辽宁中老年女性宗教信仰状况调查分析》，《理论界》2005年第5期。

④ 赵社民：《农村青年宗教信仰状况调查——以河南省为例》，《当代青年研究》2004年第6期。

⑤ Miller, Tracy, "US Religious Landscape Survey Religious Beliefs and Practices: Diverse and Politically Relevant," 2008, pp. 1 - 272.

⑥ 舒景祥：《关于黑龙江省天主教、基督教概况及其教徒信仰趋向的调查分析》，《黑龙江民族丛刊》2003年第3期。

⑦ 曾传辉：《成都市青羊宫道教信徒基本情况调查报告》，《宗教学研究》1989年第1期。

⑧ 卓永强、柳之茂：《试论基督教在我国传播的方法》，《青海民族学院学报》2000年第3期。

⑨ 罗伟虹：《宗教与妇女的心理需求》，《妇女研究论丛》1997年第2期。

信仰宗教的人数呈现日益增加的趋势。我国已经进入老龄社会，人口老龄化程度不断提高，老年人口规模不断扩大。我国老年人的医疗健康需求、照料需求、精神文化需求等不断增大。特别是随着家庭结构的变化，人口流动性的增强，老年人的心理和精神慰藉需求与子女供给之间出现了巨大的差距。在此背景下，我国信仰宗教的老年人将日益增多还是减少？老年人信仰宗教将呈现何种变化趋势？

第四，面对我国老年人信仰宗教比例长期居高不下的现象，政府应当采取什么态度和措施？如果放任不管，可能会产生什么样的结果？如果采取管制，应当持什么管理原则，采取什么管理措施？而这些问题的回答，必须是在对我国老年人宗教信仰状况有了充分的认识和了解，对我国老年人信仰宗教的原因和宗教信仰的社会环境进行研究后，才能做出正确的判断，提出科学合理的对策建议。

因此，对我国老年人宗教信仰进行研究是一个很有意义和价值的课题。

（二）研究背景

我国正处于经济、社会转型时期，社会政治经济体制和社会组织结构正在消解与重建。社会主义市场经济体制建立初期，与计划经济时代相适应的传统人际关系、价值观念、价值体系正在不断瓦解、失落，与市场经济体制相适应的人际关系、社会价值体系尚在建立与完善。目前，我国社会正处于快速的转型时期，一些社会矛盾、社会问题时有发生；不同利益群体间的关系在不断地调整，适应社会主义市场经济的法律体系、社会政策还存在缺失和不健全。老年人是社会中的弱势群体，面对快速发展的经济与社会、日益变化的人际网络、层出不穷的社会问题等显得无所适从。在社会急剧变迁中，老年人的生活受到巨大冲击。老年人的孤独感、失落感、危机感和剥夺感增强，为老年人信仰宗教提供了现实依据。

我国是一个多民族多宗教的国家，老年人是各类教徒的重要组成部分。目前，在我国存在着佛教、道教、伊斯兰教、基督教、天主教和各种民间信仰，虽然信仰宗教教徒所占比例不大，但教徒的绝对数量却相当大。在实施宗教信仰自由政策和国内环境日益宽松的背景下，宗教信徒出现了恢复性增长。在信仰各类宗教的教徒中，老年人是构成信徒群体的主体，很多研究均表明，老年人口多是我国宗教信徒的一个明显特征。随着宗教的世俗化和宗教信仰日益多元化，以及宗教市场的开放，人们的宗教选择的范围越来越宽，选择自由度也越来越高，老年人信徒在增加。我国的宗教国情为老年人信仰宗教提供了现实环境。

与传统社会相比，在现代化和城市化过程中，老年人在现代社会中对年轻人的控制力日益削弱，老年人在社会和家庭中的地位日益下降。家庭结构日趋核心化①，我国老年人的居住方式已经发生了很大的变化，老年人的居住方式趋于独立化。中国目前大量的老年夫妇单独居住，导致老年人与子女同住的比例大幅下降，特别是低龄老人；老年人仅与配偶同住的比例在大幅增长②。人口流动性增强，老年人与子女、孙子女之间的代际空间距离在增加，代际间的交流沟通变得日益困难，父代与子代之间的交流模式也发生了变化。在价值取向上，追求独立、平等与和谐；在亲子互动中，独生子女家庭突出体现了"下一代为重"；在代际交换中，父辈抚养付出与子辈赡养回报不平衡加剧，现代社会父辈权威面临新的挑战③。老年人在家庭生活中的决策权和管理权日见弱化，老年人家庭地位日见衰微；子代对老年人基本权利、人格和精神与情感需求不够尊重④。因此，老年人的精神慰藉无法得到充分满足，容易产生孤独感，需要情感补偿。

我国从 1999 年进入老龄社会以来，人口老龄化程度快速发展。我国60 岁及以上的老年人口从 2000 年的 13241 万⑤增加到 2013 年的 20243万⑥，增加了 7002 万，老年人口的比例从 10.5% 上升到 14.9%，上升了4.4 个百分点。我国老龄社会的到来，老年人口规模不断扩大，老年人口的健康医疗、照料、精神文化生活等需求日益增加，老龄问题多而复杂，给国家、社会和家庭提出巨大挑战。这为老年人信仰宗教提供了动力机制。

---

① 杜鹏：《中国老年人居住方式变化的队列分析》，《中国人口科学》1999 年第 3 期。

② 曾毅、王正联：《中国家庭与老年人居住安排的变化》，《中国人口科学》2004 年第 5 期。

③ 关颖：《改革开放以来我国家庭代际关系的新走向》，《学习与探索》2010 年第 1 期。

④ 王树新：《人口老龄化过程中的代际关系新走向》，《人口与经济》2002 年第 4 期。

⑤ 李本公：《中国人口老龄化发展趋势百年预测》，华龄出版社 2006 年版，第 20 页。

⑥ 中华人民共和国国家统计局：《中华人民共和国 2013 年国民经济和社会发展统计公报》，2014 年 2 月，中央政府门户网站（http://www.gov.cn/gzdt/2014—02/24/content_ 2619733. htm）。

因此，基于以上几个背景，本书将对我国老年人宗教信仰问题进行系统全面的研究。

（三）研究意义

老年人是我国宗教教徒的重要组成部分，在社会转型时期，出现了一些新现象和新情况，需要特别关注。既有研究认识了老年教徒的总体特征，但对信仰不同宗教的老年教徒的特征缺乏认识。对老年人接触宗教的途径、信仰宗教的原因有所研究，但对接触宗教的原因、信仰宗教的目的以及改变宗教信仰的原因研究不足。对宗教信仰对我国80岁及以上老年人和地震后老年人的主观幸福感的研究发现，宗教信仰与主观幸福感之间是一种负向关系[1][2]，但这一研究未考察60—79岁老年人和正常社会环境下老年人的情况。另外，学者对我国老年人宗教信仰的变化趋势缺少研究。针对以往研究的不足，本研究具有以下几个方面的意义：

首先，老年人信仰宗教是多种原因共同作用的结果。对于我国老年信徒的认识仅限于"多、病、贫"，即信仰宗教的老年人多、患病的老年人多、贫困的老年人多，对老年信徒的特征的认识存在不足。本书将深入研究我国老年信徒的状况与特征、不同宗教信仰老年教徒的特征差异、宗教信仰的变化、接触宗教的途径、信仰动机与原因等，有助于全面地认识我国老年教徒以及不同宗教信仰的老年教徒的现状与特征。

其次，宗教信仰是影响老年人晚年生活质量的重要因素。宗教信仰是评价老年人生活质量的重要指标。世界卫生组织将宗教信仰作为评价生命质量的一个指标（WHOQOL—100）[3]。宗教信仰通过对个体生活满意度与主观幸福感的影响，从而影响生活质量，进而提高生活质量[4]，宗教或宗

---

① 王婧媛、姚本先、方双虎：《有无宗教信仰老年人生活满意度现状调查》，《世界宗教文化》2009年第2期。

② 王婷、韩布新：《佛教信仰与地震灾区老年人的心理健康状况》，《中国老年学杂志》2009年第10期。

③ 周丽苹：《老年人口健康评价与指标体系研究》，红旗出版社2003年版，第51页。

④ 林顺道：《浙江温州民间念佛诵经结社集会调查研究》，《世界宗教研究》2003年第4期。

教信仰被认为是改善老年人生活质量的潜在资源①。因此，研究宗教信仰与老年人晚年生活质量的关系，对改善老年人生活质量具有现实意义。

再次，研究老年人的宗教信仰问题是我国老龄社会和人口老龄化快速发展的需要。长期以来，老年教徒一直占据宗教教徒中的重要位置，老年人口成为宗教经济中最为特殊的区位，成为宗教发展教徒最大的潜在市场。国内对老年人信仰宗教问题研究的不足，严重滞后于我国人口老龄化和多民族多宗教的国情。另外，对我国老年人宗教信仰问题的研究有助于拓展我国老龄问题的研究视角。

最后，研究老年人宗教信仰问题是我国社会现实的需要。胡锦涛同志在党的十七大报告中指出：全面贯彻党的宗教工作基本方针，发挥宗教界人士和信仰宗教群众在促进经济社会发展中的积极作用②。老年人是宗教信徒的一个重要组成部分，结合当前我国国情和国际环境，研究我国老年人宗教信仰问题，对充分团结和发挥老年信徒在老龄社会中的积极作用，以及促进宗教组织与宗教团体为老年群体提供为老服务，维护我国社会的稳定与团结，促进我国和谐社会的构建，有积极意义。本书在对老年人宗教信仰问题研究的基础上，结合实际，为相关部门如何对待老年人信仰宗教问题提供政策建议。因此，本研究有一定的政策意义。

二　概念界定

在研究之前，首先对本文主要涉及的几个概念进行界定，本书将主要涉及宗教信仰和宗教性两个概念。

（一）宗教信仰

一般认为，信仰是人们对某种主义、价值理想的极度信服和尊崇，并把它奉为自己的行为准则和活动指南，它是关于一个人做什么和不做什么

---

① Holt, Marilyn K., and Mary Dellmann – Jenkins, "Research and implications for practice: religion, well – being/morale, and coping behavior in later life." *Journal of Applied Gerontology*, Vol. 11, No. 1, 1992, pp. 101 – 110.

② 胡锦涛：《高举中国特色社会主义伟大旗帜，为夺取全面建设小康社会新胜利而奋斗——在中国共产党第十七次全国代表大会上的报告》，《求是》2007 年第 21 期。

的根本准则和态度。信仰是人们"对某种超乎人可直接把握的观念或理想的信奉、持守和追求"①。可见，信仰对人们是很重要的。一个没有信仰的人和一个有信仰的人对事对物的态度存在差别，信仰可以说是一个人的生活态度和生活准则。

信仰和宗教是分不开的，甚至可以说宗教就是信仰，宗教是信仰和实践的统一体系。宗教信仰是某种特定宗教的信奉者在思想、感情上对该宗教所奉神圣对象（包括特定的教理教义等）的尊奉，并以此指导和规范自己在世俗社会中的行为②。宗教信仰对人们的观念、态度、社会行为、社会网络等都会产生影响。人们为什么需要宗教信仰呢？因为人生活在变幻不定的环境中，无法预知那些对人的安全和幸福至关重要的事件，人类生存具有偶然性的特点；人控制和驾驭生活环境的能力虽然与日俱增，但却有其内在的局限性；人必须生活在社会之中，而社会则按某种秩序配置功能、资源和酬赏，社会处于一种缺乏性的状态中③。

因此，本研究认为宗教信仰是人们对某种超自然力的信奉、持守和追求，如神、上帝、佛祖、真主、神仙等，并以此作为自己的信仰对象。宗教信仰会使人产生对超自然力的想象以及一系列的宗教行为。

（二）宗教性

宗教性是判断一个人是否是信仰宗教者的标准，即是否有宗教信仰。对宗教性的测定从最初的一维测定发展到多维测定。

所谓一维测定，即以参加宗教仪式的频率作为标准来判断人们是否信仰宗教以及教徒的虔诚度。方法是对人们去教堂或参与礼拜的次数进行统计，或者通过问卷调查征询人们参加宗教活动的情况来测定。这种测定方法设置了一个前提，即假定以上教堂的次数与频率为标准就能反映宗教行为的所有方面及评估出宗教对某个人的影响程度。这种方法的优点是测定方法简单、易行、操作性强，有助于了解人们对宗教的态度与认识。这一方法的缺点是上教堂并不能完全反映某个人的宗教意识与宗教情感，人们

---

① 卓新平：《神圣与世俗之间》，黑龙江人民出版社2004年版，第17页。
② 彭时代：《宗教信仰与民族信仰的政治价值研究》，民族出版社2007年版，第7页。
③ ［美］托马斯·奥戴：《宗教社会学》，胡荣等译，宁夏人民出版社1989年版，第7页。

上教堂的原因和动机非常复杂，多种多样，仅以此来测定某个人的宗教性，有失偏颇。此外，不同教会教派对信仰标志行为的强调是各不相同的，而此方法难以反映这一情况。

由于一维测定存在局限性，而宗教性不是单一的一维现象，人们是在不同层面以不同的方式信仰宗教，人们可能在某一方面测定中得分较低，但也可能在其他方面测定中得分较高，应当从多层面、多维度去衡量人们的宗教性。

美国社会学家约瑟夫·菲赫特提出以出席弥撒的次数、参与或投身于教会活动的程度、对宗教的热情与兴趣来测定个人是否是天主教徒。此方法以参加正式宗教礼仪和活动为基础，但局限性仍然存在。对一些健康功能受限的人而言，他们的宗教行为多是个体性或私人性的，往往是在家中或其他地方，而非到公共场所参加组织性的宗教活动或仪式。因此，美国社会学家查尔斯格·洛克和罗德尼·斯达克从八个方面来测定个人的宗教性，即体验、仪式、虔敬、信念、知识、伦理、社会关系和个人得救信念。体验是指个人与神交往的感受；仪式是指参加崇拜活动情况与次数；虔敬是指个人有规律地祈祷及表达忠诚的行为；信念是指个人对其宗教团体之信仰赞同的程度；知识是指对其团体的信仰及教义的了解；伦理是指宗教信仰与宗教行为对个人日常生活的态度与行为的影响程度；社会关系是指个人的亲朋好友是否与之同属一个宗教团体；个人得救信念是指个人相信自己的信仰能提供得救之希望的程度[①]。这一方法的优点是兼顾了宗教性的多层次和多层面，提出了一些操作性的测定指标，增加了测定的可信度与有效度。其缺点是测定方法大多基于西方传统的基督教社会背景，会把许多信仰原始宗教或其他非传统的宇宙论的人排斥在信仰宗教者之外，宗教群体的多样性及不同倾向与宗教性的关系未能得到充分反映。

由于各个宗教群体的信仰不同，詹姆斯·戴维德逊和蒂恩·克努德森提出应当在宗教取向与宗教信奉上进行区别。宗教取向包括特殊的信念、个人得救信念的倾向、信仰在日常生活中的伦理作用、社会关系和宗教知识；宗教信奉包括宗教意识和宗教参与。弥尔顿·英格基于宗教的功能性定义即宗教是人对付终极生存问题的工具，同时提出几个命题，要求被调

---

① 戴康生：《宗教社会学》，社会科学文献出版社 2000 年版，第 69 页。

查者说明自己同意或否定的程度，再通过被调查者回答一些问题①，从而确定被调查者的宗教性。

宗教心理学从对待宗教的态度、信念、宗教行为和宗教经验来判断个体是否具有宗教性②。其他宗教性测定方法，如苏联宗教学者从宗教意识、宗教行为和个体参与宗教团体活动的状况来测定，他们多采用访谈、观察、填写书面调查表等相结合的方法来确定个人的宗教性。

本研究认为，在我国特殊的国情下，老年人的宗教性测定应当包括三个方面的内容：第一个方面是宗教仪式。老年人在产生某类宗教信仰一段时间后，在特定的场合（可以是宗教场所，也可以是非宗教场所）由宗教教职人员为信仰宗教者举行的入教仪式，并颁发相应的教徒证书或证明。如佛教为信佛居士举行的皈依仪式，颁发皈依证；基督教和天主教举行的受洗仪式，颁发基督徒的证明。第二个方面是宗教参与，包括组织性、团体性的宗教行为和个体性、私人性的宗教性行为。如参与教堂、寺庙、道场等的一些宗教团体活动或仪式等组织性的宗教行为，个人在家从事的礼拜、祷告、祈祷、礼佛、诵经等私人性行为。第三个方面是宗教信念，即相信有一种超自然力的存在，并相信天堂、地狱、上帝、神灵、灵魂、末日、得救等。因此，对宗教性的测定仅针对信仰宗教的老年人。本研究以信仰宗教老年人为研究对象，宗教教职人员和民间信仰的老年人不包含在研究对象范围之内。

三　研究内容与研究目标

在社会转型与国内宗教环境日益宽松的背景下，针对我国信仰宗教老年人口多的现象，对我国老年人宗教信仰的现状、变化趋势以及生活质量的关系进行系统研究。具体包括以下内容：

首先，全面认识当前我国老年人宗教信仰的现状、特征，研究不同时期、不同宗教信仰的老年信徒的特征与宗教信仰的变迁。

---

① 戴康生：《宗教社会学》，社会科学文献出版社 2000 年版，第 71—75 页。
② ［英］麦克·阿盖尔：《宗教心理学导论》，陈彪译，中国人民大学出版社 2005 年版，第 22—23 页。

其次，深入分析老年人信仰宗教、选择不同宗教和老年信徒不断增加的原因。

再次，研究宗教信仰与老年人健康状况、主观感受、社会行为、社会态度、社会网络之间的关系，以及宗教信仰对老年人生活质量的影响。

最后，针对我国老年信徒的基本状况、特征和变化趋势以及存在的问题，提出相应对策建议。

围绕以上研究内容，本书的主要研究目标是在对我国老年人宗教信仰问题进行全面分析的基础上，找出我国老年人信仰宗教的影响因素，揭示宗教信仰与老年人生活质量的关系，提出关于老年人信仰宗教以及如何看待老年人信仰宗教的对策与建议。

四　国内外老年人宗教问题研究评述

国内外针对老年人宗教信仰问题展开了研究，对国内外既有的老年人宗教问题研究进行回顾、梳理与评述，有利于为本研究提供理论与经验的指导。

（一）国内老年人宗教问题研究评述

1. 老年人是信仰宗教的主要群体

我国信仰宗教群众的构成显现出"五多"的现象，即老年人多、妇女多、农民多、文化水平低的人多、老少边穷地区的人多[1]。从各地有关宗教问题的研究中，老年教徒多是各宗教的一个普遍现象。而且，近年来信仰宗教的老年人日益增多[2][3]。

从佛教看，信仰佛教的教徒中老年人所占比重大。在克拉玛依区的调查结果发现，61岁及以上的信众占54%，51岁及以上的信众比

---

① 王作安：《我国宗教状况的新变化》，《中央社会主义学院学报》2008年第3期。
② 李华贵：《影响当代人生宗教的九种功利因素》，《世界宗教文化》2005年第3期。
③ 王存河：《宗教与西部少数民族现代化》，兰州大学博士学位论文，2008年，第23页。

例为 75%①。在四川藏区信众中，信众以老年人居多②。在黑龙江，佛教、道教信徒中，中老年信徒占信徒总数的 83.4%，其中 60 岁及以上的老年教徒占总数的 34%③。

从道教看，信仰道教的教徒中老年人所占比重大。在道教教徒中，从青年到中年再到老年三个年龄段，信仰人数几乎成倍增长，其比例大致为 1∶2∶3.6；50 岁及以上的教徒占 53%④。

从基督教和天主教看，老年教徒在基督徒和天主教徒中所占比重大。在山东临沂苍山县，70 岁及以上信众占 91%，多是鳏寡孤独的老人⑤。在西安地区的基督教徒中，60 岁及以上者占 54%⑥。在黑龙江省的 18290 名天主教教徒中，60 岁及以上的教徒占 21%；在 78046 名基督教教徒中，60 岁及以上的教徒占 42%⑦。

老年穆斯林是信仰伊斯兰教最虔诚的群体。在我国信仰伊斯兰教的主要有十个少数民族，有的少数民族几乎是全民信仰伊斯兰教。但是，近年在一些城市已经出现是回族不是穆斯林的现象。这些不信仰宗教的群众是 40 岁以下的中青年，年龄越大坚持做礼拜的回民越多；而年纪越小，懂得礼拜的人越少。可见，老年人是穆斯林群体中信仰伊斯兰教最虔诚的群体。

因此，从各地对佛教、道教、基督教和伊斯兰教教徒的调查看，老年人在宗教教徒中所占比重较大，在全国是一个普遍现象。

2. 老年人接触宗教的途径与动机

（1）最初接触宗教的途径

宗教教徒可区分为两类，一类是宗教信仰从出生就开始内化的教徒，

---

① 夏雷鸣：《新疆克拉玛依市克拉玛依区汉传佛教现状调查》，《宗教学研究》2009 年第 2 期。

② 张雪梅：《四川藏区藏传佛教现状调查》，《西北民族研究》2006 年第 4 期。

③ 舒景祥、陆林、战广：《黑龙江省汉族地区佛教和道教的基本状况和信仰趋向的调查分析》，《黑龙江民族丛刊》2001 年第 2 期。

④ 曾传辉：《成都市青羊宫道教信徒基本情况调查报告》，《宗教学研究》1989 年第 1 期。

⑤ 白庆侠：《鲁南农村基督教信仰考察研究——以山东临沂苍山县食庄村为个案》，中央民族大学硕士学位论文，2006 年，第 35 页。

⑥ 姚米佳、王剑华、刘宏全：《西安地区基督教信众状况调查分析》，《陕西教育学院学报》2003 年第 3 期。

⑦ 舒景祥：《关于黑龙江省天主教、基督教概况及其教徒信仰趋向的调查分析》，《黑龙江民族丛刊》2003 年第 3 期。

另一类则是在社会化过程中逐渐内化的教徒。对于后者，有必要研究他们接触宗教的途径。

宗教教徒最初接触宗教信仰的状态可分为四种情形：自然地接触宗教信仰，有意愿同时又积极主动地寻求宗教信仰，有意愿但被动地接受宗教信仰，无意愿却由于某些外力的作用偶然接触到所信仰的宗教并最终皈依①。这四类人群接触宗教的途径是不同的。

以往研究表明，宗教徒最初接触宗教信仰的主要途径依次为周围朋友的介绍、家庭的宗教气氛和宗教书籍的影响。不同文化程度的教徒最初接触宗教信仰的途径有显著差异，具体表现为，高中及以下文化程度的教徒最初主要通过"周围朋友的介绍"和"家庭的宗教气氛"接触宗教；大专及以上文化程度的教徒最初主要通过"宗教书籍的影响"和"周围朋友的介绍"②接触宗教，以及"教义本身的说服力"和"信仰之后得到归属感"③。人们接触宗教的途径还有宗教书籍和各种大众传媒，如网络、影视的影响等。

信仰不同宗教的教徒接触宗教的途径有一定差异。信仰佛教的教徒接触佛教的途径主要有阅读佛经、血亲的影响、朋友和配偶的影响、宗教人士的影响④。信仰道教的教徒绝大部分是通过非正式途径开始接触道教，在道教教徒中几乎没有人是通过传教、师承、礼拜布道等正式途径皈依的，他们主要是通过教友（家庭成员）之间的相互了解、相互影响而信仰宗教⑤。

不同年龄群体，特别是老年人最初接触宗教的途径是什么？是否与其他年龄群体存在差异？尚待进一步研究。

（2）最初接触宗教的动机

人们接触宗教的动机主要是寻求心灵的寄托、强身健体和寻求真理与

①　梁丽萍：《中国人的宗教皈依历程：以山西佛教徒与基督教徒为对象的考察》，《宗教学研究》2005 年第 1 期。

②　梁丽萍：《关于宗教认同的调查与分析》，《世界宗教研究》2003 年第 3 期。

③　周玉茹：《西安城市佛教女性信仰调查》，《咸阳师范学院学报》2008 年第 5 期。

④　李向平、石大建：《信仰但不归属的佛教信仰形式——以浙闽地区佛教的宗教生活为中心》，《世界宗教研究》2004 年第 1 期。

⑤　曾传辉：《成都市青羊宫道教信徒基本情况调查报告》，《宗教学研究》1989 年第 1 期。

智慧①②。寻求消灾免祸、求平安、缓减学习或工作压力、个人情感原因、家庭矛盾、寻求来世得到回报、丰富生活等也是人们接触宗教的重要动机③。就任何一个信仰宗教者来说，内心情感世界的空虚，需要宗教来慰藉；内心情感世界的失衡，需要宗教来恢复平衡；内心情感世界的孤独，需要宗教的认同；内心情感世界的愤懑，更需要通过宗教来宣泄；教徒可以从信仰中获得情感慰藉、情感平衡、情感认同和情感宣泄④。因此，内心世界的情感需求是人们信仰宗教的重要动机。

不同文化程度的教徒最初接触宗教信仰的动机存在显著差异。高中及以下文化程度的信仰宗教者接触佛教主要动机是"强身健体"和"寻求心灵寄托"或者希望通过信仰达到"佛菩萨保佑"的目的；而大专及以上文化程度的信仰者接触佛教的主要动机是"寻求心灵寄托"和"寻找真理与智慧"⑤。

可见，人们接触宗教的动机有主次之别，同时存在文化程度的差异。不同年龄、不同婚姻状况、不同民族的人接触宗教的动机是否存在差异？对于老年人而言，接触宗教的动机主要是内心情感需求还是强身健体，仍有待研究。

3. 信仰宗教的原因

信仰宗教与宗教归属的原因是不同的，信仰宗教可以不归属；反过来，归属于某一宗教则肯定信仰宗教。宗教归属是指信仰并归属于某一宗教，信仰宗教是相信有一种超自然的力量控制一切。因此，信仰与归属的原因应当加以区别。

人们信仰宗教的原因复杂多样，信仰宗教原因的功利性已成为主流观点。人们信仰宗教追求更多的是现实世界无法获得或无法满足的需

---

① 梁丽萍：《中国人的宗教皈依历程：以山西佛教徒与基督教徒为对象的考察》，《宗教学研究》2005年第1期。

② 李向平、石大建：《信仰但不归属的佛教信仰形式——以浙闽地区佛教的宗教生活为中心》，《世界宗教研究》2004年第1期。

③ 张广才：《和谐之音吹拂着道教信仰的渐变——兰州市道教教团信仰调研分析报告》，《世界宗教研究》2007年第4期。

④ 马平：《情感诉诸：中国穆斯林宗教信仰的重要动因》，《宁夏社会科学》1995年第3期。

⑤ 周玉茹：《西安城市佛教女性信仰调查》，《咸阳师范学院学报》2008年第5期。

求，来世的回报成为信仰宗教的附加回报，即人们信仰宗教逐渐世俗化、功利化、庸俗化。以往研究表明，人们信仰宗教的原因有以下几类：一是因家庭成员的影响而信仰宗教①；二是因精神空虚与痛苦，寻求精神归属、依托和慰藉而信仰宗教②；三是寻求身体健康，因病信仰宗教③；四是对现实社会不满，寻求心理平衡而信仰宗教④；五是现实社会中遇到无法解决的困难、受挫等，寻求神的帮助与支持以求平安而信仰宗教⑤；六是摆脱生死，寻求来世的归宿而信仰宗教⑥；七是因朋友信仰宗教，欲获得社会网络认同而信仰宗教⑦；八是因社会交往、娱乐需要而信仰宗教⑧。可见，人们信仰宗教的原因多样化，信仰宗教是多种原因交织的结果，而不是单一的某个原因。

进入老年期后，老年人面对来自生理、心理、社会和家庭的压力，他们在生理上逐渐衰老，行动日益不便，各种疾病不断增多，如何适应与承受对老年人而言是极大的挑战。宗教团体中教友之间的交往和互助，老年人能获得归属感，消除孤独感。因此，宗教的功能与宗教的教义对老年人有一种吸引力，宗教甚至被老年人作为一种特殊的交际手段和危机应对策略。

4. 老年人的宗教皈依

老年人从接触宗教，到信仰宗教，再到皈依宗教，是一个渐进过程。宗教心理学中的传统皈依理论认为，皈依多是由心理上的剧烈痛苦、混乱、绝望、冲突、罪恶感和其他类似的心理困扰而引起，被视为一种危机型皈依。现代皈依理论则强调人的主动寻求对于皈依行为产生的动力，是

---

① 罗惠翾：《宗教的社会功能——几个穆斯林社区的对比调查与研究》，中央民族大学博士学位论文，2005年，第56页。

② 马平：《情感诉诸：中国穆斯林宗教信仰的重要动因》，《宁夏社会科学》1995年第3期。

③ 贺彦凤：《当代中国宗教问题的文化研究》，东北师范大学博士学位论文，2007年，第89页。

④ 曾和平：《新疆基督教问题调查》，《新疆社会科学》2005年第6期。

⑤ 崔森：《对成都地区佛教信徒的调查》，《宗教学研究》1996年第3期。

⑥ 舒景祥、陆林、战广：《黑龙江省汉族地区佛教和道教的基本状况和信仰趋向的调查分析》，《黑龙江民族丛刊》2001年第2期。

⑦ 陈苏宁：《新时期中国农村宗教的特点及其成因刍议》，《求索》1994年第3期。

⑧ 曾和平：《新疆基督教问题调查》，《新疆社会科学》2005年第6期。

一种内生型皈依。老年期是疾病的多发期，社会角色与资源不断丧失，家庭矛盾、丧偶、丧亲等生命事件的发生，家庭结构的改变，与子女交流虽然日益方便，互动方式的改变使情感慰藉无法满足。因此，老年人的宗教皈依往往表现出危机型、情感型皈依。有学者认为，宗教徒的宗教皈依是一个渐进、单一的过程，并且更具有"内生型皈依"的特征，生活的压力、挫折或生命的危机状态不是促使宗教徒皈依的普遍因素，功利性的欲求、心灵的空乏以及精神世界的不满足感是潜在涌动的促使教徒皈依宗教的内在张力①。

皈依的支持因素有四个：一是"神迹"与对教义的认同感和信仰群体的归属感共同作用下的皈依行为；二是由人际网络的动员产生对教义的认同或特殊的感应共同影响下的皈依行为；三是由特殊的宗教体验与教义认同、人际支持及感应事件共同作用的皈依行为；四是由人际网络的动员和对神职人员的仰慕而产生的皈依行为②。

学者对教徒皈依的因素研究认为，教徒皈依的关键因素依次是教义本身的说服力、信仰之后所获得的归属感、信仰之后得到好处与想要的回报③。傣族佛教皈依者大多数为渐进型皈依者，年龄、同伴团体的吸引及子辈的敦促、娱乐等是影响傣族老年人皈依佛教的主要原因；约定俗成的皈依年龄、精神的娱乐与休闲的需要也是促使傣族老年人皈依佛教的原因④。同时，女性佛教教徒的皈依主要受人际关系的影响。女性佛教教徒宗教生活呈现出自利利他，重视团体活动及人际交流与支持，受人际影响又反作用于人际的特点⑤。因此，女性佛教教徒皈依行为受生活危机和社会人际关系网络的影响。

老年人的宗教皈依是危机型还是内生型仍值得研究，老年人皈依的原因固然重要，但对皈依的支持因素应更加重视。

---

① 梁丽萍：《中国人的宗教皈依历程：以山西佛教徒与基督教徒为对象的考察》，《宗教学研究》2005年第1期。

② 同上。

③ 梁丽萍：《关于宗教认同的调查与分析》，《世界宗教研究》2003年第3期。

④ 尹可丽：《傣族佛教信徒皈依行为的原因及意义》，《云南师范大学学报》2006年第5期。

⑤ 王作安：《我国宗教状况的新变化》，《中央社会主义学院学报》2008年第3期。

　　5. 宗教信仰与老年人健康

　　宗教与健康是宗教问题研究中的一个重要领域。宗教与宗教信仰对老年人的健康产生什么影响？是否有助于老年人身心健康？对老年人而言，宗教的突出功能之一就是心理调适功能，使教徒的心理状况发生改变，促进心理健康的改善。

　　（1）宗教信仰与心理健康

　　宗教或宗教信仰对老年人有着独特的作用，特别是对老年人的心理健康影响较大。心理学研究表明，宗教信仰有助于克服许多心理问题，如抑郁、焦虑等[1]。宗教或宗教信仰对老年人心理健康的影响主要表现在以下几个方面。

　　宗教信仰满足老年人多种心理、认识和自我实现的需要。满足个人自我中心的需要，对死亡的超脱，安全感的获得，权力和地位的补偿，满足追求理想或价值的需要，满足探究世界本源及解释自身的需要[2][3]。

　　宗教信仰使老年人摆脱孤独感，起到精神慰藉的作用。宗教之所以能起到摆脱孤独的作用，主要在于宗教具有慰藉的功能与交往的功能。通过宗教交往，实现心理平衡，达到慰藉的目的；同时宗教"克服"了人们生存的有限感，与神同在的信念消除了心灵的缺乏感和空虚[4]。因此，宗教信仰成为老年人的精神寄存器。老年人通过宗教信仰和宗教活动来寻求心理和精神的慰藉，以宗教信仰作为寄托，以祈祷和忏悔的方式作为补偿；宗教情感是一些老年人所特有的精神寄托方式[5]。老年人经历了人生的坎坷和晚年的失落，这为老年人产生宗教情感提供了心理上的土壤。

　　伊斯兰教信仰有利于老年穆斯林的心理健康。伊斯兰教有助于老年人确立一种清静超脱、勤养善功的晚年生活态度，排除孤独感，增强对"真主"的归属与穆斯林之间的依赖感，从而有利于老年穆斯林的身心健

---

①　周玉茹：《西安城市佛教女性信仰调查》，《咸阳师范学院学报》2008 年第 5 期。

②　宋广文：《宗教心理功能初探》，《求是学刊》1996 年第 4 期。

③　赵志毅：《宗教本质新论》，《世界宗教研究》1995 年第 4 期。

④　辛世俊：《宗教与社会稳定》，《青海社会科学》1991 年第 4 期。

⑤　王红漫：《给老年人精神寄存处》，《世界宗教文化》2001 年第 1 期。

康①，学者研究还发现伊斯兰教的"五功"对回族老年妇女健康有益②。

佛教信仰对傣族老年人心理健康有积极的影响。因为，参与佛事活动给傣族老年人提供了精神上的娱乐和休闲，丰富了村寨生活、缓解了来自生活的压力和焦虑，有利于老年人积极地面对死亡③。另外，通过参与念佛诵经聚会，老年人既满足了宗教信仰的需要，又能达到社会交往的目的，进而提高了生活质量④。

基督教信仰有助于提高人们的心理健康水平。基督教有助于教徒心理健康水平的提高，原因在于信仰者心中有"全能的上帝"，"上帝"总是给他们以生活的勇气、力量和希望；基督教价值观的接受使信仰者能以更加宽容的心态对待学习、生活工作中的困难和矛盾；信仰宗教者可以在教会得到一般社会成员难以得到的许多社会支持；容易形成被社会欢迎的行为方式，而良好的行为方式会使信徒较少遭遇困难，遇到困难后更容易得到社会的支持⑤。

但是，少数研究发现宗教信仰并没有提高老年人的生活满意度。有宗教信仰的老年人生活满意度明显低于无宗教信仰的老年人，宗教信仰并不能提高老年人的生活满意度⑥。震后老年信徒的心理健康水平低于无宗教信仰者，但宗教信仰可以为老年人提供良好的人际交往氛围和新知识，有利于促进老年人心理健康，佛教"业报论"和"拒恶从善"的观点，以及肯定"善良战胜邪恶"的必然性，对于老年人具有较强的激励作用和心理安慰作用⑦。

---

① 南文渊：《伊斯兰教对老年穆斯林生活的影响》，《青海民族研究》1991 年第 4 期。

② 肖芒：《伊斯兰教的"五功"与回族妇女的健康》，《云南民族学院学报》2001 年第 3 期。

③ 尹可丽：《傣族佛教信徒皈依行为的原因及意义》，《云南师范大学学报》2006 年第 5 期。

④ 林顺道：《浙江温州民间念佛诵经结社集会调查研究》，《世界宗教研究》2003 年第 4 期。

⑤ 崔光成、赵阿勐、陈力：《中年基督教信仰者心理健康状况及其影响因素的调查》，《神经疾病与精神卫生》2008 年第 4 期。

⑥ 王婧媛、姚本先、方双虎：《有无宗教信仰老年人生活满意度现状调查》，《世界宗教文化》2009 年第 2 期。

⑦ 王婷、韩布新：《佛教信仰与地震灾区老年人的心理健康状况》，《中国老年学杂志》2009 年第 10 期。

可见，国内对宗教信仰与老年人心理健康的作用还未形成统一认识，尚需要进一步研究。

（2）宗教信仰与生理健康

目前，国内关于宗教对老年人身体健康的研究不多。以往研究认为宗教功课以及宗教教义等对老年人身体健康有促进作用，特别是伊斯兰教。

老年穆斯林的健康状况之所以普遍较好，与他们长期坚持完成伊斯兰教的功课有关，在履行"五功"的同时，身心得到了有序的活动和调整，对他们的健康起到了很好的保健作用。因此，许多老年性多发疾病在回族老年群体中发病率较低。在北京的老年人中，回族与汉族痴呆症之比为1∶4.12①。回族老年人痴呆患病率低于汉族，虽然影响患病率有心理、社会等因素，但回族老年人大多饮食起居有序，讲究卫生，坚持做礼拜，积极参与街道活动，丰富的社会或空闲活动恰是降低痴呆发生的因素②。道教是注重养生的宗教，这一点尤为切合老年人的特点，道教通过内修和外养两个途径，对老年保健有指导意义③。宗教对改善教徒，特别是老年人、体弱者和患慢性疾病者的健康状况有一定积极作用④。

可见，以往研究认为宗教对老年人身体健康有一定的积极作用，但是否所有宗教对老年人身体健康均产生积极影响，如何影响，还需深入研究。

6. 宗教信仰与老年妇女

妇女，特别是老年妇女是宗教教徒中的一个主要群体，因为妇女信仰宗教的比例远远超过男性。因此，妇女教徒特别受到学者的关注，国内学者对老年妇女信仰宗教以及妇女比例多于男性的原因和宗教对妇女的功能等进行了研究。妇女成为宗教教徒的主体，往往比男性更易信仰宗教，比男性更加遵守宗教教义、教规与礼仪，比男性更加虔诚。如何解释这一

---

① 肖芒：《伊斯兰教的"五功"与回族妇女的健康》，《云南民族学院学报》2001 年第3 期。

② 汤先锉、田大政、刘令申、杨曼、崇青等：《北京市牛街地区回、汉族居民老年期痴呆流行病学调查》，《中华老年医学杂志》1998 年第5 期。

③ 胡孚深、张群英：《道教的文化特征及其发展前景》，《东方论坛》1994 年第2 期。

④ 张淑民、孙国军：《甘南藏族地区民俗宗教中的养生健身行为研究》，《西北成人教育学报》2001 年第1 期。

现象？

第一，男权社会或父权社会中的性别不平等导致女性地位低。社会仍然是男性占主导地位，女性在传统上是附属或配角，在宗教中可以寻找平等①。第二，社会分工不同。在家庭分工上，像祈福这类事情多是由女性负责的，男性即便是有信仰的愿望，却也多是催促女性到庙里去烧香、磕头②。第三，女性特有的生理和心理特征。妇女生理上或心理上比较脆弱，需要有一种依赖感和安全感③。第四，女性文化程度低。第五，老年妇女往往多病，借助神力来减轻病痛的愿望强烈④，老年妇女闲暇时间多，缺乏文化生活⑤。因此，妇女往往是宗教的积极支持者和虔诚的崇拜者，同时宗教也是影响妇女解放和发展的重要因素。

对妇女而言，宗教对她们既有积极意义，也有消极作用。从积极意义看，宗教对她们有教育功能、凝聚功能、心理调适功能和娱乐功能。宗教信仰在丰富妇女生活和内心的同时，让她们获得归属感。消极作用主要表现在：第一，宗教说教和潜移默化的影响，容易使女性坠入宗教世界观的迷雾，产生消极厌世的思想，对妇女和她们的家庭乃至整个社会的发展存在消极影响；第二，过多的信奉鬼神使女性产生极端的思想，让她们感到精神空虚，而且参加各种宗教活动，顶礼膜拜和跪拜时间过长，会对健康产生不利影响；第三，大量修建寺庙，既费钱又费力，是一种经济和资源的浪费⑥。

当妇女面对死亡的威胁和在生活中遇到较大灾难或困难，而又感到自己软弱无力、孤立无助的境遇时，使她们意志消沉、悲观失望，需要来自家庭、朋友、社会的关心帮助。如果这些帮助还不足以改变现状，部分妇女会寻求更强大的精神力量以建立克服困难的信心，恢复生活的

---

① 王再兴：《社会转型中国基督教——关于南充地区基督教的田野调查报告》，四川大学硕士学位论文，2003年，第47页。

② 李大华：《当代道教的生存处境——岭南道教宫观调查》，《宗教学研究》2007年第4期。

③ 周玉茹：《西安城市佛教女性信仰调查》，《咸阳师范学院学报》2008年第5期。

④ 曾传辉：《成都市青羊宫道教信徒基本情况调查报告》，《宗教学研究》1989年第1期。

⑤ 卢秀敏、秦和平：《基督教在黔西北彝汉杂居地区传播的现状调查——以贵州赫章、威宁的两个村落为研究个案》，《北方民族大学学报》2009年第4期。

⑥ 许玉平：《大理白族妇女宗教信仰分析》，《大理学院学报》2004年第2期。

勇气。

　　7. 国内研究评述

　　以往研究将老年教徒纳入整个教徒群体中考察，而专门以老年人为研究对象的较少。诚然将老年人与其他年龄群体纳入一个研究框架，可以发现老年教徒与其他年龄群体的异同，但限制深入研究宗教信仰与老年群体间的关系。

　　从国内以往研究看，大多关注的是老年人接触宗教的途径、动机和原因、皈依过程，以及宗教对老年人的功能，并在这些方面初步形成了一些共识。从接触途径来看，由于老年人受教育程度整体较低，通过书籍来接触宗教的比较少，而主要是通过初级群体，如家人、亲戚、朋友、同事等接触宗教。从信仰宗教动机看，寻求精神依托、强身健体、死亡归属等是老年人信仰宗教的主要原因，与年轻人信仰宗教功利化存在差异。从皈依过程看，老年人由于体弱多病，经济能力差，面临丧亲、疾病、死亡等多重危机，因此，危机型皈依是老年人皈依的主要类型，而渐进型、平安型皈依较少。从宗教对老年人健康的影响来看，特别是心理健康，宗教通过心理调适对老年人心理健康产生较为积极的影响，从而间接作用于老年人的生理健康，对改善老年人身体健康状况有一定的促进作用。

　　当前，由于基督宗教，特别是基督新教在我国发展速度快，发展势头强劲。因此，学者主要关注的是基督新教，而对其他宗教的研究较少，特别是道教，从而形成各宗教研究不平衡。

　　另外，在以往研究中，对老年教徒的调查比较多，但全国性、有代表性的调查较少，而且注重对现象的分析，重复性研究较多。缺少针对老年人专门性、系统性的研究；研究内容上缺少对不同宗教信仰老年人状况、特征、信仰原因等的对比研究；缺少对老年人宗教信仰变化趋势及原因的研究。因此，对老年人宗教信仰问题的研究存在较大空间。

（二）国外老年人宗教问题研究评述

　　1. 国外老年教徒的特征

　　(1) 教徒中老年人多，女性多，低收入者多，基督新教教徒多

　　西方国家与我国国情不同，几乎是全民信仰宗教。即便是这样，老年教徒比重较大的现象也很突出。在国外信仰宗教的教徒中，表现出的基本

特征是女性多于男性，老年人多于年轻人，文化程度低者多于文化程度高
者，低收入者多于高收入者，大多数人信仰基督新教。

国外调查表明，信仰宗教的女性占 91.0%，男性占 81.2%；18—30
岁的无宗教信仰的人（18.6%）是 65 岁及以上老年人（5.4%）的 3 倍；
高中及以下文化的人群中有 94.8% 的人信仰宗教，而大学及以上的人群
中有 81.2% 的人信仰宗教；家庭年收入 35000 美元及以下的人占
90.1%[1]。

另一项调查表明，60 岁及以上的老年教徒占 24%；有 83.1% 的人信
仰宗教，其中信仰基督新教的人占 78.4%，佛教教徒和伊斯兰教教徒占
的比例不到 1%；70 岁以上信仰基督新教的人占 62%[2]。与其他教会的成
员相比，主流教会和犹太教成员几乎一半年龄在 50 岁以上。从信仰基督
新教教徒的年龄构成来看，随着年龄的上升，信仰宗教的人逐渐增加。

（2）宗教态度存在性别、年龄、文化程度的差异

在西方国家，宗教无疑是人们世俗生活的重要领域。性别、年龄、文
化程度是影响人们对待宗教的重要因素。调查表明，一般来说，老年人比
年轻人认为宗教在生活中更重要；年龄在 30 岁及以下的认为宗教信仰在
生活中重要的教徒占 45%，65 岁及以上教徒中，这一比例上升到 69%；
女性比男性认为宗教更为重要；受教育程度低的人比受教育程度高的人认
为宗教在他们的生活中更重要[3]。

可见，在西方国家，妇女、老年人和文化程度低的人认为宗教对他们
的生活更重要。

（3）就宗教委身而言，女性高于男性，老年人高于年轻人

宗教委身即个体宗教信仰的虔诚度。可以从参与宗教仪式、祈祷等方
面的差异得以反映。

就宗教委身而言，女性高于男性，老年人高于年轻人。65 岁及以上
参与宗教仪式的老年人明显地比年轻人、成年人更频繁；老年人更经常地

①　Bader, Christopher, et al., "American piety in the 21st century: New insights to the depth and complexity of religion in the US Waco." *TX: Baylor University Institute for Studies of Religion*, 2006.

②　Miller, Tracy, "US Religious Landscape Survey Religious Beliefs and Practices: Diverse and Politically Relevant." 2008, pp. 1 – 272.

③　Ibid..

从事个人的宗教活动，如祈祷、读宗教刊物和冥想等；老年人主观宗教体验水平明显较高，他们的宗教体验、日常精神体验和使用宗教应对生活危机的比例比年轻人多，他们是最具宗教性和精神性的人[1]。就每周和每天参与宗教活动的频率和祈祷次数看，老年人比年轻人多，女性比男性多[2]，老年人比年轻人更具有宗教性[3]。

女性宗教委身高于男性的原因是多方面的。宗教活动场所的增加，女性的脆弱性，女性受到来自现代化力量的冲击等等[4]。另外，女性寿命比男性长，女性所经历的丧偶年限一般比男性更长。配偶的离去导致妇女宗教信仰的增强，从而减轻丧偶所带来的痛苦[5]。丧偶女性可以从宗教信仰重要性的增加中获益[6]。因此，女性表现出更高的宗教性和宗教委身。

（4）国外老年人宗教行为的影响因素

老年人的宗教行为呈现出一定的特点，老年人的宗教行为受性别、教别、文化程度、地区、健康状况、婚姻状况等因素的影响。

在阅读宗教刊物、书籍方面，女性高于男性，天主教和无宗教信仰的人比浸礼会的人少，受教育水平的高低与阅读频率呈正相关，健康状况差的老人比健康状况好的老人更可能多读；在收看宗教类节目或收听宗教类广播方面，与受教育水平呈负相关，不受性别影响，与健康失能呈强烈正相关；在祈祷方面，年长者比年轻者更频繁，女性比男性更频繁，丧偶老人祈祷频率少于有配偶者；与男性和离婚老人相比，女性和有配偶的老人

---

① Idler, Ellen L., and Stanislav V. Kasl, "Religion among disabled and nondisabled persons Ⅱ: Attendance at religious services as a predictor of the course of disability." *The Journals of Gerontology Series B: Psychological Sciences and Social Sciences*, Vol. 52, No. 6, 1997, pp. S306 – S316.

② Miller, Tracy, "US Religious Landscape Survey Religious Beliefs and Practices: Diverse and Politically Relevant." 2008, pp. 1 – 272.

③ Witter, Robert A., et al., "Religion and subjective well – being in adulthood: A quantitative synthesis." *Review of Religious Research*, 1985, pp. 332 – 342.

④ Sered, Susan Starr, "Women, religion, and modernization: Tradition and transformation among elderly Jews in Israel." *American Anthropologist*, Vol. 92, No. 2, 1990, pp. 306 – 318.

⑤ Becker, Gerhild, et al., "Do religious or spiritual beliefs influence bereavement? A systematic review." *Palliative Medicine*, Vol. 21, No. 3, 2007, pp. 207 – 217.

⑥ Brown, Stephanie L., et al., "Religion and emotional compensation: Results from a prospective study of widowhood." *Personality and Social Psychology Bulletin*, Vol. 30, No. 9, 2004, pp. 1165 – 1174.

更经常为别人祷告；与有配偶的老人相比，离婚的老人较少要求别人为他们祈祷①。

国外老年人的宗教行为按参与频率由多到少依次是：个人祈祷、阅读宗教刊物、收看或收听宗教节目、要求别人为自己祈祷。国外老年人的宗教参与活动比较广泛。

2. 国外老年人的宗教参与

宗教参与可以被看作参与宗教活动，如参与宗教仪式、宗教聚会、祈祷、祷告、诵经、礼拜、唱诗，等等，包括个人的和公众的，它是社会参与的一种形式。

（1）年龄与宗教参与模型

年龄是影响人们宗教参与的重要因素。研究发现，宗教参与水平存在一定的年龄差异。米凯里·狄龙和保罗·温克研究认为，人们在 40 岁以后对宗教的需求会逐渐增长②。Bahr 对宗教参与年龄之间的关系研究后，提出了四个宗教模型③。这四个模型根据研究结果和经验数据提出的假设，具有一定的解释力，但是否对世界各类宗教教徒宗教参与行为具有普遍适用性，还需要进一步检验。

随着年龄的增加，老年人的宗教参与水平逐渐下降，特别是在正式的有组织的宗教活动方面，但是老年人比年轻人更有可能从事非组织性的宗教行为④。因为，老年人健康状况差，这限制他们参与正式组织的宗教活动。因此，对老年人而言，非正式的私人性的宗教行为是宗教表达的重要途径之一。

可见，进入老年期后，老年人正式的宗教参与不断减少，总体宗教参与水平可能降低，但为了保持宗教参与的连续性和维持宗教参与水平不变，老年人通过增加或保持私人性的宗教活动等非正式宗教参与途径来弥

---

① Taylor, Robert Joseph, and Linda M. Chatters, "Nonorganizational religious participation among elderly black adults." *Journal of Gerontology*, Vol. 46, No. 2, 1991, pp. S103 – S111.

② Dillon, Michele, ed., *Handbook of the Sociology of Religion.* Cambridge University Press, 2003, pp. 179 – 189.

③ Miller, Alan S., and Rodney Stark, "Gender and Religiousness: Can Socialization Explanations Be Saved?" *American Journal of Sociology*, Vol. 107, No. 6, 2002, pp. 1399 – 1423.

④ Levin, Jeffrey S., "Religious factors in aging, adjustment, and health: A theoretical overview." *Journal of Religion & Aging*, Vol. 4, No. 3 – 4, 1989, pp. 133 – 146.

补正式参与的不足，从而维持宗教参与水平。

（2）宗教参与受性别、年龄、婚姻状况和收入等因素的影响

定量分析发现，女性、老年人和农村居民的宗教参与率较高。教育水平和社会经济状况在教徒教堂参与和会员资格之间呈正相关，有配偶的人比未婚者宗教涉入水平更高[①]。但也有研究表明未婚的人和无子女的夫妇宗教参与更广泛，因为他们将宗教参与作为配偶或家庭主要关系缺失的替代，特别是未婚和丧偶的人比有配偶的人更信仰宗教，丧偶者通常将祈祷作为一种应对策略[②]。

老年人宗教参与还存在种族和健康状况的差异。患有癌症的老年人比未患癌症的老年人参与更多的宗教活动；在黑种老年人中，参与宗教活动越频繁，正向影响的水平越高，沮丧水平越低[③]。女性黑种老人一般表现出较高的宗教参与水平，男性黑种老人每周花许多时间在自己的家中祈祷[④]。

（3）宗教参与的功能

宗教参与对老年人来说，有着特别的意义。老年人特别是女性老人可以从宗教活动的文化环境中受益，可以增强文化认同和增加个人资源，有利于他们处理晚年生活中的不幸。频繁地参与宗教活动可以降低老年人将来发生认知障碍的水平[⑤]。宗教参与行为的多维性和宗教在道德规范、幸福感和老年人应对困难中的角色，以及教会针对老年人提供更多的基于教

---

① Idler, Ellen L. , and Stanislav V. Kasl, "Religion among disabled and nondisabled persons II: Attendance at religious services as a predictor of the course of disability. " *The Journals of Gerontology Series B: Psychological Sciences and Social Sciences*, Vol. 52, No. 6, 1997, pp. S306 - S316.

② Glock, Charles Y. , Benjamin Bernard Ringer, and Earl R. Babbie. *To comfort and to challenge: A dilemma of the contemporary church*. University of California Press, 1967.

③ Idler, Ellen L. , et al. , "Measuring multiple dimensions of religion and spirituality for health research conceptual background and findings from the 1998 General Social Survey. " *Research on Aging*, Vol. 25, No. 4, 2003, pp. 327 - 365.

④ Taylor, Robert Joseph, et al. , "Organizational Religious Behavior Among Older African Americans Findings From the National Survey of American Life. " *Research on Aging*, Vol. 31, No. 4, 2009, pp. 440 - 462.

⑤ Van Ness, Peter H. , and Stanislav V. Kasl, "Religion and cognitive dysfunction in an elderly cohort. " *The Journals of Gerontology Series B: Psychological Sciences and Social Sciences*, Vol. 58, No. 1, 2003, pp. S21 - S29.

堂的老龄计划，满足了老年人的需要①。

另外，宗教参与对老年人体能、抽烟、喝酒、朋友和家庭关系、社会活动和休闲方式、压抑和乐观方面都有影响。经常参与宗教活动的老年人，通常在这些方面表现得很好②。因此，宗教参与为老年人提供广泛的服务与支持，被认为是改善老年人生活质量的潜在资源③。

3. 宗教信仰：一种危机应对机制

老年期是疾病多发期，老年期危机四伏，老年人将面临丧亲之痛，情感缺失与精神需求，以及身体功能的下降和资源的丧失。老年人无法改变现实，只能积极适应与积极应对。宗教信仰被老年人视为应对危机的一种资源、机制和策略。

宗教信仰作为处理健康危机的策略，能减轻健康功能下降造成的压力。通过宗教组织内和组织外的网络，老年人可以获得正式和非正式的社会支持。研究表明，病人依赖宗教信仰来应对危机，祈祷常常被病人作为自我照料治疗的方法，一些病人把它作为疼痛的控制机制④。老年病人认为相信上帝、祈祷、读《圣经》和教会的会员资格能给予他们安慰和平静的情感。一般来说，经常使用宗教策略的人是那些患病相当严重、失能、受教育水平低和平均年收入低的老年人，因为此类老年人晚年应对危机的资源相对较少⑤。可见，宗教应对经常被老年群体中的弱势群体所使用，这部分老年人是社会弱势群体中的弱势。

老年人将宗教信仰作为应对各种心理压力的策略。当处于痛苦和矛盾

① Sheehan, Nancy W., Richard Wilson, and Lisa M. Marella, "The role of the church in providing services for the aging." *Journal of Applied Gerontology*, Vol. 7, No. 2, 1988, pp. 231 – 241.

② Idler, Ellen L., and Stanislav V. Kasl, "Religion among disabled and nondisabled persons II: Attendance at religious services as a predictor of the course of disability." *The Journals of Gerontology Series B: Psychological Sciences and Social Sciences*, Vol. 52, No. 6, 1997, pp. S306 – S316.

③ Holt, Marilyn K., and Mary Dellmann – Jenkins, "Research and implications for practice: religion, well – being/morale, and coping behavior in later life." *Journal of Applied Gerontology*, Vol. 11, No. 1, 1992, pp. 101 – 110.

④ Ibrahim, Said A., et al., "Inner city African – American elderly patients' perceptions and preferences for the care of chronic knee and hip pain: findings from focus groups." *The Journals of Gerontology Series A: Biological Sciences and Medical Sciences*, Vol. 59, No. 12, 2004, pp. 1318 – 1322.

⑤ Levin, Jeffrey S., "Religious factors in aging, adjustment, and health: A theoretical overview." *Journal of Religion & Aging*, Vol. 4, No. 3 – 4, 1989, pp. 133 – 146.

中时，宗教可以为他们提供安抚、理解、意义和忏悔途径，这是一种压力缓冲机制①。当危机产生时老年人常常需要常常运用宗教加以解释和应对。

可见，宗教应对策略对老年人有着重要的意义。宗教应对是一种行为机制，能帮助老年人减少压力和增强适应能力。

4. 宗教信仰与老年人健康

宗教与健康是国外宗教研究的一个热点和重点课题，一直是宗教社会学和宗教心理学关注的焦点。研究主要涉及宗教信仰与老年人的生理健康和心理健康、抑郁和沮丧，以及影响健康的生活习惯。

国外研究指出宗教信仰与健康间有正向或重要的关系②。宗教之所以对健康产生影响，主要是通过一些机制，如社会支持和改善健康行为；一些附加机制，如改善心理状态，获得信仰、希望和内心平衡；提供心理上的巩固或维持积极的健康行为；最后是通过祈求神灵的治疗和代人祷告③。有学者运用社会活动理论解释宗教与老年人健康间的关系，并认为宗教参与可以减少老年人认知障碍，提高老年人的生理和心理健康，有利于实现健康老龄化④。可见，宗教被认为对破解老龄问题有一定价值。

（1）宗教信仰与生理健康

老年人的宗教信仰促进老年人宗教活动的增加和宗教参与水平的提高；而宗教参与反过来又增强了老年人的宗教信仰，促使老年人社会行为的改变，提高老年人的健康水平。研究发现，宗教与老年人健康之间存在正相关的关系。老年教徒出席教堂、宗派喜好、祈祷、宗教人员的回应、宽恕、生命历程中的问题、社会经济地位和种族都有可能对老年人的健康

---

① Bosworth, Hayden B., et al., "The impact of religious practice and religious coping on geriatric depression." *International Journal of Geriatric Psychiatry*, Vol. 18, No. 10, 2003, pp. 905 – 914.

② O Connell, Kathryn A., and Suzanne M. Skevington, "To measure or not to measure? Reviewing the assessment of spirituality and religion in health – related quality of life." *Chronic illness*, Vol. 3, No. 1, 2007, pp. 77 – 87.

③ Oman, Doug, and Carl E. Thoresen, "'Does religion cause health?': differing interpretations and diverse meanings." *Journal of Health Psychology*, Vol. 7, No. 4, 2002, pp. 365 – 380.

④ Hill, Terrence D., "Religious involvement and healthy cognitive aging: patterns, explanations, and future directions." *The Journals of Gerontology Series A: Biological Sciences and Medical Sciences*, Vol. 63, No. 5, 2008, pp. 478 – 479.

产生影响[1]。宗教参与越多，功能限制越少，同时宗教参与还可以预测老年人不同方面功能受限的数量[2]。经常参与宗教仪式活动或宗教佛事活动的老人，ADL 和 IADL 困难较少[3]。

宗教信仰有助于老年人改变不健康的行为，形成良好的生活习惯。教徒，特别是老年教徒，与其他人相比有一些健康的生活习惯，如不吸烟、不喝酒、学习好的饮食习惯、有规律地锻炼身体，从而减少在整个生命历程中患病的风险[4][5]。老年人在教会和教友间获得的社会支持，宗教信仰所获得的生活意义和应对方法，促成了积极健康的行为[6]。另外，患病严重的老年教徒不会因避免治疗疾病带来的风险而抵制治疗[7]。可见，宗教信仰影响老年人对待疾病的态度。

此外，宗教参与同患高血压、动脉硬化和心血管之间也存在关系。研究发现，参与宗教活动的频率越高，老年人的血压越低，老年人患动脉硬化和心血管病所致的死亡率越低，身体失能发生率也越低[8][9][10]。有内部宗

[1] Moody, Harry R., "Is religion good for your health?" *The Gerontologist*, Vol. 46, No. 1, 2006, pp. 147 – 149.

[2] Powell, Lynda H., Leila Shahabi, and Carl E. Thoresen, "Religion and spirituality: Linkages to physical health." *American Psychologist*, Vol. 58, No. 1, 2003, p. 36.

[3] Park, Nan Sook, et al., "Religiousness and longitudinal trajectories in elders' functional status." *Research on Aging*, Vol. 30, No. 3, 2008, pp. 279 – 298.

[4] Khushf, George, "Religion in Aging and Health: Theoretical Foundations and Methodological Frontiers." *The Journal of Nervous and Mental Disease*, Vol. 183, No. 11, 1995, pp. 723 – 724.

[5] Krause, Neal, "Religious meaning and subjective well—being in late life." *The Journals of Gerontology Series B: Psychological Sciences and Social Sciences*, Vol. 58, No. 3, 2003, pp. S160 – S170.

[6] Park, Nan Sook, et al., "Religiousness and longitudinal trajectories in elders' functional status." *Research on aging*, Vol. 30, No. 3, 2008, pp. 279—298.

[7] Van Ness, Peter H., and Stanislav V. Kasl., "Religion and cognitive dysfunction in an elderly cohort." *The Journals of Gerontology Series B: Psychological Sciences and Social Sciences*, Vol. 58, No. 1, 2003, pp. S21 – S29.

[8] Graham, Thomas W., et al., "Frequency of church attendance and blood pressure elevation." *Journal of Behavioral Medicine*, Vol. 1, No. 1, 1978, pp. 37 – 43.

[9] Comstock, George W., and Kay B. Partridge, "Church attendance and health." *Journal of Chronic Diseases*, Vol. 25, No. 12, 1972, pp. 665 – 672.

[10] Idler, Ellen L., and Stanislav V. Kasl, "Religion among disabled and nondisabled persons II: Attendance at religious services as a predictor of the course of disability." *The Journals of Gerontology Series B: Psychological Sciences and Social Sciences*, Vol. 52, No. 6, 1997, pp. S306 – S316.

教性的老年人心血管病活动性比外部宗教性的老年人低，内部的宗教信仰使老年人高血压发生风险降低[①]。

（2）宗教参与有助于降低老年人的死亡率

西方宗教学家、老年学家和学者关注的焦点是宗教参与对老年人死亡率、患病率的影响。国外研究表明，宗教参与对老年人有一种持续性保护作用，能降低老年人的死亡率。

参与宗教活动（团体、组织、仪式）的教徒死亡率低于不参加宗教活动的人，宗教参与的广度和深度对死亡率均有一定影响。经常参与宗教活动的老年人死亡风险是46%，比不经常参与宗教的老年人的死亡风险（79%）低[②]。每周参加宗教活动的被调查者死亡率最低，而未参加的人死亡率最高；一周至少参加一次宗教活动（仪式）的美国女性老年人比不参加的女性长寿的机会更高；与不经常参与宗教活动的老人相比，经常参与者有更大的社会网络，能获得更多的支持，他们平衡能力好，经常锻炼身体、抽烟少、喝酒少，从事更多的志愿工作、压抑感较少，从而增强他们的免疫系统抵御疾病和加快恢复的能力[③]。一周至少参加一次礼拜活动的非洲裔美国人比那些从不参加的人平均寿命长13.7年[④]。另外，在与每周至少参加一次宗教仪式的非洲裔美国老年人相比，在未来的9年内，从来不参加宗教仪式者死亡的可能性是他们的2倍[⑤]。

宗教参与之所以能降低死亡风险，是因为宗教的社会控制、社会整合、社会约束和伦理道德功能。宗教参与者少吸烟、多锻炼、少喝酒、适当的性行为、禁止吸毒等行为，都有利于健康，宗教有减少或消除增加死

---

① Benjamins, Maureen R. , and Marcia Finlayson, "Using Religious Services to Improve Health Findings From a Sample of Middle – Aged and Older Adults With Multiple Sclerosis." *Journal of Aging and Health*, Vol. 19, No. 3, 2007, pp. 537 – 553.

② Trumpet, Yoreel Fraser, "Faith in the Future: Health Care, Aging, and the Role of Religion." *Journal of the National Medical Association*, Vol. 97, No. 11, 2005, p. 1577.

③ Oman, Douglas, and Dwayne Reed, "Religion and mortality among the community – dwelling elderly." *American Journal of Public Health*, Vol. 88, No. 10, 1998, pp. 1469 – 1475.

④ Marks, Loren, et al. , "Religion and Health Among African Americans A Qualitative Examination." *Research on Aging*, Vol. 27, No. 4, 2005, pp. 447 – 474.

⑤ Ellison, Christopher G. , et al. , "Religious involvement and mortality risk among African American adults." *Research on Aging*, Vol. 22, No. 6, 2000, pp. 630 – 667.

亡的风险行为的作用①。

各地区参加宗教人口比例的上升，老年人的死亡率会下降。因为当越多的人加入宗教组织，宗教组织通过各种社会网络支持老年人，老年人的社会整合程度将提高，从而降低老年人的死亡率②。

宗教参与使老年人能获得更多的社会支持，对老年人健康有保护作用。宗教参与的动机，如希望、宽恕、利他和爱，可以稳定和改善老年人社会网络关系的质量，从而使老年人的健康受益。

（3）宗教信仰与心理健康

宗教的心理调适功能是宗教吸引老年人的原因之一，老年人通过宗教信仰与宗教参与来获得精神慰藉、心理平衡、情感宣泄，有助于减轻孤独感、寂寞感、失落感和心理失衡，改善心理健康水平。

宗教信仰与宗教参与减少老年人的内心压力，促进老年人心理健康。有学者研究认为，宗教性可以减少大量的压力风险，提供一种处理压力或支持的方法，提供一个作为社会资源的网络和促进心理平衡的资源③④。宗教参与使人们通过潜在的大量社会支持和较大的社会网络获得实际支持，这有利于改善健康状况⑤。

老年人心理健康程度存在宗教委身的差异。有高度宗教性的老年人在健康、功能状态和精神健康指标上的得分最高；而中度参与者和不参与者是一样的，一般在健康、功能状态和精神健康上的得分较低⑥。

①　Idler, Ellen L. , and Stanislav V. Kasl, "Religion among disabled and nondisabled persons Ⅱ: Attendance at religious services as a predictor of the course of disability." *The Journals of Gerontology Series B: Psychological Sciences and Social Sciences*, Vol. 52, No. 6, 1997, pp. S306 – S316.

②　GILES – SIMS, J. E. A. N. , and Charles Lockhart, "Explaining Cross - State Differences in Elderly Suicide Rates and Identifying State - Level Public Policy Responses that Reduce Rates." *Suicide and Life – Threatening Behavior*, Vol. 36, No. 6, 2006, pp. 694 – 708.

③　Allen, Rebecca S. , et al. , "Religiousness/spirituality and mental health among older male inmates." *The Gerontologist*, Vol. 48, No. 5, 2008, pp. 692 – 697.

④　Chang, Bei – Hung, Anne E. Noonan, and Sharon L. Tennstedt, "The role of religion/spirituality in coping with caregiving for disabled elders." *The Gerontologist*, Vol. 38, No. 4, 1998, pp. 463 – 470.

⑤　Ellison, Christopher G. , and Linda K. George. "Religious involvement, social ties, and social support in a southeastern community." *Journal for the Scientific Study of Religion*, 1994, pp. 46 – 61.

⑥　Klemmack, David L. , et al. , "A cluster analysis typology of religiousness/spirituality among older adults." *Research on Aging*, Vol. 29, No. 2, 2007, pp. 163 – 183.

宗教参与对心理健康的影响存在种族差异。参与宗教活动提高了老年人的主观健康水平，特别是黑种老年人，而参与宗教活动的白种老年人主观健康水平提高较少；功能性健康水平低的老年人实际上个人宗教活动水平高，即那些面临许多困难的老年人从事更多的宗教活动；因此，宗教信仰对那些遭受身体健康问题者的心理健康影响更大①。

（4）宗教参与能缓减老年人的抑郁症状

宗教参与和抑郁的关系是宗教研究领域的一个重要方向。国外研究发现，宗教参与可以降低抑郁的发生或减轻抑郁症状。老年人有规律地、固定地、经常地参与宗教活动和宗教委身越强，将会降低老年人的抑郁水平。

宗教参与的频度与抑郁程度相关。经常参与宗教活动的老年人患抑郁者较少。对那些处于严重困境中的人，如患疾病和受精神创伤，宗教参与者比那些不参与者的抑郁水平低②。在按时参加礼拜的教徒中，患抑郁症的比例较低，主要是罗马天主教教徒；在经常按时参加礼拜的罗马天主教教徒中，各国女性老年人患有抑郁症的较少；因此，欧洲老年人中，无论是个体层面还是国家层面，有宗教习惯的老年人，患抑郁者较低③。学者对宗教参与同抑郁症状和身体健康之间关系的研究发现，随着时间的变化，教堂参与与抑郁症状呈负相关；有规律的教堂参与者，抑郁得分较低；宗教委身低、丧偶和未婚的教徒，抑郁得分较高④。

宗教参与同抑郁度存在性别差异。频繁地参加宗教活动可以减少女性

---

① Musick, Marc A., "Religion and subjective health among black and white elders." *Journal of Health and Social Behavior*, 1996, pp. 221 – 237.

② Smith, Timothy B., Michael E. McCullough, and Justin Poll, "Religiousness and depression: evidence for a main effect and the moderating influence of stressful life events." *Psychological Bulletin*, Vol. 129, No. 4, 2003, p. 614.

③ Braam, Arjan W., et al., "Religion as a cross – cultural determinant of depression in elderly Europeans: results from the EURODEP collaboration." *Psychological Medicine*, Vol. 31, No. 5, 2001, pp. 803 – 814.

④ Braam, Arjan W., et al., "Religious involvement and 6 – year course of depressive symptoms in older Dutch citizens: results from the Longitudinal Aging Study Amsterdam." *Journal of Aging and Health*, Vol. 16, No. 4, 2004, pp. 467 – 489.

的抑郁程度，但是男性的抑郁度却增加，社会角色的丧失和组织（团体）权力的潜在影响是原因之一①。

抑郁水平与老年人的宗教性和健康状况有关。在 60—70 岁时，宗教信仰可以减缓身体健康不好的压力，宗教性低和健康状况不好的人抑郁水平最高②。对临终老年人的研究发现，与无宗教信仰的人相比，有宗教信仰者的抑郁率与自杀率较低③。原因可能与未参与者缺少参与者在社会网络中获得的支持资源相关。

（5）宗教参与使老年人从沮丧中得以恢复

沮丧与心理健康相关，宗教参与有助于老年人摆脱沮丧。宗教主要是通过宗教参与、宗教信仰程度、宗教仪式参与频率等对老年人的沮丧水平产生影响。

老年人参与的宗教活动越多，沮丧的症状越低。经常有规律地参与宗教活动，能降低沮丧水平。在固定参与教堂活动的人当中，沮丧率较低，特别是女性老年人和罗马天主教教徒，固定参与宗教活动者比从来不参与宗教活动的人沮丧抑郁的风险低④。

宗教活动的参与对老年人沮丧的影响存在健康和种族差异。有癌症的老年人比没有癌症的老年人参与宗教活动更多；在黑种老年人中，参与宗教活动越频繁，正向影响的水平越高，沮丧水平越低；在患癌症的黑种老年人中，宗教活动与低水平的沮丧水平相关，而患其他病和不患病的人却

---

① Norton, Maria C., et al., "Gender differences in the association between religious involvement and depression: The Cache County (Utah) study." *The Journals of Gerontology Series B: Psychological Sciences and Social Sciences*, Vol. 61, No. 3, 2006, pp. 129 – 136.

② Wink, Paul, Michele Dillon, and Britta Larsen, "Religion as Moderator of the Depression – Health Connection Findings From a Longitudinal Study." *Research on Aging*, Vol. 27, No. 2, 2005, pp. 197 – 220.

③ Van Ness, Peter H., and Stanislav V. Kasl, "Religion and cognitive dysfunction in an elderly cohort." *The Journals of Gerontology Series B: Psychological Sciences and Social Sciences*, Vol. 58, No. 1, 2003, pp. S21 – S29.

④ Braam, Arjan W., et al., "Religion as a cross – cultural determinant of depression in elderly Europeans: results from the EURODEP collaboration." *Psychological Medicine*, Vol. 31, No. 5, 2001, pp. 803 – 814.

没有此种关系①。宗教神职人员和调解人员的看访有助于老年人维持希望与乐观的心态,宗教信仰的纽带帮助老年人打开通向能提供工具性和情感性支持的大门。

宗教性与沮丧水平相关。有较强宗教性的病人很少沮丧,而且更可能从他们严重的疾病中解脱出来;宗教性越强的病人沮丧率低,而且对身体治疗的态度更积极②。

5. 宗教参与能提高老年人主观幸福感

主观幸福感是指最好的心理功能和经历。它是指人们如何评价他们的生活,包括生活满意度、婚姻满意度、无沮丧和焦虑、积极的心情和情感等指标。主观幸福感是人们对情感反映、各方面满意度和生活满意度的整体判断③。宗教性和宗教偏好随着年龄的增加变得日益重要,是影响主观幸福感的重要因素。

宗教参与能提高老年人的主观幸福感。发达国家和发展中国家的数据都表明宗教信仰和主观幸福感之间有很强的正向关系,特别是对妇女和老年人④。在日本老年人口中,宗教参与提高了老年人的主观幸福感⑤。对临终病人的研究发现,与无宗教信仰的人相比,有宗教信仰者表现出较高水平的主观幸福感⑥。因为,对老年人而言宗教可以作为一个"处理机制",在整个生命历程中积累的宗教资本不断发挥作用,所以,宗教参与

---

① Musick, Marc A. , et al. , "Religious activity and depression among community – dwelling elderly persons with cancer: The moderating effect of race. " *The Journals of Gerontology Series B: Psychological Sciences and Social Sciences*, Vol. 53, No. 4, 1998, pp. S218 – S227.

② Pressman, Peter, et al. , "Religious belief, depression, and ambulation status in elderly women with broken hips. " *American journal of psychiatry*, Vol. 147, No. 6, 1990, pp. 758 – 760.

③ Diener, ed. , "Subjective well – being: The science of happiness and a proposal for a national index. " *American Psychologist*, Vol. 55, No. 1, 2000, p. 34.

④ Brown, Philip H. , and Brian Tierney, "Religion and subjective well – being among the elderly in China. " *The Journal of Socio – Economics*, Vol. 38, No. 2, 2009, pp. 310 – 319.

⑤ Krause, Neal, "Religious meaning and subjective well – being in late life. " *The Journals of Gerontology Series B: Psychological Sciences and Social Sciences*, Vol. 58, No. 3, 2003, pp. S160 – S170.

⑥ Van Ness, Peter H. , and Stanislav V. Kasl, "Religion and cognitive dysfunction in an elderly cohort. " *The Journals of Gerontology Series B: Psychological Sciences and Social Sciences*, Vol. 58, No. 1, 2003, pp. S21 – S29.

对老年人的主观幸福感相当重要①。

宗教性也是影响主观幸福感的因素之一。归属于某一个宗教的人（其中对生活满意的比例为60%）比不归属的人（其中对生活满意的比例为54%）生活满意度更高，一周参加一次礼拜的人（其中对生活满意的比例为65%）比不经常参加的人（其中对生活满意的比例为55%）生活满意度更高②。

但是，一项对中国老年人的研究发现，宗教参与同幸福感之间是一种负向关系。当控制人口学、健康和失能、居住方式、财富和收入、生活方式、社会网络和地点为参照量时后，宗教参与同主观幸福感之间有很强的负向关系，宗教参与对男性主观幸福感的影响大于女性；在生活满意度方面，宗教参与比受教育程度、日常自理能力、非亲属孩子的探访频率、个人收入来源更重要③。但此项研究未包含60—80岁的老年人。因此，宗教与我国老年人主观幸福感之间的关系，还需要进一步研究。

6. 评述

国外学界在分析老年教徒构成和特点的基础上，对老年人宗教行为的特点和影响因素进行了研究。对国外老年人宗教研究梳理后发现，国外学界研究的核心问题是宗教信仰、宗教性、宗教参与、宗教行为对老年人健康、死亡率、抑郁、沮丧和主观幸福感的影响。国外研究逐渐形成了一个基本共识，即老年人的宗教性强、宗教参与频繁、宗教信仰虔诚，宗教信仰有助于改善老年人的健康状况，降低死亡风险，缓减抑郁水平和沮丧水平，提高主观幸福感，从而促进老年人晚年生活质量的改善和提高。国外老年人宗教研究主要集中于基督宗教，特别是基督新教，对其他宗教的关注较少。因此，宗教与老年人晚年生活密切相关，宗教对于老年人的功能与意义是深远的。这些理论与观点能否解释我国老年人的宗教信仰、宗教

---

① Markides, Kyriakos S. , Jeffrey S. Levin, and Laura A. Ray, "Religion, aging, and life satisfaction: An eight – year, three – wave longitudinal study." *The Gerontologist*, Vol. 27, No. 5, 1987, pp. 660 – 665.

② Miller, Tracy, "US Religious Landscape Survey Religious Beliefs and Practices: Diverse and Politically Relevant." 2008, pp. 1 – 272.

③ Brown, Philip H. , and Brian Tierney, "Religion and subjective well – being among the elderly in China." *The Journal of Socio – Economics*, Vol. 38, No. 2, 2009, pp. 310 – 319.

参与和宗教行为，尚待国内学者加以研究和检验。

我国人口老龄化快速发展势不可当，到 21 世纪三四十年代将迎来我国人口老龄化的高峰。进入人口老龄化社会十多年来，我国老龄问题日益突出而复杂，从多学科、多视角研究老龄问题，综合应对老龄问题显得越来越紧迫，老龄问题研究应基于我国是一个多民族多宗教国家的基本国情。随着宗教政策的颁布与落实，宗教的世俗化，价值观的多元化，错综复杂的利益矛盾，社会、生活、工作等多重压力的增加，宗教将引起人们特别是老年人的广泛兴趣。然而我国老年教徒多、问题复杂的现状却未引起学界的关注，老年人宗教问题研究严重滞后。国内以往研究多是从群体的角度对宗教信众展开分析，鲜见将老年人作为研究对象的文献。值得欣慰的是，国内已有少数学者对老年妇女教徒信仰宗教问题进行了研究，在拓展老年学研究领域上进行了积极尝试。随着我国老年人口规模的增加，老年人与宗教问题、老年人信仰宗教问题将会成为老龄问题研究的一个重点。国外的研究成果为国内开展老年人宗教问题研究提供了参考与借鉴。

将宗教信仰与老年人作为研究课题，将人口老龄化与老年人信仰宗教两个社会现象综合考虑，有重要的现实意义和学术价值。老年宗教学在国外发展已经相当成熟，而在国内相对滞后。我国人口老龄化和高龄化的发展趋势为老年宗教学的发展提供肥沃的土壤和难得的机遇。

五　理论基础

本书使用以下理论对老年人的宗教信仰问题中的现象与问题进行研究与分析，这为研究老年人宗教信仰问题找到理论依据，有助于对研究对象进行深入的理解与分析。

（一）需要理论

英国社会人类学家马林诺夫斯基认为人有各种不同的简单需要，一般而言，这些需要通过群体的合作、认知的进步以及人的价值观的发展而得到满足。满足人类需要的某些组织形式在所有文化中都存在着，宗教就是其中之一。由于宗教满足了人类的基本需要，因此，它在每一种文化中都一直存在。文化需要，或者说对于基本需要的文化回应，也都应当予以考虑，就此而言，宗教一直在社会中具有相应的位置。马林诺夫斯基认为宗教需要的出现是作为能够建立体系和建构知识的人之需要的结果。宗教信仰满足了一种固定的个人需要，宗教信仰及仪式使人生重要举动和社会契约公开化、传统地标准化，增强了人类团结中的维系力①。

无论有多少知识和科学能帮助人满足自己的需要，它们总是有限度的；人事中有一片广大的领域，它不能消除疾病和朽腐，它不能抵抗死亡，它不能有效增加人和环境的和谐，它更不能确立人与人之间的良好关系，它是属于宗教的范围②。

可见，马林诺夫斯基的需要理论将宗教与宗教信仰视为人的一项基本需要，类似于人们吃、穿、住、行等生存需要。人需要认识社会，并对自身所处的环境和社会现象作出合理的解释，宗教可以满足人们的认知需要。需要理论对于探讨人们为什么会产生宗教信仰具有一定的解释力。

（二）宗教参与模型

Bahr 在 20 世纪 70 年代提出了与年龄相关的四类宗教参与模型（Bahr，1970），分别是传统型（Traditional model）、稳定型（Stability model）、家庭循环型（Family - cycle model）和脱离型（Disengagement model）③。传统型是指人们在 18—30 岁时，宗教参与水平较低，之后随着年龄的增加，人们的宗教参与水平将快速和持续增加；稳定型是指人们在儿童时期建立的宗教参与水平，在整个生命历程中宗教参与水平将得到维持；家庭循环型是指在家庭形成时期和养育子女时期，人们的宗教参与水平在上升，到中年时期，宗教参与水平开始下降；脱离型是指人们的宗教参与水平在 50 岁时开始下降，无论之前的参与水平是高还是低。

宗教参与模型有助于解释现代社会的一些现象，如信仰宗教的老年人多于年轻人，老年人的宗教参与水平高于年轻人，老年人的宗教委身高于年轻人。宗教参与模型对研究我国老年人宗教信仰的变化趋势有重要意义。

---

① ［英］马林诺夫斯基：《文化论》，费孝通译，华夏出版社 2002 年版，第 53 页。
② 同上。
③ Bahr, Howard M. , "Aging and religious disaffiliation. " *Social Forces*, Vol. 49, No. 1, 1970, pp. 59 – 71.

（三）宗教三色市场理论

宗教三色市场理论认为加强宗教管制的结果不是宗教信仰和宗教参与行为的总体减少，而是使宗教市场复杂化，即出现红市、黑市和灰市三个宗教市场，每个市场都有自身特别的动力学。红市，即合法的宗教组织、信众及活动；黑市，即政府禁止或取缔的宗教组织、信众及活动；灰市，即既不合法也不非法，既合法又非法的宗教组织、信众及活动①。宗教三色市场理论提出了三个命题：只要宗教组织在数量和活动上受到政府限制，黑市就必然会出现；当合法的寺庙、教堂数量不够或者其提供的服务和产品不能满足人们的宗教需要时，很多人会另寻出路；只要红市受到限制和黑市受到镇压，灰市就必然会出现。

随着人口老龄化的发展，我国老年人口规模日益扩大。老年人的各种需求特别是精神文化需求将急剧增加，宗教需求是老年人的社会需求之一。因此，老年人很可能成为宗教经济中一个最具吸引力和最具潜力的群体，成为红市、黑市、灰市的竞争对象。老年人文化程度低，对宗教和宗教政策缺少必要的了解与认识，成为一些非法组织借用宗教名义骗取的对象。宗教三色市场理论为研究我国老年人宗教信仰的变化提供重要理论支撑。

（四）行为交换理论

乔治·霍曼斯是社会交换理论的创始人，他认为对社会现象的合理解释必须以人性的内在心理结构为基础，人与人之间的互动根本上是一种交换过程，并提出六个命题，分别是成功命题、刺激命题、价值命题、剥夺与满足命题、攻击与赞同命题和理性命题②。

霍曼斯认为，每个命题只是对人类行为的局部解释，而理论的目的是要能够解释整个社会行为，因此，只有将六个命题综合起来考虑，才能够成为解释人的社会行为的最高层次体系或最基本的命题。

老年人信仰宗教，是个体行为，这一行为的动机可以看作是为了获取

---

① 杨凤岗：《中国宗教的三色市场》，《中国人民大学学报》2006 年第 6 期。
② 贾春增：《外国社会学史》，中国人民大学出版社 2000 年版，第 292—299 页。

宗教信仰的报酬，老年人信仰宗教的实质是老年人与神灵之间的交换。我国信仰宗教人群信仰宗教目的的功能化、世俗化，正是说明宗教信仰是老年人与神灵之间的一种交换。

（五）宗教皈依理论

所谓皈依是指朝向更具宗教性的信念、行为和献身的一种转变。在皈依研究的"经典范式"中，皈依被认为是突然的。皈依之前皈依者总会经历一种个人危机，皈依成为一种创造性地解决问题的方式①。

宗教心理学中的传统皈依理论认为，皈依多是由心理上的剧烈痛苦、混乱、绝望、冲突、罪恶感和其他类似的心理困扰而引起，被视为一种危机型皈依；现代皈依理论则强调人的主动寻求对于皈依行为产生的动力，是一种内生型皈依。宗教徒的宗教皈依是一个渐进、单一的过程，并且更具有"内生型皈依"的特征，生活的压力、挫折或生命的危机状态不是促使宗教徒皈依的普遍因素，功利性的欲求、心灵的空乏以及精神世界的不满足感是潜在涌动的促使教徒皈依宗教的内在张力②。

老年期是疾病的多发期，社会角色与资源不断丧失，家庭矛盾、丧偶、失亲等事件的发生，家庭结构的改变，大量年轻人因学业、事业、工作等离开父母，父母与子女的交流随着现代科技的发展变得日益方便，但与传统交流方式相比，现在代际间的交流方式却发生了根本性的改变，父代的情感慰藉需求仍无法满足。因此，老年人的宗教皈依往往表现出危机型、情感型皈依。宗教皈依理论对于解释老年人信仰宗教的原因与改变宗教信仰的原因有重大意义。

（六）宗教研究中的生命历程理论

生命历程视角关注生活转变和角色进入与角色退出，生命历程研究更多地关注过程与改变，而不是稳定阶段。生命历程中从一个角色或阶段向另一个角色或下一个阶段转变经常会举行宗教仪式来标明，如出生、成

---

① ［英］麦克·阿盖尔：《宗教心理学导论》，陈彪译，中国人民大学出版社2005年版，第33—35页。

② 梁丽萍：《中国人的宗教皈依历程：以山西佛教徒与基督教徒为对象的考察》，《宗教学研究》2005年第1期。

年、结婚、丧偶、死亡等生命历程中的重要生命事件通常举行家庭集会、宴会和宗教仪式来标明。举行相应的宗教仪式是对这些事件的宗教应对，而仪式则提供了安慰、理解与意义，减轻转变的压力，提供社会心理支持；同时宗教仪式使个体获得从一个阶段通向另一个阶段的角色正式化。

宗教仪式与晚年生活相关，大量资源的不断丧失，如身体健康与身体功能、工作与社区角色、个体的重要性、配偶的死亡、亲密朋友和家人死亡等，使个体面临的压力与危机增加。在生命历程中，人们的宗教性呈非线性增长，随着成年早期快速增加，在接近死亡之前，人们参与有组织的宗教活动或仪式会出现一个与健康有关的下降时期，但宗教性却没有下降。从生命历程的视角关注个体的宗教参与、宗教性、宗教生活与生命事件的关系，为研究老年人宗教信仰问题提供了重要方法。

六　研究设计

（一）研究假设

基于国内外研究现状、研究内容和理论基础，提出以下研究假设：

第一，信仰宗教的老年人将日益增多。提出这一研究假设的依据是：我国宗教信仰自由政策得到贯彻与落实，老年人信仰宗教得到政策法规的支持；我国多个宗教与民间信仰并存，为老年人信仰宗教提供了众多选择；宗教参与模式认为，人们进入老年后，宗教参与会随年龄的增加而增多；宗教需求是老年人的一个认知需求，当相应环境具备后，老年人将付诸实施；老年人健康需求与内心情感世界的需求随年龄的增加而增加；国外宗教的不断影响。

第二，老年人最主要通过初级群体接触与信仰宗教。以往经验研究发现，老年人主要是通过家人、朋友、邻居、同事、亲属等接触宗教，并在初级群体的影响下信仰宗教。

第三，老年人信仰宗教受人口、健康、经济、心理、家庭、地区等因素的影响。我国地域辽阔，经济社会发展水平、文化模式、民族构成等存在巨大的区域差异，宗教作为文化的一种表现形式，必然具有地区差异。老年人是否信仰宗教存在人口特征差异，在性别、年龄、文化程度、民族、婚姻状况等方面表现出各自特征，同时宗教信仰在经济、健康、心理方面也存在差异。家庭关系、代际关系的质量影响老年人的经济支持、身体健康状况与心理健康状况。

第四，老年人改变宗教信仰与晚年生活中发生的负性生命事件相关。传统皈依理论强调老年人属于"危机型"信仰宗教，即生命历程中发生的危机事件促使老年人信仰宗教。老年人从信仰某个宗教到改变信仰另一个宗教，原因很可能是生命历程中发生了负性生命事件。

第五，宗教信仰对老年人自杀意念的产生有保护性或预防性作用。迪尔凯姆的自杀理论认为，不同宗教信仰的国家的人民自杀率存在差异，其原因是由于宗教社会整合程度高，在宗教社会中所获得的支持与帮助减少了自杀的发生。

第六，有宗教信仰的老年人生活满意度与幸福感高于无宗教信仰的老年人。根据国内外的经验研究结论而提出。国外学者普遍认为宗教信仰对生活满意度和主观幸福感有积极与促进作用，而国内以往研究却没有达成一致的结论。因此，宗教信仰对我国老年人生活满意度和主观幸福感的影响还需要研究。

（二）研究框架

本书的研究框架如图1—1所示，本书的研究是按照图1—1进行组织的，本书的研究思路是：

本书在社会转型、人口老龄化与国内宗教信仰自由政策落实与贯彻的背景下，提出研究问题；对国内外老年人宗教问题研究的现状进行回顾与梳理，总结与评述国内外老年人宗教问题研究的进展，指出存在的不足和研究空间；介绍国内外相关宗教理论。

在国内外研究成果和相关理论的基础上，提出研究假设。在研究假设的基础上建立文章的分析框架。具体内容如下：

第一章，导论。此部分就老年人宗教信仰研究的研究背景、研究意义、研究目的、概念界定、国内外研究评述、研究内容与研究目标、数据来源与研究方法等问题进行阐述。

第二章，我国老年人宗教信仰的现状和特征。本章主要阐述我国老年教徒的总体规模、分布情况和人口、经济社会特征；信仰各宗教的老年人的规模与分布情况以及特征；我国城乡二元经济结构导致城乡经济、社

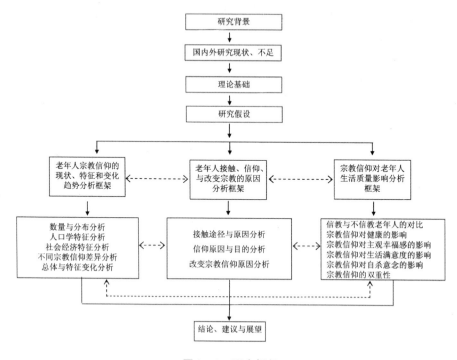

图1—1　研究框架

会、文化的差异，因此，从农村和城市的角度对老年人信仰宗教的特征进行分析；另外，还从性别的视角对老年教徒的特征进行分析。

第三章，不同宗教信仰老年人的现状与特征。由于各宗教的宗教思想、宗教观念与宗教文化的不同，信仰不同宗教的老年人的特征存在较大差异。通过对不同宗教信仰的老年人的比较，有助于认识各宗教信仰的老年人的具体特征。

第四章，我国老年人宗教信仰的变化趋势。此部分从动态的角度，对两个时期老年人宗教信仰的特征、变化趋势进行分析，分别从总体、城乡和不同宗教信仰三个角度研究老年教徒宗教信仰的变化以及变化特征。

第五章，老年人宗教信仰的诠释。此部分主要使用个案访谈资料对老年人接触宗教的原因与途径、信仰宗教的原因与动机、改变宗教信仰的原因进行深入分析，并对老年人信仰宗教的影响因素进行定量分析，揭示老年人信仰宗教的影响因素。

第六章，宗教信仰与老年人的生活质量。此章通过对信仰宗教与不信仰宗教老年人的社会参与和社会态度、经济支持与照料、主观感受、闲暇活动、日常生活服务的需求与使用和亲属网络等进行对比分析；使用个案资料分析宗教信仰对老年人的积极影响和消极影响。

第七章，宗教信仰与老年人的健康。本章对信仰宗教与不信仰宗教的老年人的健康状况进行对比分析，从日常生活功能、慢性病和担心事件研究宗教信仰对老年人心理健康和身体健康的影响，揭示宗教信仰与健康之间的关系。同时，对信仰宗教老年人的生活满意度和主观幸福感进行回归分析，揭示宗教信仰对老年人生活满意度和主观幸福感的影响，探讨二者之间的关系。本章内容实质上是第六章的延伸，研究宗教信仰与身体健康的关系仍然是宗教信仰对老年人生活质量影响的一个重要内容。

第八章，宗教信仰与老年人自杀。本章主要从死亡意念、自杀意念和自杀行为三个方面来研究宗教信仰与老年人自杀之间的关系，目的是揭示宗教信仰对老年人心理健康的影响，找出宗教信仰与老年人自杀意念之间的关系。本章内容也是第六章的延伸，研究宗教信仰与老年人心理健康的关系，是研究宗教信仰与老年人生活质量关系的又一个重要内容。

第九章，结论。基于以上各章节的研究结果，得出本研究的主要结论。针对老年教徒的现状和特征以及宗教信仰对老年人的影响，结合我国的特殊国情，提出对策与建议，以及研究的创新、不足，指明下一步的研究方向。

（三）研究方法

本书在研究老年人宗教信仰的过程中，将使用文献研究、定量研究和质性研究等研究方法。

文献研究：使用文献研究方法，对国内与国外有关老年人宗教问题的研究进行梳理、回顾与评述，在既有的研究结论与研究成果的基础上开展本研究。

定量研究：使用定量研究方法，对宏观数据进行分析，描述不同时期我国老年人宗教信仰的现状和特征，分析老年人宗教信仰的变化趋势，揭示老年人宗教信仰的影响因素，探索宗教信仰与生活满意度、主观幸福感和自杀意念之间的关系。

质性研究：使用质性研究方法，深入分析老年人接触宗教的途径、信仰宗教的动机与原因、宗教信仰的支持性因素、宗教信仰对老年教徒生活质量的影响、老年教徒改教的原因等，以弥补宏观数据研究的不足。

（四）数据来源

目前，我国针对老年人宗教（信仰）的全国性的专门调查数据还没有见到，值得庆幸的是在一些全国性的老年人口状况调查中已经将宗教（信仰）作为一个变量纳入了调查，这为研究我国老年人宗教信仰提供了可靠、宝贵的数据。本书使用的数据主要来自中国老龄科研中心2000年"中国城乡老年人口一次性抽样调查"（以下简称2000年调查）数据和2006年"中国城乡老年人口状况追踪调查"（以下简称2006年调查）。

2000年调查在全国选取20个省、自治区、直辖市的160个市（县）、640个街道（乡）、2000个居委会（村），调查省份分别是：河南省、北京市、天津市、河北省、吉林省、黑龙江省、上海市、江苏省、浙江省、安徽省、福建省、江西省、山东省、湖北省、广东省、四川省、云南省、陕西省、甘肃省和新疆维吾尔自治区。调查时点为2000年12月1日，调查对象为城乡60岁及以上的老年人。调查采用分层配额系统随机抽样方法，共获得有效样本量20255份，其中城市10171份、农村10084份[①]，其中涉及宗教信仰的样本为3130份。

2006年调查的总体抽样范围在2000年的基础上，依据国务院人口普查办公室、国家统计局公布的2000年第五次人口普查数据，按照60岁及以上人口分布情况，确定6个行政大区的省级配额，对省、自治区、直辖市一级进行分自代表性和非自代表性的随机抽样，以确保调查结果对我国老年人群体的代表性。2006年调查的抽样范围是我国大陆地区的31个省、自治区和直辖市（未包括台湾地区、香港特别行政区和澳门特别行政区），调查样本分布在其中的20个省、自治区、直辖市，分别是：（华北地区）北京市、河北省、山西省；（东北地区）辽宁省、黑龙江省；（华东地区）山东省、江苏省、安徽省、浙江省、福建省、上海市；（中

[①]　中国老龄科学研究中心：《中国城乡老年人口状况一次性抽样调查数据分析》，中国标准出版社2002年版，第1页。

南地区）河南省、广东省、广西壮族自治区、湖北省、湖南省；（西南地区）四川省、云南省；（西北地区）新疆维吾尔自治区、陕西省；其中，山西、辽宁、湖南和广西4个省（自治区）是新进入的省级样本，替代天津、吉林、江西和甘肃4个省（直辖市）。调查对象为居住在中华人民共和国境内的60岁及以上的中国公民。调查采取分层多阶段抽样，从31个省、自治区和直辖市中抽取20个省（自治区、直辖市）进行调查，再从被抽中的省份抽取2000个村（居）民委员会。2006年调查的标准时点为2006年6月1日零时，共收回个人问卷的有效样本为19947份，其中城市10016份、农村9931份①，其中涉及宗教信仰的样本为3408份。

2006年调查范围涵盖了全国老年人口总数的85%，按国家统计局2005年全国1%人口抽样调查中60岁及以上老年人口数据进行了加权处理，结果具有较高的科学性、可信性和代表性②。

2000年数据和2006年数据的个人问卷涉及老年人的基本特征、经济活动参与状况、收入和经济保障、健康及医疗保障、社会参与、社区服务和需求、心理状况、住房状况、子女及家庭基本情况等。个人问卷分为城市问卷和农村问卷两种，略有不同。本书在分析研究前，对数据进行了处理。

另外，除了使用两次全国性的抽样调查数据外，本书还使用笔者对老年教徒的个案访谈资料。选择访谈对象采用目的性抽样方法，访谈的老年教徒是信仰佛教、基督教、伊斯兰教、道教与天主教等宗教的60岁及以上的老年人。访谈内容涉及老年教徒的一般特征，家庭背景、接触宗教的时间和途径、信仰宗教时间、皈依动机与原因、皈依支持因素、对宗教及其未信仰宗教的看法、宗教信仰对他们生活的影响，等等。访谈对象中将选择部分从信仰此种宗教到信仰另一种宗教的老年教徒，研究他们改变宗教信仰的动机和原因，以及改教的支持因素。

（五）研究创新

本文的创新点主要有三点：

---

① 郭平、陈刚：《2006年中国城乡老年人口状况追踪调查数据分析》，中国社会出版社2009年版，第4页。

② 同上书，第2页。

第一，在研究内容上，对我国信仰宗教老年人以及不同宗教信仰的老年人的现状、特征和差异等进行对比研究。从既有研究看，对信仰某类宗教的老年人的状况、特征等有所研究，但没有对信仰不同宗教的老年人进行对比研究。本书对信仰不同宗教的老年教徒进行分析，有助于从整体上把握我国老年教徒的现状与特征。

第二，在研究方法上，将定量分析与质性分析相结合，从纵向角度研究老年人宗教信仰的变化。定量分析有助于对我国老年教徒形成全面认识，而质性研究则深入分析老年人信仰宗教的原因，宗教信仰对老年人的影响，揭示宗教信仰与老年人的主观幸福感和生活满意度之间的关系，弥补国内既有研究的不足。

第三，本书对宗教信仰与老年人的生活质量进行系统性研究，探讨宗教信仰对老年人生活质量的影响。

第二章　我国老年人宗教信仰的现状和特征

美国普林斯顿神学院主办的《国际宣教研究学报》在 2002 年发表了《2002 年度世界宣教工作统计表》，预测了各宗教教徒的发展趋势。预测数据表明，进入 20 世纪以来，全世界各宗教教徒的数量均在增长，特别是基督教和伊斯兰教，增长速度较快，佛教和民族宗教教徒数量发展比较稳定。从 1900—2000 年，全球基督教教徒的数量从 5.6 亿左右增加到 20.0 亿左右，伊斯兰教教徒数量从 2.0 亿左右增加到 11.9 亿，佛教教徒数量从 1.3 亿左右增加到 3.6 亿，民族宗教教徒数量从 1.2 亿左右增加到 2.3 亿左右；到 2025 年，全球基督徒数量将增加到 26.2 亿，穆斯林的数量将增加到 17.9 亿，佛教教徒将增加到 4.2 亿，民族宗教教徒将增加到 2.3 亿（见图 2—1）。

可见，进入 21 世纪以后，各宗教教徒人数发展迅速，特别是基督教和伊斯兰教，而佛教和民族宗教发展比较平稳。因此，进入 21 世纪以后，宗教热现象突出的表现之一就是信徒人数的持续增加。

从基督教在全球的发展趋势来看，从 1900—2000 年，基督徒数量在世界各洲均快速增加，在大洋洲发展比较平稳。到 2025 年期间，基督徒数量在欧洲将有小幅下降，在亚洲、非洲、拉丁美洲、北美洲和大洋洲均在增加，特别是在亚洲、非洲和拉丁美洲增长速度更快（见图 2—2）。

随着亚洲经济、社会、文化的发展，社会的急剧变革，信仰宗教的人将越来越多。未来的 15 年，基督教徒在亚洲的发展速度仅次于非洲。

我国是一个多民族多宗教的国家，我国的宗教主要有佛教、基督教、伊斯兰教、道教和天主教。从 20 世纪 80 年代以来，我国各宗教信徒呈现出较大发展趋势，信仰宗教的人数持续增长。1997 年《中国的宗教信仰

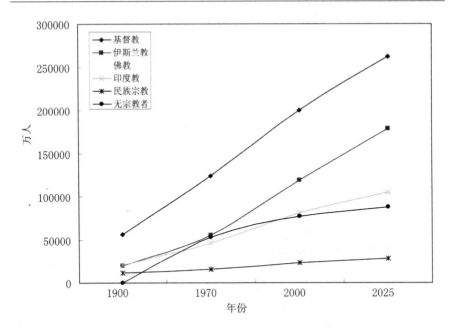

图 2—1　全球各宗教教徒发展趋势

　　资料来源：Barrett，David B．，and Todd M. Johnson，"Annual statistical table on global mission：2002."*International Bulletin of Missionary Research*，Vol. 26，No. 1，2002，pp. 22 - 23.

自由状况》白皮书发布，其中提到，中国各种宗教信徒共有 1 亿多人，宗教活动场所 815 万余处，宗教教职人员约 30 万人，宗教团体 3000 多个，宗教院校 74 所[①]。进入 21 世纪以来，出现了宗教热现象，信仰宗教的人数增加是一个主要表现形式，其中，基督教发展最快，信仰宗教的人数增长最多。

　　在我国宗教教徒中，老年人占了相当大的比例，甚至超过了国外。我国究竟有多少老年人信仰宗教，信仰各类宗教的老年人数有多少？老年教徒在全国如何分布？信仰宗教的老年人有何特征？信仰不同宗教的老年人特征有何差异？本章将对我国老年教徒的数量、分布、特征等问题予以回答。

---

　　① 中华人民共和国国务院新闻办公室：《中国的宗教信仰自由状况》，1997 年 10 月，中国政府网（http：//www. gov. cn/zwgk/2005—05/26/content_ 1048. htm）。

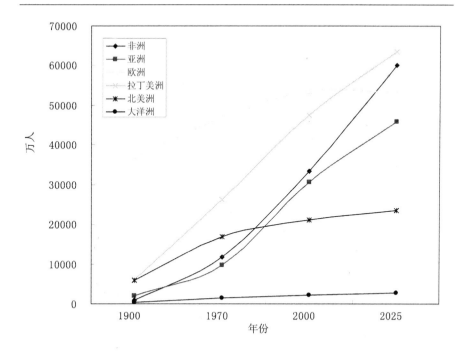

图 2—2　基督教教徒数量在世界各地的发展趋势

资料来源：Barrett，David B.，and Todd M. Johnson，"Annual statistical table on global mission：2002." *International Bulletin of Missionary Research*，Vol. 26，No. 1，2002，pp. 22 - 23.

一　我国老年教徒的数量与分布

（一）我国老年教徒的数量

目前，我国信仰各类宗教的老年人占老年人的比例为 17.13%，按 2006 年我国 60 岁及以上约 1.5 亿老年人来计算，我国老年人中信仰宗教的约为 2600 万人。

从信仰各类宗教的情况看，信仰佛教的老年人比例最高，占 64.16%，约为 1700 万人；其次是基督教，占 17.52%，约为 460 万人；再次是伊斯兰教，占 11.99%，约为 310 万人；信仰道教和天主教的老年人分别占 2.69% 和 2.10%，分别约为 70 万人和 60 万人；信仰其他宗教的占 1.54%（见图 2—3）。

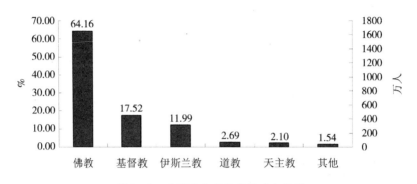

图 2—3　中国老年教徒的构成与数量

资料来源：郭平、陈刚：《2006 年中国城乡老年人口状况追踪调查数据分析》，中国社会出版社 2009 年版。

我国老年教徒以佛教徒为主，占六成以上。信仰道教和天主教的老年教徒最少，所占比例均未达到 3%。佛教是我国最重要的传统宗教，在传统文化复兴中得到社会各界人士的青睐和支持，佛教文化活动十分活跃，对佛教产生兴趣的人越来越多；基督教经过长期磨合，开始融入中国社会，对时代变化的适应性强，具有强烈的传教冲动，同时又得到西方社会的关注和支持，近年来发展十分迅速[1]；因此，虽然基督教在我国发展时间较短，但是发展势头最猛[2]。所以，老年基督徒规模在我国老年教徒中仅次于佛教徒。可见，从各宗教的教徒数量来看，佛教和基督教对我国老年人的影响是最大的。

（二）我国老年教徒的地区分布

1. 我国老年教徒主要集中于东部地区，老年人宗教信仰存在明显的地区差异

我国各宗教的分布呈现出明显的区域性。汉传佛教主要分布在汉族地区，道教和天主教、基督教也主要分布在汉族地区；藏传佛教主要分布在西藏、其他藏区和内蒙古地区，南传佛教只分布在云南；穆斯林聚居区主

---

① 王作安：《我国宗教状况的新变化》，《中央社会主义学院学报》2008 年第 3 期。

② 关键：《当前我国宗教问题研究综述》，《青海民族研究》1999 年第 1 期。

要分布在西北各省及自治区，在中部和东部有一定数量的穆斯林散居①。

表 2—1　　　　　　　　中国老年教徒宗教信仰的地区差异

单位：%

地区	佛教	道教	基督教	天主教	伊斯兰教	合计
华北	3.71	1.16	7.92	4.45	18.56	5.43
东北	5.13	—	4.61	4.07	3.67	5.19
华东	34.48	5.91	65.25	38.28	3.11	45.39
中南	20.54	60.41	12.60	11.75	7.68	18.13
西南	29.49	28.34	5.29	30.25	7.22	12.27
西北	6.64	4.19	4.32	11.20	59.76	13.59
合计	100.00	100.00	100.00	100.00	100.00	100.00

资料来源：郭平、陈刚：《2006 年中国城乡老年人口状况追踪调查数据分析》，中国社会出版社 2009 年版。

我国老年教徒的分布格局与上述情况不太一致，存在明显的地区差异。我国老年佛教徒主要分布在华东地区，占 34.48%，超过 1/3；老年道教徒主要分布在中南地区，比例为 60.41%；老年基督教徒和天主教徒主要分布在华东地区，比例分别为 65.25% 和 38.28%；老年穆斯林主要分布在西北地区，比例为 59.76%（见表 2—1）。可见，不同地区老年人的宗教信仰呈现出明显差异。与全国各宗教分布格局相比，老年道教徒、基督徒和天主教徒主要分布在汉族地区，老年穆斯林主要分布在西北地区，与宗教分布格局一致；老年佛教徒主要分布于华东、中南和西南地区，体现出汉族和少数民族地区均有分布的特点，与佛教的分布基本一致。

我国老年教徒主要集中在东部地区，约占老年教徒数量的一半，为 50.58%，其中华东地区占 45.39%；西部地区老年教徒占全国老年教徒的 25.86%，超过了 1/5（见表 2—1）。

2. 华东地区信仰宗教的老年人比例最高

从地区上看，我国华东地区老年人信仰宗教的比例最高，为

① 王作安：《我国宗教状况的新变化》，《中央社会主义学院学报》2008 年第 3 期。

25.93%，即华东地区每四个老年人中就有一个老人信仰宗教。西北地区和西南地区老年人信仰宗教的比例分别为23.18%和20.99%，即每五个老年人中就有一个老年人信仰宗教，仅次于华东地区。中南地区和东北地区老年人信仰宗教的比例分别为12.39%和8.89%，华北地区老年人中信仰宗教者最少，仅为6.25%（见图2—4）。可见，我国华东地区信仰宗教的老年人最多，是华北地区的4倍多。

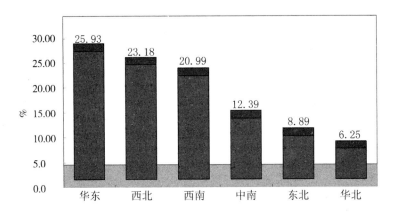

图2—4　中国各地区老年教徒信仰宗教情况

资料来源：郭平、陈刚：《2006年中国城乡老年人口状况追踪调查数据分析》，中国社会出版社2009年版。

　3. 福建老年人信仰宗教比例最高，北京最低

　　按信仰宗教的老年人人数占老年人人数的比重将所有地区分为四类：一类为高度信仰宗教地区，信仰宗教的老年人比例在31%以上；二类为中度信仰宗教地区，信仰宗教的老年人比例在21%—30%之间；三类为低度信仰宗教地区，信仰宗教的老年人比例在11%—20%之间；四类信仰宗教的老年人比例在10%以下，为轻度信仰宗教地区。福建、浙江和新疆属于高度信仰宗教地区，其中福建达到49.19%，将近有一半的老年人信仰宗教，即每两个老人中就有一个人信仰宗教。云南、上海和江苏属于中度信仰宗教地区，其中云南最高，为27.43%。广东、甘肃、江西、安徽、四川、陕西、河南和湖南属于低度信仰宗教地区，其中广东最高，为20.26%。山东、湖北、辽宁、山西、黑龙江、吉林、河北、广西、天津和北京属轻度信仰宗教地区，其中北京最低，为4.32%（见表2—2和图2—5）。

表 2—2　　　　　　　中国各地区老年人信仰宗教情况①

单位:%

省份	是否信仰宗教		省份	是否信仰宗教	
	是	否		是	否
福建	49.19	50.81	河南	13.13	86.87
浙江	36.28	63.72	湖南	12.94	87.06
新疆	31.86	68.14	山东	9.93	90.07
云南	27.43	72.57	湖北	9.72	90.28
上海	23.97	76.03	辽宁	9.67	90.33
江苏	21.31	78.69	山西	8.29	91.71
广东	20.26	79.74	黑龙江	8.12	91.88
甘肃	19.21	80.79	吉林	6.73	93.27
江西	15.78	84.22	河北	6.14	93.86
安徽	15.16	84.84	广西	5.91	94.09
四川	14.52	85.48	天津	5.85	94.15
陕西	14.51	85.49	北京	4.32	95.68

资料来源:郭平、陈刚:《2006 年中国城乡老年人口状况追踪调查数据分析》,中国社会出版社 2009 年版。

4. 福建和浙江老年教徒约占全国的四分之一

东部地区的福建和浙江,老年教徒的比例占全国的 24.82%,接近 1/4。西部地区的新疆和云南,老年教徒占全国的 17.37%(见表 2—3)。可见,东部地区,尤其是东部沿海地区老年教徒占全国的比例较大。

老年教徒的地区分布格局与宗教的地区分布基本一致。老年教徒数量分布的地区差异恰好说明我国宗教分布存在明显的区域性。宗教的区域性与各地的经济、社会、文化、历史、人口、民族等因素密切联系,经济社会发展、文化历史环境、人口状况和民族构成的地区差异导致宗教分布呈现出区域性强的特点。

① 注:天津、吉林、江西和甘肃数据用"2000 年中国老年人口状况一次性抽样调查数据"代替。由于两次调查均未对全国少数民族大省进行调查,所以老年人宗教信仰的地区分布上还需要进一步研究。

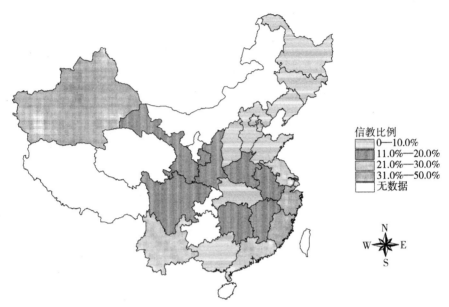

信教比例
0—10.0%
11.0%—20.0%
21.0%—30.0%
31.0%—50.0%
无数据

图 2—5　中国各地区老年人信仰宗教的情况分布①

表 2—3　　　　　　　　各地区老年教徒占全国的比重

单位:%

省份	占全国比重	省份	占全国比重
福建	14.23	河南	3.84
浙江	10.59	湖南	3.79
新疆	9.33	山东	2.90
云南	8.04	湖北	2.85
上海	7.01	辽宁	2.82
江苏	6.22	山西	2.41
广东	5.93	黑龙江	2.38
安徽	4.43	河北	1.76
陕西	4.25	广西	1.73
四川	4.23	北京	1.26

资料来源:中国老龄科研中心,2006 年中国城乡老年人口状况追踪调查。

---

① 注:2006 年贵州、重庆、内蒙古、宁夏、青海、西藏、海南无调查数据,2006 年天津、吉林、江西和甘肃数据使用"2000 年中国老年人口状况一次性抽样调查数据"代替。

二　我国老年教徒的基本特征

（一）老年教徒的人口学特征

1. 城市老年教徒多于农村

我国城市老年教徒所占比重高于农村。在老年教徒中，城市老年人所占比重为 51.50%，比农村高 3 个百分点（见图 2—6）。

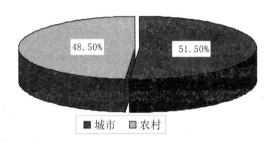

48.50%　　　51.50%

■城市　□农村

图 2—6　我国老年教徒的城乡分布

资料来源：郭平、陈刚：《2006 年中国城乡老年人口状况追踪调查数据分析》，中国社会出版社 2009 年版。

这与我国教徒农村多于城市的状况不一样，老年教徒表现出城市多于农村的特征。过去认为人们信仰宗教最主要的根源是贫穷和愚昧，随着物质文化生活水平的提高和教育的普及，宗教信仰很快就会淡化，这种认识过于乐观和简单[1]。我国社会正由传统社会向现代社会转型，这不仅改变了人们的物质生活，也改变了人们的精神生活。与农村社会相比，生活在城市社会中的老年人物质生活水平相对较高，精神文化生活的需求更大，竞争、压力较大；但是，在社会变迁的过程中城市社会人与人之间的关系、人与社会之间的关系却变淡了。

因此，城市老年人中信仰宗教者比农村老年人略高。分城乡看，在城市老年人中，有 17.54% 的老年人信仰宗教，比农村高 0.83 个百分点（见图 2—7）。城市老年人信仰宗教的可能性略大于农村老年人。

2. 女性老年教徒多于男性

女性老年教徒比例远远超过男性老年教徒。在老年教徒中，女性比例

---

① 王作安：《我国宗教状况的新变化》，《中央社会主义学院学报》2008 年第 3 期。

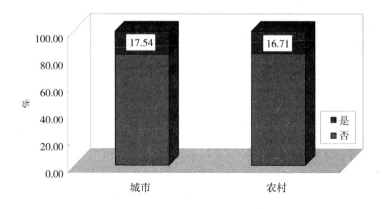

图 2—7　城乡老年人信仰宗教的情况

资料来源：郭平、陈刚：《2006 年中国城乡老年人口状况追踪调查数据分析》，中国社会出版社 2009 年版。

占 64.41%，比老年男性高 28.82%，女性老年教徒是男性的 1.8 倍（见图 2—8）。

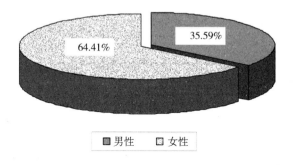

图 2—8　我国老年教徒的性别构成

资料来源：郭平、陈刚：《2006 年中国城乡老年人口状况追踪调查数据分析》，中国社会出版社 2009 年版。

女性老年人信仰宗教的可能性略大于男性老年人。分性别看，在女性老年人中，信仰宗教者的比例为 23.19%，比男性高 11.56%，是男性的 2 倍（见图 2—9）。

在国内外信仰宗教的人群中，女性多于男性是一个普遍现象，老年人也概莫能外。出现这一现象是因为宗教活动场所的增加，女性的脆弱性，

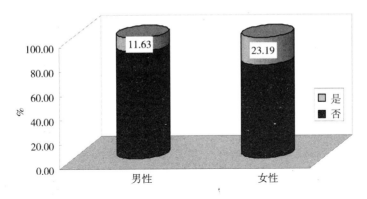

图2—9　不同性别老年人信仰宗教的情况

资料来源：郭平、陈刚：《2006年中国城乡老年人口状况追踪调查数据分析》，中国社会出版社2009年版。

女性受到来自现代化力量的冲击比男性更大①；女性预期寿命比男性长，女性经历较长的丧偶时期，配偶的离去导致妇女宗教信仰的增强，从而减轻丧偶所带来的痛苦②，丧偶女性可以从宗教信仰重要性的增加中获益③。社会仍然是男人占主导地位，女人在传统上是附属或配角，在宗教中可以寻找平等④；妇女生理上或心理上比较脆弱，需要有一种依赖感和安全感⑤；老年妇女文化水平低，往往多病，借助神力来减轻病痛的愿望强烈⑥。另外，宗教使妇女获得社会角色的超越、对自我价值的认同、情感补偿和避难所⑦，这也是老年妇女信仰宗教的可能性大于老年男性的原因。

因此，女性比男性认为宗教对她们的生活更为重要，她们的宗教委身更强，往往是宗教的积极支持者和虔诚的崇拜者。

---

① Sered, Susan Starr, "Women, religion, and modernization: Tradition and transformation among elderly Jews in Israel." *American Anthropologist*, Vol. 92, No. 2, 1990, pp. 306 – 318.

② Becker, Gerhild, et al., "Do religious or spiritual beliefs influence bereavement? A systematic review." *Palliative Medicine*, Vol. 21, No. 3, 2007, pp. 207 – 217.

③ Brown, Stephanie L., et al., "Religion and emotional compensation: Results from a prospective study of widowhood." *Personality and Social Psychology Bulletin*, Vol. 30, No. 9, 2004, pp. 1165 – 1174.

④ 李大华：《当代道教的生存处境——岭南道教宫观调查》，《宗教学研究》2007年第4期。

⑤ 周玉茹：《西安城市佛教女性信仰调查》，《咸阳师范学院学报》2008年第5期。

⑥ 曾传辉：《成都市青羊宫道教信徒基本情况调查报告》，《宗教学研究》1989年第1期。

⑦ 杨莉：《宗教与妇女的悖相关系》，《宗教学研究》1991年第2期。

3. 汉族老年教徒多于少数民族

汉族老年教徒比重远远超过少数民族。在老年教徒中，汉族老年人所占比例为83.94%，比少数民族高67.88%（见表2—4）。可见，老年教徒以汉族老年人为主，少数民族老年人所占比重尚未达到1/5。

但是，由于2006年数据中缺少我国主要少数民族省份的数据，如西藏、新疆等，这一结论还需要进一步论证。

表2—4　　　　　　　　　我国老年教徒的民族构成

单位:%

民族	是否信仰宗教	
	否	是
汉族	94.44	83.94
少数民族	5.56	16.06
合计	100.00	100.00

注：$X^2 = 456.551$，$p < 0.001$。

资料来源：郭平、陈刚：《2006年中国城乡老年人口状况追踪调查数据分析》，中国社会出版社2009年版。

少数民族老年人信仰宗教的可能性大于汉族老年人。分民族看，少数民族老年人信仰宗教的比例为37.39%，比汉族老年人高21.87%，是汉族老年人的2.02倍（见图2—10）。可见，与汉族老年人相比，少数民族老年人信仰宗教者更多。

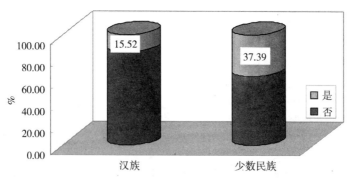

图2—10　不同民族老年人信仰宗教的情况

资料来源：郭平、陈刚：《2006年中国城乡老年人口状况追踪调查数据分析》，中国社会出版社2009年版。

民族往往与宗教密切相连。一些少数民族往往是全民信仰宗教，回族、维吾尔族、哈萨克族、乌孜别克族、塔吉克族、塔塔尔族、柯尔克孜族、撒拉族、东乡族、保安族、部分蒙古族和藏族信仰伊斯兰教[①]；傣族、布朗族、阿昌族和部分佤族信仰佛教[②]。因此，少数民族老年人信仰宗教者往往比汉族多。

4. 中低龄老年教徒比重大

在我国老年教徒中，低龄老年教徒（60—69 岁）所占比重为43:34%，中龄老年教徒（70—79 岁）所占比重为 41.78%，高龄老年教徒（80 岁及以上）所占比重为 14.88%（见表2—5）。可见，老年教徒主要以中低龄老年人为主，二者比例高达 85.12%。

表 2—5　　　　　　　　　　我国老年教徒的年龄构成

单位:%

年龄	是否信仰宗教	
	否	是
60—64 岁	18.70	17.96
65—69 岁	26.08	25.38
70—74 岁	25.78	24.50
75—79 岁	16.66	17.28
80—84 岁	8.72	9.30
85 岁及以上	4.06	5.58
合计	100.00	100.00

注：$X^2 = 19.976$，$p < 0.001$。

资料来源：郭平、陈刚：《2006 年中国城乡老年人口状况追踪调查数据分析》，中国社会出版社 2009 年版。

随着年龄的增加，信仰宗教的老年人逐渐增多。分年龄组看，信仰宗教老年人的比例从 60—64 岁的 16.56% 上升到 85 岁及以上的 22.12%，上升了 5.56 个百分点（见图2—11）。可见，老年人年龄越大，信仰宗教的可能性越大。

随着年龄的增加，我国老年人中信仰宗教者的比例不断上升的趋势与

---

① 丛恩霖：《伊斯兰教与穆斯林生活》，蓝月出版社 2007 年版，第 44—45 页。
② 朱晓明、沈桂萍：《宗教若干理论问题研究》，民族出版社 2006 年版，第 54—56 页。

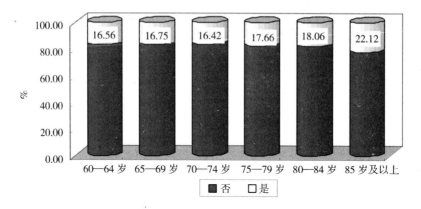

图 2—11　不同年龄老年人信仰宗教的情况

资料来源：郭平、陈刚：《2006 年中国城乡老年人口状况追踪调查数据分析》，中国社会出版社 2009 年版。

国外相同。在国外，30—39 岁的人中信仰宗教者占 76%，40—49 岁的人中信仰宗教者占 80%，50—59 岁的人中信仰宗教者占 80%，60—69 岁的人中信仰宗教者占 84%，70 岁及以上的人中信仰宗教者占 88%[①]。随着年龄的增加，老年人物质生活水平的提高，老年人心理需求、精神慰藉与寄托的需求不断增加。宗教信仰成为老年人获得归属与爱、尊重与认知和实现自我价值的选择。

5. 老年教徒的文化程度低

我国老年教徒文化程度存在显著差异，老年教徒中绝大多数受教育程度在小学及以下水平。在老年教徒中，没上过学的所占比例为 44.41%，小学及以下文化程度的比例占到 79.63%；而中专/高中及以上文化程度的老年教徒仅占 8.22%（见表 2—6）。

可见，我国老年教徒绝大多数受教育程度均在小学及以下，老年教徒整体文化水平较低。老年教徒人均受教育年限仅为 4.28 年，分别比老年人的 5.26 年和不信仰宗教的老年人的 5.46 年低 0.98 年和 1.18 年[②]。

---

① Miller, Tracy, "US Religious Landscape Survey Religious Beliefs and Practices: Diverse and Politically Relevant." 2008, pp. 1 - 272.

② 注：人均受教育年限按未上过学 = 0 年，小学 = 6 年，初中 = 9 年，高中/中专 = 12 年，大专及以上 = 16 年计算，私塾并入小学计算。

表 2—6   我国老年教徒的文化程度构成

单位:%

文化程度	是否信仰宗教	
	否	是
没上过学	34.09	44.41
私塾	4.22	4.20
小学	32.39	31.02
初中	15.18	12.15
中专/高中	8.85	5.99
大专及以上	5.27	2.23
合计	100.00	100.00

注: $X^2 = 185.792$, $p < 0.001$。

资料来源:郭平、陈刚:《2006 年中国城乡老年人口状况追踪调查数据分析》,中国社会出版社 2009 年版。

文化程度越高,信仰宗教的老年人越少。在没上过学的老年人中,信仰宗教者的比例为 21.23%,比小学文化、初中文化、中专/高中文化和大专及以上文化的信仰宗教的老年人分别高 4.69 个百分点、7.02 个百分点、8.96 个百分点和 13.18 个百分点(见图 2—12)。没上过学的老年人信仰宗教者的比例分别是小学文化、初中文化、中专/高中和大专及以上文化的 1.28 倍、1.49 倍、1.73 倍和 2.64 倍。可见,受教育水平越低的老年人,信仰宗教者越多。

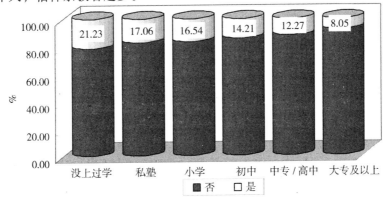

图 2—12   不同文化程度老年人的信仰宗教的情况

资料来源:郭平、陈刚:《2006 年中国城乡老年人口状况追踪调查数据分析》,中国社会出版社 2009 年版。

随着文化程度的增加，信仰宗教的人逐渐减少也是国外教徒的一个突出特征。国外高中及以下文化的人群中有 94.8% 的人信仰宗教，比大学及以上的人群高 13.6%。

6. 无配偶的老年教徒比重超过四成

老年教徒的婚姻状况存在显著差异。在老年教徒中，无配偶的占45.13%，其中丧偶者比例为 42.98%，超过四成（见表 2—7）。可见，在老年教徒中无配偶老年人较多，特别是丧偶老年人。

表 2—7　　　　　　　　　我国老年教徒的婚姻构成

单位:%

婚姻状况	是否信仰宗教	
	否	是
有偶同住	64.63	53.23
有偶分居	1.45	1.64
丧偶	31.81	42.98
离婚	0.81	1.56
未婚	1.30	0.59
合计	100.00	100.00

注：$X^2 = 192.702$，$p < 0.001$。

资料来源：郭平、陈刚：《2006 年中国城乡老年人口状况追踪调查数据分析》，中国社会出版社 2009 年版。

有配偶分居的老人、丧偶老人、离婚老人信仰宗教者多于有配偶同住的老人。从图 2—13 可以看出，有配偶同住老人信仰宗教的比例为14.56%，比有偶分居老人低 4.49 个百分点，比丧偶老人低 7.28 个百分点，比离婚老人低 13.93 个百分点。

可见，离婚和丧偶老年人信仰宗教者高于有偶同住和有偶分居的老年人。不同婚姻状态对老年人信仰宗教存在影响，离婚老人最有可能信仰宗教，其次是丧偶老人，再次是有偶分居老人，最后是有偶同住老人。

丧偶对老年人心理造成的创伤是巨大的，会引起一系列的消极和负性情绪，甚至导致患病可能性的增加[1]。因此，丧偶老年人更容易产生孤独感，情绪低落，产生抑郁、忧愁和焦虑，心理需求与情感支持的需

---

[1]　王平：《丧偶老人的心理反应及护理对策》，《中华护理杂志》1995 年第 9 期。

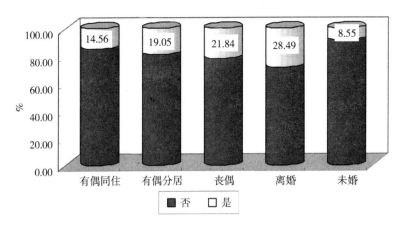

图 2—13　不同婚姻状况的老年人信仰宗教的情况

资料来源：郭平、陈刚：《2006 年中国城乡老年人口状况追踪调查数据分析》，中国社会出版社 2009 年版。

求大。信仰宗教成为丧偶老年人调适心理、获得情感支持的选择之一。未婚的人和无子女的夫妇宗教参与更广泛，他们将此作为与配偶或家庭主要关系缺失的替代，特别是未婚和丧偶的人比有配偶的人更容易信仰宗教，丧偶者通常将祈祷作为一种应对策略[1]。另外，女性老年人丧偶率比男性高和女性信仰宗教者多于男性的现状，使丧偶老年人信仰宗教者的比例较高。

7. 有 3—4 个子女的老年教徒比重较大

老年教徒一般拥有 3—4 个子女。有 3—4 个子女的老年教徒所占比例为 43.78%，有 1 个及以下子女的老年教徒仅占 8.07%，有 6 个及以上子女的老年教徒占 16.96%（见表 2—8）。

随着子女数量的增加，信仰宗教的老年人越来越多。从老年人家庭子女数看，信仰宗教者的比例从无子女老年人的 15.07% 缓慢上升到有 3 个子女的 15.42%，上升 0.35 个百分点；老年人信仰宗教者的比例从有 4 个子女的 17.05% 快速上升到有 7 个及以上子女的 23.28%，上升 6.23 个百分点（见图 2—14）。

---

① Glock, C. Y., Ringer, B. R., and Babbie, E. E., "To comfort and to challenge: a dilemma of the contemporary church (book review)." *Sociological Analysis*, Vol. 28, No. 3, 1967, pp. 167 – 170.

表 2—8　　　　　　　　　我国老年教徒的家庭子女特征

单位:%

子女数（个）	是否信仰宗教	
	否	是
0	2.15	1.85
1	6.64	6.22
2	18.02	15.85
3	24.63	21.70
4	22.19	22.07
5	14.05	15.35
6	7.26	9.54
7 个及以上	5.06	7.42
合计	100.00	100.00

注：$X^2 = 70.883$，$p < 0.001$。

资料来源：郭平、陈刚：《2006 年中国城乡老年人口状况追踪调查数据分析》，中国社会出版社 2009 年版。

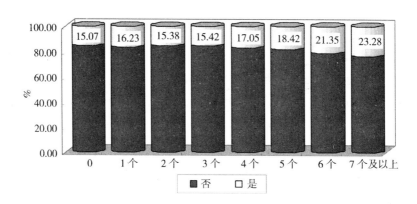

图 2—14　不同子女数的老年人信仰宗教的情况

资料来源：郭平、陈刚：《2006 年中国城乡老年人口状况追踪调查数据分析》，中国社会出版社 2009 年版。

在现代社会中，子女家庭观念的变化，子女孝道观念的淡化，使子女赡养老年人的责任感降低，特别是老年人的子女数量多的家庭，由于家庭财产分配、赡养责任不明确，子女相互推诿赡养老人责任的现象时有发生，从而导致家庭不和、代际矛盾增多，对老年人心理造成极大的影响。子女不孝和家庭不和成为老年人寻求宗教帮助的原因。

（二）老年教徒的社会经济特征

1. 老年教徒健康状况较差

老年教徒的健康状况较差，而且存在显著差异。在老年教徒中，身体健康状况自评差的比例占 25.97%，比健康状况好的老年教徒高 3.53 个百分点；不信仰宗教的老年人健康状况差的比例为 23.64%，比信仰宗教老年人低 2.33 个百分点；不信仰宗教的健康状况好的老年人比例为 24.22%，比老年教徒高近 2 个百分点（见表 2—9）。可见，老年教徒的健康状况较差。

表 2—9　　　　　　　　　我国老年教徒的健康状况自评

单位:%

健康状况	是否信仰宗教	
	否	是
很差	5.47	5.79
较差	18.17	20.18
一般	52.14	51.60
较好	20.22	18.80
很好	4.00	3.63
合计	100.00	100.00

注：$X^2 = 10.959$，$p < 0.05$。

资料来源：郭平、陈刚：《2006 年中国城乡老年人口状况追踪调查数据分析》，中国社会出版社 2009 年版。

老年人身体健康状况越差，信仰宗教的老年人越多。从不同健康状况看，身体健康状况很差和较差的老年人信仰宗教的比例分别为 17.96% 和 18.68%，比健康状况较好（信仰宗教的比例为 16.13%）和很好（信仰宗教的比例为 15.84%）的老年人高（见图 2—15）。因此，身体健康状况越差，信仰宗教的老年人越多。

近八成的老年教徒患有慢性病。在老年教徒中，患慢性病的比例为 79.09%，比不信仰宗教的老年人高近 5 个百分点（见表 2—10）。可见，老年教徒中绝大多数人患慢性病。

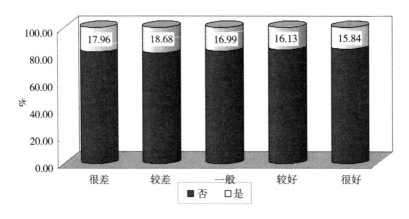

图 2—15　不同健康状况的老年人信仰宗教的情况

资料来源：郭平、陈刚：《2006 年中国城乡老年人口状况追踪调查数据分析》，中国社会出版社 2009 年版。

表 2—10　　　　　　　　　**我国老年教徒患慢性病情况**

单位:%

是否患慢性病	是否信仰宗教	
	否	是
否	25.87	20.91
是	74.13	79.09
合计	100.00	100.00

注：$X^2 = 37.041$，$p < 0.001$。

资料来源：郭平、陈刚：《2006 年中国城乡老年人口状况追踪调查数据分析》，中国社会出版社 2009 年版。

　　患慢性病的老年人信仰宗教的可能性大于无慢性病的老年人。从是否患慢性病看，在无慢性病的老年人中，信仰宗教者的比例为 14.32%，比患慢性病的老年人低 3.76 个百分点（见图 2—16）。

　　可见，与其他老年人相比，身体健康状况差的老年人和患慢性病的老年人信仰宗教者较多。

　　身体健康状况的变化对老年人是否信仰宗教有一定影响，身体健康状况变好的老年人信仰宗教的比例高于身体健康状况变差、基本不变和时好时坏的老年人。在"与去年相比，健康状况越来越好"的老年人中，信仰宗教者的比例为 20.22%，比健康状况"基本不变"、"变差"和"时好时坏"的分别高 4.37% 、2.09% 和 2.82% （见图 2—17）。

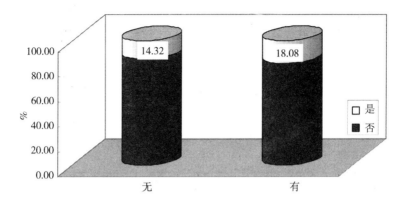

图 2—16 慢性病与老年人的信仰宗教的情况

资料来源：郭平、陈刚：《2006 年中国城乡老年人口状况追踪调查数据分析》，中国社会出版社 2009 年版。

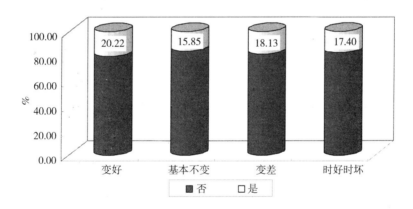

图 2—17 健康状况变化与老年人信仰宗教的情况

资料来源：郭平、陈刚：《2006 年中国城乡老年人口状况追踪调查数据分析》，中国社会出版社 2009 年版。

可见，身体健康状况变好的老年人信仰宗教者更多。与身体健康状况不变的老年人相比，身体健康状况发生变化的老年人信仰宗教者更多，特别是身体健康状况变好的老年人。信教后老年人身体健康状况由差变好使老年人对身体健康状况变好的原因进行解释，从而使老年人更加笃信宗教，同时，老年人积累了向其他人传教的经验。

老年人慢性病患病率高，因病信仰宗教是老年人的一个重要特征。因病信仰宗教的教徒占了 60% 以上，有的地方甚至达 80%[1]。因此，寻求身体健康成为患病老年人信仰宗教的一个目的。

2. 老年教徒的经济状况较差

老年教徒的经济状况较差。在老年教徒中，经济困难者的比例为 34.34%，比经济宽裕者高 21.71%，比不信仰宗教的老年人高近 3 个百分点（见表 2—11）。这说明，老年教徒的经济状况较差。

表 2—11 　　　　　　我国老年教徒的经济状况

单位:%

经济状况	是否信仰宗教	
	否	是
很宽裕	1.77	1.94
比较宽裕	10.91	10.69
大致够用	55.64	53.03
有些困难	24.32	24.85
很困难	7.36	9.49
合计	100.00	100.00

注：$X^2 = 20.854$，$p < 0.001$。

资料来源：郭平、陈刚：《2006 年中国城乡老年人口状况追踪调查数据分析》，中国社会出版社 2009 年版。

总体上看，经济状况越差的老年人信仰宗教者越多。老年人信仰宗教者的比例从经济状况"很宽裕"的 18.49% 上升到经济状况"很困难"的 21.06%，上升了近 3 个百分点。值得注意的是经济状况从"大致够用"到"宽裕"和"困难"，信仰宗教的老年人比例均在不断提高。信仰宗教的老年人比例从经济状况"大致够用"到"很宽裕"，上升了 2.01 个百分点；从"大致够用"到"很困难"，上升了近 5 个百分点。可见，经济状况从"大致够用"向"很困难"转变时，信仰宗教的老年人逐渐增多的趋势更明显（见图 2—18）。老年教徒的经济特征表现出"中间低，两头高"的现象，即经济状况好和经济状况差的

---

[1] 孙雄：《浙江宗教状况及其对社会发展的影响》，《中共浙江省委党校学报》2001 年第 1 期。

老年人信仰宗教的更多。

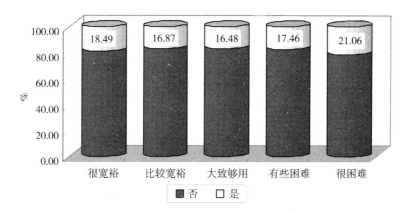

图2—18　不同经济状况的老年人信仰宗教的情况

资料来源：郭平、陈刚：《2006年中国城乡老年人口状况追踪调查数据分析》，中国社会出版社2009年版。

家庭养老是我国的主要养老模式，老年人对家庭和子女的经济依赖性强。在社会转型和传统家庭结构变化的过程中，老年人的社会地位下降，在家庭中从主角变为配角，从抚养者转变为被赡养者[1]，老年人脆弱性增强，对家庭和子女的依赖性增强。我国社会保障体系尚在建立和完善过程中，社会保障水平较低。信仰宗教后的宗教网络为经济困难的老年人寻求经济支持与社会帮助提供了可能。

（三）老年教徒的主观幸福感

主观幸福感是人对自己生活的认知评价和情感体验，它包括幸福感或生活满意度，以及相对存在愉悦情绪或缺乏负面情绪[2]。个体的主观幸福感影响个体的生活质量。

1. 老年教徒的生活满意度较高

生活满意度是衡量个体社会生活质量的重要心理参数之一，表示

---

①　邬沧萍：《社会老年学》，中国人民大学出版社1999年版，第118页。

②　Diener, ed., "Subjective well – being: The science of happiness and a proposal for a national index." *American Psychologist*, Vol. 55, No. 1, 2000, p. 34.

个体主观生活质量水平[1]，是衡量老年人生活质量的重要指标。老年教徒的生活满意度较高，近一半的老年教徒对生活满意。在老年教徒中，对生活满意的老年教徒所占比例为 49.00%，比不信仰宗教的老年人低 0.58 个百分点；对生活不满意的老年教徒比例为 12.84%，比不信仰宗教的人高 0.18 个百分点（见表 2—12）。可见，老年教徒的生活满意度较高。

表 2—12　　　　　　　　　我国老年教徒的生活满意度

单位:%

生活满意度	是否信仰宗教	
	否	是
不满意	12.66	12.84
一般	37.76	38.16
满意	49.58	49.00
合计	100.00	100.00

注：$X^2 = 70.883$，$p < 0.001$。

资料来源：郭平、陈刚：《2006 年中国城乡老年人口状况追踪调查数据分析》，中国社会出版社 2009 年版。

总体上看，生活满意度越高，信仰宗教的老年人越多。在生活"很不满意"的老年人中信仰宗教的比例为 18.57%，在生活"非常满意"的老年人中信仰宗教的比例为 19.66%，比"很不满意"者高 1.09 个百分点（见图 2—19）。可见，对生活很满意的老年人更有可能信仰宗教。

2. 老年教徒的主观幸福感强

老年教徒的主观幸福感较高。从图 2—20 可以看出，有 45.48% 的老年教徒认为生活较幸福，仅有不到 10% 的老年教徒认为生活较不幸福。

主观幸福感越低，信仰宗教的老年人越多。在生活较不幸福的老年人中，有 18.65% 的老年人信仰宗教，分别比"差不多"和"较幸福"的高 2.03 个百分点和 1.16 个百分点（见图 2—21）。因此，与其他老年人相比，生活不幸福的老年人信仰宗教者更多。

[1]　张文娟、李树茁：《子女的代际支持行为对农村老年人生活满意度的影响研究》，《人口研究》2005 年第 5 期。

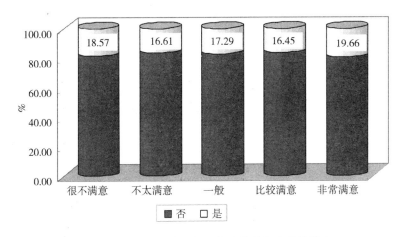

图 2—19　生活满意度与老年人的信仰宗教的情况

资料来源：郭平、陈刚：《2006 年中国城乡老年人口状况追踪调查数据分析》，中国社会出版社 2009 年版。

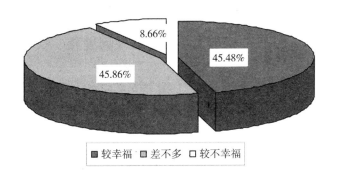

图 2—20　老年教徒的主观幸福感

资料来源：郭平、陈刚：《2006 年中国城乡老年人口状况追踪调查数据分析》，中国社会出版社 2009 年版。

　　信仰宗教的老年人，对世俗社会的追求与欲望减少，将希望寄托于来世。对现实社会的要求与标准降低，使老年人对生活满意度与主观幸福感的评价标准降低。另外，信仰宗教不仅满足老年人社会交往的需要，而且宗教网络使他们感受到人与人之间的爱，弥补"无情世界"的感情缺失，强烈的归属感、安全感、情感支持等，为提高老年人的生活满意度和主观幸福感提供了条件。因此，老年教徒的主观幸福感较高。

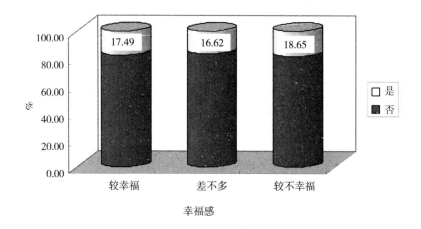

图 2—21　主观幸福感与老年人信仰宗教的情况

资料来源：郭平、陈刚：《2006 年中国城乡老年人口状况追踪调查数据分析》，中国社会出版社 2009 年版。

三　我国老年教徒的性别差异

在宗教教徒中女性多于男性是普遍存在的现象，不同年龄、不同国家的教徒均表现出显著的性别差异，老年人也概莫能外。在我国老年教徒中，女性比例占 64.41%，比男性高 28.82%，是男性老年教徒的 1.8 倍。

在既有研究中，虽然强调信徒的性别差异，但对信徒中女性与男性的特征研究较少，特别是老年群体。因此，从性别视角分析老年教徒的特征及差异，有助于更清晰地认识老年教徒的性别差异。

（一）老年教徒人口学特征的性别差异

1. 女性老年教徒的文化程度低于男性

与男性老年教徒相比，女性老年教徒文化程度较低。女性老年教徒人均受教育年限为 3.42 年，比男性老年教徒 5.85 年低 2.43 年；城市男性老年教徒人均受教育年限为 7.76 年，比城市女性老年教徒高 2.95 年；农村男性老年教徒人均受教育年限为 4.47 年，比女性老年教徒高 2.89 年（见表 2—13）。可见，我国女性老年教徒人均受教育水平明显低于男性，农村女性老年教徒最低，人均受教育水平不到 2 年。

表 2—13　　　　　　　**不同性别的老年教徒人均受教育年限**①

单位：年

地区	人均受教育年限		
	男性	女性	合计
城市	7.76	4.81	5.67
农村	4.47	1.58	2.81
城乡	5.85	3.42	4.28

　　资料来源：郭平、陈刚：《2006 年中国城乡老年人口状况追踪调查数据分析》，中国社会出版社 2009 年版。

　　从文化程度构成看，女性老年教徒文化程度低的比重较大。女性老年教徒没上过学的比重超过一半以上，占 55.28%，比男性高 30.55%；女性老年教徒小学文化程度的占 25.21%，比男性低 16.34%；女性老年教徒文化程度为初中、高中/中专和大专及以上的比例分别为 10.07%、5.06% 和 1.28%，分别比男性低 5.84 个百分点、2.61 个百分点和 2.68 个百分点（见表 2—14）。因此，女性老年教徒文化程度明显低于男性。

　　我国传统社会中"重男轻女"、"男尊女卑"的思想观念，使目前已经进入老年期的人群中女性接受的文化教育少于男性，出现女性老年人的文化程度整体上低于男性的情况。

表 2—14　　　　　　　**不同性别老年教徒的文化程度差异**

单位：%

文化程度	性别	
	否	是
没上过学	55.28	24.73
私塾	3.10	6.18
小学	25.21	41.55
初中	10.07	15.91

　　①　注：受教育年限计算标准，未上过学 = 0 年，小学 = 6 年，初中 = 9 年，高中和中专 = 12 年，大专及以上 = 16 年，私塾合并入小学计算。

续表

文化程度	性别	
	否	是
中专/高中	5.06	7.67
大专及以上	1.28	3.96
合计	100.00	100.00

资料来源：郭平、陈刚：《2006 年中国城乡老年人口状况追踪调查数据分析》，中国社会出版社 2009 年版。

2. 女性高龄老年教徒较多，男性低龄老年教徒较多

我国老年教徒的年龄构成存在性别差异。女性老年低龄教徒（60—69 岁）的比例为 42.00%，比男性低 3.75 个百分点；70 岁及以上女性教徒比例为 58.00%，比男性高 3.75 个百分点，其中，80 岁及以上女性教徒比男性高 1.85 个百分点（见表 2—15）。可见，女性高龄教徒多于男性，而男性低龄教徒多于女性。

表 2—15　　　　　　不同性别老年教徒的年龄构成

单位：%

年龄	性别	
	女性	男性
60—64 岁	17.59	18.63
65—69 岁	24.41	27.12
70—74 岁	25.10	23.41
75—79 岁	17.36	17.15
80 岁及以上	15.54	13.69
合计	100.00	100.00

资料来源：郭平、陈刚：《2006 年中国城乡老年人口状况追踪调查数据分析》，中国社会出版社 2009 年版。

由于女性社会经济和家庭地位不高[1]，使女性从事更多的宗教佛教活动，她们的宗教委身比男性强。就每周和每天参与宗教活动的频率和祈祷

---

[1]　邬沧萍：《社会老年学》，中国人民大学出版社 1999 年版，第 258 页。

次数看，女性比男性多①。女性的预期寿命比男性长，从而使女性中高龄老人比重超过男性。

3. 男性少数民族老年教徒多于女性

老年教徒的民族构成存在性别差异。女性老年教徒中，汉族所占的比例为87.06%，比男性高8.74个百分点；少数民族女性老年教徒所占比例为12.94%，比男性低8.74个百分点（见表2—16）。可见，女性和男性老年教徒中汉族老年人占绝大多数，女性老年教徒中汉族老年人的比例明显高于男性，而男性老年教徒中少数民族老年人多于女性。

表 2—16　　　　　　　　　不同性别老年教徒的民族构成

单位:%

民族	性别	
	女性	男性
汉族	87.06	78.32
少数民族	12.94	21.68
合计	100.00	100.00

资料来源：郭平、陈刚：《2006年中国城乡老年人口状况追踪调查数据分析》，中国社会出版社2009年版。

4. 丧偶的女性老年教徒超过一半，男性老年教徒大多有配偶

女性老年教徒中丧偶老人超过一半，男性老年教徒中丧偶老人仅占五分之一左右；女性老年教徒中有配偶的老年人比例低于男性。在女性老年教徒中，有配偶老年人的比例为43.62%，比男性低31.63个百分点；女性老年教徒中无配偶的老年人比例为56.38%，其中丧偶老年人比例为54.92%，比男性高33.55个百分点（见表2—17）。可见，超过一半的女性老年教徒是丧偶老年人，而绝大多数男性老年教徒是有配偶的，且与配偶同住。

---

① Miller, Tracy, "US Religious Landscape Survey Religious Beliefs and Practices: Diverse and Politically Relevant." 2008, pp. 1 – 272.

表 2—17 　　　　　　　　不同性别老年教徒的婚姻状况

单位:%

婚姻状况	性别	
	女性	男性
有偶同住	42.12	73.35
有偶分居	1.50	1.90
丧偶	54.92	21.37
离婚	1.28	2.06
未婚	0.18	1.32
合计	100.00	100.00

资料来源：郭平、陈刚：《2006 年中国城乡老年人口状况追踪调查数据分析》，中国社会出版社 2009 年版。

女性老年教徒再婚者的比例较低，男性老年教徒再婚者是女性的 1.57 倍。在女性老年教徒中，初婚者的比例达到 92.11%，比男性高 4.5 个百分点。女性老年教徒结过 2 次婚的比例为 7.10%，比男性低近 3 个百分点。男性老年教徒结婚次数在 3 次及以上者的比例为 2.30%，是女性的 2.91 倍（见表 2—18）。男性老年教徒再婚者的比例为 12.40%，比女性老年教徒（再婚者比例为 7.89%）高 4.51 个百分点，是女性老年教徒的 1.57 倍。可见，女性老年教徒再婚者少于男性。

表 2—18 　　　　　　　　不同性别老年教徒的结婚次数

单位:%

结婚次数	性别	
	女性	男性
1 次	92.11	87.61
2 次	7.10	10.09
3 次及以上	0.79	2.30
合计	100.00	100.00

资料来源：郭平、陈刚：《2006 年中国城乡老年人口状况追踪调查数据分析》，中国社会出版社 2009 年版。

（二）老年教徒社会经济特征的性别差异

1. 户籍类型的性别差异

老年教徒户籍类型存在性别差异，女性教徒中非农业和农转非的比例高于男性。农业户口的女性老年教徒比例为 44.84%，比男性低 12.07 个百分点；非农业户口和农转非户口的女性教徒的比例分别为 46.58% 和8.58%，分别比男性高 9.44 个百分点和 2.62 个百分点（见表 2—19）。可见，男性和女性教徒在户籍类型上存在显著差异，在男性老年教徒中，农业户口者超过一半；而在女性老年教徒中，非农业户口者接近一半。

表 2—19　　　　　　　　　不同性别老年教徒的户籍类型

单位:%

户籍类型	性别	
	女性	男性
农业	44.84	56.90
非农业	46.58	37.14
农转非	8.58	5.96
合计	100.00	100.00

资料来源：郭平、陈刚：《2006 年中国城乡老年人口状况追踪调查数据分析》，中国社会出版社 2009 年版。

2. 女性老年教徒身体健康状况比男性差

从患慢性病和身体健康状况自评看，女性老年教徒的健康状况比男性差。女性老年教徒患慢性病者的比例为 82.03%，比男性高 8.27 个百分点；无慢性病的男性老年人比例为 26.24%，是女性老年教徒的 1.5 倍（见表 2—20）。可见，女性老年教徒患慢性病者多于男性。

表 2—20　　　　　　　　　不同性别老年教徒患慢性病状况

单位:%

是否患慢性病	性别	
	女性	男性
否	17.97	26.24
是	82.03	73.76
合计	100.00	100.00

资料来源：郭平、陈刚：《2006 年中国城乡老年人口状况追踪调查数据分析》，中国社会出版社 2009 年版。

女性老年教徒身体健康状况自评为"差"的比例占 27.59%，比男性高近 5 个百分点；身体健康状况自评为"好"的比例为 20.34%，比男性低近 6 个百分点（见表 2—21）。可见，女性老年教徒身体健康状况自评比男性老年教徒差。

表 2—21　　　　　　　不同性别老年教徒的健康状况自评

单位:%

健康状况自评	性别	
	女性	男性
差	27. 59	23. 02
一般	52. 07	50. 74
好	20. 34	26. 24
合计	100. 00	100. 00

资料来源:郭平、陈刚:《2006 年中国城乡老年人口状况追踪调查数据分析》,中国社会出版社 2009 年版。

　　健康状况基本不变的女性老年教徒少于男性教徒,而健康状况变好、变差和时好时坏的多于男性。女性老年教徒中,健康状况变好者、变差者和时好时坏者的比例分别为 7.49%、44.09% 和 5.33%,比男性分别高1.46 个百分点、0.57 个百分点和 0.30 个百分点;而基本不变的女性老年教徒比例为 43.09%,比男性低 2.33 个百分点(见表 2—22)。

表 2—22　　　　　老年教徒健康状况变化自评的性别差异

单位:%

与去年相比的健康状况	性别	
	女性	男性
变好	7. 49	6. 03
基本不变	43. 09	45. 42
变差	44. 09	43. 52
时好时坏	5. 33	5. 03
合计	100. 00	100. 00

资料来源:郭平、陈刚:《2006 年中国城乡老年人口状况追踪调查数据分析》,中国社会出版社 2009 年版。

　　女性老年教徒患病率较男性高,导致女性老年教徒的身体健康状况比男性差。老年人往往将世俗生活中发生的事件以及事件的变化与宗教信仰相联系。女性老年教徒身体健康状况变好者多于男性和身体健康状况变差者也多于男性的状况,是女性老年教徒坚持宗教信仰,虔诚信仰宗教的原因之一。

3. 女性老年教徒经济状况较男性差

老年教徒经济状况自评结果表明，女性老年教徒的经济状况比男性差。在女性老年教徒中，经济状况困难者的比例为 34.47%，比男性低 0.31 个百分点（见表2—23）。但是，女性老年教徒经济状况很困难者的比例却比男性老年教徒高 2.44 个百分点。可见，女性老年教徒的经济状况比男性差。

表2—23　　　　　　　　不同性别老年教徒的经济状况自评

单位:%

经济状况自评	性别	
	女性	男性
宽裕	12.25	13.28
大致够用	53.28	52.56
困难	34.47	34.16
合计	100.00	100.00

资料来源：郭平、陈刚：《2006 年中国城乡老年人口状况追踪调查数据分析》，中国社会出版社 2009 年版。

我国老年人的主要生活来源以依靠子女或其他亲属供给为主，虽然老年人的经济能力有所增强，对家庭成员的依赖程度下降，但老年妇女对子女或其他亲属在经济供养上的依赖性大大高于男性，女性老年人的经济独立性与男性老年人相比存在很大差距，面临更为严峻的养老问题[1][2][3]。因此，我国女性老年人的经济来源比男性差，缺少养老资源，女性老年人经济上的困难成为促使其寻求宗教帮助、宗教情感支持的原因。

（三）老年教徒主观幸福感的性别差异

1. 女性老年教徒的生活满意度高于男性

生活满意度是老年人对自己生活各方面主客观条件的一个综合性、总体性评价。老年教徒的生活满意度存在性别差异，男性老年教徒的生活满

---

[1] 杜鹏、武超：《中国老年人的主要经济来源分析》，《人口研究》1998 年第 4 期。

[2] 杜鹏：《中国老年人主要生活来源的现状与变化》，《人口研究》2003 年第 6 期。

[3] 杜鹏、武超：《1994—2004 年中国老年人主要生活来源的变化》，《人口研究》2006 年第 3 期。

意度比女性老年教徒低。

在男性老年教徒中，对生活不满意的比例为 13.86%，比女性老年教徒高 1.59 个百分点；在女性老年教徒中，对生活满意的比例为 50.37%，比男性老年教徒高 3.84 个百分点（见表 2—24）。可见，男性老年教徒对生活不满意者多于女性，男性老年教徒的生活满意度低于女性。

表 2—24　　　　　　　　不同性别老年教徒的生活满意度

单位:%

生活满意度	性别	
	女性	男性
不满意	12.27	13.86
一般	37.36	39.61
满意	50.37	46.53
合计	100.00	100.00

资料来源：郭平、陈刚：《2006 年中国城乡老年人口状况追踪调查数据分析》，中国社会出版社 2009 年版。

2. 女性老年教徒的主观幸福感高于男性

老年人的主观幸福感是对自己生活的一种主观评价。女性老年教徒的主观幸福感比男性略高。在女性老年教徒中，较幸福者的比例为 45.97%，比男性高 1.37 个百分点（见表 2—25）。可见，女性老年教徒的主观幸福感比男性略高。

表 2—25　　　　　　　　老年教徒主观幸福感的性别差异

单位:%

主观幸福感	性别	
	女性	男性
较幸福	45.97	44.60
差不多	45.15	47.16
较不幸福	8.88	8.24
合计	100.00	100.00

资料来源：郭平、陈刚：《2006 年中国城乡老年人口状况追踪调查数据分析》，中国社会出版社 2009 年版。

发达国家和发展中国家的数据都表明宗教信仰和主观幸福感之间有很强的正向关系，特别是对妇女和老年人[1]，经常参加礼拜的人比不经常参加的人生活满意度更高[2]，频繁地参加宗教活动可以减少女性的抑郁程度，但是男性的抑郁度却会增加[3]。老年妇女宗教参与水平一般比男性高，因此，老年妇女的主观幸福感比男性强。

四　我国城乡老年教徒的特征及差异

我国城乡二元经济结构明显，城乡经济社会发展水平存在差异。改革开放以来，城乡经济社会发生了巨大变化，人民物质生活水平大幅度提高，城乡差距扩大。随着城市社会保障制度不断完善，保障水平不断提高，特别是进入21世纪以来，人口老龄化的发展，城市一系列老龄政策的颁布，城市老年人的健康、医疗、照料和养老等问题逐步得到解决，保障水平也逐步提高。但城市独居老年人、空巢家庭增加，老年人精神文化和心理需求也增加。随着农村大量年轻人口向城市的流动与迁移，农村老年人不仅要照顾孙辈，隔代家庭使老年人不但增加日常生活负担，而且老年人的精神需求被忽视，孤独感、压抑感、焦虑感增强。因此，城乡老年人信仰宗教有其现实的原因。

从城乡的角度分析我国老年教徒的现状与特征，有利于深入认识我国老年教徒的现状，理解老年教徒的城乡差异。

从2006年数据看，城市老年教徒所占比例为50.28%，农村老年教徒占49.72%，城市略高于农村。

城市老年教徒以佛教教徒为主，占70.52%，比农村高11.22个百分点；城市基督教教徒占13.36%，比农村低9.28个百分点；城市伊斯兰教教徒占12.26%，比农村高0.18个百分点；道教和天主教二者老年教

---

①　Brown, Philip H., and Brian Tierney, "Religion and subjective well-being among the elderly in China." *The Journal of Socio-Economics*, Vol. 38, No. 2, 2009, pp. 310 – 319.

②　Miller, Tracy, "US Religious Landscape Survey Religious Beliefs and Practices: Diverse and Politically Relevant." 2008, pp. 1 – 272.

③　Norton, Maria C., et al., "Gender differences in the association between religious involvement and depression: The Cache County (Utah) study." *The Journals of Gerontology Series B: Psychological Sciences and Social Sciences*, Vol. 61, No. 3, 2006, pp. 129 – 136.

徒在城市共占比例仅为 3.86%，在农村接近 6%（见表 2—26）。

可见，无论是城市还是农村，老年佛教教徒所占的比重最大，基督徒次之。农村老年基督徒的比重高于城市，说明基督教对农村老年人具有更大的吸引力。

表 2—26　　　　　　　　　我国城乡老年教徒构成

单位：%

宗教派别	城乡	
	城市	农村
佛教	70.52	59.30
道教	1.55	4.03
基督教	13.36	22.64
天主教	2.31	1.95
伊斯兰教	12.26	12.08
合计	100.00	100.00

注：$X^2 = 97.522$，$p < 0.001$。

资料来源：郭平、陈刚：《2006 年中国城乡老年人口状况追踪调查数据分析》，中国社会出版社 2009 年版。

（一）城乡老年教徒的人口学特征及差异

1. 城乡女性老年教徒均多于男性，城市更为突出

无论是农村，还是城市，女性老年教徒的比例都远远超过男性，城市更为突出。农村信仰宗教的女性老年人所占比例为 57.41%，比男性高 14.82 个百分点；城市女性老年人中信仰宗教的比例为 71.00%，比男性高 42 个百分点（见表 2—27）。与农村相比，城市女性老年教徒的比例更高，男性老年教徒的比重低于农村。可见，在城乡老年教徒的性别构成上，超过一半都是女性，而城市女性老年教徒超过七成。

表 2—27　　　　　　　城乡老年教徒的性别特征及差异

单位：%

性别	农村		城市	
	否	是	否	是
男性	58.02	42.59	53.79	29.00
女性	41.98	57.41	46.21	71.00

续表

性别	农村		城市	
	否	是	否	是
合计	100.00	100.00	100.00	100.00
X^2	132.765***	355.822***		

注:***$p < 0.001$。

资料来源:郭平、陈刚:《2006年中国城乡老年人口状况追踪调查数据分析》,中国社会出版社2009年版。

城市女性老年教徒所占比例超过七成,老年教徒中"女多男少"的现象比农村更突出。一方面,我国城乡女性老年人慢性病患病率均高于男性,而且城市女性患病率高于农村女性[1],这说明,老年妇女的医疗健康需求比男性更大,而城市老年妇女比农村老年妇女需求更大。另一方面,老年女性文化程度低于老年男性,老年妇女的丧偶率高于男性,这说明老年妇女在晚年丧偶后更需要心理慰藉和情感支持。

2. 城乡老年教徒的年龄特征及差异

城市老年人是否信仰宗教存在显著的年龄差异,农村老年人无显著差异。城乡老年教徒的年龄构成呈现中间大两头小的特征,即中龄老年教徒比重大,高龄老年教徒和低龄老年教徒所占比重较少。城乡老年教徒年龄构成存在一定差异。城市低龄老年教徒的比重为43.93%,比农村高1.22个百分点;中龄老年教徒的比重为42.06%,比农村高0.56个百分点;高龄教徒的比重为14.01%,比农村低1.78个百分点(见表2—28)。

表2—28 城乡老年教徒的年龄特征及差异

单位:%

年龄	农村		城市	
	否	是	否	是
60—64 岁	19.64	18.15	17.76	17.78
65—69 岁	24.36	24.56	27.79	26.15
70—74 岁	24.91	24.38	26.66	24.62

---

① 郭平、程建鹏、尚晓援:《中国城乡老年人健康状况与卫生服务利用的差异》,《市场与人口分析》2005年增刊。

续表

年龄	农村		城市	
	否	是	否	是
75—79 岁	16.75	17.12	16.56	17.44
80 岁及以上	14.34	15.79	11.23	14.01
合计	100.00	100.00	100.00	100.00
X^2		3.864		28.906***

注：*** $p < 0.001$。

资料来源：郭平、陈刚：《2006 年中国城乡老年人口状况追踪调查数据分析》，中国社会出版社 2009 年版。

3. 城市老年教徒的受教育程度高于农村

城市和农村老年教徒的受教育程度存在显著差异，城市老年教徒的受教育程度高于农村，特别是农村女性老年教徒的受教育程度最低。城市老年教徒人均受教育年限为 5.67 年，比农村老年教徒的 2.81 年高 2.86 年；城市男性老年教徒的人均受教育年限为 7.76 年，比农村男性高 3.29 年；城市女性老年教徒人均受教育年限为 4.81 年，比农村女性高 3.23 年（见表 2—29）。因此，与城市相比，农村老年教徒的受教育水平较低，特别是农村女性老年教徒。

表 2—29　　　　　　　城市和农村老年教徒人均受教育年限

单位：年

性别	城市	农村
男性	7.76	4.47
女性	4.81	1.58
合计	5.67	2.81

资料来源：郭平、陈刚：《2006 年中国城乡老年人口状况追踪调查数据分析》，中国社会出版社 2009 年版。

在农村老年教徒中，没上过学的比例达到了 57.69%，而小学及以下文化的教徒比例高达 92.44%。城市没上过学的老年教徒比农村低近 26 个百分点，小学及以下文化的老年教徒比例为 67.58%，比农村低近 25 个百分点。在城市老年教徒中，有 4.10% 的老年人接受过高等教育，农村老年教徒中仅有 0.24% 的老年人接受过高等教育（见表 2—30）。可见，农村老年教徒的文化程度远远低于城市。

表 2—30　　　　　　　城乡老年教徒的受教育程度特征及差异

单位:%

文化程度	农村		城市	
	否	是	否	是
没上过学	48.91	57.69	19.29	31.91
私塾	5.58	5.27	2.86	3.19
小学	34.89	29.48	29.89	32.48
初中	8.81	6.36	21.54	17.61
中专/高中	1.52	0.97	16.18	10.71
大专及以上	0.29	0.24	10.24	4.10
合计	100.00	100.00	100.00	100.00
X^2	46.083***		209.396***	

注:*** $p < 0.001$。

资料来源:郭平、陈刚:《2006 年中国城乡老年人口状况追踪调查数据分析》,中国社会出版社 2009 年版。

　　我国城乡二元经济结构使教育资源在城乡的分配上不均衡,农村教育资源的缺乏与农村社会经济发展水平低的状况,导致农村人口受教育程度低于城市。特别是现在已经进入老年期的老年群体,遭受自然灾害和经历社会政治运动时期正是他们应当接受基础教育的时期,很多农村老年人在那时丧失了受教育的机会。

　　4. 农村丧偶的老年教徒多于城市

　　城乡老年教徒的婚姻状况存在显著差异。在老年教徒中,城乡有偶同住者的比例都在一半以上,其次是丧偶教徒,比例超过了 40%;农村丧偶老年教徒比例为 45.00%,比城市高近 4 个百分点,城市有配偶的老年教徒比例为 56.59%,比农村高近 4 个百分点(见表 2—31)。可见,农村丧偶的老年教徒多于城市。

表 2—31　　　　　　　城乡老年教徒的婚姻特征及差异

单位:%

婚姻状况	农村		城市	
	否	是	否	是
有偶同住	58.64	51.06	70.62	55.28
有偶分居	1.69	2.00	1.20	1.31

续表

婚姻状况	农村		城市	
	否	是	否	是
丧偶	36.81	45.00	26.82	41.07
离婚	0.71	1.09	0.91	2.00
未婚	2.15	0.85	0.45	0.34
合计	100.00	100.00	100.00	100.00
X^2	53.532***		166.211***	

注:*** $p < 0.001$。

资料来源:郭平、陈刚:《2006 年中国城乡老年人口状况追踪调查数据分析》,中国社会出版社 2009 年版。

　　我国丧偶老年人绝大部分分布在农村,农村丧偶老人较城市丧偶老人而言有更大的增长,农村丧偶老年人很容易陷入贫困的境地,成为社会的边缘群体①。农村丧偶老年人不仅在经济上需要关注,而且在心理、精神、情感上更需要支持。因此,农村丧偶老年教徒的比重大于城市。

　　5. 农村少数民族老年教徒的比例高于城市

　　城乡老年教徒在民族构成上存在显著差异。农村少数民族老年教徒的比例明显高于城市。在农村老年教徒中,少数民族教徒的比重占18.69%,比城市高 5.12 个百分点;农村汉族老年教徒的比重为81.31%,比城市低 5.12 个百分点(见表 2—32)。可见,我国城乡老年教徒均以汉族老年人为主,但是农村少数民族老年教徒明显多于城市。

表 2—32　　　　　　　城乡老年教徒的民族构成与差异

单位:%

民族	农村	城市
汉族	81.31	86.43
少数民族	18.69	13.57
合计	100.00	100.00

注: $X^2 = 17.523$, $p < 0.001$。

资料来源:郭平、陈刚:《2006 年中国城乡老年人口状况追踪调查数据分析》,中国社会出版社 2009 年版。

———————————

① 丁志宏、胡强强:《20 世纪 90 年代我国丧偶人口状况分析》,《南方人口》2006 年第1 期。

我国少数民族主要分布于西部内陆地区，居住相对集中，大多生活在农村，公共卫生设施不足①。少数民族人口主要分布在生态环境恶劣、经济社会发展落后的西部地区，是贫困人口分布最多的区域②③。由于少数民族生活环境恶劣，他们对自然环境和自然灾害等造成的风险抵御能力较低，再加上传统历史文化等因素的影响，使少数民族人口中信仰宗教的比例较大。

（二）城乡老年教徒的社会经济特征及差异

1. 农村老年教徒的经济状况比城市差

城乡老年教徒的经济状况存在显著差异。在农村老年教徒中，经济困难的教徒比例为39.88%，比城市高10.75个百分点；城市老年教徒经济宽裕者的比例为14.13%，比农村高3.1个百分点（见表2—33）。可见，农村老年教徒的经济状况比城市老年教徒差。

在城乡老年教徒中，经济困难者的比重均大于经济宽裕者，特别是农村。农村经济宽裕的老年教徒比例为11.03%，比经济困难者低约28.85个百分点；城市老年教徒经济困难者的比例为29.13%，比经济宽裕者高15个百分点（见表2—33）。可见，城乡老年教徒中，经济困难者较多，特别是农村。

表2—33　　　　　城乡老年教徒的经济特征及差异

单位：%

经济状况	农村		城市	
	否	是	否	是
很宽裕	1.07	1.45	2.46	2.39
比较宽裕	8.27	9.58	13.54	11.74
大致够用	51.53	49.09	59.74	56.74
有些困难	29.89	29.21	18.77	20.75

---

① 骆为祥：《少数民族人口分布及其变动分析》，《南方人口》2008年第1期。

② 童玉芬、王海霞：《中国西部少数民族地区人口的贫困原因及其政策启示》，《人口与经济》2006年第1期。

③ 张善余、曾明星：《少数民族人口分布变动与人口迁移形势——2000年第五次人口普查数据分析》，《民族研究》2005年第1期。

续表

经济状况	农村		城市	
	否	是	否	是
很困难	9.24	10.67	5.49	8.38
合计	100.00	100.00	100.00	100.00
X^2	9.276		28.906***	

注:***$p<0.001$。

资料来源:郭平、陈刚:《2006 年中国城乡老年人口状况追踪调查数据分析》,中国社会出版社 2009 年版。

2. 农村老年教徒的身体健康状况比城市差

城乡老年教徒的身体健康状况存在差异。在农村老年教徒中身体健康状况差的比例为 30.57%,比城市高近 9 个百分点;农村老年教徒身体健康状况好的比例为 21.49%,比城市低近 2 个百分点(见表 2—34)。可见,农村老年教徒的身体健康状况比城市差。

是否信仰宗教的农村老年人和城市老年人在身体健康状况上不存在显著差异。

表 2—34　　　　　　　城乡老年教徒的健康状况及差异

单位:%

健康状况	农村		城市	
	否	是	否	是
很差	6.47	6.96	4.47	4.68
较差	21.38	23.61	14.97	16.94
一般	49.35	47.94	54.92	55.05
较好	19.11	18.04	21.32	19.51
很好	3.69	3.45	4.32	3.82
合计	100.00	100.00	100.00	100.00
X^2	5.252		6.909	

资料来源:郭平、陈刚:《2006 年中国城乡老年人口状况追踪调查数据分析》,中国社会出版社 2009 年版。

城乡老年教徒在是否患慢性病上存在显著差异。在农村,患慢性病的老年教徒的比例为 74.17%,比不信仰宗教的老年人高 6.56 个百分点;

城市患慢性病的老年教徒的比例为83.73%，比不信仰宗教的老年人高3.09个百分点；城市老年教徒患慢性病者的比例比农村高9.56个百分点（见表2—35）。可见，城乡老年教徒中患慢性病者比例大，城市老年教徒患慢性病者多于农村。同时，城乡信仰宗教的老年人患慢性病的比例均高于不信仰宗教的老年人。

表2—35 城乡老年教徒患慢性病状况及差异

单位:%

慢性病	农村		城市	
	否	是	否	是
无	32.39	25.83	19.36	16.27
有	67.61	74.17	80.64	83.73
合计	100.00	100.00	100.00	100.00
X^2	27.466***		9.062**	

注:*** $p < 0.001$，** $p < 0.01$。

资料来源：郭平、陈刚：《2006年中国城乡老年人口状况追踪调查数据分析》，中国社会出版社2009年版。

3. 城乡老年教徒的地区分布从东部向西部逐渐减少

城乡老年人是否信仰宗教存在地区差异。在农村老年教徒中，信仰宗教比例居前三位的依次是：华东、中南和西北地区，老年教徒的比重分别是44.04%、19.18%和15.79%，三个地区老年教徒的比例占全国农村老年教徒的79.01%；在城市老年教徒中，信仰宗教比例居前三位的依次是华东、中南和西南地区，老年教徒的比例分别是46.67%、17.15%和12.82%，三个地区老年教徒的比例占全国城市老年教徒的76.64%；华北地区和东北地区的城乡老年教徒所占比例最少（见表2—36）。

从东部、中部和西部地区来看，东部、中部和西部农村地区老年教徒所占比例分别为53.36%、19.18%和27.47%，东部、中部和西部城市地区老年教徒所占比例为58.52%、17.15%和24.33%。可见，城乡东部地区老年教徒所占比重超过一半，城乡老年教徒的地区分布呈现出从东部向西部地区逐渐减少的趋势。

表 2—36　　　　　　城乡老年人宗教信仰的地区特征及差异

单位:%

地区	农村		城市	
	否	是	否	是
华北	16.35	5.63	17.34	5.24
东北	11.31	3.69	10.68	6.61
华东	27.28	44.03	26.34	46.67
中南	26.39	19.18	26.62	17.15
西南	9.72	11.68	9.36	12.82
西北	8.95	15.79	9.66	11.51
合计	100.00	100.00	100.00	100.00
X^2	414.675***		437.653***	

注:*** $p < 0.001$。

资料来源:郭平、陈刚:《2006年中国城乡老年人口状况追踪调查数据分析》,中国社会出版社2009年版。

(三) 城乡老年教徒的主观幸福感及差异

1. 城市老年教徒的主观幸福感高于农村

农村老年人是否信仰宗教在主观幸福感上存在显著差异,城市老年人无差异。在农村,较幸福的老年教徒比例为37.39%,比不信仰宗教的老年人高2.73个百分点。可见,农村老年教徒的幸福感高于不信仰宗教的老年人。城市老年人是否信仰宗教在主观幸福感上差异小,超过一半的老年教徒认为自己较幸福(见表2—37)。

表 2—37　　　　　　城乡老年教徒的主观幸福感及差异

单位:%

主观幸福感	农村		城市	
	否	是	否	是
较幸福	34.66	37.39	54.29	53.11
差不多	54.09	49.85	41.30	42.11
较不幸福	11.26	12.76	4.41	4.79

幸福感	农村		城市	
	否	是	否	是
合计	100.00	100.00	100.00	100.00
X^2	10.271**		1.059	

注：** $p < 0.01$。

资料来源：郭平、陈刚：《2006 年中国城乡老年人口状况追踪调查数据分析》，中国社会出版社 2009 年版。

城乡老年教徒的主观幸福感存在显著差异。城市老年教徒中较幸福的比例为 53.11%，比农村高近 16 个百分点，而较不幸福的老年教徒的比例仅为 4.79%，比农村低近 8 个百分点。可见，城市老年教徒的主观幸福感比农村老年教徒高。

2. 城市老年教徒的生活满意度高于农村

城乡老年人是否信仰宗教在生活满意度方面不存在显著差异。农村生活不满意的老年教徒的比例为 14.79%，比城市高近 4 个百分点；生活满意的老年教徒的比例为 42.00%，比城市低近 14 个百分点，城市超过一半的老年教徒对生活满意（见表 2—38）。这说明，城市老年教徒的生活满意度高于农村。

表 2—38　　　　　　　城乡老年教徒的生活满意度及差异

单位：%

生活满意度	农村		城市	
	否	是	否	是
很不满意	4.54	5.58	4.74	4.68
不太满意	9.18	9.21	6.86	6.33
一般	42.23	43.21	33.31	33.40
比较满意	38.26	35.33	45.29	43.96
非常满意	5.79	6.67	9.80	11.63
合计	100.00	100.00	100.00	100.00
X^2	8.370		5.985	

资料来源：郭平、陈刚：《2006 年中国城乡老年人口状况追踪调查数据分析》，中国社会出版社 2009 年版。

五 小 结

本章对我国老年教徒的数量、特征、分布以及城乡和性别差异进行了研究，从整体上对我国老年教徒有了全面清晰的认识。2006 年我国信仰宗教的老年人占老年人总数的 17% 左右，约有 2600 万人，其中信仰佛教、基督教、伊斯兰教、道教和天主教的老年人比例分别占 64.16%，17.52%、11.99%、2.69% 和 2.10%，各宗教的老年教徒数量分别约为 1700 万、460 万、310 万、70 万和 60 万。我国老年教徒在区域分布上存在明显差异。老年教徒主要分布在华东地区，占全国的 45%。在老年教徒中，佛教徒主要分布于华东地区，道教徒主要分布于中南地区，基督教徒和天主教徒主要分布于华东地区，穆斯林主要分布于西北地区。

我国老年教徒存在明显的性别、年龄、民族、文化程度、婚姻状况等人口学特征的差异。我国老年教徒呈现出女性多于男性，中低龄多于高龄，汉族多于少数民族，文化程度低、无配偶者较多等特征。虽然我国老年教徒的身体健康状况和经济状况都较差，但老年教徒的主观幸福感较高。

我国老年教徒的基本特征在性别和城乡上存在差异。从性别上看，表现为女性文化程度较低，女性高龄教徒、丧偶教徒和汉族教徒较多；女性老年教徒的身体健康状况和经济状况比男性差；而女性老年教徒的生活满意度和主观幸福感却高于男性。从城乡上看，城市老年教徒中女性更多，农村老年教徒文化程度更低，农村丧偶和少数民族教徒较多；农村老年教徒的身体健康状况和经济状况比城市差，农村老年教徒的生活满意度和主观幸福感低于城市。

第三章 不同宗教信仰老年人的现状与特征

一 不同宗教信仰老年人的人口学特征

（一）不同宗教信仰老年人的性别差异

在宗教信徒中，女性教徒数量多于男性教徒数量是一个普遍现象，不同宗教教徒是否均表现出"女多于男"的特征？从我国老年教徒的情况看，并非如此。在佛教、基督教和天主教老年教徒中，女性数量是男性数量的2—3倍；而在道教和伊斯兰教教徒中，男性数量却多于女性。因此，不同宗教信仰的老年教徒在数量上存在明显的性别差异（$X^2 = 99.293$，$p < 0.001$）。

在老年佛教徒中，女性教徒的比例为65.87%，比男性高近32个百分点；在老年基督徒中，女性教徒的比例75.34%，比男性高近51个百分点；在老年天主教徒中，女性教徒的比例67.61%，比男性高35个百分点；在老年道教徒中，女性教徒的比例为42.86%，比男性低14个百分点；在老年伊斯兰教教徒中，女性教徒的比例为48.64%，比男性低近3个百分点（见图3—1）。

信仰基督教的女性老年人比重（75.34%）最大，比信仰佛教、道教、天主教和伊斯兰教的女性老年教徒分别高9.47%、32.48%、7.73%和26.70%；信仰道教的男性老年人比重（57.14%）最高，比信仰佛教、基督教、天主教和伊斯兰教的男性老年教徒分别高23.01%、32.48%、24.75%和5.78%（见图3—1）。

可见，在五类宗教中，佛教、基督教和天主教老年教徒中女性比重大于男性，其中信仰基督教的女性比重最大；在道教和伊斯兰教老年教徒中，男性比重大于女性，其中信仰道教的男性比重最大。

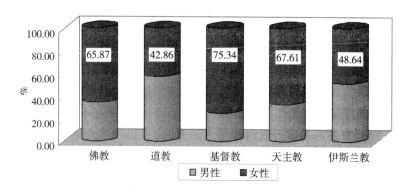

图3—1 不同宗教信仰的老年教徒数量的性别差异

资料来源：郭平、陈刚：《2006年中国城乡老年人口状况追踪调查数据分析》，中国社会出版社2009年版。

出现各宗教信仰中女性比重普遍较大，是因为现实社会中男女社会地位的差异，各宗教观念中对待女性的态度，以及男性和女性之间人格差异。中国佛教慈悲平等观与道教的贵柔尚雌，有助于消解儒家对女性的歧视，尼庵和道观是一部分中国妇女追求自由独立的庇护所；《古兰经》在多方面为妇女权利辩护，认为男女在起源上是平等的，有平等的宗教权利[1]。女性在现实生活中的生存体验、对人生意义的求索和对神圣价值的追寻使她们更容易走近神、仰望神和跟随神[2]。另外，女性特质与宗教特点和生活方式更为一致，以及女性的负疚感，常常使女性转向宗教[3]。因此，女性比男性更易虔诚信仰宗教，成为宗教的忠实追随者。老年妇女非常愿意接受宗教的现实状况，说明宗教更好地满足了老年妇女的需要。

（二）不同宗教信仰老年人的年龄差异

不同宗教信仰的老年人在年龄构成上存在一定差异，低龄老年教徒一般多于高龄老年教徒。在老年佛教徒中，低龄教徒（60—69岁）占40.55%，比高龄教徒（80岁及以上）高24.18%；在老年道教徒中，低

---

[1] 韩凤鸣：《宗教历史中的女性地位》，《广西社会科学》2002年第4期。

[2] 贺璋瑢：《关于女性宗教信仰建立的几点思考》，《华南师范大学学报》（社会科学版）2001年第3期。

[3] ［英］麦克·阿盖尔：《宗教心理学导论》，陈彪译，中国人民大学出版社2005年版，第155页。

龄教徒占 50.55%，比高龄教徒高 41.76%；在老年基督徒中，低龄教徒占 45.60%，比高龄教徒高 32.59%；在老年天主教徒中，低龄老年教徒占 33.80%，比高龄教徒高 15.49%；在老年伊斯兰教教徒中，低龄老年教徒占 54.07%，比高龄教徒高 42.71%（见表 3—1）。可见，各类宗教信徒中老年低龄教徒一般多于老年高龄教徒，特别是道教和伊斯兰教。

表 3—1　　　　　　　　不同宗教信仰的老年教徒的年龄差异

单位：%

年龄	宗教信仰				
	佛教	道教	基督教	天主教	伊斯兰教
60—64 岁	17.16	12.09	19.59	7.04	21.23
65—69 岁	23.39	38.46	26.01	26.76	32.84
70—74 岁	24.26	26.37	25.68	30.99	22.22
75—79 岁	18.82	14.29	15.71	16.90	12.35
80 岁及以上	16.37	8.79	13.01	18.31	11.36
合计	100.00	100.00	100.00	100.00	100.00

注：$X^2 = 57.699$，$p < 0.001$。

资料来源：郭平、陈刚：《2006 年中国城乡老年人口状况追踪调查数据分析》，中国社会出版社 2009 年版。

信仰伊斯兰教的低龄老年教徒比重（54.07%）最大，比信仰佛教、道教、基督教和天主教的老年教徒分别高 13.52%、3.52%、8.47% 和 20.27%。信仰天主教的高龄老年教徒比重（18.31%）最大，比信仰佛教、道教、基督教和伊斯兰教的老年教徒分别高 1.94%、9.52%、5.30% 和 6.95%。

可见，不同宗教信仰的老年教徒中低龄老年人的比重大于高龄老年人。信仰伊斯兰教的低龄老年教徒比重最大，信仰天主教的高龄老年教徒比重最大。

（三）不同宗教信仰老年人的文化程度差异

不同宗教信仰的老年人的人均受教育年限存在差异。在不同宗教信仰的老年教徒中，人均受教育年限由高到低依次是伊斯兰教、道教、佛教、天主教和基督教，老年教徒的人均受教育年限分别是 5.12 年、4.92 年、4.34 年、3.56 年和 3.55 年；信仰伊斯兰教的老年教徒的人均受教育年限最高，比信仰佛教、道教、基督教和天主教的老年教徒分别高 0.78 年、0.20 年、1.57 年和 1.56 年（见图 3—2）。可见，老年穆斯林的人均受教育年限最高，老年基督徒的人均受教育年限最低。

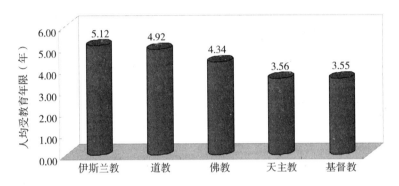

图 3—2　不同宗教信仰的老年教徒的人均受教育年限

资料来源：郭平、陈刚：《2006 年中国城乡老年人口状况追踪调查数据分析》，中国社会出版社 2009 年版。

在信仰五类宗教的老年教徒中，信仰基督教和天主教的老年人没上过学的比例最大，均超过一半；信仰伊斯兰教的老年人高中及以上文化的比例超过十分之一。在老年佛教教徒中，小学及以下文化程度的老人占79.21%，其中没上过学的占 43.27%；在老年道教教徒中，小学及以下文化程度的老人占 81.33%，其中没上过学的占 34.06%；在老年基督教教徒中，小学及以下文化程度的比例占 83.62%，其中没上过学的占53.89%；在老年天主教教徒中，小学及以下文化程度的比例为 84.41%，其中没上过学的占 53.52%；在老年伊斯兰教教徒中，小学及以下文化程度的占 73.58%，其中没上过学的占 36.79%（见表 3—2）。

表 3—2　　　　　　　不同宗教信仰的老年人的文化程度差异

单位：%

文化程度	宗教信仰				
	佛教	道教	基督教	天主教	伊斯兰教
没上过学	43.27	34.06	53.89	53.52	36.79
私塾	4.34	9.89	3.38	1.41	3.21
小学	31.60	37.36	26.35	29.58	33.58
初中	12.78	10.99	9.12	7.04	15.31

续表

文化程度	宗教信仰				
	佛教	道教	基督教	天主教	伊斯兰教
中专/高中	6.21	3.30	5.40	7.04	6.17
大专及以上	1.80	4.40	1.86	1.41	4.94
合计	100.00	100.00	100.00	100.00	100.00

注：$X^2 = 73.016$，$p < 0.001$。

资料来源：郭平、陈刚：《2006年中国城乡老年人口状况追踪调查数据分析》，中国社会出版社2009年版。

信仰基督教的老年教徒没上过学的比例（53.89%）最大，分别比信仰佛教、道教、天主教和伊斯兰教的老年教徒高10.62%、19.82%、0.37%、17.10%。信仰伊斯兰教的老年教徒高中及以上者所占比例（11.11%）最高，分别比信仰佛教、道教、基督教和天主教的老年教徒高3.08%、3.41%、3.84%和2.66%。

从人均受教育年限和文化程度构成看，不同宗教信仰的老年人文化程度存在显著差异，老年穆斯林的文化程度最高，老年基督徒的文化程度最低。

另外，不同宗教信仰的老年教徒呈现出一个明显的特征，即随着文化程度的提高，信仰宗教的老年人比重减少。在老年佛教徒中，没上过学的信仰宗教的老年人是小学文化的1.37倍，是初中文化的3.39倍，是中专/高中文化的6.95倍，是大专及以上者的24.04倍。在老年基督徒中，没上过学的信仰宗教的老年人是小学文化的2.05倍，是初中文化的5.91倍，是中专/高中文化的9.96倍，是大专及以上者的28.97倍。其他宗教的情况也类似。可见，文化程度越高，信仰各类宗教的老年人数量成倍减少。

（四）不同宗教信仰老年人的婚姻状况差异

信仰不同宗教的老年教徒的婚姻状况存在一定差异。信仰伊斯兰教的老年人中有配偶者的比例最高，老年佛教教徒无配偶者比例最高。在伊斯兰教教徒中，有配偶的信仰宗教老年人占59.01%，分别比信仰佛教、道教、基督教和天主教的老年教徒高5.22%、1.86%、3.77%和4.08%

（见表 3—3）。

表 3—3　　　　不同婚姻状况宗教信仰老年人的特征及差异

单位:%

婚姻状况	宗教信仰				
	佛教	道教	基督教	天主教	伊斯兰教
有偶同住	51.85	54.95	54.56	50.70	58.02
有偶分居	1.94	2.20	0.68	4.23	0.99
丧偶	43.91	37.35	44.09	43.66	38.52
离婚	1.70	3.30	0.17	0.00	2.47
未婚	0.60	2.20	0.50	1.41	0.00
合计	100.00	100.00	100.00	100.00	100.00

注：$X^2 = 38.287$，$p < 0.01$。

资料来源：郭平、陈刚：《2006 年中国城乡老年人口状况追踪调查数据分析》，中国社会出版社 2009 年版。

信仰佛教的老年教徒中无配偶者的比例最大，信仰基督教的老年教徒丧偶者的比例最大。在无配偶的老年教徒中，老年佛教教徒的比例为46.22%，其中丧偶老年人占43.91%；在老年道教教徒中，无配偶老年人占42.86%，其中丧偶老年人比例为37.35%；在老年基督教教徒中，无配偶老年人占44.77%，其中丧偶老年人占44.09%；在老年天主教教徒中，无配偶老年人占45.07%，其中丧偶老年人占43.66%；在老年伊斯兰教教徒中，无配偶老年人比例为40.99%，其中丧偶者比例为38.52%（见表3—3）。

可见，信仰伊斯兰教的老年教徒中有配偶者最多，信仰佛教的老年教徒中无配偶者最多，信仰基督教的老年教徒中丧偶者比例最高。

（五）不同宗教信仰老年人的民族差异

不同宗教信仰的老年人的民族构成存在显著差异（$X^2 = 2487.083$，$p < 0.001$），信仰伊斯兰教的老年人几乎全是少数民族。在信仰佛教、道教、基督教和天主教的老年人中，汉族老人占到九成以上，少数民族老人所占比重较低。

信仰佛教、道教、基督教和天主教的老年人中，少数民族老人所占的

比例分别是 4.20%、3.30%、1.35% 和 8.45%，而信仰伊斯兰教的少数
民族老年人比例达到 98.77%；相反，信仰伊斯兰教的汉族老年人所占比
例仅为 1.23%，信仰其他宗教的汉族老年人比例都在 91%—99% 之间
（见图 3—3）。

可见，不同宗教信仰的老年人的民族构成差异显著，老年人的宗教信
仰与民族密切联系。伊斯兰教老年教徒几乎全是少数民族，而汉族比重较
小；信仰其他宗教的老年教徒以汉族老人为主。

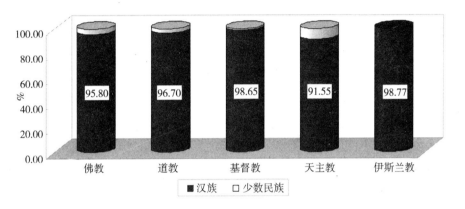

图 3—3　不同宗教信仰的老年人的民族构成

资料来源：郭平、陈刚：《2006 年中国城乡老年人口状况追踪调查数据分
析》，中国社会出版社 2009 年版。

（六）不同宗教信仰老年人的城乡差异

不同宗教信仰的老年人在城乡构成上存在明显差异（$X^2 = 97.522$，
$p < 0.001$），信仰佛教、天主教和伊斯兰教的老年人超过一半以上是城市
老年人，其中，佛教城市老年教徒所占比例最大；信仰道教和基督教的老
年人有六成以上是农村老年人，其中，道教农村老年教徒所占比重最大。

信仰佛教、天主教和伊斯兰教的城市老年教徒比例超过农村。在信仰
佛教的老年人中，城市老年人的比例为 56.50%，比农村高 13 个百分点；
在信仰天主教的老年人中，城市老年人的比例为 56.34%，比农村高
12.68 个百分点；在信仰伊斯兰教的老年人中，城市老年人的比例为
52.59%，比农村高 5.18 个百分点（见图 3—4）。信仰佛教的城市老年教
徒比重最大；分别比信仰道教、基督教、天主教和伊斯兰教的老年教徒高

26. 83%、17. 31%、0. 16%和3. 91%。

　　在道教和基督教中，农村老年教徒比例超过城市。信仰道教的城市老年人比例为29. 67%，比农村低40. 66个百分点；信仰基督教的城市老年人的比例为39. 19%，比农村低21. 62个百分点；道教农村老年教徒比重最高，分别比信仰佛教、基督教、天主教和伊斯兰教的老年教徒高26. 83%、9. 52%、26. 67%和22. 92%（见图3—4）。

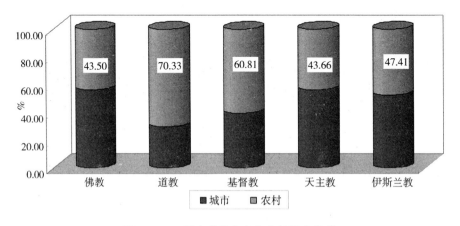

图3—4　不同宗教信仰老年人的城乡构成

资料来源：郭平、陈刚：《2006年中国城乡老年人口状况追踪调查数据分析》，中国社会出版社2009年版。

　　可见，不同宗教信仰的老年人，在城乡构成上存在明显差异。在老年佛教教徒中，城市老年人的比重最大；在老年道教教徒中农村老年人的比重最大。

二　不同宗教信仰老年人的社会经济特征

（一）不同宗教信仰老年人的健康状况差异

　　不同宗教信仰的老年人慢性病患病率均在七成至八成，慢性病患病率存在显著差异（$X^2 = 23. 01$，$p < 0. 001$），信仰伊斯兰教的老年人慢性病患病率最高，信仰佛教的老年人慢性病患病率最低。

　　信仰各类宗教的老年人，绝大多数都患有慢性病。信仰佛教的老年人患慢性病的比例为77. 73%，比无慢性病的老年教徒高55. 46%，是无慢性病老年教徒的 3.5 倍；信仰道教的老年人患慢性病的比例为 78.89%，比无慢性病的老年教徒高 57.78%，是无慢性病老年教徒的 3.7 倍；信仰基督教的老年人患慢性病的比例为 79.36%，比无慢性病的老年教徒高 58.72%，是无慢性病老年教徒的 3.9 倍；信仰天主教的老年人患慢性病的比例为 81.43%，比无慢性病的老年教徒高 62.86%，是无慢性病老年教徒的 4.4 倍；信仰伊斯兰教的老年人患慢性病的比例是 87.16%，比无慢性病的老年教徒高 74.32%，是无慢性病老年教徒的 6.8 倍（见图 3—5）。在各类教徒中，患慢性病的教徒的比例至少比无慢性病的教徒高 50 个百分点，在有的宗教教徒中，甚至高达 70 个百分点。

伊斯兰教的老年教徒患慢性病的比例分别比信仰佛教、道教、基督教和天主教的老年教徒高 9.43%、8.27%、7.8% 和 5.73%；老年佛教教徒中无慢性病的比例分别比信仰道教、基督教、天主教和伊斯兰教的老年教徒高 1.16%、1.63%、3.7% 和 9.37%（见图 3—5）。

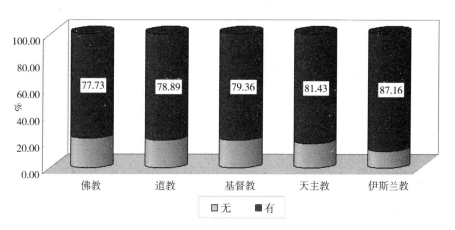

图 3—5　不同宗教信仰的老年人患慢性病的情况

资料来源：郭平、陈刚：《2006 年中国城乡老年人口状况追踪调查数据分析》，中国社会出版社 2009 年版。

可见，信仰各类宗教的老年人患慢性病的是未患病老年人的 4—7 倍。信仰伊斯兰教的老年人慢性病患病率最高，信仰佛教的老年教徒慢性病患病率最低。

不同宗教信仰的老年人在健康状况自评上存在差异。在信仰佛教的老年人中，健康状况差的老年人占 24.90%，比健康状况好的老年人高近 3 个百分点；在老年道教教徒中，健康状况好的老年人为29.67%，比健康状况差的老年人高近10个百分点；在老年基督徒中，健康状况差的老年人比例为26.02%，比健康状况好的老年人高近5个百分点；在老年天主教教徒中，健康状况差的老年人比例为23.94%，比健康状况好的老年人高近3个百分点；在老年伊斯兰教教徒中，健康状况差的老年人的比例为32.59%，比健康状况好的老年人高近10个百分点（见表3—4）。

表3—4　　　　　　　　不同宗教信仰老年人的健康状况差异

单位：%

健康状况	宗教信仰				
	伊斯兰教	佛教	道教	基督教	天主教
很差	5.82	4.40	5.24	5.63	6.91
较差	19.08	15.38	20.78	18.31	25.68
一般	52.70	50.55	52.70	54.93	44.20
较好	19.63	23.08	16.22	16.90	18.52
很好	2.77	6.59	5.06	4.23	4.69
合计	100.00	100.00	100.00	100.00	100.00

注：$X^2 = 35.660$，$p < 0.05$。

资料来源：郭平、陈刚：《2006年中国城乡老年人口状况追踪调查数据分析》，中国社会出版社2009年版。

可见，除道教外，其他宗教信仰的老年教徒健康状况自评差的老年人比例均高于好的老年人。

与其他教徒相比，信仰伊斯兰教的老年教徒健康状况自评差的比例最高，占33%左右，比信仰佛教、道教、基督教和天主教的老年教徒分别高7.69%、12.81%、6.57%和8.65%（见表3—4）。

因此，在各类宗教教徒中健康状况差的老年人比健康状况好的老年人多是一个明显特征。从慢性病患病率和健康状况自评看，信仰伊斯兰教的老年人健康状况最差，信仰道教的老年人健康状况相对较好。

（二）不同宗教信仰老年人的经济状况差异

不同宗教信仰的老年人的经济状况存在差异，在各类老年教徒中，经济状况困难的老年人的比例均高于经济状况宽裕者。信仰伊斯兰教的老年人的经济状况最差，老年佛教教徒的经济状况最好。

在老年佛教教徒中，经济困难者的比例为 30.99%，比经济宽裕者高近 18 个百分点，是经济宽裕者的 2.4 倍；在老年道教教徒中，经济困难者的比例为 39.56%，比经济宽裕者高近 30 个百分点，是经济宽裕者的 4 倍；在老年基督徒中，经济困难者的比例为 36.72%，比经济宽裕者高近 26 个百分点，是经济宽裕者的 3 倍；在老年天主教教徒中，经济困难者的比例为 36.62%，比经济宽裕者高近 28 个百分点，是经济宽裕者的 4.5 倍；在老年伊斯兰教教徒中，经济困难者的比例占 45.67%，比经济宽裕者高近 35 个百分点，是经济宽裕者的 4.2 倍（见表 3—5）。

表 3—5　　　　　　　　　不同宗教信仰老年人的经济状况差异

单位:%

经济状况	宗教信仰				
	佛教	道教	基督教	天主教	伊斯兰教
很宽裕	1.66	2.20	3.38	1.41	1.73
比较宽裕	11.55	7.69	8.80	7.04	9.14
大致够用	55.80	50.55	51.10	54.93	43.46
有些困难	22.91	34.07	26.57	32.39	27.65
很困难	8.08	5.49	10.15	4.23	18.02
合计	100.00	100.00	100.00	100.00	100.00

注：$X^2 = 84.546$，$p < 0.001$。

资料来源：郭平、陈刚：《2006 年中国城乡老年人口状况追踪调查数据分析》，中国社会出版社 2009 年版。

可见，在各类老年教徒中，经济困难者比经济宽裕者多，经济困难的老年教徒是经济宽裕者的 2—4 倍。

老年伊斯兰教教徒中经济困难的比重最大，为 45.67%，分别比信仰佛教、道教、基督教和天主教的老年教徒高 14.68%、6.11%、8.95% 和 9.05%；老年佛教教徒中经济宽裕者的比例为 13.21%，比信仰道教、基督教、天主教和伊斯兰教的老年教徒分别高 3.32 个百分点、1.03 个百分点、4.76 个百分点和 2.34 个百分点，而且老年佛教教徒经济困难者的比例比其他教徒低（见表 3—5）。可见，老年伊斯兰教教徒的经济状况最困难，老年佛教教徒的经济状况最好。

三　不同宗教信仰老年人的主观幸福感差异

（一）不同宗教信仰老年人的生活满意度差异

不同宗教信仰的老年人的生活满意度存在差异，在各类老年教徒中，信仰天主教的老年人的生活满意度最高，老年穆斯林的生活满意度最低。

在信仰各类宗教的老年教徒中，对生活满意的老年教徒多于不满意的人。在老年佛教教徒中，对生活满意的教徒占48.32%，比不满意者高近37个百分点；在老年道教教徒中，对生活满意的教徒比例为48.35%，比不满意者高近36个百分点；在老年基督徒中，对生活满意的教徒比例为49.58%，比不满意者高近35个百分点；在老年天主教教徒中，对生活满意的教徒比例为63.38%，比不满意者高近55个百分点；在老年伊斯兰教教徒中，对生活满意的教徒比例为51.11%，比不满意者高近34个百分点（见表3—6）。

信仰天主教的老年人生活满意度最高，对生活满意的老年教徒的比例超过六成，比信仰佛教、道教、基督教和伊斯兰教的老年教徒分别高15.06%、15.03%、13.80%和12.27%。信仰伊斯兰教的老年人的生活满意度最低，对生活不满意的老年穆斯林的比例为17.29%，比信仰佛教、道教、基督教和天主教的老年教徒分别高5.79%、5.20%、2.40%和8.84%（见表3—6）。

表3—6　　　　　　　不同宗教信仰老年人的生活满意度差异

单位:%

生活满意度	宗教信仰				
	佛教	道教	基督教	天主教	伊斯兰教
很不满意	4.20	4.40	6.26	1.41	8.89
不太满意	7.30	7.69	8.63	7.04	8.40
一般	40.18	39.56	35.53	28.17	31.60
比较满意	39.21	39.56	41.46	52.11	39.75
非常满意	9.11	8.79	8.12	11.27	11.36
合计	100.00	100.00	100.00	100.00	100.00

注：$X^2 = 39.691$, $p < 0.01$。

资料来源：郭平、陈刚：《2006年中国城乡老年人口状况追踪调查数据分析》，中国社会出版社2009年版。

可见，老年天主教徒的生活满意度最高，老年穆斯林的生活满意度最低。

（二）不同宗教信仰老年人的主观幸福感差异

不同宗教信仰的老年人的幸福感存在差异，在信仰各类宗教的老年人中，主观幸福感强的老年教徒比重相对较大，老年穆斯林的主观幸福感最高，老年道教徒的主观幸福感最低。

各类宗教老年教徒中主观幸福感强的老年教徒多于主观幸福感弱的老年教徒。在老年佛教徒中，较幸福者的比例为44.05%，比较不幸福的高近36个百分点，是较不幸福者的5.3倍；在老年道教教徒中，较幸福者的比例为35.16%，比较不幸福者高24个百分点，是较不幸福者的3.2倍；在老年基督徒中，较幸福者的比例为44.76%，比较不幸福者高34个百分点，是较不幸福者的4.3倍；在老年天主教徒中，较幸福者的比例为47.88%，比较不幸福者高45个百分点，是较不幸福者的17倍；在老年伊斯兰教教徒中，较幸福者的比例为60.49%，比较不幸福者高近53个百分点，是较不幸福者的7.9倍（见表3—7）。可见，在各类宗教教徒中，主观幸福感强的老年人较多。

老年穆斯林比信仰其他宗教的老年人的主观幸福感强。老年穆斯林中较幸福者的比例占到六成，比信仰佛教、道教、基督教和天主教老年人分别高16.44%、25.33%、15.73%和12.61%。老年道教教徒的主观幸福感比信仰其他宗教的老年教徒更弱。老年道教教徒中较不幸福者的比例为10.99%，比信仰佛教、基督教、天主教和伊斯兰教的老年人分别高2.60%、0.51%、8.17%和3.33%（见表3—7）。

表3—7 不同宗教信仰老年人的主观幸福感差异

单位：%

主观幸福感	宗教信仰				
	佛教	道教	基督教	天主教	伊斯兰教
较幸福	44.05	35.16	44.76	47.88	60.49
差不多	47.56	53.85	44.76	49.30	31.85

续表

主观幸福感	宗教信仰				
	佛教	道教	基督教	天主教	伊斯兰教
较不幸福	8.39	10.99	10.48	2.82	7.66
合计	100.00	100.00	100.00	100.00	100.00

注：$X^2 = 60.375$，$p < 0.001$。

资料来源：郭平、陈刚：《2006 年中国城乡老年人口状况追踪调查数据分析》，中国社会出版社 2009 年版。

可见，老年穆斯林的幸福感最强，而老年道教教徒的幸福感最弱。

四　小　结

本章对我国不同宗教信仰的老年教徒的特征进行了分析，结果发现，不同宗教信仰的老年教徒的人口学特征、社会经济特征和主观幸福感方面存在显著差异。

从人口学特征看，信仰基督教的老年女性比重最大，而信仰道教的最少；信仰天主教的高龄老年人比重最大；老年基督徒的文化程度最低，而老年穆斯林的文化程度最高；老年基督徒的丧偶率最高；信仰伊斯兰教的老年人中汉族仅占 1% 左右，几乎全是少数民族，而信仰其他宗教的汉族老年人居多；信仰佛教的城市老年教徒的比重最大。

从社会经济特征看，信仰伊斯兰教的老年人健康状况和经济状况最差，但是老年穆斯林的主观幸福感最强；信仰天主教的老年人生活满意度最高。

第四章　我国老年人宗教信仰的变化趋势

近年来我国信仰宗教群众的结构发生了明显变化，表现为信仰宗教群众中知识分子、高收入者、城市居民和中青年比例的增加①。那么从 2000 年到 2006 年，我国信仰宗教的老年人数量日益增加还是减少？老年信徒的结构发生了什么变化？老年人信仰宗教的特征发生了哪些变化？城乡信仰宗教的老年人如何变化？本章将使用 2000 年调查和 2006 年调查②对我国老年人宗教信仰的变化趋势进行研究，回答以上问题。

一　我国老年教徒的总体变化趋势

（一）我国信仰宗教的老年人日益增多

1. 我国老年信徒日益增多

从总体趋势看，我国信仰宗教的老年人的比例在不断扩大。从 2000—2006 年，我国信仰宗教的 60 岁及以上的老年人的比例从 15.56% 上升到 17.13%，上升 1.57 个百分点（见图 4—1）。

我国信仰宗教的老年人日益增多，从 2000 年的 2000 万人左右增加到 2006 年的 2600 万人左右，五年间增加 600 万人左右，老年教徒每年以 120 万人的规模递增。这一方面是由于我国人口老龄化的快速发展。我国 60 岁及以上的老年人口总数从 2000 年的 1.26 亿人增加到 2006 年的 1.49

---

① 王作安：《我国宗教状况的新变化》，《中央社会主义学院学报》2008 年第 3 期。

② 2000 年调查是指中国老龄科学研究中心 2000 年"中国城乡老年人口一次性抽样调查"数据，2006 年调查是指中国老龄科学研究中心 2006 年"中国城乡老年人口状况追踪调查"数据。

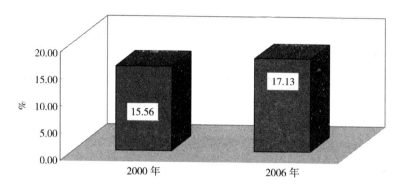

图 4—1　我国信仰宗教老年人的总体变化趋势

资料来源：郭平、陈刚：《2006 年中国城乡老年人口状况追踪调查数据分析》，中国社会出版社 2009 年版。中国老龄科学研究中心：《中国城乡老年人口状况一次性抽样调查数据分析》，中国标准出版社 2002 年版。

亿人左右，比例从 10.2% 提高到 11.3%[①]。另一方面是随着社会经济的发展，老年人基本生活获得保障，物质生活水平提高，但老年人的精神文化生活滞后，心理健康和精神健康问题日益突出。城市有 18% 的老年人常感到孤独，而农村高达 30.9%；不喜欢结交朋友的城市老年人从 2000 年的 20.4% 上升到 2006 年的 23.0%，农村同期从 26.8% 上升到 29.8%；城市有 2.9% 的老年人有自杀念头，而农村达到 4.9%[②]。宗教通过现代手段，宣传宗教思想，组织宗教活动；宗教教义和教规简约化、通俗化、世俗化，更加适应中国本土文化和需要[③]。宗教日益世俗化过程中，针对不同人群不断适应和迎合他们的需求与生活方式。因为我国宗教信仰自由政策的落实和较为宽松的宗教环境，以及国外宗教的影响，我国信仰宗教的老年人日益增多。

　　另外，从个体来看，随着年龄的增加，人们参与宗教活动的水平不断增加。国外宗教参与模型理论认为，人们在 18—30 岁时，宗教参与水平较低，之后随着年龄的增加，人们的宗教参与水平快速和持续增加[④]，同

---

① 郭平、陈刚：《2006 年中国城乡老年人口状况追踪调查数据分析》，中国社会出版社 2009 年版，第 6 页。

② 同上书，第 8 页。

③ 高淑贤：《简析我国宗教发展的新趋势》，《新疆社科论坛》2000 年第 2 期。

④ Bahr, Howard M. , "Aging and religious disaffiliation." *Social Forces*, Vol. 49, No. 1, 1970, pp. 59 - 71.

时，人们在 40 岁以后对宗教的需求会逐渐增长[①]。宗教参与水平的提高说明人们的宗教需求和宗教情感随着年龄的增加而增强，或者说人们通过宗教参与的方式来满足自身不断增加的多样性需求。部分老年人通过信仰宗教来满足多样性需求，医疗健康、心理归宿、精神慰藉、经济来源、照料等需求，从而提高老年人的生活质量，使老年人的晚年生活更幸福、健康与欢乐。

2. 城市老年教徒的比重逐渐增加

在我国老年教徒中，农村教徒的比例在下降，城市教徒的比例在上升。从 2000—2006 年，城市老年教徒所占比例从 50.77% 上升到 51.50%，上升近 1 个百分点（见图 4—2）。

城乡老年教徒数量构成的差距在不断扩大，城市老年教徒占我国老年教徒的比重越来越大。2000 年时，城市老年教徒的比例比农村高 1.54 个百分点；2006 年时，城市老年教徒比农村高 3 个百分点（见图 4—2）。

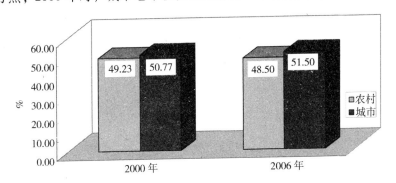

图 4—2　我国信仰宗教老年人城乡结构变化情况

资料来源：郭平、陈刚：《2006 年中国城乡老年人口状况追踪调查数据分析》，中国社会出版社 2009 年版。中国老龄科学研究中心：《中国城乡老年人口状况一次性抽样调查数据分析》，中国标准出版社 2002 年版。

农村老年教徒的人数从 990 万人左右增加到 1260 万人左右，增加近 270 万人；城市从 1015 万人左右增加到 1340 万人左右，增加 325 万人，

---

① Wink, Paul, Michele Dillon, and Britta Larsen, "Religion as Moderator of the Depression – Health Connection Findings From a Longitudinal Study." *Research on Aging*, Vol. 27, No. 2, 2005, pp. 197 – 220.

城市老年教徒数量增加速度较快。城乡老年教徒人数的差距从 2000 年的 25 万人扩大到 2006 年的 80 万人，城乡教徒数量差距扩大。可见，与农村相比，城市老年教徒数量增加的趋势更明显。

从城乡老年人中信仰宗教的老年人比例看，我国城市和农村信仰宗教的老年人均在增加，城市增加更快。从 2000—2006 年，农村信仰宗教老年人的比例从 15.42% 上升到 16.71%，上升 1.29 个百分点；同期，城市从 15.70% 上升到 17.55%，上升 1.85 个百分点。即是说，从 2000—2006 年，农村每 100 名老年人中信仰宗教者从 15 人增加到 17 人，城市从 16 人增加到 18 人。可见，我国城市中信仰宗教的老年人正在快速增加。

3. 佛教信仰在老年人中日益盛行

在我国老年教徒构成中，佛教信徒的比例日益增大，其他宗教信徒的比例均在减少。这说明，佛教信仰在老年人中日益盛行。

从 2000—2006 年，我国老年信徒中，老年佛教信徒的比例从 57.44% 上升到 65.17%，上升 7.73 个百分点；同期，信仰伊斯兰教、天主教、基督教和道教的老年信徒的比例分别下降 1.61 个百分点、1.71 个百分点、2.75 个百分点和 1.66 个百分点（见图 4—3）。可见，信仰佛教的老年人在老年信徒中的比重日益扩大，信仰其他宗教的老年人的比重在逐渐减少。

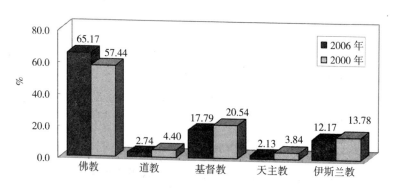

图 4—3　我国老年教徒宗教信仰构成的变化情况

资料来源：郭平、陈刚：《2006 年中国城乡老年人口状况追踪调查数据分析》，中国社会出版社 2009 年版。中国老龄科学研究中心：《中国城乡老年人口状况一次性抽样调查数据分析》，中国标准出版社 2002 年版。

从老年教徒的人数看，信仰道教和天主教的老年人数量在日益减少，信仰佛教、基督教和伊斯兰教的老年人数量在逐渐增多，其中老年佛教教徒的规模大幅增加。从 2000—2006 年，老年佛教教徒的规模从 1149 万人增加到 1694 万人，增加 545 万人；老年基督教教徒的规模从 411 万人增加到 463 万人，增加 52 万人左右；老年伊斯兰教教徒的规模从 276 万人增加到 316 万人，增加 40 万人左右；老年道教教徒从 88 万人减少到 71 万人，减少 17 万人；老年天主教教徒的规模从 77 万人下降到 55 万人，减少 22 万人左右。因此，信仰佛教的老年人数量正在快速增加，信仰天主教的老年人数量大幅减少。

老年佛教信徒比重和数量的增加，说明佛教以及佛教文化更好地满足老年人的多样性需求，如健身祛病、调适心理、熄灭烦恼、益寿延年、离苦得乐、临终关怀，等等。佛教教义要求佛教徒胸怀慈悲、淡泊明志、宁静致远、随缘而过、遇乐不喜、遇苦不悲，时时保持实详心态，这种具备消融生活中一切矛盾冲突的宽广襟怀，无疑给信仰者带来心理的宁静和安详①。另外，现代社会中佛教的积极传教也是佛教信徒增加的一个重要因素。因此，佛教成为较多老年人的选择是佛教文化同中国传统文化密不可分的一个体现。

4. 广东信仰宗教的老年人增加速度最快

我国大部分地区信仰宗教的老年人的比例呈增加趋势，尤其是东部沿海省份和西部地区。从各省份信仰宗教老年人的比例变化看，在调查的 16 个省（市）中，除北京、四川和湖北三个省（市）信仰宗教老年人的比例下降外，其他省（市）信仰宗教的老年人比例均增加。

从 2000—2006 年，在 16 个省（市）中信仰宗教老年人按增加幅度由高到低位居前五位的分别是广东省、云南省、河南省、上海市和福建省，信仰宗教老年人的比例增加 4 个百分点左右，其中广东省增加近 10 个百分点，即 2000 年时，在广东省每 100 名老年人中只有 11 位老年人信仰宗教，到 2006 年时，这一人数上升到 20 人，上升近 2 倍；四川省、湖北省和北京市信仰宗教的老年人的比例均在减少，其中四川省信仰宗教的老年人比例下降近 3 个百分点，下降幅度最大；其他省（市）信仰宗教老年

---

① 　方华：《佛教生活与健身之我见》，《佛教文化》1994 年第 5 期。

人的比例均有不同程度的上升（见表4—1）。

表4—1　　　　不同时期我国各地老年人信仰宗教的变化情况

单位:%

省/市	2000年	2006年	增加	省/市	2000年	2006年	增加
广东	10.57	20.26	9.69	江苏	20.12	21.31	1.19
云南	20.43	27.43	7.00	黑龙江	7.03	8.12	1.09
河南	8.25	13.13	4.88	新疆	31.30	31.86	0.56
上海	20.33	23.97	3.64	河北	5.60	6.14	0.54
福建	45.68	49.19	3.51	山东	9.59	9.93	0.34
浙江	33.02	36.28	3.26	北京	4.56	4.32	-0.24
安徽	12.11	15.16	3.05	湖北	10.67	9.72	-0.95
陕西	12.92	14.51	1.59	四川	17.02	14.52	-2.50

注：此表选择"2000年中国城乡老年人口状况一次性抽样调查"和"2006年中国城乡老年人口状况追踪调查"中相同的16个省（市）进行比较。

资料来源：郭平、陈刚：《2006年中国城乡老年人口状况追踪调查数据分析》，中国社会出版社2009年版。中国老龄科学研究中心：《中国城乡老年人口状况一次性抽样调查数据分析》，中国标准出版社2002年版。

（二）我国老年教徒人口学特征的变化

1. 女性老年教徒增加的速度快于男性

在我国老年教徒中，男性老年教徒所占比重日益减小，女性老年教徒的比重逐渐增大。从2000—2006年，我国男性老年教徒所占比重从36.33%下降到35.59%，而女性老年教徒的比重从63.67%上升到64.41%，上升近1个百分点（见图4—4）。女性老年教徒比男性高的比例从2000年的27.34%扩大到2006年28.82%，女性老年教徒越来越多。

从老年教徒的数量看，男性教徒的数量从2000年的730万人左右增加到2006年的930万人左右，增加了200万人；女性老年教徒从2000年的1270万人左右增加到2006年的1670万人左右，增加了400万人，增加的人数是男性的2倍。可见，女性老年教徒增加数量大于男性，增加速度快于男性。

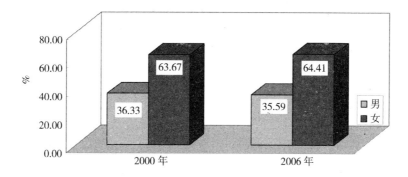

图4—4　不同时期我国信仰宗教老年人的性别变化情况

资料来源：郭平、陈刚：《2006年中国城乡老年人口状况追踪调查数据分析》，中国社会出版社2009年版。中国老龄科学研究中心：《中国城乡老年人口状况一次性抽样调查数据分析》，中国标准出版社2002年版。

在我国老年群体中，老年妇女信仰宗教的越来越多。因为，老年妇女的宗教委身高于男性，宗教信念强于男性，宗教参与水平高于男性[1][2]。

2. 文化程度高的信仰宗教的老年人增长较快

从总体上看，我国老年教徒的文化程度正逐步提高。我国老年教徒的人均受教育年限增加幅度大于不信仰宗教的老年人，提高速度较快。老年教徒的人均受教育年限从2000年的3.51年提高到2006年的4.28年，提高0.77年；同期，不信仰宗教的老年人人均受教育年限从4.84年提高到5.46年，提高0.62年；信仰宗教的老年人比不信仰宗教的老年人提高幅度高0.15年。信仰宗教老年人与不信仰宗教老年人的人均受教育年限的差距逐渐缩小，从2000年的1.33年缩小到2006年的1.18年。

老年教徒中没上过学的老年人在快速减少，小学及以上的老年人正在不断增多。从2000—2006年，老年教徒中，没上过学的比例从52.16%下降到44.41%，下降近8个百分点；上过私塾的比例从6.18%下降到4.20%，下降近2个百分点；小学及以上文化的比例从41.66%上升到51.39%，上升近10个百分点，其中初中及以上文化的老年教徒比例上升

① Sered, Susan Starr, "Women, religion, and modernization: Tradition and transformation among elderly Jews in Israel." *American Anthropologist*, Vol. 92, No. 2, 1990, pp. 306 –318.

② Taylor, Robert Joseph, and Linda M. Chatters, "Nonorganizational religious participation among elderly black adults." *Journal of Gerontology*, Vol. 46, No. 2, 1991, pp. S103 – S111.

6 个百分点（见图 4—5）。

可见，在老年教徒的文化构成中，没上过学和私塾文化程度的老年人的比例在减少，小学、初中、中专/高中和大专及以上文化程度的老年人的比例均有不同程度的上升。我国老年教徒的文化程度正逐步提高，老年教徒文化程度整体较低的状况有所改善。

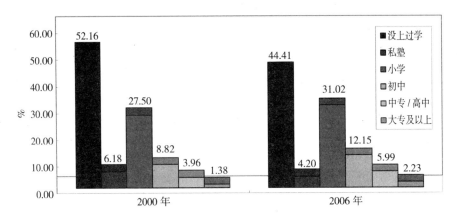

图 4—5　我国老年教徒文化程度构成的变化情况

资料来源：郭平、陈刚：《2006 年中国城乡老年人口状况追踪调查数据分析》，中国社会出版社 2009 年版。中国老龄科学研究中心：《中国城乡老年人口状况一次性抽样调查数据分析》，中国标准出版社 2002 年版。

从不同文化层次看，各文化层次中信仰宗教的老年人均在增加，特别是文化程度高的老年人。从 2000—2006 年，没上过学、小学文化和初中文化的老年人信仰宗教者比例分别上升近 2 个百分点，中专/高中文化程度的信仰宗教者比例上升近 4 个百分点，大专及以上文化程度的信仰宗教者比例上升近 3 个百分点（见图 4—6）。可见，文化程度高的老年人信仰宗教者在不断增加，增加的幅度高于文化程度低的老年人。因此，近年来，文化程度高的信仰宗教的老年人呈增长趋势。

3. 离婚和丧偶的信仰宗教的老年人增长较快

我国老年教徒的婚姻状况发生明显变化，有配偶的老年教徒比重在增加，丧偶老人的比重在大幅减少。从 2000—2006 年，丧偶老年教徒的比例从 45.54% 下降到 42.98%，下降近 3 个百分点；有配偶的老年人比例从 52.96% 上升到 54.87%，上升近 2 个百分点；离婚老人和未婚老人比

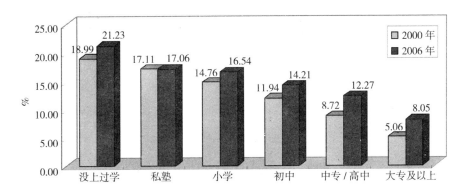

图4—6　我国不同文化程度老年人信仰宗教的变化情况

资料来源：郭平、陈刚：《2006年中国城乡老年人口状况追踪调查数据分析》，中国社会出版社2009年版。中国老龄科学研究中心：《中国城乡老年人口状况一次性抽样调查数据分析》，中国标准出版社2002年版。

例增加较少（见图4—7）。可见，老年教徒的婚姻构成发生了变化，主要表现为有偶同住的老年教徒的比例正逐渐增加。

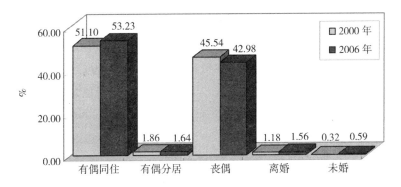

图4—7　我国老年教徒婚姻状况的变化情况

资料来源：郭平、陈刚：《2006年中国城乡老年人口状况追踪调查数据分析》，中国社会出版社2009年版。中国老龄科学研究中心：《中国城乡老年人口状况一次性抽样调查数据分析》，中国标准出版社2002年版。

　　不同婚姻状况的老年人在信仰宗教上存在差异，离婚的老年人比其他老年人信仰宗教者更多。从2000—2006年，有偶同住的老年人信仰宗教者的比例从12.97%上升到14.56%，上升近2个百分点；同期，有偶分居者下降近1个百分点；丧偶、离婚和未婚的老年人信仰宗教者的比例分别上升近 2 个百分点、近 8 个百分点和近 2 个百分点（见图 4—8）。因此，离婚老年人信仰宗教者上升的幅度高于其他婚姻状况的老年人，离婚老年人中信仰宗教者增加的速度最快。

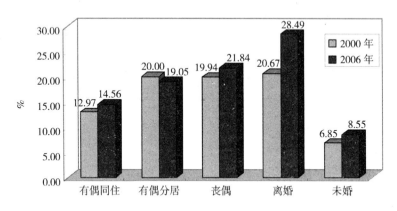

图4—8　不同婚姻状况的老年人信仰宗教的变化情况

资料来源：郭平、陈刚：《2006 年中国城乡老年人口状况追踪调查数据分析》，中国社会出版社 2009 年版。中国老龄科学研究中心：《中国城乡老年人口状况一次性抽样调查数据分析》，中国标准出版社 2002 年版。

信仰宗教与婚姻状况有一定联系。从 2000—2006 年，信仰宗教的老年人的婚姻状况表现出从有偶同住到有偶分居，到丧偶、到离婚，信仰宗教的老年人的比例不断上升的特征，2006 年这一特征更加明显。离婚和丧偶老年人中信仰宗教的比例分别是有偶同住者的近 2 倍和 1.5 倍。因此，离婚和丧偶老年人信仰宗教者最多。

4. 汉族老年人中信仰宗教者增加速度快于少数民族

我国老年教徒的民族构成发生了略微变化，汉族老年教徒的比重在增加，少数民族老年教徒的比重在减少。从 2000—2006 年，汉族老年教徒的比例从 82.65% 上升到 83.94%，上升 1.29 个百分点，少数民族老年教徒的比例相应下降（见图 4—9）。

在老年教徒中，汉族与少数民族老年人的比重的差距在扩大。在 2000 年时，汉族老年教徒的比例比少数民族高 65.30%；到 2006 年时，这一比例上升到 67.88%，上升近 3 个百分点。

汉族老年人中信仰宗教者的增加速度快于少数民族老年人。从 2000—2006 年，汉族老年人中信仰宗教者的比例从 13.69% 上升到 15.52%，上

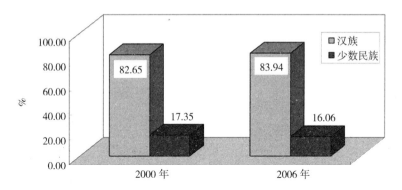

图 4—9　我国老年教徒的民族构成的变化情况

资料来源：郭平、陈刚：《2006 年中国城乡老年人口状况追踪调查数据分析》，中国社会出版社 2009 年版。中国老龄科学研究中心：《中国城乡老年人口状况一次性抽样调查数据分析》，中国标准出版社 2002 年版。

升近 2 个百分点；少数民族老年人中信仰宗教者的比例从 44.99% 下降到 37.39%，下降近 8 个百分点（见图 4—10）。可见，少数民族老年人中信仰宗教者减少的速度远远快于汉族老年人。

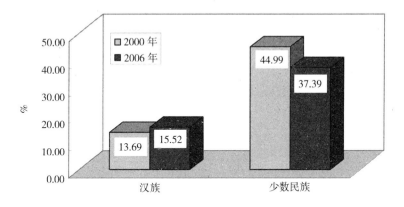

图 4—10　不同民族老年人信仰宗教的变化情况

资料来源：郭平、陈刚：《2006 年中国城乡老年人口状况追踪调查数据分析》，中国社会出版社 2009 年版。中国老龄科学研究中心：《中国城乡老年人口状况一次性抽样调查数据分析》，中国标准出版社 2002 年版。

信仰宗教老年人的民族差距在缩小。在 2000 年，少数民族老年人中信仰宗教者比汉族老年人高 31.30%，是汉族老年人的 3.3 倍；到 2006 年，二者的差距缩小到 21.87%，少数民族老年人信仰宗教者是汉族老年

人的 2.4 倍。这主要是由于少数民族老年人中信仰宗教者减少，而汉族老
年人中信仰宗教者增加所导致。

　　5. 低龄信仰宗教者增加速度较快，但我国老年教徒高龄化趋势明显

　　我国老年教徒的年龄构成发生了明显变化，低龄老年教徒的比重在降
低、中、高龄老年人的比重在增加，老年教徒高龄化趋势明显。低龄老年
教徒（60—69 岁）的比重从 2000 年的 53.35% 下降到 2006 年的 43.34%，
下降 10.01 个百分点；同期，中龄和高龄老年教徒的比重分别上升 6.70 个
百分点和 3.31 个百分点（见图 4—11）。可见，我国老年教徒高龄化趋势明
显。

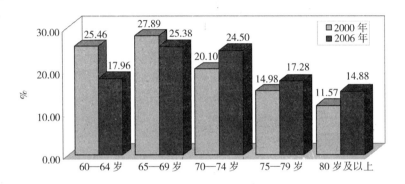

图 4—11　我国老年教徒年龄构成的变化情况

资料来源：郭平、陈刚：《2006 年中国城乡老年人口状况追踪调查数据分
析》，中国社会出版社 2009 年版。中国老龄科学研究中心：《中国城乡老年人口状
况一次性抽样调查数据分析》，中国标准出版社 2002 年版。

　　从整体上看，从 2000—2006 年，我国老年人中信仰宗教者随着年龄的
增加而逐渐增多的趋势尚未发生变化，而各年龄组的老年人信仰宗教者却
发生了变化，表现为 75 岁及以上的老年人中，信仰宗教者逐渐减少；60—
74 岁的老年人中，信仰宗教者逐渐增加，特别是 60—65 岁的老年人，增加
速度更快；这说明我国老年人中，信仰宗教者呈现低龄化趋势。

　　在 2000 年，信仰宗教的老年人比例从 60—64 岁的 13.24% 上升到 80
岁及以上年龄组的 20.99%，上升近 8 个百分点；2006 年，这一比例上升
近 3 个百分点（见图 4—12）。可见，老年人随着年龄增加信仰宗教者增
多的趋势未变。

　　在 60—74 岁年龄组的老年人中，信仰宗教者越来越多，特别是刚进入老

年期的老年人，信仰宗教者增加速度最快。从 2000—2006 年，60—64 岁老年人中信仰宗教的老年人比例增加 3.32 个百分点，65—69 岁的老年人增加了 1.38 个百分点，70—74 岁的老年人下降了 1.38 个百分点，75—79 岁的老年人下降了 1.07 个百分点，80 岁及以上的老年人下降了 1.59 个百分点（见图 4—12）。因此，刚进入老年期的老年人信仰宗教者增加的速度最快。

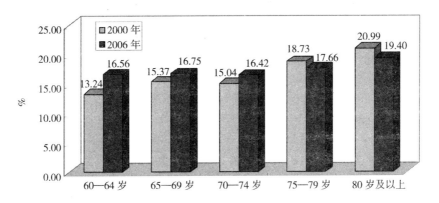

图 4—12　不同年龄老年人信仰宗教的变化情况

资料来源：郭平、陈刚：《2006 年中国城乡老年人口状况追踪调查数据分析》，中国社会出版社 2009 年版。中国老龄科学研究中心：《中国城乡老年人口状况一次性抽样调查数据分析》，中国标准出版社 2002 年版。

（三）我国老年教徒社会经济特征的变化

1. 经济状况好的老年人中信仰宗教者增长速度较快

从老年教徒的经济状况看，我国老年教徒的经济状况变化表现为经济困难者减少，经济宽裕者增加，老年教徒的经济状况有所改善。在老年教徒中，从 2000—2006 年，经济困难的老年教徒的比例从 36.81% 下降到 34.34%，下降了 2.47 个百分点，其中经济十分困难者却增加了 1.55 个百分点；经济大致够用的老年教徒超过一半以上，比重增加了 1.4 个百分点；够用有余的老年教徒比重增加了 1.07 个百分点（见图 4—13）。可见，我国老年教徒的经济状况整体转好，但值得注意的是经济状况非常差和经济较好的老年教徒比重在扩大。

从不同经济状况老年人信仰宗教情况看，经济状况好的老年人信仰宗教者增加的幅度大于经济状况差的老年人。从 2000—2006 年，经济状况够用有余的老年人中信仰宗教者的比例从 11.00% 上升到 17.10%，上升

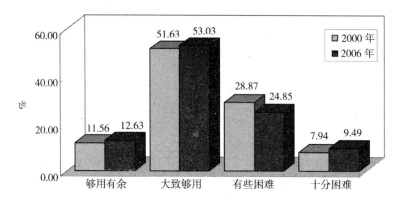

图4—13　我国老年教徒经济状况的变化

注：将2006年"很宽裕"和"比较宽裕"二项合计为"够用有余"，其他项不变。

资料来源：郭平、陈刚：《2006年中国城乡老年人口状况追踪调查数据分析》，中国社会出版社2009年版。中国老龄科学研究中心：《中国城乡老年人口状况一次性抽样调查数据分析》，中国标准出版社2002年版。

6.1个百分点；经济状况大致够用和十分困难的老年人信仰宗教者的比例分别上升1.41个百分点和1.44个百分点；经济状况有些困难的老年人信仰宗教者的比例下降1.27个百分点（见图4—14）。因此，经济状况好的老年人中，信仰宗教者增加的幅度远远高于经济状况差的老年人。

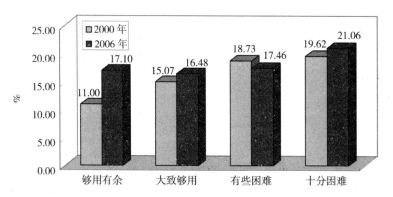

图4—14　不同经济状况老年人信仰宗教的变化

注：将2006年"很宽裕"和"比较宽裕"二项合计为"够用有余"，其他项不变。

资料来源：郭平、陈刚：《2006年中国城乡老年人口状况追踪调查数据分析》，中国社会出版社2009年版。中国老龄科学研究中心：《中国城乡老年人口状况一次性抽样调查数据分析》，中国标准出版社2002年版。

　　虽然经济状况十分困难的老年人中信仰宗教者仍比经济状况好的老年人多，但经济状况够用有余的老年人中信仰宗教者增长的幅度是经济十分困难者的 4.24 倍。可见，近年来在经济状况好的老年人中信仰宗教者呈现出较快的增长趋势。

　　2. 患慢性病的老年人中信仰宗教者增长趋势明显

　　在我国老年教徒中，患慢性病的老年人比重在增加，患病老年教徒与未患病老年教徒的差距逐步扩大。从 2000—2006 年，患慢性病的老年教徒比例从 61.00% 上升到 79.09%，上升 18.09 个百分点；未患慢性病的老年教徒比例从 39.00% 下降到 20.91%，下降 18.09 个百分点；患慢性病与未患慢性病老年教徒的差距从 2000 年的 22.00% 上升到 2006 年的 58.18%；2000 年患慢性病的老年教徒是未患慢性病的 1.6 倍，到 2006 年扩大到 3.8 倍（见图 4—15）。可见，我国患慢性病的老年教徒正快速增加。

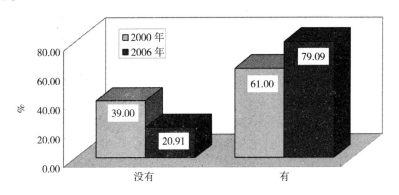

图 4—15　我国老年教徒患慢性病的变化情况

　　资料来源：郭平、陈刚：《2006 年中国城乡老年人口状况追踪调查数据分析》，中国社会出版社 2009 年版。中国老龄科学研究中心：《中国城乡老年人口状况一次性抽样调查数据分析》，中国标准出版社 2002 年版。

　　在我国老年人中，无慢性病的老年人信仰宗教者逐步减少，而在患慢性病的老年人中，信仰宗教者在快速增加。无慢性病的老年人信仰宗教者的比例从 2000 年的 15.28% 下降到 2006 年的 14.32%，下降 0.96 个百分点；同期，患病老年人中信仰宗教者的比例却从 15.76% 增加到 18.08%，增加 2.32 个百分点；患慢性病老年人中信仰宗教者增加幅度比未患病的老年人高 1.36 个百分点（见图 4—16）。患慢性病老年人信仰宗教者与未患慢性病老年人信仰宗教者的差距从 2000 年的 0.48 个百分点扩大到 2006 年的 3.76 个百分点。可见，患慢性病的老年人中信仰宗教者增长速度明显快于无慢性病的老年人。因此，在患慢性病的老年人中，信仰宗教的老年人增加趋势明显。

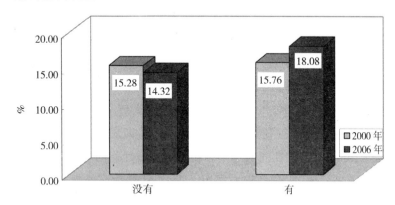

图 4—16　是否患慢性病与老年人信仰宗教的变化情况

资料来源：郭平、陈刚：《2006 年中国城乡老年人口状况追踪调查数据分析》，中国社会出版社 2009 年版。中国老龄科学研究中心：《中国城乡老年人口状况一次性抽样调查数据分析》，中国标准出版社 2002 年版。

3. 健康状况好的老年人中信仰宗教者增长速度快于健康状况差的老年人

在我国老年教徒中，从 2000—2006 年，健康状况好的老年教徒比例从 26.23% 下降到 22.42%，下降近 4 个百分点；健康状况差的老年教徒比例从 27.45% 下降到 25.98%，下降近 2 个百分点；健康状况好的老年教徒减少幅度比健康状况差的老年教徒高近 2 个百分点（见图 4—17）。可见，我国老年教徒健康状况整体变差，健康状况好的老年教徒减少速度较快。

与不信仰宗教的老年人相比，信仰宗教的老年人的健康状况变差。不信仰宗教的老年人健康状况差的比例从 2000 年的 23.92% 下降到 2006 年 23.64%，下降 0.28 个百分点，比信仰宗教的老年人低近 2 个百分点。

身体健康状况好的老年人中信仰宗教者比健康状况差的老年人增加幅度大。从 2000—2006 年，在健康状况"很差"和"较差"的老年人中，

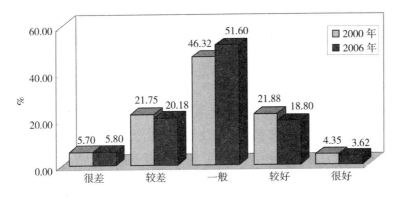

图 4—17　我国老年教徒健康状况的变化情况

资料来源：郭平、陈刚：《2006 年中国城乡老年人口状况追踪调查数据分析》，中国社会出版社 2009 年版。中国老龄科学研究中心：《中国城乡老年人口状况一次性抽样调查数据分析》，中国标准出版社 2002 年版。

信仰宗教老年人的比例分别增加 0.12 个百分点和 1.32 个百分点；而健康状况"较好"和"很好"的老年人中，信仰宗教的老年人分别增加 0.77个百分点和 4.09 个百分点（见图 4—18）。健康状况"很好"的老年人信仰宗教者增长的幅度是健康状况"较差"者的 3.1 倍。

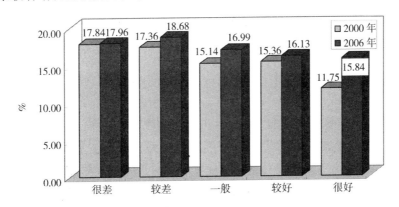

图 4—18　不同健康状况与老年人信仰宗教的变化情况

资料来源：郭平、陈刚：《2006 年中国城乡老年人口状况追踪调查数据分析》，中国社会出版社 2009 年版。中国老龄科学研究中心：《中国城乡老年人口状况一次性抽样调查数据分析》，中国标准出版社 2002 年版。

可见，健康状况"很好"的老年人中信仰宗教者的增长速度快于健康状况差的老年人，健康状况好的老年人中信仰宗教者日益增多。

4. 身体健康状况变好的老年人中信仰宗教者增加速度较快

在身体健康状况逐渐"变好"、"基本不变"和"变差"的老年人中，信仰宗教的老年人逐步增加，健康状况变好的老年人中信仰宗教者增长的幅度最大，健康状况"时好时坏"的老年人中信仰宗教者大幅减少。从 2000—2006 年，与去年相比身体健康状况"变好"、"基本不变"、"变差"的老年人中信仰宗教者分别增加 3.8 个百分点、2.42 个百分点和 1.1 个百分点，而"时好时坏"的老年人中信仰宗教者下降近 5 个百分点（见图 4—19）。

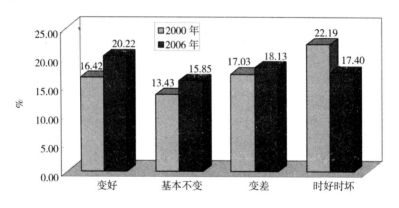

图 4—19 健康状况变化与老年人信仰宗教的变化情况

资料来源：郭平、陈刚：《2006 年中国城乡老年人口状况追踪调查数据分析》，中国社会出版社 2009 年版。中国老龄科学研究中心：《中国城乡老年人口状况一次性抽样调查数据分析》，中国标准出版社 2002 年版。

可见，在我国老年人中，与去年相比身体健康状况"变好"、"基本不变"和"变差"的老年人中信仰宗教者越来越多，特别是健康状况"变好"的老年人，而身体健康状况"时好时坏"的老年人中信仰宗教者正大幅减少。

与不信仰宗教的老年人相比，信仰宗教老年人的身体健康状况变差者减少。不信仰宗教的老年人健康状况变差的比例从 2000 年的 45.19% 下降到 2006 年的 40.97%，下降了 4.22 个百分点；同期，信仰宗教的老年人健康状况变差的比例从 50.30% 下降到 43.89%，下降了 6.41 个百分点；信仰宗教者减少幅度比不信仰宗教者高 2.19 个百分点；信仰宗教者健康状况基本不变的比例从 38% 增加到 44%，增加 6 个百分点，不信仰宗教的老年人从 45% 增加到 48%，仅增加 3 个百分点；信仰宗教老年人身体健康状况变好的比例从 7.20% 下降到 6.97%，仅下降 0.23 个百分点，不信仰宗教的老年人身体健康状况变好的比例从 6.75% 下降到 5.68%，下降 1.07 个百分点，比信仰宗教老年人高 0.84 个百分点。

宗教观念中包含的"因果业报"思想让信仰宗教者往往将世俗生活与宗教生活相联系，在世俗生活中寻找宗教生活的解释。因此，信仰宗教者往往将世俗生活中正性与负性事件归因于宗教信仰。对于身体健康状况"变好"的老年教徒而言，他们会将身体健康状况"变好"的原因归于自己信仰宗教，虔诚地信仰宗教，按时完成宗教功课，按时参与宗教仪式与活动，遵守宗教教规、教义，身体健康状况"变好"是神灵保佑和赐福的结果，这进一步增强了他们的宗教信仰。对于身体健康状况"变差"和"时好时坏"的老年人而言，他们则将自己身体健康状况"变差"的原因归于自己的宗教信仰不虔诚，宗教仪式和宗教活动的参与较少，未严格遵守宗教教规、教义，身体健康状况"变差"或"不变"是神灵对他们的试探或惩罚。若要身体健康状况"变好"，虔诚地信仰宗教便成为途径之一。对于身体健康状况"基本不变"的老年人而言，他们将自己身体健康状况不变差归因于自己的宗教信仰。身体健康状况"基本不变"说明他们的宗教行为和宗教信仰能得到神灵的肯定，之所以未变差，是因为他们宗教信仰比较虔诚，相关宗教仪式和活动参与比较多；而之所以未变好，是因为他们的宗教信仰和宗教参与离神灵的要求还较远。在老年群体中，身体健康始终是老年群体最关注的问题之一，强烈的身体健康状况变好的愿望，促使老年人虔诚地信仰宗教。因此，身体健康状况成为影响老年人信仰宗教的主要原因之一。

（四）我国老年教徒主观幸福感的变化趋势

1. 生活满意度高的老年人中信仰宗教者增加速度较快

我国老年教徒的生活满意在下降。对生活满意的老年教徒比重在减少，对生活不满意的老年教徒比重却增加。从 2000—2006 年，对生活满意的老年教徒比例从 61.55% 下降到 49.00%，下降近 13 个百分点，下降幅度较大；对生活不满意的老年教徒比例从 11.77% 增加到 12.84%，上升 1.07 个百分点（见表 4—2）。可见，我国老年教徒的生活满意度正在快速下降。

表 4—2　　　　　　　　　　我国老年教徒生活满意度的变化情况

单位:%

生活满意度	2000 年	2006 年
很不满意	4.25	5.11
不太满意	7.52	7.73
一般	26.68	38.16
比较满意	46.99	39.78
非常满意	14.56	9.22
合计	100.00	100.00

　　资料来源:郭平、陈刚:《2006 年中国城乡老年人口状况追踪调查数据分析》,中国社会出版社 2009 年版。中国老龄科学研究中心:《中国城乡老年人口状况一次性抽样调查数据分析》,中国标准出版社 2002 年版。

　　与不信仰宗教的老年人相比,信仰宗教的老年人生活满意度下降速度较慢。不信仰宗教的生活不满意的老年人的比例从 2000 年的 10.65%增加到 2006 年的 12.66%,增加近 2 个百分点,比信仰宗教的老年人高 1 个百分点;同期,生活满意的老年人的比例从 64.5%下降 49.57%,下降近 15 个百分点,比信仰宗教的老年人高近 2 个百分点。可见,与不信仰宗教老年人相比,信仰宗教的老年人生活满意度下降幅度较小。

　　从不同生活满意度的老年人信仰宗教变化情况看,在生活非常满意的老年人中信仰宗教者增长幅度最大。从 2000—2006 年,在对生活很不满意的老年人中,信仰宗教者的比例上升近 4 个百分点;在对生活不太满意的老年人中,信仰宗教者比例下降近 2 个百分点;在对生活比较满意和非常满意的老年人中,信仰宗教者的比例分别上升 1.41 个百分点和近 5 个百分点(见图 4—20)。

　　可见,近年来,生活满意度高的老年人中信仰宗教者增长速度快,而且增加的趋势比生活满意度低的老年人更明显。

　　2. 主观幸福感高的老年人中信仰宗教者增长趋势明显

　　我国老年教徒的主观幸福感在降低。从 2000—2006 年,较不幸福和较幸福的老年教徒比重分别下降 1.13 个百分点和 6.02 个百分点,较幸福的老年教徒比较不幸福的老年教徒下降幅度高近 5 个百分点(见图 4—

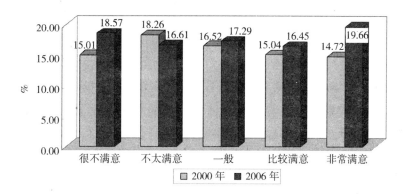

图4—20　生活满意度与老年人信仰宗教的变化情况

资料来源：郭平、陈刚：《2006年中国城乡老年人口状况追踪调查数据分析》，中国社会出版社2009年版。中国老龄科学研究中心：《中国城乡老年人口状况一次性抽样调查数据分析》，中国标准出版社2002年版。

21）。

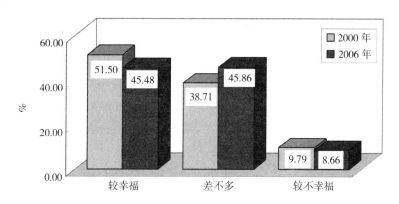

图4—21　我国老年教徒主观幸福感的变化情况

资料来源：郭平、陈刚：《2006年中国城乡老年人口状况追踪调查数据分析》，中国社会出版社2009年版。中国老龄科学研究中心：《中国城乡老年人口状况一次性抽样调查数据分析》，中国标准出版社2002年版。

与2000年较幸福的老年教徒所占比重超过一半相比，2006年此比重降低到一半以下。因此，我国老年教徒的主观幸福感在降低。

信仰宗教的老年人主观幸福感下降幅度小于不信仰宗教的老年人。不信仰宗教的老年人较幸福的比例从2000年54.73%下降到2006年的44.49%，下降10.24个百分点，比信仰宗教的老年人高4个百分点；同

期，较不幸福者的比例从 7.71％增加到 7.83％，增加 0.12 个百分点，比
不信仰宗教的老年人高 1 个百分点。可见，与信仰宗教的老年人相比，不
信仰宗教的老年人幸福感下降速度更快。

　　从不同幸福感的老年人信仰宗教情况看，在较幸福的老年人中，信仰
宗教者快速增加，而较不幸福的老年人信仰宗教者在减少。从 2000—
2006 年，较幸福的老年人中信仰宗教者的比例增加近 3 个百分点，较不
幸福的老年人信仰宗教者的比例降低了 0.36 个百分点（见图 4—22）。可
见，我国主观幸福感高的老年人中信仰宗教者增加趋势明显。

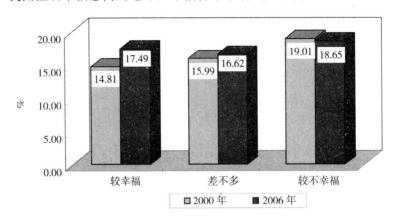

图 4—22　主观幸福感与老年人信仰宗教的变化情况

　　资料来源：郭平、陈刚：《2006 年中国城乡老年人口状况追踪调查数据分
析》，中国社会出版社 2009 年版。中国老龄科学研究中心：《中国城乡老年人口状
况一次性抽样调查数据分析》，中国标准出版社 2002 年版。

二　不同宗教信仰老年人的变化趋势

（一）不同宗教信仰老年人人口学特征的变化趋势

　　1. 信仰道教的城市老年教徒和信仰天主教的农村老年教徒增加趋势
明显

　　从 2000—2006 年，佛教老年教徒的城乡构成比例基本保持不变；在信
仰基督教、天主教和伊斯兰教的老年教徒中，农村老年教徒的比重均有不
同程度的增加；在信仰道教的老年教徒中，农村老年教徒下降的幅度最大。

　　信仰佛教的城市老年教徒的比例从 2000 年的 56.06％上升到 2006

的 56.50%，上升 0.44 个百分点；同期，信仰道教的城市老年教徒的比例从 17.91% 上升到 29.67%，上升近 12 个百分点（见表4—3）。可见，道教城市老年教徒的增加速度最快。

信仰基督教的农村老年教徒的比例从 2000 年的 59.20% 增加到 2006 年的 60.81%，上升近 2 个百分点；同期，信仰天主教的农村老年教徒的比例从 36.75% 上升到 43.66%，上升近 7 个百分点；信仰伊斯兰教的农村老年教徒的比例从 45.58% 上升到 47.41%，上升近 2 个百分点（见表4—3）。可见，信仰天主教的农村老年教徒数量增长幅度最大，增长速度比基督教和伊斯兰教快。

表4—3　　不同时期我国各宗教老年教徒城乡构成的变化情况

单位:%

宗教信仰	2000 年		2006 年	
	城市	农村	城市	农村
佛教	56.06	43.94	56.50	43.50
道教	17.91	82.09	29.67	70.33
基督教	40.80	59.20	39.19	60.81
天主教	63.25	36.75	56.34	43.66
伊斯兰教	54.42	45.58	52.59	47.41

资料来源：郭平、陈刚：《2006 年中国城乡老年人口状况追踪调查数据分析》，中国社会出版社 2009 年版。中国老龄科学研究中心：《中国城乡老年人口状况一次性抽样调查数据分析》，中国标准出版社 2002 年版。

因此，信仰各类宗教的老年教徒的城乡构成随着时间的变化而变化。佛教和道教城市老年教徒的比重日益增加，其中道教增加趋势最明显。信仰基督教、天主教和伊斯兰教的农村老年教徒的比重不断增加，其中天主教增加趋势最明显。

2. 各类宗教老年教徒中女性比重持续上升，道教除外

在宗教教徒中，女性多于男性是一个普遍现象。那么从 2000—2006 年不同宗教信仰的老年教徒的性别构成发生了什么变化？

2000—2006 年的数据表明，在佛教、基督教和天主教老年教徒中，女性多于男性；在道教和伊斯兰教老年教徒中，男性多于女性。信仰佛教、基督教、天主教和伊斯兰教的老年教徒中，女性所占的比例仍在持续

扩大，信仰道教的女性老年教徒的比重呈下降趋势。

　　随着时间的变化，在各类宗教老年教徒中，性别差异较大，各宗教信仰的老年教徒的性别构成发生了变化。从 2000—2006 年，信仰佛教和基督教的女性老年教徒的比重略有上升；信仰天主教和伊斯兰教的女性老年教徒分别增加 1.80 个百分点和 3.29 个百分点，女性老年教徒增加趋势明显；信仰道教的女性老年教徒的比重呈下降趋势，下降近 3 个百分点（见表 4—4）。

表 4—4　　　　不同时期不同宗教信仰老年人性别构成的变化情况

单位:%

宗教信仰	2000 年		2006 年	
	男性	女性	男性	女性
佛教	34.44	65.56	34.13	65.87
道教	54.48	45.52	57.14	42.86
基督教	24.96	75.04	24.66	75.34
天主教	34.19	65.81	32.39	67.61
伊斯兰教	54.65	45.35	51.36	48.64

资料来源：郭平、陈刚：《2006 年中国城乡老年人口状况追踪调查数据分析》，中国社会出版社 2009 年版。中国老龄科学研究中心：《中国城乡老年人口状况一次性抽样调查数据分析》，中国标准出版社 2002 年版。

　　可见，在佛教、基督教和天主教老年教徒中，性别差异较大，女性比例远远超过男性，且差距持续扩大；在伊斯兰教老年教徒中，虽然男性比重大于女性，但女性增加速度较快。只有信仰道教的男性老年教徒的比重日益增加。

　　数据表明，女性在宗教信徒中所占比重仍然较大，除道教老年教徒中女性教徒比例明显减少外，其他宗教教徒中，老年女性的比重均有不同程度的上升，尤以是信仰伊斯兰教的女性增长最快。在我国不同宗教信仰的老年群体中，并非所有宗教中均存在妇女多于男性和女性比例持续上升的现象。

　　3. 各类老年教徒的文化程度均有所提高，特别是信仰道教的老年教徒

　　各类宗教信仰老年教徒的文化程度构成有所改善，人均受教育年限均在提高，其中道教老年教徒的人均受教育年限提高幅度最大。

　　从 2000—2006 年，信仰佛教、道教、基督教、天主教和伊斯兰教的老年教徒的人均受教育年限分别提高 0.73 年、0.86 年、0.83 年、0.51 年和 0.8 年（见图 4—23）。可见，各类宗教信仰的老年教徒的人均受教育年限均有提高，道教老年教徒人均受教育年限提高的幅度最大。

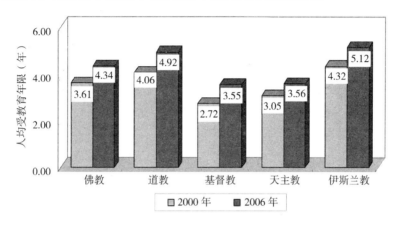

图 4—23　不同宗教信仰老年人人均受教育年限的变化情况

　　资料来源：郭平、陈刚：《2006 年中国城乡老年人口状况追踪调查数据分析》，中国社会出版社 2009 年版。中国老龄科学研究中心：《中国城乡老年人口状况一次性抽样调查数据分析》，中国标准出版社 2002 年版。

　　从不同宗教信仰老年教徒的文化程度看，各类宗教的老年教徒中没上过学的比例在大幅减少，而上过小学及以上的比例在增加。

　　在信仰佛教的老年教徒中，没上过学的比例从 2000 年的 50.89% 下降到 2006 年的 43.27%，下降近 8 个百分点，小学及以上文化的比例上升近 10 个百分点；在道教老年教徒中，没上过学的比例从 2000 年的 40.77% 下降到 2006 年的 34.07%，下降近 7 个百分点，小学及以上文化的比例上升近 12 个百分点；在基督教老年教徒中，没上过学的比例从 2000 年的 63.27% 下降到 2006 年的 53.89%，下降近 9.5 个百分点，小学及以上文化的比例上升近 9 个百分点；在天主教老年教徒中，没上过学的比例从 2000 年的 56.04% 下降到 2006 年的 53.52%，下降近 3 个百分点，小学及以上文化的比例上升近 4 个百分点；在伊斯兰教老年教徒中，没上过学的比例从 2000 年的 42.73% 下降到 2006 年的 36.79%，下降近 6 个百分点，小学及以上文化的比例上升近 8 个百分点（见表 4—5）。

表 4—5　　　不同时期不同宗信仰老年人的文化程度构成的变化情况

单位：%

年份	文化程度	宗教信仰				
		佛教	道教	基督教	天主教	伊斯兰教
2000	没上过学	50.89	40.77	63.27	56.04	42.73
	私塾	6.74	15.38	3.24	4.31	4.77
	小学	27.29	33.85	22.65	31.9	33.41
	初中	9.79	6.15	6.31	1.72	11.69
	中专/高中	4.09	1.54	3.07	6.03	5.25
	大专及以上	1.20	2.31	1.46	–	2.15
2006	没上过学	43.27	34.07	53.89	53.52	36.79
	私塾	4.34	9.89	3.38	1.41	3.21
	小学	31.6	37.36	26.35	29.58	33.58
	初中	12.78	10.98	9.12	7.04	15.31
	中专/高中	6.23	3.30	5.41	7.04	6.17
	大专及以上	1.81	4.40	1.85	1.41	4.94

资料来源：郭平、陈刚：《2006 年中国城乡老年人口状况追踪调查数据分析》，中国社会出版社 2009 年版。中国老龄科学研究中心：《中国城乡老年人口状况一次性抽样调查数据分析》，中国标准出版社 2002 年版。

可见，从 2000—2006 年，信仰各类宗教的老年教徒的文化程度构成发生了明显变化，老年教徒的文化程度有所提高，特别是信仰道教的老年人。

4. 信仰道教和伊斯兰教的少数民族老年人比重在扩大

信仰佛教、基督教和天主教的汉族老年教徒的比例在上升，信仰道教和伊斯兰教的少数民族老年教徒的比重在上升。

信仰佛教、基督教和天主教的老年信徒中，少数民族所占比重呈下降趋势。从 2000—2006 年，信仰佛教、基督教和天主教的少数民族老年信徒的比例分别下降近 1 个、3 个和 3 个百分点。信仰道教和伊斯兰教的少数民族老年信徒的比重在上升。信仰道教和伊斯兰教的少数民族老年信徒的比例分别上升近 2 个百分点（见表 4—6）。

可见，不同宗教信仰的老年人的民族构成正发生细微变化，民族是影响老年人宗教信仰的重要因素。

表4—6　　　　不同时期不同宗信仰老年人的民族构成变化情况

单位:%

宗教信仰	2000 年		2006 年	
	汉族	少数民族	汉族	少数民族
佛教	94.97	5.03	95.80	4.20
道教	98.51	1.49	96.70	3.30
基督教	95.68	4.32	98.65	1.35
天主教	88.89	11.11	91.55	8.45
伊斯兰教	2.86	97.14	1.23	98.77

资料来源：郭平、陈刚：《2006 年中国城乡老年人口状况追踪调查数据分析》，中国社会出版社 2009 年版。中国老龄科学研究中心：《中国城乡老年人口状况一次性抽样调查数据分析》，中国标准出版社 2002 年版。

5. 信仰道教的老年人中无配偶教徒的比例大幅增加

在我国信仰各宗教的老年教徒中，信仰佛教、基督教和天主教的有配偶老年人比例在增加，信仰道教和伊斯兰教的无配偶老年人比例在增加。

从 2000—2006 年，信仰佛教、基督教和天主教的老年教徒中，有配偶的老年人的比例分别上升近 2 个百分点、近 7 个百分点和近 2 个百分点；信仰道教和伊斯兰教的老年教徒中，无配偶的老年教徒的比例分别上升 10.2 个百分点和近 2 个百分点（见表4—7）。

表4—7　　　　不同时期不同宗教信仰老年人婚姻状况的变化

单位:%

宗教信仰	2000 年		2006 年	
	有配偶	无配偶	有配偶	无配偶
佛教	51.86	48.14	53.79	46.21
道教	67.16	32.84	57.14	42.86
基督教	48.64	51.36	55.24	44.76
天主教	52.99	47.01	54.93	45.07
伊斯兰教	60.86	39.14	59.01	40.99

资料来源：郭平、陈刚：《2006 年中国城乡老年人口状况追踪调查数据分析》，中国社会出版社 2009 年版。中国老龄科学研究中心：《中国城乡老年人口状况一次性抽样调查数据分析》，中国标准出版社 2002 年版。

可见，信仰道教的无配偶老年教徒增加幅度最大、增加趋势明显，信仰基督教的有配偶老年人增加较快。

6. 信仰佛教、基督教、天主教和伊斯兰教的老年人呈现高龄化趋势

在信仰佛教、基督教、天主教和伊斯兰教的老年教徒中，60—69 岁的老年教徒的比例在减少，70—79 岁和 80 岁及以上的老年教徒的比例在增加；在信仰道教的老年教徒中，70—79 岁的老年教徒的比例在增加，而 80 岁及以上的老年教徒的比例在下降。

从 2000—2006 年，信仰佛教、基督教、天主教和伊斯兰教的 60—69 岁年龄组的老年教徒的比例分别下降 12.15%、9.44%、11.50% 和 4.16%，70—79 岁年龄组的老年教徒的比例分别上升 8.13%、6.51%、6.01% 和 2.11%，80 岁及以上年龄组的老年教徒的比例分别上升 4.02%、2.93%、5.49% 和 2.05%（见表 4—8）。

表 4—8　　　　不同时期不同宗教信仰老年人年龄构成的变化情况

单位：%

宗教信仰	2000 年			2006 年		
	60—69 岁	70—79 岁	80 岁及以上	60—69 岁	70—79 岁	80 岁及以上
佛教	52.69	34.95	12.36	40.54	43.08	16.38
道教	50.75	36.57	12.68	50.55	40.66	8.79
基督教	55.04	34.88	10.08	45.60	41.39	13.01
天主教	45.30	41.88	12.82	33.80	47.89	18.31
伊斯兰教	58.23	32.46	9.31	54.07	34.57	11.36

资料来源：郭平、陈刚：《2006 年中国城乡老年人口状况追踪调查数据分析》，中国社会出版社 2009 年版。中国老龄科学研究中心：《中国城乡老年人口状况一次性抽样调查数据分析》，中国标准出版社 2002 年版。

可见，信仰佛教、基督教、天主教和伊斯兰教的老年人中，70 岁及以上的老年教徒比重日益增加，而 60—69 岁的老年教徒比重大幅减少，信仰佛教、基督教、天主教和伊斯兰教的老年教徒呈现高龄化趋势。

在信仰道教的老年人中，60—69 岁的比重仅下降 0.2 个百分点，80 岁及以上的老年教徒比重下降近 4 个百分点（见表 4—8）。可见，信仰道

教的高龄老年教徒的比重在下降，呈现出低龄化趋势。

（二）不同宗教信仰老年人社会经济特征的变化趋势

1. 信仰道教的患慢性病的老年教徒快速增长

在不同宗教信仰的老年人中，患慢性病的老年教徒比例均在大幅上升，其中信仰道教的患慢性病的老年教徒增加最快。

从 2000—2006 年，信仰佛教患慢性病的老年教徒的比例从 58.92%增加到 77.73%，增加近 19 个百分点；同期，信仰道教的患慢性病的老年教徒的比例从 48.12%增加到 78.89%，增加近 31 个百分点；同期，信仰基督教、天主教和伊斯兰教患慢性病的老年教徒分别增加近 18.01 个百分点、近 16 个百分点和近 16 个百分点（见表 4—9）。信仰道教患慢性病的老年教徒增加幅度分别比信仰佛教、基督教、天主教和伊斯兰教高 12 个百分点、13 个百分点、15 个百分点和 15 个百分点。可见，不同宗教信仰的老年人患慢性病者的比例均有大幅上升，其中道教教徒增长趋势最明显。

从 2000—2006 年，在伊斯兰教老年教徒中，患慢性病的老年教徒比例均居第一位，这说明，老年穆斯林的慢性病患病率最高。

表 4—9　　**不同时期不同宗教信仰老年人患慢性病的变化情况**

单位:%

宗教信仰	2000 年		2006 年	
	无	有	无	有
佛教	41.08	58.92	22.27	77.73
道教	51.88	48.12	21.11	78.89
基督教	38.65	61.35	20.64	79.36
天主教	34.19	65.81	18.57	81.43
伊斯兰教	28.64	71.36	12.84	87.16

资料来源：郭平、陈刚：《2006 年中国城乡老年人口状况追踪调查数据分析》，中国社会出版社 2009 年版。中国老龄科学研究中心：《中国城乡老年人口状况一次性抽样调查数据分析》，中国标准出版社 2002 年版。

2. 信仰道教的老年人健康状况改善最明显

在道教、基督教和天主教老年教徒中，健康状况差的老年教徒比例呈减少趋势，健康状况差的道教老年教徒比例下降最快；在佛教和伊斯兰教老年教徒中，健康状况差的老年教徒比例却在增加，其中增加最快的是伊斯兰教老年教徒。

从 2000—2006 年，信仰道教的健康状况差的老年教徒的比例从 26.31% 下降到 19.78%，下降近 7 个百分点；同期，信仰基督教和天主教健康状况差的老年教徒分别均下降近 6 个百分点；同期，信仰佛教和伊斯兰教的健康状况差的老年教徒分别上升 0.16 个百分点和 1.08 个百分点（见表 4—10）。可见，信仰道教的老年人健康状况差的比重下降最大。

表 4—10　　　不同时期我国各宗教老年教徒的健康状况的变化情况

单位:%

宗教信仰	2000 年					2006 年				
	很差	较差	一般	较好	很好	很差	较差	一般	较好	很好
佛教	4.58	20.16	46.79	24.23	4.24	5.82	19.08	52.70	19.63	2.77
道教	4.51	21.80	56.39	13.53	3.77	4.40	15.38	50.55	23.08	6.59
基督教	6.88	25.12	43.52	19.36	5.12	5.24	20.78	52.70	16.22	5.06
天主教	6.84	23.08	43.59	23.93	2.56	5.63	18.31	54.93	16.90	4.24
伊斯兰教	9.31	22.20	45.35	18.62	4.52	6.91	25.68	44.20	18.52	4.69

资料来源：郭平、陈刚：《2006 年中国城乡老年人口状况追踪调查数据分析》，中国社会出版社 2009 年版。中国老龄科学研究中心：《中国城乡老年人口状况一次性抽样调查数据分析》，中国标准出版社 2002 年版。

信仰道教和伊斯兰教的健康状况好的老年人的比例在增加，道教老年教徒增加最快；信仰佛教、基督教和天主教的健康状况好的老年教徒的比例在下降，佛教老年教徒下降最快。从 2000—2006 年，信仰佛教、基督教和天主教健康状况好的老年教徒分别下降近 6 个百分点、近 3 个百分点和近 5 个百分点；同期，信仰道教健康状况好的老年教徒增加近 12 个百分点，信仰伊斯兰教的健康状况好的老年教徒基本保持不变（见表 4—10）。可见，在不同宗教信仰的老年人中，老年佛教教徒健康状况变差，老年道教教徒健康状况变好。

因此，在佛教老年教徒中，健康状况差的老年教徒日益增多；在道教老年教徒中，健康状况好的老年教徒逐渐增加趋势明显。

3. 老年天主教教徒中经济状况困难者日益增多

我国信仰佛教、道教和基督教的经济状况困难的老年人的比例在减少，其中基督徒下降幅度最大。信仰天主教和伊斯兰教的经济困难的老年人的比例在增加，其中天主教徒增加的幅度最大。

信仰佛教的经济困难的老年人的比例从 2000 年的 33.87% 下降到 2006 年的 30.99%，下降近 3 个百分点；同期，信仰道教的经济困难的老年人的比例从 41.36% 下降到 39.56%，下降近 2 个百分点；信仰基督教的经济困难的老年人的比例从 40.93% 下降到 36.72%，下降 4.21 个百分点（见表4—11）。老年基督教徒下降的幅度分别比佛教和道教高 1.33 个百分点和 2.41 个百分点。可见，老年基督徒的经济状况改善程度最大。

表4—11   不同时期不同宗教信仰老年人经济状况的变化情况

单位:%

宗教信仰	2000 年				2006 年			
	够用有余	大致够用	有些困难	十分困难	够用有余	大致够用	有些困难	十分困难
佛教	12.32	53.81	27.16	6.71	13.21	55.80	22.91	8.08
道教	7.51	51.13	30.83	10.53	9.89	50.55	34.07	5.49
基督教	11.40	47.67	31.78	9.15	12.18	51.10	26.57	10.15
天主教	11.11	58.97	20.51	9.41	8.45	54.93	32.39	4.23
伊斯兰教	10.74	47.49	31.03	10.74	10.86	43.46	27.65	18.03

资料来源：郭平、陈刚：《2006 年中国城乡老年人口状况追踪调查数据分析》，中国社会出版社 2009 年版。中国老龄科学研究中心：《中国城乡老年人口状况一次性抽样调查数据分析》，中国标准出版社 2002 年版。

信仰天主教和伊斯兰教的经济困难的老年人的比例分别上升近 7 个百分点和近 4 个百分点（见表4—11）。天主教徒经济困难的老年人比例上升的幅度比伊斯兰教教徒高 3 个百分点。可见，老年天主教徒的经济状况逐渐恶化。

除信仰天主教的老年人中经济状况够用有余的老年教徒比例下降外，经济状况够用有余的信仰其他宗教的老年教徒的比例均有不同程度的提高。从 2000—2006 年，经济状况够用有余的信仰佛教、道教、基督教和伊斯兰教的老年人的比例分别提高 0.89%、2.38%、0.78% 和 0.12%。天主教徒中经济状况够用有余者的比例却下降近 3 个百分点。

可见，与其他宗教信仰的老年教徒相比，老年天主教徒中经济状况困难的老年人增加趋势最明显。

（三）不同宗教信仰老年人主观幸福感的变化趋势

1. 老年基督徒的生活满意度下降趋势最明显

我国不同宗教信仰的老年教徒的生活满意度均下降，在佛教、基督教和伊斯兰教老年教徒中，生活不满意的老年教徒的比例呈增加趋势，而在信仰道教和天主教的老年教徒中，生活不满意的老年教徒的比例呈下降趋势，特别是老年道教教徒。

在信仰佛教、道教、基督教、天主教和伊斯兰教的老年教徒中，生活满意的老年教徒的比例分别从 2000 年的 61.64%、55.97%、63.68%、64.96% 和 58.95% 下降到 2006 年的 48.32%、48.35%、49.58%、63.38% 和 51.11%，分别下降 13.32%、7.62%、14.10%、1.58% 和 7.84%（见表4—12）。可见，信仰基督教的老年教徒的生活满意度下降的幅度最大，信仰天主教的老年教徒的生活满意度下降幅度最小。

表4—12　　　不同时期不同宗教信仰老年人生活满意度的变化情况

单位:%

宗教信仰	2000 年			2006 年		
	不满意	一般	满意	不满意	一般	满意
佛教	11.24	27.12	61.64	11.50	40.18	48.32
道教	15.67	28.36	55.97	12.09	39.56	48.35
基督教	10.88	25.44	63.68	14.89	35.53	49.58
天主教	8.54	26.50	64.96	8.45	28.17	63.38
伊斯兰教	14.32	26.73	58.95	17.29	31.60	51.11

资料来源：郭平、陈刚：《2006 年中国城乡老年人口状况追踪调查数据分析》，中国社会出版社 2009 年版。中国老龄科学研究中心：《中国城乡老年人口状况一次性抽样调查数据分析》，中国标准出版社 2002 年版。

在信仰佛教、基督教和伊斯兰教的老年教徒中，生活不满意的老年教徒的比例从 2000 年到 2006 年分别上升 0.26%、4.01% 和 2.97%，而在信仰道教和天主教的老年教徒中，生活不满意者的比例分别下降了 3.58% 和 0.09%（见表4—12）。

因此，在各类信徒中信仰基督教的老年教徒的生活满意度下降趋势最明显。

2. 唯有老年穆斯林的主观幸福感提高，其他教徒的主观幸福感呈下降趋势

在不同宗教信仰的老年教徒中，生活较不幸福的老年教徒的比例下降，其中天主教徒下降的幅度最大。除伊斯兰教老年教徒的较幸福的比例上升外，其他信仰的老年教徒的比例均在下降。虽然各类老年教徒中较不幸福者的比例下降，但下降幅度远远小于较幸福者下降的幅度。

在信仰佛教、道教、基督教和天主教的老年教徒中，生活较幸福者的比例从 2000 年到 2006 年分别下降 10.04%、5.44%、4.03% 和 7.67%；在伊斯兰教老年教徒中，生活较幸福者的比例增加近 12 个百分点；同期，信仰佛教、道教、基督教、天主教和伊斯兰教的老年教徒中较不幸福者的比例分别下降 0.48%、1.79%、0.41%、10.01% 和 1.21%（见表 4—13）。可见，在各类老年教徒中，佛教老年教徒的主观幸福感下降幅度最大，唯有老年穆斯林的主观幸福感在提高。

表 4—13　　不同时期不同宗教信仰老年人主观幸福感的变化情况

单位:%

宗教信仰	2000 年			2006 年		
	较幸福	差不多	较不幸福	较幸福	差不多	较不幸福
佛教	54.09	37.04	8.87	44.05	47.56	8.39
道教	40.60	46.62	12.78	35.16	53.85	10.99
基督教	48.80	40.32	10.88	44.77	44.76	10.47
天主教	55.56	31.62	12.82	47.89	49.30	2.81
伊斯兰教	48.68	42.45	8.87	60.49	31.85	7.66

资料来源：郭平、陈刚：《2006 年中国城乡老年人口状况追踪调查数据分析》，中国社会出版社 2009 年版。中国老龄科学研究中心：《中国城乡老年人口状况一次性抽样调查数据分析》，中国标准出版社 2002 年版。

三　我国城乡老年教徒人口社会特征的变化趋势

（一）城乡老年教徒人口学特征的变化趋势

1. 城乡信仰佛教的老年教徒的比重快速扩大

不同时期，我国城乡老年教徒的宗教信仰的构成发生明显变化。不同

时期城乡佛教老年教徒所占比例均超过一半，城市甚至达到七成，城乡佛教老年教徒的比例仍大幅持续增长。

在农村老年教徒中，信仰佛教的老年人所占比重大幅上升，其他宗教信仰的老年教徒的比重逐渐减少。从2000—2006年，农村信仰佛教的老年人的比重从51.82%上升到59.31%，上升7.49个百分点；同期，信仰道教、基督教、天主教和伊斯兰教的老年人的比重分别下降3.39%、2.33%、0.95%和0.82%（见表4—14）。

在城市老年教徒中，信仰佛教的老年人所占比重也大幅增加。从2000—2006年，信仰佛教的老年人的比重从62.78%上升到70.53%，上升近8个百分点；信仰道教的老年人所占比重基本无变化；信仰基督教、天主教和伊斯兰教的老年人的比重分别下降2.98%、2.44%和2.34%（见表4—14）。

表4—14 不同时期我国城乡老年教徒构成的变化情况

单位:%

宗教信仰	2000 年		2006 年	
	农村	城市	农村	城市
佛教	51.82	62.78	59.31	70.53
道教	7.42	1.54	4.03	1.55
基督教	24.97	16.34	22.64	13.36
天主教	2.90	4.74	1.95	2.30
伊斯兰教	12.89	14.60	12.07	12.26
合计	100.00	100.00	100.00	100.00

资料来源：郭平、陈刚：《2006年中国城乡老年人口状况追踪调查数据分析》，中国社会出版社2009年版。中国老龄科学研究中心：《中国城乡老年人口状况一次性抽样调查数据分析》，中国标准出版社2002年版。

因此，在城乡老年教徒中，信仰佛教的老年人比重日益扩大，增加趋势明显，且城市增长的速度快于农村。城市和农村信仰道教、基督教、天主教和伊斯兰教的老年人的比重正在减少，特别是农村信仰道教的老年人和城市信仰基督教的老年人所占比重减少的速度更快。

2. 城乡老年教徒中"女多男少"的格局基本不变

在我国老年教徒中，不同时期城乡男性和女性的比重基本保持不变，城乡老年教徒中女性比重大于男性，城市中这一特征更为突出。

从 2000—2006 年，在农村老年教徒中，农村男性的比重基本保持在 43%—44% 之间，农村女性的比重基本保持在 56%—57% 之间；在城市老年教徒中，城市男性的比重占 29% 左右，城市女性老年教徒的比重占 71% 左右；农村女性老年教徒是男性的 1.3 倍，城市女性老年教徒是男性的 2.5 倍（见表 4—15）。可见，城市老年教徒中"女多男少"的特征更突出。

表 4—15　　　　　　不同时期我国城乡老年教徒的性别变化

单位:%

性别	2000 年		2006 年	
	农村	城市	农村	城市
男性	43.93	28.95	42.59	29.00
女性	56.07	71.05	57.41	71.00
合计	100.00	100.00	100.00	100.00

　　资料来源：郭平、陈刚：《2006 年中国城乡老年人口状况追踪调查数据分析》，中国社会出版社 2009 年版。中国老龄科学研究中心：《中国城乡老年人口状况一次性抽样调查数据分析》，中国标准出版社 2002 年版。

随着时间的变化，城乡老年教徒中男性和女性各自比重基本不变，始终保持女性多于男性的格局。农村女性老年教徒占六成左右，而城市占到七成。因此，城市老年教徒中女性多的现象更突出。

3. 城市老年教徒文化程度提高的幅度大于农村

我国城乡老年教徒的人均受教育年限均有所提高，特别是城市老年教徒。

从 2000—2006 年，农村老年教徒的人均受教育年限从 2.30 年提高到 2.81 年，提高 0.51 年；同期，城市老年教徒的人均受教育年限从 4.69 年提高到 5.67 年，提高近 1 年；城市比农村提高幅度高近 0.5 年（见图 4—24）。可见，城乡老年教徒的人均受教育水平均持续提高，城市老年教徒提高速度更快。

城乡老年教徒中，没上过学的老年教徒比重减少，而受过小学及以上教育的老年教徒比重均有不同程度增加。

从 2000—2006 年，农村没上过学的老年教徒的比例从 64.83% 下

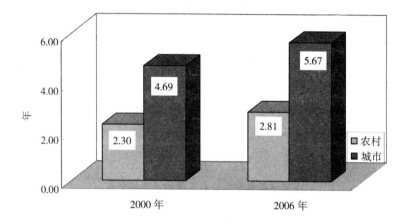

图 4—24　不同时期我国城乡老年教徒人均受教育年限的变化

资料来源：郭平、陈刚：《2006 年中国城乡老年人口状况追踪调查数据分析》，中国社会出版社 2009 年版。中国老龄科学研究中心：《中国城乡老年人口状况一次性抽样调查数据分析》，中国标准出版社 2002 年版。

降到 57.69%，下降 7.14%；小学、初中和中专/高中及以上的老年教徒分别增加 5.35%、1.72% 和 0.55%；同期，城市没上过学的老年教徒的比例从 39.85% 下降到 31.91%，下降 7.94%；小学、初中和中专/高中及以上的老年教徒分别增加 1.71%、4.73% 和 4.91%（见表 4—16）。城市初中及以上的老年教徒增加近 10 个百分点，比农村高 7 个百分点。值得注意的是，城市中专/高中及以上文化程度的老年教徒增加幅度接近 5 个百分点，比其他文化程度的老年教徒增加速度快。

表 4—16　　　　不同时期我国城乡老年教徒的文化程度的变化

单位：%

文化程度	2000 年		2006 年	
	农村	城市	农村	城市
没上过学	64.83	39.85	57.69	31.91
私塾	5.75	6.60	5.27	3.19
小学	24.12	30.77	29.47	32.48
初中	4.64	12.88	6.36	17.61
中专/高中	0.46	7.36	0.97	10.71

文化程度	2000 年		2006 年	
	农村	城市	农村	城市
大专及以上	0.20	2.54	0.24	4.10
合计	100.00	100.00	100.00	100.00

资料来源：郭平、陈刚：《2006 年中国城乡老年人口状况追踪调查数据分析》，中国社会出版社 2009 年版。中国老龄科学研究中心：《中国城乡老年人口状况一次性抽样调查数据分析》，中国标准出版社 2002 年版。

从城乡老年教徒文化程度构成的变化可以看出，与农村相比，城市老年教徒中文化程度高的老年人越来越多。

4. 城市汉族老年教徒增加趋势明显

我国农村老年教徒的民族构成基本不变，城乡老年教徒中汉族老年人所占比重在八成以上；城市老年教徒中，汉族老年人所占比重持续增加，少数民族老年教徒所占比重减少。

从 2000—2006 年，农村汉族老年教徒的比例保持在 82% 左右，少数民族老年教徒的比重保持在 18% 左右；城市汉族老年教徒的比重从 83.45% 增加到 86.44%，增加近 3 个百分点，而少数民族老年人的比重则相应下降（见表 4—17）。可见，农村老年教徒的民族构成基本不变，城市汉族老年教徒呈增加趋势。

表 4—17　　　　不同时期我国城乡老年教徒民族构成的变化情况

单位：%

民族	2000 年		2006 年	
	农村	城市	农村	城市
汉族	81.83	83.45	81.31	86.44
少数民族	18.17	16.55	18.69	13.56
合计	100.00	100.00	100.00	100.00

资料来源：郭平、陈刚：《2006 年中国城乡老年人口状况追踪调查数据分析》，中国社会出版社 2009 年版。中国老龄科学研究中心：《中国城乡老年人口状况一次性抽样调查数据分析》，中国标准出版社 2002 年版。

5. 城市有配偶的老年教徒增加幅度高于农村

我国城乡老年教徒中，有偶同住的老年人比重均占一半以上，比重不断上升，丧偶老年教徒的比重下降。

从 2000—2006 年，农村有配偶的老年教徒的比例从 51.89% 上升到 53.06%，上升 1.17%；农村丧偶老年教徒的比例从 47.48% 下降到 45.01%，下降 2.47%；城市有配偶的老年教徒的比例从 54.00% 上升到 56.59%，上升近 3%；城市丧偶老年教徒的比例从 44.23% 下降到 41.07%，下降 3.16%（见表 4—18）。可见，城市有配偶的老年教徒增加幅度高于农村，城市丧偶老年教徒的比重减少幅度高于农村。

表 4—18　　　　　　不同时期我国城乡老年教徒婚姻状况的变化

单位：%

婚姻状况	2000 年		2006 年	
	农村	城市	农村	城市
有偶同住	50.20	51.98	51.06	55.28
有偶分居	1.69	2.02	2.00	1.31
丧偶	47.48	44.23	45.01	41.07
离婚	0.85	1.52	1.09	2.00
未婚	0.38	0.25	0.84	0.34
合计	100.00	100.00	100.00	100.00

资料来源：郭平、陈刚：《2006 年中国城乡老年人口状况追踪调查数据分析》，中国社会出版社 2009 年版。中国老龄科学研究中心：《中国城乡老年人口状况一次性抽样调查数据分析》，中国标准出版社 2002 年版。

虽然我国有偶分居、离婚和未婚的老年教徒所占的比重不大，但从 2000—2006 年，城乡离婚和未婚老年教徒的比例小幅增加，农村有偶分居的老年教徒有所增加，城市有偶分居的老年教徒减少。

6. 农村老年教徒高龄化趋势更明显

我国城乡老年教徒的年龄变化表现为：60—69 岁的老年教徒比重逐渐减少，70 岁及以上的老年教徒比重逐渐增加，城乡老年教徒年龄结构呈现高龄化趋势，特别是城市。

从 2000—2006 年，在农村老年教徒中，60—69 岁的老年教徒的比例从 51.71% 下降到 42.71%，下降 9%；70 岁及以上的老年教徒的比例增加了 9 个百分点，80 岁及以上老年教徒的比例增加 4.04 个百分点；同期，在城市老年教徒中，60—69岁的老年教徒比例从54.94%下降到43.93%，下降近11个百分点；70岁及以上的老年教徒的比例增加近8%，其中80岁及以上老年教徒的比例增加2.62%（见表4—19）。

表4—19　　　　　不同时期我国城乡老年教徒年龄结构的变化

单位:%

年龄	2000年		2006年	
	农村	城市	农村	城市
60—64岁	24.53	26.37	18.15	17.78
65—69岁	27.18	28.57	24.56	26.15
70—74岁	20.38	19.82	24.38	24.62
75—79岁	16.16	13.85	17.12	17.44
80岁及以上	11.75	11.39	15.79	14.01
合计	100.00	100.00	100.00	100.00

资料来源：郭平、陈刚：《2006年中国城乡老年人口状况追踪调查数据分析》，中国社会出版社2009年版。中国老龄科学研究中心：《中国城乡老年人口状况一次性抽样调查数据分析》，中国标准出版社2002年版。

可见，我国城乡老年教徒中，中龄、高龄老年教徒的比重均不断增加，农村70岁及以上的老年教徒增加幅度比城市高近1个百分点，农村老年教徒高龄化趋势更明显。

（二）城乡老年教徒社会经济特征的变化趋势

1. 农村老年教徒的经济状况改善程度高于城市

我国农村老年教徒的经济状况有所改善，城市经济状况差的老年教徒有所增加。从2000—2006年，农村经济状况好的老年教徒的比例从54.85%上升到60.12%，上升5.27%；农村经济十分困难的老年教徒的比例从9.11%上升到10.67%，上升1.56%；同期，城市经济状况好的老年教徒的比例从71.26%下降到70.87%，下降0.39%；城市经济十分困难的老年教徒的比例从6.81%上升到8.38%，上升1.57%（见表4—20）。

表 4—20　　　　　　不同时期我国城乡老年教徒经济状况的变化

单位:%

经济状况	2000 年		2006 年	
	农村	城市	农村	城市
够用有余	9.11	13.92	11.03	14.14
大致够用	45.74	57.34	49.09	56.73
有些困难	36.04	21.93	29.21	20.75
十分困难	9.11	6.81	10.67	8.38
合计	100.00	100.00	100.00	100.00

资料来源：郭平、陈刚：《2006 年中国城乡老年人口状况追踪调查数据分析》，中国社会出版社 2009 年版。中国老龄科学研究中心：《中国城乡老年人口状况一次性抽样调查数据分析》，中国标准出版社 2002 年版。

农村经济状况好的老年教徒增加幅度比经济状况差的老年教徒高近 4 个百分点，而城市经济状况差的老年教徒增加幅度比经济状况好的教徒高近 2 个百分点。同时，农村经济状况好的老年教徒增加幅度比城市高近 6 个百分点。可见，与城市老年教徒相比，农村老年教徒的经济状况有所改善。

2. 城市患慢性病的老年教徒快速增加

从城乡看，患慢性病的老年教徒的比重快速增加，特别是城市。城乡患慢性病的老年教徒多于无慢性病的老年教徒，且差距正迅速扩大，城市更为严重。

从 2000—2006 年，农村患慢性病的老年教徒的比例从 57.43% 上升到 74.17%，上升近 17 个百分点；2000 年农村患慢性病的老年教徒是无慢性病教徒的 1.4 倍，到 2006 年时，扩大到 2.9 倍；同期，城市患慢性病的老年教徒的比例从 64.47% 上升到 83.73%，上升 19.26 个百分点；2000 年城市患慢性病的老年教徒是无慢性病教徒的 1.8 倍，到 2006 年时，扩大到 5.2 倍（见表 4—21）。

可见，城乡患慢性病的老年教徒快速增加，城市增加的幅度比农村高近 3 个百分点，城市增加趋势更明显；同时，城乡患慢性病与无慢性病的老年教徒的数量差距正逐步扩大，城市更为严重。

3. 城市老年教徒的身体健康状况日趋变差

城乡老年教徒中身体健康状况差和身体健康状况好的老年教徒的比重

均有所减少，城市身体健康状况好的老年教徒下降幅度更大。

表 4—21　　　　不同时期我国城乡老年教徒患慢性病状况的变化

单位:%

患慢性病	2000 年		2006 年	
	农村	城市	农村	城市
没有	42.57	35.53	25.83	16.27
有	57.43	64.47	74.17	83.73
合计	100.00	100.00	100.00	100.00

资料来源:郭平、陈刚:《2006 年中国城乡老年人口状况追踪调查数据分析》,中国社会出版社 2009 年版。中国老龄科学研究中心:《中国城乡老年人口状况一次性抽样调查数据分析》,中国标准出版社 2002 年版。

从 2000—2006 年，农村身体健康状况差的老年教徒的比例从 32.57% 下降到 30.57%，下降 2%；身体健康状况好的老年教徒的比例从 23.48% 下降到 21.49%，下降 1.99%；同期，城市身体健康状况差的老年教徒的比例从 22.48% 下降到 21.62%，下降近 1 个百分点；身体健康状况好的老年教徒的比例从 28.90% 下降到 23.33%，下降近 6 个百分点（见表 4—22）。农村身体健康状况差的老年教徒的下降幅度比城市高 1 个百分点，城市身体健康状况好的老年教徒的下降幅度比农村高近 4 个百分点。

可见，城乡老年教徒的身体健康状况变差，城市老年教徒的身体健康状况恶化程度比农村更为严重，城市老年教徒身体健康状况日趋变差的情况比农村突出。

表 4—22　　　　不同时期我国城乡老年教徒健康状况的变化

单位:%

健康状况	2000 年		2006 年	
	农村	城市	农村	城市
很差	6.76	4.66	6.96	4.68
较差	25.81	17.82	23.61	16.94
一般	43.95	48.62	47.94	55.05

续表

健康状况	2000 年		2006 年	
	农村	城市	农村	城市
较好	20.42	23.30	18.04	19.51
很好	3.06	5.60	3.45	3.82
合计	100.00	100.00	100.00	100.00

资料来源：郭平、陈刚：《2006年中国城乡老年人口状况追踪调查数据分析》，中国社会出版社2009年版。中国老龄科学研究中心：《中国城乡老年人口状况一次性抽样调查数据分析》，中国标准出版社2002年版。

（三）城乡老年教徒主观幸福感的变化趋势

1. 农村老年教徒生活满意度下降速度快于城市

我国城乡老年教徒的生活满意度呈下降趋势。农村生活不满意的老年教徒的比重增加，生活满意的老年教徒的比重快速减少。城市生活满意的老年教徒的比重在大幅下降。农村老年教徒生活满意度下降速度快于城市。

从2000—2006年，农村生活不满意的老年教徒的比例从12.67%上升到14.79%，上升2.12%；生活满意的老年教徒的比例从57.38%下降到42.00%，下降15.38%；城市生活不满意的老年教徒的比例从10.90%上升到11.01%，上升幅度较小；生活满意的老年教徒的比例从65.60%下降到55.59%，下降10.01个百分点（见表4—23）。农村生活不满意的老年教徒的比例上升幅度比城市高2.12个百分点，农村生活满意的老年教徒的比例下降幅度比城市高5.38个百分点。

因此，我国城乡老年教徒的生活满意度呈下降趋势，农村老年教徒生活满意度下降速度比城市快。

表4—23　　　　不同时期我国城乡老年教徒生活满意度的变化

单位:%

生活满意度	2000 年		2006 年	
	农村	城市	农村	城市
很不满意	3.96	4.54	5.58	4.68
不太满意	8.71	6.36	9.21	6.33

生活满意度	2000 年		2006 年	
	农村	城市	农村	城市
一般	29.95	23.50	43.21	33.40
比较满意	46.07	47.89	35.33	43.96
非常满意	11.31	17.71	6.67	11.63
合计	100.00	100.00	100.00	100.00

　　资料来源：郭平、陈刚：《2006 年中国城乡老年人口状况追踪调查数据分析》，中国社会出版社 2009 年版。中国老龄科学研究中心：《中国城乡老年人口状况一次性抽样调查数据分析》，中国标准出版社 2002 年版。

　　2. 城市老年教徒的主观幸福感下降幅度大于农村

　　我国城乡老年教徒的幸福感呈下降趋势，城市老年教徒下降趋势更明显。

　　从 2000—2006 年，农村较幸福的老年教徒的比例从 41.94% 下降到 37.39%，下降 4.55%；城市较幸福的老年教徒的比例从 60.77% 下降到 53.11%，下降 7.66%（见表 4—24）。城市较幸福的老年教徒的下降幅度比农村高三个百分点。

表 4—24　　　　　**不同时期我国城乡老年教徒的幸福感的变化**

单位:%

幸福感	2000 年		2006 年	
	农村	城市	农村	城市
较幸福	41.94	60.77	37.39	53.11
差不多	46.03	31.61	49.85	42.10
较不幸福	12.03	7.62	12.76	4.79
合计	100.00	100.00	100.00	100.00

　　资料来源：郭平、陈刚：《2006 年中国城乡老年人口状况追踪调查数据分析》，中国社会出版社 2009 年版。中国老龄科学研究中心：《中国城乡老年人口状况一次性抽样调查数据分析》，中国标准出版社 2002 年版。

　　可见，城乡老年教徒的主观幸福感明显下降，城市老年教徒的主观幸福感下降幅度大于农村，城市老年教徒主观幸福感下降趋势更明显。

四　小　结

本章对不同时期我国老年教徒总体变化、特征变化、不同宗教信仰老年人特征的变化和城乡老年教徒的特征变化进行分析。结果发现，我国信仰宗教的老年人日益增加。从 2000—2006 年，信仰宗教的老年人的比例从 15% 上升到 17%，上升 2 个百分点；老年教徒的数量从 2000 万人增加到 2600 万人，增加 600 万人左右；城市老年教徒增加的速度快于农村。我国信仰佛教的老年人越来越多，增加速度快于其他宗教信仰。

不同特征的老年教徒变化趋势不同。从人口、社会和经济特征的变化情况看，女性、文化程度高、离婚和丧偶、汉族和低龄等特征的老年教徒增加较快；在患慢性病的老年人中，信仰宗教者增加趋势明显；在经济状况好和健康状况好的老年人中，信仰宗教者增加速度较快；生活满意度高和主观幸福感强的老年教徒增加较快。

不同宗教信仰的老年教徒的特征变化趋势存在一定差异。从不同宗教信仰的情况看，各类宗教信仰的老年教徒中女性比重持续上升，但信仰道教的女性老年教徒日益减少，男性教徒的比重增加。各类宗教信仰的老年教徒的文化程度均有所提高，特别是信仰道教的老年教徒。信仰道教和伊斯兰教的无配偶老年教徒增加较快。信仰佛教、基督教、天主教和伊斯兰教的老年教徒呈现高龄化趋势。信仰道教的患慢性病的老年教徒快速增长。信仰天主教的老年教徒中经济状况困难者日益增多。老年基督徒的生活满意度下降速度快。老年穆斯林的主观幸福感有所提高，信仰其他宗教的老年教徒的主观幸福感呈下降趋势。

不同特征的城乡老年教徒变化趋势存在一定差异。从城乡的变化情况看，城乡老年教徒中女性多于男性的格局基本不变。城乡信仰佛教的老年教徒的比重快速扩大，特别是城市。城市老年教徒文化程度提高的幅度大于农村。城乡有配偶的老年教徒比重增加，丧偶老年教徒的比重减少。城市老年教徒高龄化趋势更明显。农村老年教徒的经济状况改善程度高于城市。城乡患慢性病的老年教徒快速增加，城市更快。城乡老年教徒的健康状况变差，城市老年教徒更严重。农村老年教徒生活满意度下降幅度快于城市，城市老年教徒的主观幸福感下降幅度大于农村。

第五章 老年人宗教信仰的诠释

我国信仰宗教的老年人呈现出不断增加的趋势。那么我国老年人为什么接触宗教？他们接触宗教的途径是什么？他们如何选择宗教？他们为何要信仰宗教？信仰宗教的目的和动机是什么？他们为什么要改变宗教信仰？本章将使用个案访谈资料和2006年调查数据对以上问题进行研究。

一 个案研究方法与受访老年人的基本情况

（一）个案研究方法

受访者采取目的性抽样方法选取，即按研究的目的抽取能够为研究问题提供最大信息量的研究对象①，以研究老年人接触宗教的途径与原因、信仰宗教原因与动机、改变宗教信仰的原因以及宗教信仰对老年人健康状况与生活质量的影响等。本研究受访者的选择具体采用滚雪球的方法，选择接受过正式皈依或受洗仪式，经常参与宗教活动，具有宗教信念的信仰某类宗教的老年人作为访谈对象。个案访谈采用半结构式访谈提纲，以方便老年人为主，事先告知老年人访谈目的，遵循自愿参与原则，为老年人提供舒适宽松的访谈环境，事先与信仰宗教的老年人预约并确定访谈时间、访谈地点和访谈内容，到老年人家中、教堂、清真寺或聚会点与老年人进行面对面、一对一的访谈，每位老年人每次访谈时间约为30—60分钟。访谈过程中使用录音笔记录访谈资料，访谈结束后对访谈资料进行归类、整理和分析。

---

① 陈向明：《质的研究方法与社会科学研究》，教育科学出版社2000年版，第103—111页。

受访对象：60周岁及以上的信仰宗教的老年人。是否信仰宗教以老年人是否接受过正式皈依或受洗等宗教仪式，并参加相应的宗教活动和具有宗教信念为判断依据与标准。

访谈内容：访谈内容主要包含以下几个部分，第一，信仰宗教的老年人的个人和家庭基本情况，包括文化程度、民族、婚姻状况、居住方式、身体健康状况等。第二，宗教信仰的基本情况，包括信仰什么宗教、从何时开始信仰宗教、怎样接触宗教、接触原因、为什么没有信仰其他宗教等。第三，平时参与宗教活动情况，如祈祷，祷告，礼拜，拜佛，礼佛，看经讲道、阅读宗教类书籍，与其他人谈论宗教时间、地点、内容、感受等。第四，接触和学习宗教知识的途径，包括电视、广播、网络、书籍、影视图像、宣传册。第五，家人、亲戚和朋友对老年人信仰宗教的态度与看法。第六，宗教皈依或受洗历程，包括皈依或受洗的时间、原因、仪式、地点、感受等。第七，信仰宗教后老年人的变化，包括身体、精神、心理、家人关系、朋友关系、工作等。第八，老年人改变宗教信仰的原因，以及老年人对宗教的评价等内容。以上八个访谈内容仅仅是一个大致的访谈提纲，在访谈过程中，根据受访者的具体情况以及访谈的进程，访谈还涉及老年人的一些其他情况。

（二）受访老年教徒的基本资料

1. 受访者的基本情况

在进行分析前，对被访老年人（以下简称受访者）的基本资料进行初步性和概括性了解实有必要。表5—1描述了受访者的基本资料。本研究共访谈有信仰宗教的老年人17位。在受访者中，男性老年人4位，女性老年人13位；最年轻的老年人为60岁，最年长的为76岁。回族老年人1位，汉族老年人16位。大部分老年人与配偶同住，有4位老年人丧偶。受访者中文化程度在初中及以下的老年人较多，大专及以上的老年人有3位。老年人的宗教信仰以基督教和佛教为主。

在受访者中，老年人最早接触宗教的时间是20世纪70年代，绝大多数的老年人接触宗教的时间是在20世纪80年代末90年代初，2000年后首次接触宗教的老年人仅有1位。从老年人皈依或受洗的时间看，老年人中最早皈依或受洗的时间是20世纪70年代末，绝大多数老年人皈依或受洗的时间是在 20 世纪 90 年代（见表 5—1）。

表 5—1　　　　　　　　　受访老年人的基本资料　　　　　　　单位：岁

编号	称谓	性别	年龄	民族	婚姻状况	文化程度	宗教信仰	最初接触宗教年份	皈依受洗年份
C01	赵女士	女	76	汉族	有偶同住	大学	基督教	1992	2000
C02	王女士	女	61	汉族	有偶同住	没上过学	基督教	1978	1980
C03	刘女士	女	63	汉族	丧偶独居	初中	基督教	2002	2003
C04	刘女士	女	72	汉族	丧偶独居	没上过学	基督教	1983	1983
C05	李女士	女	60	汉族	有偶同住	高中	基督教	1996	1996
C06	安先生	男	76	回族	有偶同住	初中	伊斯兰教	—	—
C07	李女士	女	60	汉族	有偶同住	初中	佛教	1991	1995
C08	刘先生	男	70	汉族	有偶同住	小学	基督教	1995	1995
C09	孙女士	女	68	汉族	有偶同住	初中	佛教	1979	1992
C10	郭先生	男	66	汉族	有偶同住	小学	佛教	1989	1990
C11	刘先生	男	67	汉族	有偶同住	没上过学	佛教	1992	1993
C12	李女士	女	64	汉族	有偶同住	初中	佛教	1993	1997
C13	李女士	女	60	汉族	有偶同住	大专	佛教	1994	1997
C14	李女士	女	70	汉族	有偶同住	初中	基督教	1991	1995
C15	乔女士	女	60	汉族	有偶同住	小学	基督教	1988	1989
C16	吴女士	女	65	汉族	丧偶与女同住	大学	基督教	1994	1996
C17	姜女士	女	64	汉族	丧偶独居	初中	基督教	1994	1995

　　资料来源：根据访谈整理。

　　老年人接触宗教的时间与皈依或受洗的时间集中在 20 世纪八九十年代，这与我国的国情和宗教政策相关。1978 年十一届三中全会的召开对我国宗教工作产生重大影响，党和政府重新认识和审视宗教。1982 年中共中央颁布了《关于我国社会主义时期宗教问题的基本观点和基本政策》，阐明了对待宗教问题的基本观点，重新确立宗教信仰自由政策，提出宗教工作中的一些重要原则①。中央和地方各级政府在 20 世纪 90 年代颁布了一系列宗教政策，进一步贯彻和落实了宗教信仰自由政策，人们信仰宗教的权利得到了保障，很多人在这个时候开始广泛地接触宗教，并信仰宗教。

这一时期我国在经济领域实施了对外开放的政策，这一政策的实施深刻地影响了我国的其他领域。其间，各种外来宗教活动更为活跃，传教更为主动积极，宗教对人们生活的影响日益增大。国内经济体制的改革，以及与此相应的一系列改革，对人们的生活方式、思想观念、价值观念等产生了强烈的冲击。社会转型时期，人们承受的来自生活、工作、家庭、单位等比传统社会更大的压力，社会风险增强，个人缺乏安全感，同时危机感增强，人们对生活充满希望的同时，忧虑重重。因此，20 世纪八九十年代成为人们接触与信仰宗教的活跃时期。

2. 老年人接触宗教的年龄与信仰宗教的时间

老年人接触和信仰宗教的时间大多集中于中年时期和刚开始进入老年时期时。从老年人接触和信仰宗教的年龄看，老年人接触宗教的年龄在 30—59 岁之间，大多数老年人是在 45—55 岁之间（见表 5—2），即是在中年时期和老年前期。从家庭方面看，45—55 岁年龄阶段的老年人子女已基本成家立业，子女独立生活，老年人的家庭生命周期处于空巢阶段或解体阶段。从工作方面看，老年人在工作岗位上逐渐退居二线，逐渐退出工作领域，退出重要角色。从生命历程方面看，老年人进入"不惑之年"或"知天命"的时期，老年人不再为家庭、子女、工作等事务操劳，空闲时间增多。从个体老龄化看，人们进入人生"危机四伏"的时期，社会适应能力的下降，资源的减少，老年人面临如何应对晚年风险，维持和提高生活质量等问题。

更为重要的是，进入中年时期和老年时期时，人生旅程基本过半，丰富的人生阅历，人们开始有时间对人生和个人行为进行回顾、反思与总结，探讨生命与死亡的意义和价值。人类生命的意义是什么？或者联系到这个问题来说，任何生物的生命的意义是什么？要知道这个问题的答案，

---

① 中共中央文献研究室综合研究组：《新时期宗教工作文献选编》，宗教文化出版社 1995 年版，第 60—65 页。

就意味着要有宗教信仰。人类对死亡的恐惧和对长寿的渴望是人们的普遍愿望。人们可能对死亡本身的忧虑，对可能失去今生所拥有的好东西的担忧，或对死后所发生的事全然不知而感到担忧。但宗教却提供了一种乐观的答案，尽管是模糊的。对死亡的恐惧导致人们接受关于来世的宗教信念，继而接受总体上的宗教信仰①。

如何看待生与死的问题？如何对待死亡？人从何处来，最终去向何处？这些成为进入中老年时期困惑人们的主要问题。因此，有人形成积极型的生死观或消极型的生死观，形成灵魂不死、生死自然和死而后已的生死观念②。人们总是想克服生命的有限性，追求无限性，寻求灵魂不死，生的永恒成为部分老年人的生死观，宗教正好回答了这些问题。同时，宗教思想中还包含了丰富的人生哲学，对老年人有一种吸引力。因此，接触和信仰宗教的年龄主要集中于中年时期和老年时期，从而中老年时期信仰宗教便成为一种社会现象。因此，我国老年人信仰宗教某种意义上可以说是"半道出家"。

多数老年人从接触宗教到信仰宗教仅用0—1年时间。从接触宗教到信仰宗教的时间看，老年人从接触到信仰宗教的时间在0—13年，但主要集中在0—1年（见表5—2）。这说明，老年人用于认识和理解宗教的时间较短。多数老年人在接触宗教时，都持试试看的心态，而一旦老年人从信仰宗教中获得相应的物质上、精神上和心理上的支持与回报时，他们便开始信仰宗教，并坚持自己的宗教信仰，这一过程经历的时间相对较短。

宗教徒的宗教皈依是一个渐进、单一的过程，具有"内生型皈依"的特征，生活的压力、挫折或生命的危机状态不是促使宗教徒皈依的普遍因素，功利性的欲求、心灵的空乏以及精神世界的不满足感是潜在涌动的促使教徒皈依宗教的内在张力③。因此，老年人从接触宗教到信仰宗教时间较短的情况，说明老年人信仰宗教是主动寻求与信仰宗教后恶性状况的正性转变相互作用的结果。

---

① ［英］麦克·阿盖尔：《宗教心理学导论》，陈彪译，中国人民大学出版社2005年版，第267页。

② 邬沧萍：《社会老年学》，中国人民大学出版社1999年版，第282—287页。

③ 梁丽萍：《中国人的宗教皈依历程：以山西佛教徒与基督教徒为对象的考察》，《宗教学研究》2005年第1期。

绝大多数老年人信仰宗教的时间都超过 10 年，有的甚至达到二三十年。老年人信仰宗教的年限在 6—31 年，一般都在 10 年以上（见表 5—2）。这表明，老年人信仰宗教的时间较长，宗教信仰较为虔诚。

表 5—2　　老年教徒接触宗教和信仰宗教的年龄与时间

单位：岁，年

编号	出生年份	接触宗教的年龄	信仰宗教的年龄	接触到信教的时间	信仰宗教年限
C01	1933	59	67	8	9
C02	1948	30	33	3	31
C03	1946	56	57	1	6
C04	1937	46	46	0	26
C05	1949	47	47	0	13
C06	1933	—	—	—	—
C07	1949	42	47	5	14
C08	1939	56	56	0	14
C09	1941	38	51	13	9
C10	1943	46	47	1	19
C11	1942	50	51	1	16
C12	1945	48	52	4	12
C13	1949	45	48	3	12
C14	1940	51	55	4	25
C15	1949	39	40	1	20
C16	1944	50	52	2	14
C17	1945	49	50	1	14

资料来源：根据访谈整理。

（三）老年人信仰宗教示意图

在分析老年人宗教信仰问题时，首先应当将有宗教信仰的老年人分为两类：一类是从小生活在宗教氛围的家庭中，宗教信仰逐渐内化的老年教徒；另一类是在中年或老年时期才接触宗教，并皈依的老年教徒，即"半道出家"的老年教徒。本研究主要关注"半道出家"的老年人信仰宗教的过程。

对于从中年时期或老年时期信仰宗教的老年人，他们从接触宗教到皈依是一个渐进的过程，在这一过程中存在宗教选择（即选择是否信仰宗教）和信仰选择（选择信仰哪类宗教）两个环节。老年人皈依（即选择信仰宗教）以后，并非一直坚持自己的宗教信仰（即已经选择的宗教信仰），部分老年人还存在改教（改变信仰选择）的问题，老年人改变宗教信仰其实还是一个选择宗教信仰并皈依的过程。在老年人接触宗教、皈依和改教过程中，必须清楚以下问题：接触的原因与途径，皈依的原因与目的，改教的原因与目的（见图5—1）。本章以下章节将按此框架进行深入分析与讨论。

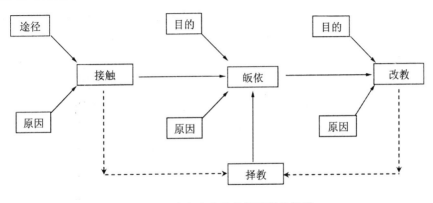

图5—1　老年人宗教信仰路径分析图

二　老年人最初接触宗教的原因与途径

老年人接触宗教的原因是什么？通过什么途径接触宗教？本节将通过访谈资料来回答这两个问题。

（一）老年人接触宗教的原因

严格说来，接触宗教的原因与信仰宗教的原因是不同的。接触宗教的原因是指导致老年人接触宗教的条件，而信仰宗教的原因是造成老年人信仰宗教的条件。接触宗教不一定信仰宗教。因此，有必要将二者分开讨论。

老年人接触宗教的原因是什么？通过对个案资料的研究发现，老年人接触宗教的原因概括为以下几类：身体有病，健康状况差，工作、家庭矛盾，缺少亲情，宗教文化的吸引，空虚无聊，家庭影响，神秘体验的困惑。

1. 因身体健康状况差而接触宗教

老年人身体健康状况差是诱发老年人接触宗教的重要原因。

刘女士（C03）：那是什么样的机会，就是说我身体不好，我心脏也不好，有心脏病。那时候，就说在单位也好，在家里也好，总觉得心里头心眼也比较小，那个心理放松不开。完了，我住了很长时间的院，翻来覆去总上医院，总打针，总吃药什么的。我住了28天的医院，将近一个月。就是（吃）各种药啊，打针（输液），该打的都打了，又是（吃）什么心脏病的那些药啊，扩血管的药，都用（吃）了（病也没有好）。

刘女士由于患心脏病，在医院治疗住院期间，吃药、输液，心脏病一直没有治好，身体健康状况一直没有好转，因此而接触了宗教。

孙女士（C09）：说起来话长，我就是信这佛教，简单地说（接触宗教）就是有一场病，完事就开始信佛了。那时（由于生病）找人这么看那么看，说你有这一"缘分"，就信这个（佛教）了。那年我38岁，就开始有病，有病了就上医院看病，吃药病也不好。完事，这吃药吃不好，别人说："哎呀，你是不是有'外感'了？就这么的，就说你有'外感'嘛。我到医院，中医的医生号脉说你有'外感'，我说：是不是在外面感冒？他说：不是。你就是有这个'缘分'，从那时候开始。"外感？我不明白啊，那时候不明白什么叫外感，就寻思可能是我在外边干活感冒了。但是呢，还有比我们岁数更大一点的，他说：你那不是，你那个就是有那个病，你找那人（传教者）看吧！完了，找人看说：呀，你有这（佛教的）缘分。

孙女士患病以后，到医院看病，吃药后身体健康状况仍未好转，通过身边的人介绍，认识了传教者，通过传教者接触了佛教。

从刘女士和孙女士两个个案分析中发现，老年人患病后身体健康状况差，患病后到医院久治不愈，从而通过中介人（传教者）接触宗教。由此可见，老年人患病后由于通过正常途径无法祛除病痛，转而求助于宗教，试图通过宗教来"治疗"疾病，因此接触宗教。

2. 因工作不顺利、家庭矛盾而接触宗教

工作或家庭矛盾常常引起老年人内心世界的失调、焦虑与担心，导致情绪低落，这往往是老年人接触宗教的重要原因。

李女士（C05）：在后来，我那个身体不太好，工作不顺利，还有与家庭也有一些关系，（家庭关系）不太好。在这种情况下呢，我就接触了基督教。

李女士之所以接触宗教，除了身体健康状况差的原因以外，工作上不顺利，家庭关系不和谐，与家庭成员产生矛盾，从而开始接触宗教。

李女士（C14）：开始我们那院有个家庭聚会，有个人到我们那边讲道，后来在"非典"时期，那个老人就在80岁的时候去世了。那时家里的孩子也不听话，我就开始练功，听福音。

李女士（C14）由于家庭代际关系不和谐，与子女关系紧张，从而接触宗教。

从以上两个个案访谈材料中可以看出，工作不顺利和与家庭成员关系紧张是老年人接触宗教的重要原因。

3. 因远离亲人、无人照顾、缺少亲情关爱而接触宗教

在现代社会中，人与人之间的关系已经发生了改变，当人们缺少亲情、缺少关爱时，人们的生活、工作会受到影响，这与宗教思想中所强调的爱人如己、关怀与帮助等正好相反，获得宗教教徒之间的良好人际关系成为老年人接触宗教的又一原因。

王女士（C02）：那时候有三个孩子，我就是身体不好，几乎在没有老人伺候的这么一个状况下，在新疆那块土地上很不适应。自己有了孩子以后没有人照顾，自己都不会照顾自己，年龄还小。又没有亲人在身边，心里老是不好受，哎呀，好像受不了那样似的。刚开始就是心里不痛快，总是哭鼻子。那个老大姐就说：你信了主，你为神祷告，你就那个了，你就得到祝福，心里得到平和。

从王女士的个案中可以看出，王女士身体不好，身边无人照顾，缺乏亲人的亲情关爱，心里难受，为了获得别人的关心与照顾，特别是教友，因此，在别人的介绍下接触了宗教。

4. 因受宗教文化的吸引而接触宗教

宗教文化的吸引从侧面说明老年人现实精神文化生活的单调与乏味，

同时，也表明宗教在现代社会环境的发展过程中融合了中国的传统文化，满足了人们的文化需求，因此受到人们的青睐。这是引起老年人接触宗教的一个条件。

郭先生（C10）：最初接触佛教是在（20世纪）80年代末90年代初的时候，就在当地接触的。开始时对寺院、对佛也不了解。那时候佛教还不开放，"文化大革命"以后，那时候人们对佛教的认识是认为佛教是迷信，或者什么的，大家反对。我走上佛教的经历是什么呢？一开始形成的是气功热，气功热是进入佛门的敲门砖。那时候我不练，气功热有那个磁带，放那个佛的磁带时，我就喜欢听。在那个年代听到佛的磁带，感觉很喜庆。

郭先生接触宗教是因为对佛教音乐的兴趣，以至于喜爱佛教音乐，对佛教音乐的喜爱导致他产生了认识佛教的想法，从而接触佛教。宗教音乐是宗教文化的表现形式之一，宗教文化还表现为宗教思想、宗教伦理道德、宗教教义、宗教教规、宗教教徒的生活习俗、宗教艺术、宗教建筑、宗教绘画、宗教雕塑，等等，这些文化形式都可能对老年人产生影响，老年人也可能被这些宗教文化所吸引。

5. 适应退休生活以及角色转变

老年人从工作岗位上退休后，退休前后巨大的角色对比对老年人生活产生了强烈冲击。退休后无事可干，角色扮演主要围绕着家庭，而之前单位的角色已经丧失，这种角色反差使老年人面临新的角色的学习以及适应，否则，生活会变得空虚与无聊。因此，老年人为了丰富退休生活，调整身心状态以适应退休后的角色转变，从而接触宗教。

李女士（C07）：那个时候我没事干了，我以前一直（在学校）教书，51岁退休了。退休以后，在家里没别的事，我就开始接触佛教经典，如《无量寿经》，我就在那个时候直接看经。

李女士由于退休早，退休后角色转变产生了角色适应问题。李女士退休以后，丧失了"单位人"的身份，完完全全变为一个"家庭妇女"，闲暇时间增多，生活中"无事可干"，从而为接触宗教提供了时间上的可能。另外，李女士退休以后没有发展和建立自己的兴趣爱好，这也是她接触宗教的原因。在当前的社会中，类似于李女士这样的老年人很多，没有自己的兴趣爱好，退休后不知道做什么事，很多闲暇时间不知道用于何处，生活枯燥乏味，因此，接触宗教成了这类老年人的选择。

6. 因家庭或民族传统影响而接触宗教

老年人接触宗教受家庭或家庭成员的影响，往往是在幼年对家人信仰的宗教有一些初步认识，对家人信仰的宗教教义教规一知半解，到中年时期或老年时期时信仰宗教便显得很"自然"，类似于文化传承。

李女士（C12）：我们家人，以前的时候吧，不像现在似的，普遍了解这个事（宗教信仰），公开宣扬，那时候比较少。"文化大革命"、"大跃进"时了解得比较多。从以前我奶奶的妈妈、我姥姥都念佛。那时候虽然说（自己）不明白吧，但是也知道。所以信佛受这个家庭的陶熏吧。信仰佛教、宣扬佛教，愿意相信。

在李女士幼年时，自己的曾外祖母和外祖母均信仰佛教，李女士在那时便接触了宗教。部分老年人像李女士一样，因为家庭成员信仰宗教，幼年时期便接触了宗教。

7. 因好奇心驱使而接触宗教

老年人受对宗教文化与宗教书籍的好奇心驱使，产生了认识和了解宗教的需要，从而接触宗教。

李女士（C13）：我（接触宗教）没有什么具体原因，像别人（接触宗教）都是（因为）家里遇到什么病灾啊，什么车祸啊，我没有。我就是看到他们（教徒）拿那书，挺好的，完了我就看，越看我就越觉得书好，我就开始看了。

李女士（C14）：开始的时候读经之类的东西，我都很感兴趣。那时候挺奇怪的，在公园里面撞到一个老姊妹，她拿着一本很大的《圣经》，和我一起退休的一个老太太就问她：这里面装的什么书啊？她就说：是耶稣的书。于是后来我们就商量说第二天也去听听。

两位李女士的个案访谈资料说明老年人接触宗教是由于对宗教经典的好奇，自己主动去了解和认识宗教。

8. 因神秘体验的困惑而接触宗教

在现实生活中，老年人会积累无数的生活体验，老年人会将这些生活体验与生命事件联系在一起，老年人有些时候无法对自己的神秘体验进行合理的科学解释，而只能在宗教世界中努力寻找答案，于是便接触了宗教。

赵女士（C01）：我呢，在这样一个家庭里边，还有我爱人，我们学了很多辩证法，也受无神论的教育，家庭绝对是无神论，根本就不可能信神。我退休了以后吧，身体不大好，萎缩性胃炎什么的，我就开始做气功。在做的这个过程当中吧，我就有些特异功能，不是人能够看得到的。就是说人们肉眼看不到的，人理会不到的东西，我也看见了，也能感受到了。所以，这种情况，我就感受到了有些东西不是咱们世间上的东西。一开始我发现这个问题以后，我就去研究神学，买了好多书，几百块钱的书，我就去研究佛教。

在现实生活中，像赵女士一样的老年人不在少数，他们在生活中产生的一些"神秘体验"，难以正确对待，因此，希望借助宗教予以解释，在宗教中寻找到满意的答案。

通过对个案访谈材料的分析发现，老年人的家庭环境与宗教文化是老年人接触宗教的外因，而老年人身体健康状况差，缺乏精神慰藉，缺乏情感支持，对宗教的好奇与生活体验的困惑是老年人接触宗教的内因。老年人接触宗教的原因不是单一的，有时候是多种原因共同作用的结果。

（二）老年人接触宗教的途径

老年人通过哪些途径来接触、认识、了解宗教？以往研究表明，人们最初接触宗教的主要途径是通过周围朋友、家庭的宗教气氛、宗教书籍的影响[1]，宗教教义本身的说服力和信仰之后的归属感[2]，血亲的影响、朋友和配偶的影响和宗教人士的影响[3]，教友之间的相互了解与相互影响[4]。可见，人们接触宗教的途径各式各样，不同宗教信仰的教徒接触宗教的途径也不尽相同。因此，老年人接触宗教的途径是否与其他群体相同，有何主要特征？这是了解老年人宗教信仰的重要环节。

老年人接触宗教的途径几乎都是通过血缘、地缘和业缘形成的初级社会群体。初级群体是亲密的、面对面接触和合作的群体，它有亲密的人际

---

① 梁丽萍：《关于宗教认同的调查与分析》，《世界宗教研究》2003 年第 3 期。

② 周玉茹：《西安城市佛教女性信仰调查》，《咸阳师范学院学报》2008 年第 5 期。

③ 李向平、石大建：《信仰但不归属的佛教信仰形式——以浙闽地区佛教的宗教生活为中心》，《世界宗教研究》2004 年第 1 期。

④ 曾传辉：《成都市青羊宫道教信徒基本情况调查报告》，《宗教学研究》1989 年第 1 期。

关系和浓厚感情色彩，对人们的社会生活非常重要，对人们的心理与行为有着重大影响；它具有成员有限，成员间有直接的、经常的面对面互动，成员间的交往富于感情，成员难以代替，群体整合程度高等特点；它有满足人们的感情需要，承担社会化的任务等功能；每当人们情绪、心理、身体等方面偏离常态时，往往也是人们所在的初级群体发生重大变故之时①。

初级社会群体由于以情感关系为核心，初级群体内成员间的关系是非工具性的，而且初级群体可以满足人们的多种需要，因此，人们可以有思想、感情的交流与互动，从中获得精神和情感满足。属于初级社会群体的有家庭成员、邻里、老乡、朋友、亲属、同事等。对老年人而言，退出社会工作主要领域以后，主要生活领域就是家庭，因此，老年人主要生活在初级群体中。因此，初级群体对老年人信仰宗教产生了重大影响。

通过对个案资料的研究发现，老年人信仰宗教主要是通过家庭、亲属、朋友、邻居和同事的渠道接触、认识和了解宗教。

1. 家庭成员的影响

家庭成员的影响是老年人接触宗教的一个重要途径。家庭成员信仰宗教，主要是父母、祖父母等信仰宗教，通过日常生活中对老年人潜移默化的影响，老年人在继续社会化的过程中逐渐将宗教文化、宗教伦理、宗教教义内化为自己个性或人格的一部分，最终习得宗教信仰，成为一名合格的宗教教徒。无论是伊斯兰教、基督教、天主教，还是佛教和道教都存在这种现象。尤其是伊斯兰教，几乎是全民信仰宗教，受家庭成员的影响人们从小接触宗教，通过在初级社会群体中社会化的过程，习得宗教信仰，成为一名合格的穆斯林。

李女士（C12）：再一个吧，我们家人，以前的时候吧，不像现在似的，普遍了解这个事，公开宣扬（宗教），那时候比较少。从以前我奶奶的妈妈，我姥姥都念佛，我信佛是受家庭的陶熏吧。

李女士接触佛教的途径主要是通过家人，在20世纪80年代初人们还很少谈论宗教时，接触和了解宗教只能通过家人，学习相关宗教知识只能通过家人言传身教。宗教功能是家庭的重要功能之一，家庭成员特别是父

---

① 郑杭生：《社会学概论新修》，中国人民大学出版社1994年版，第203—210页。

代可以向子代传授宗教知识，家庭的宗教功能得以延续。

2. 亲属的介绍

亲属是人们初级社会群体中的重要成员，老年人通过自己的亲属最初接触、认识和了解宗教。旁系亲属作为老年人的接触宗教的介绍人，有着天然的优势，以亲情作为基础，往往使整个接触过程变得更容易、更自然。

赵女士（C01）：我是1992年（接触的基督教），是我舅妈开始带我到基督教堂去的。那个时候我在哈尔滨，我已经退休了。我舅妈是基督教徒，她带我去（基督教堂）了，去了以后，我就坐在那个教堂里。

李女士（C12）：我是从1993年接触佛教的，那时候我还在工作呢。我大儿媳妇的孩子，夏天了，不是放暑假了嘛，托儿所不收，她把孩子送到我这儿来，我就看（照顾孩子）。我跟孩子唠嗑（聊天），我就问他，我说：孙子，你姥姥在家干啥呀？他说：我姥姥说她念佛去。那我说：她念啥，你给我写来，我看看。他到那儿跟他姥姥一说，他姥姥就知道我是认字的。拿回来我就看。到1996年我就退休了，退休以后，这个书来得就多了。我那个亲家母就给我别的书，她说有六本《大同无量寿经》，人家说给我结缘拿了一本来，这不就接触佛教了。

赵女士和李女士的个案资料分析发现，她们均是在20世纪90年代初通过亲属的介绍接触宗教，亲属成为他们最终进入宗教世界的引路人。从老年人接触宗教的时间来看，赵女士已经退休，李女士接触宗教三年后退休，可见，两位女性老年人接触宗教的时间是在退休前后。

3. 身边朋友的介绍

朋友是人们初级社会群体当中的重要成员，通过身边朋友的介绍是老年人接触宗教的一个重要途径。

王女士（C02）：刚开始就是心里不痛快，就是那个老哭鼻子。传福音，那个老大姐就说：你信了主，你为神祷告，你就得到祝福，心里得到平和。哎，果然是这样。

李女士（C05）：有一天，我就突然想起来，心里挺麻烦的，我就找一个最好的朋友去坐坐，跟她说一说，我就准备离家出走。结果找她，她正好是信耶稣的。我就跟她说（准备离家出走），她说：你别去，明天我就带你去教会，星期日，叫你去信耶稣，你信耶稣你就知道了，我们是个罪人，需要十字架的保护，洗净我们的罪，你真心相信，然后你就有平安和喜乐。我说：行。

李女士（C07）：我家孩子同学的妈妈是学佛的，她比我早走入佛门，因缘，唉。当老师的时候我晚上从中学回家，碰见她。那时候一见面，她给我介绍的时候我才知道信佛，那时候我不知道啥叫佛，她就拿一本经书给我。完了，我说：你到哪儿去？她说：我到寺院去。我说：什么叫寺院？她说：学佛的地方。我说：哪啥叫学佛呀？当时她也是刚进入不太长，也不懂得啥叫佛。她说：诵经可好听呐，姐姐你试吗？你今天去不？我说：我没有时间，改日再说吧。正好又是一个星期天，我恰好碰见她了，这就是因缘到了。那时候我正好有时间。那天当时我就和她去了道场，那是1991年，我连续去道场去了六天。完了，打那时候我就对佛产生了一种信。

刘先生（C08）：我没信之前，不太了解，在他们（朋友）规劝下，我也就稀里糊涂信了。信了经过聚会，经过读经，我就接受了。

郭先生（C10）：后来有一个同单位的夫妻俩，他们俩信佛。听说我家供着观音，这是很了不得的。他夫妻俩就到我家去了，就谈论什么（佛）的。他说：哎呀，念佛吧，不但可以保身体，什么都可以保，就信佛吧。就他们那么一说，我们就开始信佛了。

通过对王女士、李女士、刘先生和郭先生的个案资料分析发现，他们接触宗教都是通过朋友的介绍。王女士和李女士是在遇到负性生命事件后，在朋友的介绍下接触宗教，宗教成为王女士和李女士应对负性生命事件的工具。李女士在接触宗教的过程中，表现出对宗教的巨大兴趣与好奇，正是这种兴趣与好奇促使她更深入地接触和了解佛教。刘先生和郭先生在正常情况下接触的宗教，虽然他们接触宗教没有具体的原因，表现出一定的盲从，但在接触宗教时对宗教寄予了"信佛什么都保佑"的希望，实际上刘先生和郭先生在接触宗教时带有一定的功利性。

4. 邻居的介绍

老年人与邻居的交流和沟通，不仅在生活中可以相互帮助，而且更重要的是提供情感支持。老年人对邻居的宗教生活和世俗生活往往非常了解。因此，邻居成为老年人接触宗教的一个重要途径。

刘女士（C03）：我原先1997年的时候练功，练了一段时间，现在不让练了，我就觉得在屋里头憋得慌。后来，我们邻居对我说：你啊，信主吧。

刘女士（C04）：我上人家里学去。我有神经衰弱，我看见谁都不顺眼，我也待不住。那时候信主的人很少，我对门那个（邻居），她的男人在北京上班，她在北京接受的福音，她传给我了。我天天上她们家去串门。那时候神就拽着你的心，天天都要去。去（他家）也是待不了多长时间，可是那（我）也想去，天天去，天天去会儿，（我）就入了门了。

通过对两位刘女士的个案资料分析发现，两位刘女士在心理失衡、内心情绪不稳定的情况下经邻居介绍而接触的宗教。宗教具有心理调适的功能，正是这一功能对调节女性老年人心理情绪有一定作用。

5. 同事介绍

同事是人们初级社会群体中的重要成员、同事之间信息的共享，社会化过程中的相互影响，使同事之间的价值观、世界观逐渐趋同，以获得群体成员的认同。因此，同事的介绍成为人们接触宗教的一个重要途径。

李女士（C13）：我学佛啊，到这里来了以后，受食堂的双二哥和杨姐的影响，他们是佛教徒。他们整那书，我一看这书挺好的，讲的都是人间的真人真事，越看越好看。我最开始看第一本书是《觉海词海》，挺好的，我总借他们书看。那时候他们要我皈依哈，但是我对皈依还没有认识。书挺好的，看就看吧，皈依干什么呢？最后呢，因为那时候我和他们和得来，所以就那时候皈依了。

通过对李女士的个案访谈资料分析发现，李女士接触佛教是通过两位同事的介绍，从阅读佛教的一些书籍开始，当李女士的同事发现她对佛教产生浓厚的兴趣并已经有一定的认识时，李女士的同事便要求她皈依。虽然李女士对皈依持有怀疑态度，但是迫于维护良好的人际关系，李女士最后还是皈依了。

人们最初接触宗教的状态有四类：自然地接触宗教信仰，有意愿同时又积极主动地寻求宗教信仰，有意愿但被动地接受宗教信仰，无意愿却由于某些外力的作用偶然接触[①]。从个案访谈资料的分析发现，老年人在接

_____

① 梁丽萍：《中国人的宗教皈依历程：以山西佛教徒与基督教徒为对象的考察》，《宗教学研究》2005 年第 1 期。

触宗教的过程中，一些老年人有强烈的意愿并主动接近和了解宗教，一些老年人并无意愿但是由于某些生命事件的发生，特别是负性生命事件的发生，使老年人偶然接触了宗教。

高中及以下文化的教徒最初主要通过周围朋友的介绍和家庭的宗教气氛的影响，大专及以上文化的教徒最初主要通过宗教书籍的影响[1]，以及教义本身的说服力和信仰之后的归属感[2]。我国老年人的文化程度较低，因此，无论是佛教、基督教、天主教还是伊斯兰教老年教徒，朋友、邻居、家庭和同事的介绍而接触宗教的较多。

（三）老年人如何传教

老年人因为闲暇时间多，信仰宗教后宗教体验丰富，强烈的宗教情感，高度的宗教认同，常常成为宗教传播的宣传者——传教人。老年人向哪些人传教，怎么传教？老年人传教可以从侧面来反映老年人接触宗教的途径。

老年人首先向自己的家人、亲戚、朋友等传教。老年人在传教过程中常常带有强烈的情感，制造某种恐惧感，以"治病"为手段，通俗化、形象化，同时带有某种许诺。传教的重点是说明宗教信仰的有益之处，这种回报是世人想获得的，但在世俗世界却无法追求到的。信仰宗教成为追求两世回报、获得补偿的一种方式。我们可以从以下个案访谈材料中具体分析老年人传教的活动。

王女士（C02）：所以基督徒传教，怎么传？抓住这个机会不能放过，没有这个机会呢，咱不能跟他说，你信主吧。人要病了，你信主吧，信主你的病就好了？这样传（教）不对，我给弟兄姊妹就是这样说的，我说：弟兄姊妹啊，世间人，吃五谷杂粮，没有不得病的，对不？咱的生、老、病、死，这是上帝命定下来的，在这个世界，你就没有办法逃脱。我说：世上的人，不信主的人有（遇到）的事，咱基督徒也会有。咱基督徒说不定比他（遇到）的事情还多。你说这跟传福音相称吗？这不相称，对不对？所以世上有事，咱在这个世间，咱都会遇到，基督徒也会遇到什么

---

① 梁丽萍：《关于宗教认同的调查与分析》，《世界宗教研究》2003 年第 3 期。

② 周玉茹：《西安城市佛教女性信仰调查》，《咸阳师范学院学报》2008 年第 5 期。

事。但是，你要处理（遇到的事），怎么处理（遇到的事），那是两个概念。事情来了，基督徒是什么样的状态去处理，没有信主的人怎么去处理，你就看，截然不同。我就这样跟他们说，实实在在也就是这样的。你说我是个基督徒，什么事都没有，不可能。因为，你在这个世上生存，是不是？咱必定是人，神要求我们是很严厉的、很好的，神拿很美妙的东西给我们，我们是不是按神的道理去接受呢？去拿呢？我们只要伸手，才能拿得到，不伸手就拿不到。

从王女士的个案访谈资料中发现，王女士在传教过程中注重两点，第一是看准机会，看准机会是王女士在发现传教对象遇到负性生命事件（如生病、死亡、纠纷等）时传教；第二是传教方式，王女士采用了"以理服人"的传教方式，即跟传教对象列举无数案例详细说明教徒与非教徒在遇到负性生命事件后处理方式的差异，以及因处理方式不同而造成的结果的不同，实际上是暗指教徒在处理事件时处理方式的合理性和正确性。王女士在传教过程中没有将基督教解释或夸大为万能、全能的宗教，并且同时强调基督教不是包治百病的宗教。

刘先生（C08）：说它（宗教）的好处呗。人人都想平安，是不是？可是人人都想平安，人人都得不到平安，什么原因啊？这里边除了外界的影响，就是内里边的因素。所谓内里边的因素，就是心里边的因素，你比如说邻居之间、家庭之间、夫妻之间、儿女之间、不能宽大为怀，不能忍，那往往就要生气，就没有平安。或者邻居之间，不能够忍让就吵架，就产生纷争，那就是不平安吧，对不对？就是没有平安。

刘先生在传教过程中强调宗教的现世回报，这种现世回报是人们信仰宗教后的报酬，而这种报酬是宗教对人的性格和处世之道影响的结果。人们信仰宗教以后通过宗教学习，使人的性格、秉性发生了改变，当处理人与人之间的关系时就变得宽容、忍让、平和，实现人与人之间的和谐相处，从而获得宗教报酬。

郭先生（C10）：我先跟他们说念佛的好处。我第一个度的是我老母亲。在我老母亲去世之前，她念了半年佛。我学佛之后我觉得这个佛法相当好，那阵我就尝到这个佛法的甜头了。好在哪儿呢？你要真正真心去信佛，没有克服不了的困难。我会了，我就跟我老母亲说，（我母亲）八十多了，我说：你那么大岁数了，你信佛吧！信佛、念佛，到你临终的时候不受罪。老太太一说就信，老太太就开始念佛。我老母亲在老家河北，我回家探亲的时候我就告诉她，后来我给她留下一串佛珠。我回到这边后，我老嘱咐家里的孩子们，我说看着你奶奶，叫她老念佛。他们给我来信说老太太老念，念了半年佛，老太太就往生了，往生不往生我说不清，那俗家说就是死了，老太太活到89岁。她死之前，（家里人）给我来电话，我们一家子回去了。老太太没有咽气之前，我就在老太太头前旁边，我就给老太太念佛，看着老太太去世，没有什么难受和痛苦。她那时脸色变黄了，我知道可能有点难受，这时候我就赶紧念阿弥陀佛、阿弥陀佛……念地藏王菩萨、地藏王菩萨、地藏王菩萨……（念了）半个小时地藏王菩萨，我看老太太脸色又变过来好了，（我）又念了几个小时。后来，她那手似抬不抬，好像要说什么，我不知道，就向我摆了两下手，一张嘴，就断气了。老太太走得相当好，确实没有痛苦，确实没有！

郭先生第一个传教对象是家人——老母亲。他传教过程中重点是讲述宗教的好处，即可以帮助人们克服困难，特别是帮助老年人克服死亡恐惧，正视死亡，因此，他的老母亲很容易相信了他，开始念佛、信佛。郭先生在传教过程中重点抓住了不同生命历程阶段人们面临的主要问题，从传教对象考虑和担忧的问题着手，便于取得传教对象的信任，传教容易成功。

李女士（C12）：你得看情况是怎么的，有时候有的人，他愿意听，喜欢听这些事。孩子们来了，咱给他讲故事，说这些方面的事，他愿意听，愿意听咱就给他说呗。他要不愿意听，咱就不说呗。你说跟吃饭一样，你愿意吃什么菜我给你端什么菜，咱不能说这一道菜来了，都叫你们吃，那这也不合适。

李女士的传教对象主要是子女，她采用的方法是"寓教于乐"。李女士将宗教相关知识以故事的方式呈现给子女，比直接向子女灌输宗教的相关教义、教规的效果好，而且还充分尊重子女的意愿。因此，这样的传教方式不会导致传教对象的抵触与反感，并且潜移默化地对子女产生着影响。

从以上个案访谈资料可以看出，老年人最先是向自己初级社会群体中的成员传教，如子女、父母、邻居等，传教方式因人而异，具有针对性。若身体健康状况差，老年人传教时会强调宗教对身体健康的益处；若家庭不和睦，子女关系不和谐，老年人传教时会强调宗教有利于改善家庭关系，促进家庭和睦；若恐惧死亡，老年人传教时会强调宗教能提供临终关怀，给人以永恒的生命；若缺乏关爱与温情，老年人传教时则强调神灵如父母般的爱、教会的温馨、教友之间如兄妹般的情感等。

总之，老年人传教以人们面临或即将面临的危机为出发点，以人们当前或终极的需要为落脚点，以自己的亲身体验和宗教经验为支撑点。而且老年人作为传教人具有一定的优势。对老年人而言，他们都面临同样或相似的问题，存在相同或相似的需求；对年轻人而言，他们的宗教体验与宗教经验成为传教的最好教材。因此，老年人传教往往对青年群体，特别是老年群体有较强的说服力。可见，老年人最先向初级群体传教的实况，从侧面印证老年人接触宗教最主要是通过初级群体的观点。

三　老年人信仰宗教的原因与动机

（一）老年人宗教选择原因的质性分析

宗教选择即选择是否信仰宗教。老年人为什么信仰宗教？人们选择宗教是因为宗教是某些回报的唯一可信的来源，而人们对于这些回报有一个一般的无尽的需求①。需要理论认为，宗教信仰是人们的一个基本需要，它满足了一种固定的个人需要，宗教信仰及仪式使人生重要举动和社会契约公开化、传统地标准化，增强了人类团结中的维系力②。老年人信仰宗教是一种心理、情感和精神需要，同时也是追求真善美、反思人生的过程，在反思过程中人们产生了忧虑，从而皈依宗教，将愿望寄托于来世。老年人之所以信仰宗教，更重要的原因是宗教信仰满足了老年人的某种需要。

既有研究将人们信仰宗教的原因概括为以下几类：一是因家庭成员的影响③；二是因精神空虚与痛苦，寻求精神归属、依托和慰藉④；三是寻

---

① ［美］罗德尼·斯达克、罗杰尔·芬克：《信仰的法则——解释宗教之人的方面》，杨凤岗译，中国人民大学出版社 2003 年版，第 103 页。

② ［英］马林诺夫斯基：《文化论》，费孝通译，华夏出版社 2002 年版，第 53 页。

③ 罗惠翾：《宗教的社会功能——几个穆斯林社区的对比调查与研究》，博士学位论文，中央民族大学，2005 年，第 56 页。

④ 马平：《情感诉诸：中国穆斯林宗教信仰的重要动因》，《宁夏社会科学》1995 年第 3 期。

求身体健康，因病信仰宗教①；四是因对现实社会不满，为寻求心理不平衡而信仰宗教②；五是现实社会中遇到无法解决的困难、受挫等，寻求神帮助与支持以求平安而信仰宗教③；六是因摆脱生死，寻求来世的归宿而信仰宗教④；七是因朋友信仰宗教，欲获得社会网络认同而信仰宗教⑤；八是因社会交往、娱乐而信仰宗教⑥。

值得注意的是老年人信仰宗教的原因与目的是不同的，不能将原因简单等同于目的。以往部分学者将信仰宗教的目的视为信仰宗教的原因，值得商榷。具体说来，信仰宗教的原因是促使老年人信仰宗教的某种条件；而信仰宗教的目的则是通过信仰宗教和从事相应宗教活动最终要达到的目标或结果。因此，不能将二者混淆。

从信仰宗教的原因看，老年人信仰宗教既有自身内部需求的原因也有外部环境的影响。从老年人内部需求来看，老年人自身的特点与需求，特别是老年人经济状况差、慢性病患病率高、健康状况差、精神和心理需求大等特点，使老年人产生了与之相关的一系列需求。从外部环境来看，老年人生活、家庭、工作的环境以及宗教的教义、教规、教旨与宗教思想的影响。在老年人自身内部需求与外部环境的共同作用下，老年人接触宗教，从而皈依或受洗，产生宗教信仰。

本节将使用老年人个案访谈资料来分析老年人信仰宗教的原因。

1. 因病信仰宗教

前文分析发现，我国老年教徒慢性病患病率高于不信仰宗教的老年人。因此，慢性病患病率高是我国老年教徒的显著特征。老年人患慢性病种类多，疾病缠身、久治不愈，身体健康状况日益下降，给老年人身心造成极大的痛苦。因此，摆脱疾病的困扰，改善身体健康状况成为老年人的强烈愿望。老年人家庭成员患重大疾病也是老年人信

---

① 贺彦凤：《当代中国宗教问题的文化研究》，东北师范大学博士学位论文，2007年，第89页。

② 曾和平：《新疆基督教问题调查》，《新疆社会科学》2005年第6期。

③ 崔森：《对成都地区佛教信徒的调查》，《宗教学研究》1996年第3期。

④ 舒景祥、陆林、战广：《黑龙江省汉族地区佛教和道教的基本状况和信仰趋向的调查分析》，《黑龙江民族丛刊》2001年第2期。

⑤ 陈苏宁：《新时期中国农村宗教的特点及其成因刍议》，《求索》1994年第3期。

⑥ 曾和平：《新疆基督教问题调查》，《新疆社会科学》2005年第6期。

仰宗教的原因。

孙女士（C09）：这皈依吧，主要寻思就是身体有病，为了身体健康，咱就皈依了。生病了就依靠天主唄，除了祷告，完了你还得吃药。假设说没有（宗教）信仰，你（的病本来）要打十针，那我有这信仰可能（只打）五针、六针（病）就好了，就是这个道理唄。

李女士（C07）：现在来讲（信仰宗教）就是说（因为）有关节炎，我现在过去都有，病很多很多呢。通过学佛之后呢，也许心态的好，（病）没有了。我孩子考上大学的时候，我的病没治就好了，不吃药。不吃药就是慢慢地（好了），我心里的病也全好了。我孩子在考高中的时候，我水米不打牙一个月，脑袋（疼），骨质增生，压迫我脑神经，手脚麻木，这些那时候我根本就不能动地方。现在就是好了，你看我现在这样好吗？各方面，通过学佛，佛告诉你，学佛是快乐的一件事。

刘先生（C11）：那时候皈依的话，直接原因是由于我的孩子有病，那时候（孩子）得病了，我那时候，我家属（爱人）她也病了。

从孙女士、李女士和刘先生的个案访谈资料中发现，三位老年人信仰宗教的直接原因就是因为自己或家人患病。不能说宗教信仰能治愈疾病，但是信仰宗教以后，老年人所患的疾病有了好转，或者由于老年人注意力的转移等某种原因，老年人身体上的疼痛有所缓减，从而更加坚定了老年人信仰宗教的信念。这样的个案在现实生活中不在少数，老年人往往将宗教信仰与病情的好转二者之间的关系归结为因果关系，因为信仰宗教，所以病情好转。因此，在现实生活中因自己患病或家庭成员患病而信仰宗教的老年人较多。

2. 因家庭矛盾、婚姻不幸而信仰宗教

家庭不和睦，如夫妻关系不和、子女关系紧张、亲属不相往来等，往往会给老年人造成心理和精神上的巨大压力，老年人需要找一个倾诉和宣泄的途径，需要获得情感与精神上的支持。老年人可以从信仰宗教中获得情感慰藉、情感平衡、情感认同和情感宣泄①。

李女士（C14）：开始我和女儿就是打架，动刀动枪的，就是生气不

---

① 马平：《情感诉诸：中国穆斯林宗教信仰的重要动因》，《宁夏社会科学》1995 年第 3 期。

说话。后来我信了耶稣，每天给她祷告。后来慢慢地（我和女儿的关系）就好了，我们都改了，和女儿的关系就好了。孩子上大学的时候，特别不听话。所以后来我信主之后就给她祷告，慢慢地就好了，也就不再跟她生气了。

姜女士（C17）：在1994年神把我拣选了，因为我的脾气不好，神改变了我。当时我家出现了第三者插足，那个女人把他（爱人）拐走了，从这以后我就信了耶稣。

从李女士和姜女士的个案访谈资料中发现，李女士是由于与子女的关系紧张而信仰基督教，信仰基督教以后，李女士的性格、心理都发生了一些变化，在与女儿相处的过程中，改变了以前的互动模式，从而使母女关系变好。姜女士信仰基督教的直接原因是由于婚姻不幸、离婚所导致的信教。婚姻不幸、离婚对姜女士情感上和生活上造成的打击，使姜女士的信仰发生了转变。

3. 因家庭经济困难与亲人无助而信教

家庭处于经济困难时期，而家庭亲属的无助与教友的经济支持形成强烈的反差。教友在经济上的支持与帮助不仅解决了老年人的实际困难，而且教友待人接物的态度与情感深深触动了老年人皈依宗教的情结。

李女士（C05）：我大哥是1966年政法大学毕业的，现在就是军长级别，市长级别；我二哥，公安局局长；我的侄女是警官、教授；还有我两个外甥都是警官；我外甥侄儿，中央发改委的；我大嫂是警察，我弟弟也是高官。所以，我们家的（家庭）条件是相当优越的。像我这样的家庭不可能信仰宗教。因为有一次我的家庭特别困难，跟家人借钱也借不来，我的小叔子，就在市政府上班，（我的）孩子上学困难，（我）跟他说借500块钱。打电话（他）说没有，就这么拒绝了。后来我就觉着家里面人都是当官的，都有钱，我都靠不住。我去找我大哥，（他）借给我5000块钱，按二分利息借给我，（我们）就是一个亲妈（生）的，你知道吗？就是说亲人，就这么一个有权有势的亲人，就这么靠不住。他借我5000块钱，每个月给他出100块钱的利息，明白吗？高利贷。

从李女士的个案访谈资料中发现，李女士的家庭环境很好，亲属都是有稳定高收入的工作的人，但是由于李女士家庭经济困难，子女上学无学费，跟家庭中的直系亲属借钱，却被无情地拒绝。李女士的大哥同意借钱但却要收利息。这一事实让李女士备受打击，无法接受这样的结果，所以得出亲人都是靠不住的结论。最后，一个信徒主动借钱给李女士，而且信徒没有任何其他条件。这一强烈的对比，使李女士的人生观、价值观和世界观发生了较大的改变，因而从此信仰宗教。

4. 因现代社会缺乏信仰的现象和社会危害行为的不满而信教

社会转型过程中，传统社会人与人之间社会互动模式发生了变化，人与人之间的关系受现代化的冲击，人与人之间的关系变得淡漠。在这个物欲横流、利欲熏心的时代，人与人之间缺少信任，缺乏关爱，社会丑恶现象时有发生。现代社会信息传递速度快，一些社会丑恶现象一旦曝光，人们很快便知道。老年人受传统文化影响，对现代社会中发生的此类事件强烈不满。宗教思想强调弃恶从善、功行两全、爱人如己，教徒行为受宗教教规的约束，宗教教友之间即使互不认识，也可以毫无保留、不存戒备地倾谈，这对老年人是一种吸引。

刘女士（C03）：在世上，人心诡诈，你觉得他这个人好，但是呢，你不知道他的内心是什么样的心思对你。在世上，人心都诡诈，只有在耶稣这里，好好信靠上帝，得了这个机会，就会有恩典和祝福。

刘先生（C08）：（信仰宗教）是我自己主动的。通过他们介绍，我才去看《圣经》，去了解基督教。所以，现在我的观点是这样的，有信仰的（人）比没有信仰的（人）要好得多，现在我们国家有百分之几的人有信仰呢？大部分都没有信仰。无论什么样的信仰，如果我们这个国家能够达到（百分之）六七十、（百分之）七八十以上（的人）有信仰，我们这个国家就可以平安了，可以稳妥，不会出现什么烧、杀、抢、夺，什么贪污、盗窃，等等，都不会存在了。你看我们国家青少年犯罪率直线上升，什么道理（原因）呢？就是因为人们没有信仰，（人们的行为）没有约束。他任何信仰都没有的，他想怎么做就怎么做。人们生活（水平）逐步提高，所以他有两个臭钱，他想怎么花就怎么花，花天酒地啊，什么那些娱乐城啊、歌舞厅啊，他想怎么玩就怎么玩，你要有个信仰，他都不敢到那儿去了。

从刘女士和刘先生的个案访谈资料中发现，刘女士认为现代社会人与人之间缺少最基本的信任，所以人心险恶，在与人们相处的过程中，不得不时时提高警惕提防别人。但是，宗教信仰却不一样，信仰宗教不仅不担忧受骗，而且信仰宗教还会带来"恩典和祝福"。刘先生认为在现代社会中，之所以人们做出危害社会的行为，出现社会混乱、社会不稳定，是因为人们没有信仰（无论是宗教信仰还是其他信仰，如政治信仰、文化信仰等）所导致的。因此，刘先生认为信仰可以约束人的社会行为，减少社会越轨行为的产生，信仰有利于社会的稳定和人们生活的安宁。所以，刘先生主动信仰宗教。

5. 因对死亡（地狱）的恐惧而信教

死亡是任何人都无法逃避的现实问题。进入中老年时期以后，个人的生命历程离死神越来越近，但这与人们希望长寿的愿望矛盾。因此，当个体年龄越大离死亡越近时，人们对死亡的恐惧感将逐渐增强。既然人们不能逃避死亡，人们是否能有更好的选择呢？宗教为人们提供了这样一种选择的可能。在人的整个生命历程中，人们或多或少地犯过或大或小的错误，传统社会以及宗教观念中的"因果报应"思想，使人们产生强烈的负罪感，而此种负罪感会让进入老年期的老年人变得焦虑不安。因此，减少负罪感，让生命变得释然，让整个人生更加完满便成为老年人的一种愿望。如何减轻自己的负罪感，获得内心的安宁与平静？宗教思想中的地狱观对老年人观念根深蒂固的影响，使他们思考如何才能避免进入地狱或进入"六道轮回"，如何才能进入"天堂"或"极乐世界"。宗教使老年人的选择和愿望成为可能，同时提供了这样的机会。

赵女士（C01）：我根本就不可能信（宗教），唯物论我学了那么多，我根本就不可能信（宗教）。但是我为什么会信（宗教）呢？就是我发现这个世界是有"天堂"有"地狱"的，有"神"有"鬼"的。后来，我的朋友给我听了一些磁带，上面写了关于"天堂"与"地狱"。我听了以后，再加上我经历的东西，我就觉得有这个东西（"天堂、地狱、神、鬼"）。所以通过这个事情，我进一步认识到，我要是那么走下去……我会下"地狱"。"地狱"是什么样？"地狱"苦极了，就是火烧，像一个窟窿一样，就是那个死人的骨头，那上面有很多烂肉，很多臭味，很多虫子在你身上爬，很多火在你身上烧，这就是"地狱"，这是撒旦折磨你。而"天堂"，它是非常美丽的一个环境，而且呢也各人有各人的住处。我能将来得到主的救恩，不至于下"地狱"，我感谢主。这个比什么都厉害吧。我将来要是下"地狱"怎么办啊？我现在还不敢说我完全得救了，因为我好多事情还是做得不好，做得不够，我不断在去做（信仰主）。

李女士（C07）：皈依佛不下"地狱"，皈依法不做"恶鬼"，皈依僧不做"畜生"。什么叫"六道轮回"？咱们现在就是在"六道轮回"中，咱们人就是在轮回当中，唯有学佛才出六道。一般我们学佛的吧，他就求人间的福报，他出不了三界，解脱不了生死。生死啥事，现在我们觉得人死了，其实不是死，（是）已经投胎去了。你活在世上做人的时候，你的善恶、福报，阎罗王给你记着，你不会死的。上辈子如果做了好事，这辈子就有好报，或者你做人，或者你上天，升天道。如果你今天不学佛，那就进地狱入三道，（进去后）你上不来的。因为你迷惑，不觉悟，不知道啥是坏、啥是好，啥是恶、啥是善。

李女士（C13）：人要做坏事的时候，死了就下"三恶道"，将来你变牛、变马、变畜生、变恶鬼。他这世是人，下世他兴许是狗，你修行不好了，你下世就变成狗，再修行不好，兴许就变成蚯蚓了。所以到那个时候，他就痛苦，非常痛苦，你说那蚯蚓不痛苦啊？那狗不会说话，痛苦不？那我学佛，好好修行，死了以后我想到极乐世界去。

从赵女士和二位李女士的访谈资料中发现，三位老年人信仰宗教的直接原因是恐惧死亡，恐惧死亡后的"地狱"。人们通过思维对现实世界的反映构建出"地狱"的概念，从而构建出"鬼"、"神"、"三恶道"等与"地狱"相一致的一整套死后的世界系统。人总是避免不了死亡，但是可以改变死亡以后的"生存"世界，只有宗教才能提供这样一种可能和选择，所以，死亡并不可怕，比死亡更可怕的是入"地狱"。老年人为了不入"地狱"，信仰宗教便成为最明智的选择。

6. 因宗教信仰的"交换成本"低、但"收益"大而信教

从老年人信仰宗教中可以看出，老年人的宗教信仰其实质是人与神长期的交换过程。在这个交换过程中，人总是处于弱势，人们必须为此付出相应的"成本"才能获取现世与彼世的回报。在个体老龄化过程中，应对风险与危机的资源减少，因而导致个体安全感降低。与神灵交换可以获得应对风险与危机的资源，而此种交换过程中在老年人看来他们付出的"成本"较低，"收益"却较高。因此，信仰宗教不仅是一个感性的决定，

其中也存在理性的权衡，老年人认为信仰宗教付出的相应"成本"——时间、遵守教义与教规、不定时地参与公众的或私人的宗教行为等，与获得的两世高昂回报相比，这是值得的。

赵女士（C01）：就这么跟你说吧。我们活在这个世上，你说你信仰主，信主能够拯救你，叫你不下地狱。你吃什么亏了，你是吃素了，你是不吃肉了，你是在世上吃什么亏了？你任何亏都没有吃，你信主，你只不过是礼拜天来听听道，来听听道理。你没有任何损失，而且主不断地在保佑你，你每一件事情主都给你安排得妥妥当当的。

从赵女士的个案访谈资料中发现，赵女士认为信仰宗教是一种人与"神"的交换过程，在与"神灵"交换过程中，自然要付出"成本"，"神"才会给予"报酬"。而在她看来所谓的"成本"仅仅是花时间参加礼拜、听布道而已，这与自己已有的生活方式没有任何根本性的冲突，但是，这一信仰的行为却能换回"神灵"的保佑。因此，赵女士经过权衡利弊得失以后，决定信仰宗教。

7. 宗教观念中平等、博爱、尊老敬老、弃恶从善等思想的说服力

宗教观念、宗教教义和宗教教旨中内涵的平等观念、博爱、助人、弃恶从善、行善积德、尊老敬老等思想，与传统社会所倡导的价值观不谋而合。同时，宗教思想中所包含的待人处世等人生哲学，有利于人们道德品行与修养的提升，老年人将宗教信仰视为一种品德教育。

王女士（C02）：就爱弟兄姊妹，但是我们人的爱就很短暂，是不？人的爱很薄。说：你爱我，我就爱你；你不爱我，我就不爱你了。所以，人的爱很短，是不是？没有无缘无敌的爱。在神来讲就不一样，神爱我们就是永恒的，是不是？弟兄姊妹的相爱也是永恒的。

刘女士（C04）：神就看着每个人，就把你的病治好了。神知道你冤屈，神就爱受屈的人，爱有病的人，爱那些个劳苦大众，神就爱这些人。

李女士（C07）：皈依时师父给你念这个"五戒十善"，这个"杀、盗、淫、妄、酒"，这是"五戒"。皈依佛你必须受五戒，不受五戒不行。因为你皈依佛门了，就得按照这个佛门的制度去做，所以说这个必须得诵的。"真诚，心静，平等，正觉。"学佛人有真诚的心，佛法最讲真诚，必须真诚，（才能）达到一心。

刘先生（C08）：哎呀，基督教特别强调孝敬父母，特别强调。你孝

敬父母，这是神的旨意，孝敬父母在地能得福，在世长寿，这是《圣经》里面说的。孝敬父母，而且在道德品质上也有规定，也有约束，说你在白发人面前你要站起来，这说明什么问题啊？在白发人面前你要站起来，这是品质问题。

郭先生（C10）：所谓合格，吃个亏，让得人，你不要怕吃亏，你不要怕。把人看成是平等的，把众生都看成平等待遇。哪怕一个虫，一个蚂蚁我们都要平等地对待，都是众生。这是道德，做人的最基础的知识了。不管是社会上，不管是在家庭中，都要看得一律平等，平等对待，众生平等。再一个就是，佛教确实是一种教育。

从五位老年人的个案访谈资料中发现，老年人信仰宗教受宗教思想的深刻影响。王女士认为"神灵"对人的爱是永恒的，教友之间的爱也是永恒的。刘女士认为"神灵"不会因为人的社会地位、社会身份的不同而区别对待，"神灵"反而更喜欢社会中的弱势群体。李女士认为佛教能让人弃恶从善，真诚待人。刘先生认为基督教的宗教思想中存在着孝敬父母、尊敬老人的观念。郭先生认为佛教教义中强调众生平等，人与人之间、人与生物之间都是平等的，这些宗教思想对人有较强的教育意义。五位老年人的个案访谈材料表明，宗教思想中的一些观念和教义、教规有助于培养人们的品行，这一点是老年人信仰宗教的重要原因。

8. "神迹"和神秘体验是老年人虔诚信仰宗教的重要原因

对于宗教解释的信心会随着归功于宗教的神迹和神秘体验而增强；神迹是相信由于神干预世俗事务所引起的合意的效果，神秘体验是某种跟神接触的感觉[1]。在老年人宗教参与过程中，通过对自己和别人的神迹和神秘体验的见证与分享，增强了他们的宗教信仰。见证是人们交流他们坚持宗教信仰的主要手段，教徒经常历数神迹或见证，如他们如何从癌症、疾病、困难、伤心、无助中恢复过来，用以证明宗教信仰的"效果"或灵验，证明信仰宗教带来的好处，证明宗教应许变成了现实。当见证来自一个可信赖的来源时，它们就更有效；当作见证的人不会以此获得利益时，

---

① ［美］罗德尼·斯达克、罗杰尔·芬克：《信仰的法则——解释宗教之人的方面》，杨凤岗译，中国人民大学出版社 2003 年版，第 135—136 页。

见证就更有说服力。因此，朋友比熟人更有说服力，教徒往往比教士更有说服力。

刘女士（C03）：我过去是（患）心脏病，还有风湿关节炎，是爬着走。心脏病说昏就昏过去了。然后我就是（还患有）甲状腺瘤，甲状腺囊肿，两个瘤子，一个囊肿，（医院）让我做手术，我就没钱。那是2001年，我来北京看病，来了以后我儿子闺女忙，顾不上我，我来了就先到教会聚会。结果我一来聚会，我这个病就好了，上帝真奇妙。现在没事了，我这个心脏病也好了，我的风湿关节炎也没有了，然后我这瘤子囊肿也没有做手术，自然就好了。

刘女士（C04）：我的关节炎哪儿也治不好。我扎三年针，大夫说：不要钱了，说你的病没时候好。后来，我好了，两年又犯了。我慢慢信主后，一点儿也没有犯，也不扎针了，不治了，什么药都不吃了。那时候吃药，一不好就什么药都吃，药也不管事，后来就扔了。后来，慢慢不吃药了，有十多年了，都不感冒了。圣灵跟我说：疾病在你身上已经没有力量了，感谢主，因为神给我的恩典实在太多了。我以前那个房子，刚盖上政府就要拆，让我搬到区里面来，给了我三居室一个，两居室两个。我给我闺女一个三居室的，我自己用一个两居室的（房子），我儿子一个（两居室的房子），这就是神给的。

从两位刘女士的个案访谈资料来看，教徒身上发生的神迹和个人的神秘体验是他们坚定信仰宗教的重要原因。教徒所讲述的神迹在世人看来基本上是不可能发生的，虽然情况有些不合实际，难以让人相信，如老年人患的一些恶性疾病不治而愈，但教徒认为这就是信仰宗教后所发生的奇迹。这些神迹往往出现在老年人跟别人讲述自己的见证当中，而老年人通常也使用自己的或者别的教友的神迹作为传教的好教材。无论是什么样的神迹和神秘体验，无非是要告诉别人一个重要的信息："我信仰的宗教是非常有效用的。"

通过对以上个案资料的分析发现，老年群体是弱势群体，常常处于多重困境之中，老年人皈依的原因多样化，在皈依前一般都经历了某种个人危机，很少有老年人是平安皈依的，宗教信仰被老年人作为应对危机的资源。因此，老年人宗教皈依的原因不是单一的，有时是多种原因共同作用。

　　与既有研究不同，本研究认为对死亡（地狱）的恐惧、家庭不和与信仰宗教的交换成本低收益大是老年人信仰宗教的重要原因。

　　传统的皈依理论认为皈依是一种危机型皈依，而现代的皈依理论认为皈依是一种内生型皈依①。从老年人皈依的原因可以看出，老年人皈依前一般都经历了某种危机，所以，当前我国老年人信仰宗教以危机型皈依为主。随着我国社会经济的发展，特别是社会保障政策和老龄政策的完善，可以预见内生型皈依的老年人将逐渐增多。

（二）老年人宗教选择原因的定量分析

　　老年人是否信仰宗教是多种因素相互作用的结果，老年人信仰宗教既有健康、经济、家庭、心理等原因，也受地区、社会、文化、历史等因素的影响。因此，老年人宗教信仰问题不仅仅是经济问题或心理问题。本节将对老年人信仰宗教的原因进行定量分析，从实证的角度探讨老年人信仰宗教的原因。

　　1. 模型建立与变量描述

　　因变量：将老年人是否信仰宗教作为因变量，因变量为二分类变量（1 = 信仰宗教，0 = 不信仰宗教）。

　　自变量：选取人口学类变量、地区类变量、经济类变量、健康类变量、家庭类变量和心理类变量作为自变量（见表5—3）。

　　人口学类变量：分别选择年龄、性别、民族、婚姻状况、文化程度和政治面貌六个变量，前文分析发现，老年人是否信仰宗教在人口学特征方面存在显著差异。年龄，为连续变量。性别为二分类变量（1 = 女，0 = 男），参照类为男性。民族为二分类变量（1 = 少数民族，0 = 汉），参照类为汉族。婚姻状况为二分类变量（1 = 有配偶，0 = 无配偶），参照类为无配偶。政治面貌为二分类变量（1 = 群众，0 = 党员），参照类为党员。受教育程度为分类变量，分为没上过学、小学（1 = 是，0 = 否）、中学（1 = 是，0 = 否）、中专/高中（1 = 是，0 = 否）和大专及以上（1 = 是，0 = 否），以没上过学为参照类。

---

①　梁丽萍：《中国人的宗教皈依历程——以山西佛教徒与基督教徒为对象的考察》，《宗教学研究》2005年第1期。

表 5—3　　　　　　　　　　　　　**自变量描述情况**

变量		N	均值	标准差	变量		N	均值	标准差
年龄		19947	71.191	7.017	健康	基本不变	19947	0.473	0.499
性别		19947	0.476	0.499	状况	变差	19947	0.414	0.493
民族		19940	0.073	0.261	变化	时好时坏	19947	0.052	0.221
婚姻状况		19918	0.642	0.480	是否抽烟		19891	0.260	0.439
政治面貌		19895	0.774	0.418	是否喝酒		19881	0.212	0.409
	小学	19947	0.146	0.353	是否需要照料		19929	0.111	0.314
文化	中学	19947	0.146	0.353	是否有慢性病		19891	0.750	0.433
程度	高中	19947	0.083	0.277	生活能否自理		19902	0.560	0.496
	大专及以上	19947	0.047	0.213	风水信仰		19863	0.201	0.401
	东北	19947	0.100	0.300	子女	一般	19947	0.233	0.423
	华东	19947	0.300	0.458	孝顺	不孝顺	19947	0.024	0.154
地区	中南	19947	0.250	0.433		配偶	19947	0.153	0.360
	西南	19947	0.100	0.300	经济 决定权	子女	19947	0.320	0.467
	西北	19947	0.100	0.300		自己	19947	0.466	0.499
城乡		19947	0.498	0.500	幸福感	一般	19947	0.472	0.499
经济	一般	19947	0.551	0.497		不幸福	19947	0.079	0.270
状况	困难	19947	0.321	0.467	生活	一般	19947	0.377	0.485
健康	一般	19947	0.520	0.500	满意度	满意	19947	0.493	0.500
状况	好	19947	0.238	0.426	自杀意念		19807	0.042	0.201

资料来源：郭平、陈刚：《2006 年中国城乡老年人口状况追踪调查数据分析》，中国社会出版社 2009 年版。

地区类变量：此类变量选择地区和城乡两个变量。我国是一个多民族多宗教的国家，不同地区人口的民族构成和经济、社会、制度、政策、文化等发展水平存在巨大差异。前文分析已经指出，我国不同地区的老年人不仅在是否信仰宗教上存在差异，而且老年人的宗教信仰也存在显著差异。地区是分类变量，东北地区（1 = 是，0 = 否）、华东地区（1 = 是，0 = 否）、中南地区（1 = 是，0 = 否）、西南地区（1 = 是，0 = 否）、西北地区（1 = 是，0 = 否）和华北地区，以华北地区为参照类。城乡为分类变量（1＝农村，0＝城市），参照类为城市。

　　经济类变量：此类变量选择老年人的经济状况自评。老年人进入老年时期以后，经济独立能力差，可支付能力弱，在老年人晚年劳动能力减弱后，不仅收入减少，而且医疗和健康需求增大，同时养老资源减少，需要社会和家庭的支持。在老年人基本生存需求获得保障后，老年人的安全需求、自我价值实现的需求将增加。他们逐渐从劳动领域退出，许多既有角色逐渐丧失，他们获得了相对较多的空闲时间与生活空间，可以选择自己想做、愿意做和需要做的事。老年人经济状况自评为分类变量，宽裕、一般（1＝是，0＝否）和困难（1＝是，0＝否），参照类为宽裕。

　　健康类变量：类此变量选择健康状况自评、健康状况变化、是否患慢性病、是否需要照料、日常生活能否自理、抽烟和喝酒七个变量。是否患慢性病和日常生活能否自理是反映老年人身体健康状况的重要指标。因病信仰宗教，寄希望于信仰宗教来达到改善身体健康状况的目的，这是老年教徒的普遍心理。他们相信上帝、真主、神、佛祖具有"超自然的能力"，可以实现虔诚教徒的心愿。老年人希望通过信仰宗教来强身健体，一方面是因为他们医疗健康需求大，另一方面是公共医疗资源供给不足。抽烟和喝酒是老年人的生活习惯，也反映了老年人的生活习惯是否健康。

　　是否患慢性病为二分类变量（1＝是，0＝否），参照类为无慢性病。日常生活自理能力能否自理①为二分类变量（1＝是，0＝否），参照类为不能自理。是否抽烟为二分类变量（1＝抽，0＝不抽），参照类为不抽。是否喝酒为二分类变量（1＝喝，0＝不喝），参照类为不喝。健康状况自评为分类变量，好、一般（1＝是，0＝否）和差（1＝是，0＝否），参照类为好。健康状况变化为分类变量，变好、基本不变（1＝是，0＝否）、变差（1＝是，0＝否）和时好时坏（1＝是，0＝否），参照类为变好。日常生活是否需要照料为二分类变量（1＝是，0＝否），以不需要照料为参照类。

　　家庭类变量：选取子女孝顺和家庭经济决定权两个变量。子女孝顺为分类变量，孝顺、一般（1＝是，0＝否）和不孝顺（1＝是，0＝否），以

---

　　①　注：日常生活自理能力共包含六项指标：洗澡、吃饭、穿衣、上下床、上厕所和室内走动，有一项受损，均视为不能自理。

孝顺为参照变量。家庭经济决定权为分类变量，配偶（1＝是，0＝否）、子女（1＝是，0＝否）、自己（1＝是，0＝否）和其他，以其他为参照类。

心理类变量：选择幸福感、生活满意度、是否有自杀意念和是否相信风水四个变量。幸福感为分类变量，分为不幸福、一般（1＝是，0＝否）和幸福（1＝是，0＝否），以不幸福为参照类。生活满意度为分类变量，分为不满意（1＝是，0＝否）、一般（1＝是，0＝否）和满意，以满意为参照类。是否有自杀意念为二分类变量（1＝是，0＝否），以无自杀意念为参照类。是否相信风水为二分类变量（1＝是，0＝否），以不相信风水为参照类。

2. 回归结果分析

将各类变量分别纳入模型进行回归分析，结果得到6个模型（见186页表5—4和表5—5）。

（1）人口学变量对老年人信仰宗教存在显著影响

模型1仅考虑人口学因素对老年人信仰宗教的影响（见表5—4）。结果表明，人口学类变量对老年人是否信仰宗教有显著影响。年龄越大，信仰宗教的可能性就越大，老年人每增加一岁，信仰宗教的发生概率会增加0.8％。女性老年人信仰宗教的可能性大于男性，女性老年人信仰宗教的发生比是男性老年人的近2倍。少数民族老年人信仰宗教的可能性大于汉族老年人，少数民族老年人信仰宗教的发生比是汉族老年人的3.3倍。无配偶老年人信仰宗教的可能性高于有配偶的老年人，有配偶的老年人信仰宗教的发生比是无配偶老年人的87％。群众信仰宗教的可能性大于党员，群众信仰宗教的发生比是党员的2倍。老年人文化程度越高，信仰宗教的可能性越小；反之，老年人文化程度越低，信仰宗教的可能性越大。随着文化程度的提高，信仰宗教的老年人逐渐减少；大专及以上文化程度的老年人信仰宗教的发生比是没上过学的老年人的67％。

（2）华东地区信仰宗教的老年人高于其他地区

在模型2中，当控制了人口学类变量，加入地区变量后，回归结果表明，老年人是否信仰宗教存在显著的地区差异。华北地区的老年人信仰宗教的可能性显著低于东北地区、华东地区、中南地区、西南地区和西北地区的老年人，东北地区、华东地区、中南地区、西南地区和西北地区信仰宗教的老年人发生比分别是华北地区的 1.3 倍、5.7 倍、1.9 倍、3.1 倍和 3.8 倍（见表 5—4）。这说明，我国华东地区老年人信仰宗教者最多，其次是西北地区，再次是西南地区，华北地区最低。华东地区主要是东部沿海地区，对外开放较早，外来宗教传入较早，而且外来宗教多是从沿海地区向内陆和中部地区传播辐射，沿海地区和沿海城市作为外来宗教在中国传播的"根据地"，各类宗教有着广泛的信众。西南地区和西北地区是我国少数民族分布比较集中的地区，少数民族信仰佛教和伊斯兰教的较多，有的地区甚至全民信仰宗教，老年人是伊斯兰教和佛教最虔诚的信众。

城市老年人信仰宗教的可能性大于农村老年人。农村老年人信仰宗教的发生比是城市老年人的 75.9%（见表 5—4）。可见，城市老年人比农村更有可能信仰宗教。与农村老年人相比，城市老年人经济能力较好，社会保障制度更健全，能享受到的各项社会保障比农村老年人多。城市老年人的基本生活需求在获得较好的满足后，精神需求增加；另外，城市老年人退休后，闲暇时间大大增加，自由支配的时间相对较多，为信仰宗教提供了可能。而农村老年人无退休概念，缺少相应保障，在身体健康无多大困难时，仍为维持基本生活需求而从事农业生产活动。在当前农村大量年轻劳动力外出的情况下，农村老年人不仅要承担繁重的农业生产责任，还肩负照顾、抚育和监护孙子女的责任。因此，农村老年人信仰宗教者少于城市老年人。

（3）经济状况越好的老年人越有可能信仰宗教

在模型 3 中，当控制人口学变量和地区变量，加入经济变量后，回归结果表明，经济状况对老年人是否信仰宗教有显著影响。从经济状况看，经济状况越好的老年人，信仰宗教的可能性越大。经济状况一般的老年人信仰宗教的发生比是经济状况宽裕的老年人的 90%（见表 5—4）。虽然经济状况困难者对是否信仰宗教无显著影响，但经济困难的老年人信仰宗教的发生比是经济宽裕者的 92%。这一结果与华东地区老年人信仰宗教的可能性大于西北地区和西南地区的老年人相一致，华东地区老年人的经济状况一般要好于西北地区和西南地区的老年人。

（4）身体健康状况差和身体健康状况变好的老年人越有可能信仰宗教

在模型4中，当控制人口学变量、地区变量和经济变量，加入健康变量后，回归结果表明，健康类变量对老年人是否信仰宗教存在显著影响，身体健康状况差的老年人信仰宗教的可能性大于身体健康状况好的老年人。日常生活是否需要照料和日常生活能否自理对信仰宗教无显著影响。健康状况差的老年人信仰宗教的发生比是健康状况好的老年人的1.2倍，患慢性病的老年人信仰宗教的发生比是未患慢性病老年人的1.3倍，与去年相比健康状况基本不变和变差的老年人信仰宗教的发生比分别是健康状况变好的老年人的79%和78%（见表5—4），即与去年相比健康状况越来越好的老年人信仰宗教的可能性大于健康状况不变和变差的老年人，换言之，身体健康状况逐渐变好的老年人信仰宗教的可能性较大。

这一方面说明患病老年人有巨大的医疗健康需求，有强烈的治疗慢性病和改善身体健康状况的愿望，而他们选择"宗教治疗方式"。原因有两个方面：一方面是老年人医疗健康需求通过正式途径难以获得充分满足。城市医疗资源丰富，医疗条件、设施和环境好，但医疗费用昂贵，老年人经济支付能力有限，健康需求难以满足；农村医疗资源缺乏，医疗条件、设施和环境相对较差，但医疗费用相对农村老年人经济能力而言仍然较高，农村老年人的健康需求也难以满足。另一方面老年人自己愿意选择"宗教治疗方式"治疗身体疾病，是因为此方式不仅"治疗"费用低，而且对改善身体健康确实"有效"。回归分析结果表明，与去年相比身体健康状况日益变好的老年人信仰宗教的可能性大于身体健康状况基本不变和身体健康状况变差的老年人，这一结果印证"宗教治疗方式"的有效性。老年人采用这一治疗方式唯一需要支付的"费用"就是虔诚地信仰宗教，并为此付出相应的成本，如时间，参与礼拜、礼佛、祷告、聚会、祈祷等，或者遵守宗教教规，老年人完全可以接受，即使有时无法按时完成，他们会通过其他方式补救或代替，如奉献钱或物、捐功德等。因此，对于患病和慢性病高发的老年群体而言，宗教信仰成为他们作为选择治疗疾病的方式之一。

疾病是老年人晚年面临的最大危机之一。病人依赖宗教信仰来应对危机，祈祷常常被病人作为自我照料和治疗的方法，一些病人把它作为疼痛的控制机制①。一般说来，经常使用宗教策略的人是那些患病相当严重、失能、受教育水平低和平均年收入低的老人，因为此类老人晚年应对危机的资源相对较少②。

　　抽烟与喝酒的老年人信仰宗教的可能性明显小于不抽烟、不喝酒的老年人。抽烟的老年人信仰宗教的发生比是不抽烟的老年人的87.2%，喝酒的老年人信仰宗教的发生比是不喝酒的老年人的70.7%（见表5—4）。各类宗教的教义、教规，即宗教戒律对信徒的个人行为有严格的规定。是否持戒、是否遵守教规被视为是否是一个真正合格的信徒的标准之一。遵守戒律成为融入宗教社会、获得宗教教友认同和接纳的标准。而抽烟和喝酒在某些宗教中被明文禁止，即便在宗教经典中无明文禁止，抽烟与喝酒这种个人行为也被教徒视为是恶行。这说明，宗教信仰对影响老年人身体健康的风险行为起着一定的控制作用。经常参与宗教活动的老年人，通常在体能、抽烟、喝酒、朋友和家庭关系、社会活动和休闲方式、压抑和乐观这些方面表现得很好③。另外，抽烟和喝酒的老年人一旦信仰宗教，那就意味着他们要摒弃之前的一些被宗教教规视为不健康行为，要改变自己的生活习惯和行为方式，这对于某些老年人而言，是非常困难的一件事。

　　（5）老年人在家庭中的经济决定权越低，越有可能信仰宗教

　　在模型5中，当控制人口学类变量、地区类变量、经济类变量和健康类变量纳入家庭类变量后，回归结果表明，子女孝顺与否对老年人信仰宗教无显著影响，家庭中的经济决定权对老年人是否信仰宗教存在显著影响。老年人在家庭中的经济决定权越低，信仰宗教的可能性越大。家庭经济决定权由子女控制的老年人信仰宗教的发生比是家庭经济决定权由其他人控制的老年人的1.2倍（见表5—4）。

---

　　① Ibrahim, Said A., et al., " Inner city African – American elderly patients' perceptions and preferences for the care of chronic knee and hip pain: findings from focus groups." *The Journals of Gerontology Series A: Biological Sciences and Medical Sciences*, Vol. 59, No. 12, 2004, pp. 1318 – 1322.

　　② Markides, Kyriakos S., Jeffrey S. Levin, and Laura A. Ray, "Religion, aging, and life satisfaction: An eight – year, three – wave longitudinal study." *The Gerontologist*, Vol. 27, No. 5, 1987, pp. 660 – 665.

　　③ Idler, Ellen L., and Stanislav V. Kasl, " Religion among disabled and nondisabled persons Ⅱ: Attendance at religious services as a predictor of the course of disability." *The Journals of Gerontology Series B: Psychological Sciences and Social Sciences*, Vol. 52, No. 6, 1997, pp. S306 – S316.

家庭经济决定权一定程度上反映了老年人家庭地位的高低,对家庭经济的使用方向没有发言权的老年人,他们的家庭地位一般较低,家庭地位低导致老年人在家庭决策中的建议未得到尊重和采纳,从而产生老年人认为的子女"不听话"的问题,时间长了这样的问题会越来越多,老年人心里积累了怨气,子女和老年人之间不可避免地会产生一些矛盾和冲突,家庭关系因而受到影响。家庭矛盾、家庭关系不和谐是老年人接触宗教和信仰宗教的重要原因。

(6) 主观幸福感越高的老年人,信仰宗教的可能越小

在模型6中,当控制人口学类变量、地区类变量、经济类变量、健康类变量和家庭类变量加入心理类变量后,回归结果表明,心理类变量对老年人是否信仰宗教存在显著影响。从主观幸福感上看,老年人的主观幸福感越高,信仰宗教的可能性越小。主观幸福感为一般和幸福的老年人信仰宗教的发生比分别是不幸福的老年人的84.8%和84.5%,有自杀意念的老年人信仰宗教的发生比是无自杀意念的老年人的1.2倍,有风水信仰的老年人信仰宗教的发生比是无风水信仰的老年人的3.7倍(见表5—4)。虽然生活满意度对老年人是否信仰宗教在统计学上不存在显著影响,但生活不满意的老年人比生活满意的老年人更有可能信仰宗教。

主观幸福感是老年人对生活状况的总体评价,主观幸福感低是由于老年人对其收入、住房、健康、生活水平、子女关系等方面的评价较低所导致的,换言之,主观幸福感低的老年人对自己的整体生活状况是不满意的,他们认为自己的生活是不幸福的。因此,老年人为了改变生活中的不幸与痛苦,从而选择信仰宗教,以求神灵的庇佑。

老年群体是自杀率最高的群体,因此,自杀问题是老龄问题中的重大问题。自杀意念是老年人曾经产生过结束自己生命的想法,但还未将这种想法付诸行动。有自杀意念的老年人说明其心理不健康,产生了心理问题,需要进行心理调适,但当前我国对老年人自杀问题还没建立相应的心理干预机制,因此,信仰宗教成为有自杀意念的老年人进行心理调适的途径。

风水文化是中国传统文化的重要组成部分,风水信仰一般与鬼神信仰相联系,因此,有风水信仰的老年人一般更容易信仰宗教。

表5—4 　　　　　　　　老年人是否信仰宗教的 Logistic 回归分析

变量		模型 1	模型 2	模型 3	模型 4	模型 5	模型 6
人口因素	年龄	1.008**	1.001	1.001	1.001	1.000	1.001
	性别	1.998***	2.031***	2.027***	1.755***	1.771***	1.720***
	民族	3.269***	4.311***	4.304***	4.380***	4.354***	4.621***
	婚姻状况	-0.869***	-0.805***	-0.804***	-0.793***	-0.840***	-0.831***
	政治面貌	1.973***	1.912***	1.924***	1.969***	1.969***	1.815***
	小学	1.060	1.154***	1.151***	1.142***	1.152***	1.161***
	初中	1.020	1.036	1.030	1.009	1.024	1.067
	高中	-0.938	-0.846*	-0.835*	-0.800**	-0.815**	-0.829*
	大专及以上	-0.669***	-0.604***	-0.594***	-0.550***	-0.561***	-0.583***
地区因素	东北		1.261**	1.262**	1.285**	1.280**	1.303**
	华东		5.665***	5.649***	5.821***	5.771***	5.347***
	中南		1.849***	1.851***	1.880***	1.843***	1.591***
	西南		3.095***	3.096***	3.224***	3.152***	2.445***
	西北		3.778***	3.777***	3.630***	3.599***	3.708***
	城乡		-0.759***	-0.758***	-0.803***	-0.776***	-0.658***
经济因素	一般			-0.897*	-0.913	-0.912	-0.977
	困难			-0.920	-0.939	-0.938	-1.026
健康因素	一般				1.006	1.009	1.020
	差				1.163**	1.164**	1.180**
	基本不变				-0.794***	-0.792***	-0.792***
	变差				-0.787***	-0.784***	-0.780**
	时好时坏				-0.855	-0.852	-0.873

续表

变量		模型 1	模型 2	模型 3	模型 4	模型 5	模型 6
健康因素	抽烟				- 0.872**	- 0.869**	- 0.812***
	喝酒				- 0.707***	- 0.705***	- 0.664***
	照料				- 0.911	- 0.914	- 0.924
	慢性病				1.325***	1.325***	1.346***
	能否自理				1.038	1.044	1.057
家庭因素	一般					- 0.991	- 0.997
	不孝顺					1.185	1.170
	配偶					- 0.958	- 0.950
	子女					1.197*	1.086
	自己					1.073	1.039
心理因素	一般						- 0.848***
	幸福						- 0.845*
	一般						1.061
	不满意						1.051
	自杀意念						1.178*
	风水信仰						3.707***
Chi - Square		1058.16	2000.66	2003.52	2097.59	2109.97	2888.86
R - Square		0.088	0.163	0.163	0.170	0.171	0.230
N		19278	19211	19204	19161	19154	18485

注：* $0.05 < \text{sig.} < 0.1$，** $0.01 < \text{sig.} \leq 0.05$，*** $\text{sig.} \leq 0.01$。

资料来源：郭平、陈刚：《2006 年中国城乡老年人口状况追踪调查数据分析》，中国社会出版社 2009 年版。

　　可见，从定量分析中发现，老年人是否信仰宗教受人口学因素、地区因素、经济因素、健康因素、家庭因素与心理因素的影响。年龄越大，信仰宗教者越多。女性老年人信仰宗教者显著多于男性老年人。少数民族老年人比汉族老年人更有可能信仰宗教。老年人文化程度越高，信仰宗教的可能性越小。我国华东地区老年人信仰宗教者最多，其次是西北和西南地区，华北地区老年人信仰宗教者最少。城市老年人比农村老年人更有可能信仰宗教。经济状况越好的老年人，越有可能信仰宗教。与健康状况好的老年人相比，身体健康状况差和身体健康状况变好的老年人更有可能信仰宗教，患慢性病的老年人信仰宗教的可能性大于无慢性病的老年人。不抽烟和不喝酒的老年人更有可能信仰宗教。老年人在家庭中的经济决定权越大，信仰宗教的可能性越小。主观幸福感越高，对日常生活越满意的老年人，信仰宗教的可能性越小。有自杀意念的老年人更有可能信仰宗教。

（三）老年人信仰选择原因的质性分析

信仰选择即选择信仰哪类宗教。我国现有基督教、天主教、佛教、道教和伊斯兰教，五类宗教和民间信仰并存。对信仰宗教的老年人而言，他们为什么选择信仰此类宗教，而不信仰其他宗教？在决定皈依前，老年人是否曾经对宗教信仰做过选择？本节将分析老年人如何进行信仰选择。

老年人信仰宗教，其实质是与神灵的一种交换关系。因此，交换是否成功不仅取决于神灵的价格，还取决于竞争关系与回报。一个群体所崇拜的神灵数目越大，跟每一个神灵交换的价格就越低；在跟神灵交换时，人们愿意为被认为更可靠的、更容易回应、其范围更大的神，付更高的价格；神灵的范围越大，越容易回应，他们就越可能有能力提供彼世的回报，相反，跟小范围的神灵的交换相对局限在此世的回报；人们会寻求拖延宗教代价的支付，并且会寻求最小化他们的宗教代价[①]。因此，选择哪种宗教信仰，首先取决于老年人对宗教的认识与了解，对宗教思想与宗教神灵能力的认同。

老年人对不同宗教的认识往往是在信仰宗教以后，而在信仰宗教以前或皈依、受洗时，他们一般对所要信仰的宗教了解不深，信仰前表现出一定的盲目性和从众心理。

郭先生（C10）：那时对佛教不太认识，只有初步的认识，就是信佛好什么的。他就到我们家说了这些，我们就开始信佛。不了解，那时稀里糊涂就皈依佛门了，就知道我入了佛门了，对于那些"三皈"啊、"五

---

① ［美］罗德尼·斯达克、罗杰尔·芬克：《信仰的法则——解释宗教之人的方面》，杨凤岗译，中国人民大学出版社 2003 年版，第 120—124 页。

戒"啊，根本不了解。

李女士（C07）：在我没有皈依佛门之前，我什么都不懂，其他的任何宗教我也都不懂。听说过如基督教、道教、伊斯兰教，但在脑海当中没有记忆。

那么老年人在对宗教不甚了解的情况下，他们如何进行宗教信仰选择呢？

1. 神灵的力量与宗教教旨是老年人宗教信仰选择的基础

老年人在宗教信仰选择前，往往只是对其即将信仰的宗教有所了解。在有限的宗教知识和宗教理解下，他们通过宗教信仰的比较，倾向于选择更可靠的、更容易回应、能力范围更大的神灵作为信仰对象。另外，宗教教旨不仅要与传统文化所提倡的相一致，而且还具有传统文化所不具备的东西。老年人宗教信仰选择前对宗教的认识带有强烈的主观性，缺乏客观性，对自己选择的信仰神圣化，贬低其他宗教，对其他宗教存在偏见。

赵女士（C01）：我跟你说，因为佛教释迦牟尼只不过是个王子，他是个人，最后他在菩提树下，悟道了，结果他有好多理论，就是说他承认他是佛祖。但是我们这个基督他本身就是神，就是统领一生的。他本身就是神，他就是下来挽救我们的。首先你要承认有神，另外你要看清楚，佛教那不是神，那是个人，这个（基督）就是神。

从赵女士的个案访谈资料中分析发现，赵女士是一位基督教教徒，她的信仰选择之所以是基督教，是因为她认为基督徒所信仰的终极对象是神，而其他宗教教徒所信仰的终极对象不是神，而是人，比如佛教。在她的认知中神的力量远远超越了人的力量，神的力量越大就越有可能实现人的愿望，越有可能提供更安全的保护，所以她选择了基督教信仰。

李女士（C05）：其实我那会儿也要找真神，没找到，（就）去拜佛教，那（佛教）是一个偶像，偶像是肯定伤人的。你看有的人家破人亡啦，跳河自杀啦，这个割舌头的，割动脉的死了，佛教是伤害人的。我们要是看佛教里头，你看它：一口无言，两眼无光，三餐不进，四肢无力，五官不灵，六亲不认，七窍不通，八面威风，九（久）坐不动，十（实）在无用。我们信的基督教他是个天能的神，是良善的、公立的、怜悯人的神。我们要信真神，就是主耶稣基督。他是一个圣灵，全能的，他没有星期日，二十四个钟头圣灵不断地运转，我们人都是无能的。

从李女士的个案访谈资料分析中发现，李女士为了突出自己的信仰选择的正确性和权威性，在赞扬自己的宗教信仰的同时，极力贬低和曲解其他宗教信仰。她认为佛教是伤人的、害人的宗教，唯有基督教才是全知全能的神，只有信仰基督教人们才能获得救赎，所以，她选择了基督教信仰。李女士对其他宗教不仅存在偏见，甚至有一点敌意。老年人夸赞自己所信仰的宗教是可以理解的、合情合理的，但是，同时贬低其他宗教的做法是不可取的。

李女士（C07）：信仰佛教真能得到法的圆满。可以说今生他能向好的方面努力，这就是正法。正法之后，他能把他过去的毛病、习气、恶习，断恶修善，破迷开悟，大慈大悲，救度众生，就是这样是很圆满的。这几大名教，唯独佛教是最圆满的教，它是人间最高的一层，生老病死都给你说明白。天主教呢，它是天神，它还得听佛讲经，它明白之后，往生西方极乐世界。天主教它还有一个过渡，到天上，还有三个道。

从李女士的个案访谈资料分析中发现，她认为佛教是人间最圆满、最高级的宗教，佛教能使人放弃恶行、心性向善、看透生死，所以她选择佛教信仰。同时，她在对天主教的教义完全不了解的情况下对天主教存在偏见和误解。

2. 老年人信仰选择过程中会尽量保持他们的社会资本与宗教资本

社会资本由人际依恋构成，宗教资本由对于一个特定宗教文化的掌握和依恋程度构成[1]。老年人在信仰选择过程中，往往会尽量保持他们的社会资本与宗教资本，从而最大化他们的收益。

李女士（C13）：那我就是和佛教有缘呗。还有，就是我的朋友同事中信仰佛教的人比较多，我周围都是（信仰佛教的人）。其他的书我也看过，比如基督教的。我身边一个女的是信基督教的，她妈也是信基督教的，她自己领着一个小孩，过得也挺苦，天天做礼拜什么的，她的书我看了，我不信仰那个。还有就是伊斯兰教大多是回族，回族人信，其他人很

---

① ［美］罗德尼·斯达克、罗杰尔·芬克：《信仰的法则——解释宗教之人的方面》，杨凤岗译，中国人民大学出版社 2003 年版，第 148—150 页。

少信伊斯兰教。

从李女士的个案访谈资料分析中发现，她选择信仰佛教，主要原因是其朋友和同事中信仰佛教的人数最多，假如她选择信仰其他宗教，那么她会受到与其信仰不同的朋友和同事的逐渐疏远与孤立，她之前积累的社会资本就会减少，宗教资本也会减少。所以，李女士选择了在朋友和同事中最受欢迎的宗教信仰。

3. 宗教信仰彼世回报的差异是老年人信仰选择的依据

不同宗教对彼世的解释是不同的，对人死后归宿问题给出的答案是不同的。老年人信仰宗教既有此世的目的，但更重要的是彼世的回报。此世的目的可视为老年人信仰宗教的直接动机，而彼世的回报则是老年人信仰宗教的终极目的。老年人追求终极目的的差异是老年人选择宗教信仰的依据。

郭先生（C10）：这个各教、教派的教义不一样，但是我总觉得他（宗教）是一个行善积德，这是一个总的相同的地方。我没有接触过其他宗教，但是我觉得这个最后的归宿不一样。你想想，天主教，他这个天主，他到老了他是归天，因为他是天主嘛。我们的这个佛教就是西方极乐世界。这个（去世后的）去处不一样。

刘女士（C03）：信佛吧，他就是说灵魂得不了拯救，咱就是要灵魂得拯救。人都有一死，不信的人有两次死。为什么叫两次死呢？肉体的死是一次，死完以后，你信神的人，神不能让你灵魂死，灵魂是活的。肉体死了，没有了，那魂让你活着。他那个不信的人，他现在死了，魂也活着，等耶稣再来的时候，要审判的时候，给他扔在地狱里，永远都不能活了。肉体也死了，灵魂也死了，那是最惨的。像咱们信的人，耶稣再来的时候，虽然肉体死了，灵魂还是活的。所以，信其他宗教的人的灵魂得不了拯救。

从郭先生和刘女士的个案访谈资料中发现，郭先生选择佛教信仰是为了去世后能进入佛教所描绘的西方极乐世界，刘女士选择信仰基督教是为了灵魂永存。虽然各类宗教对死亡的解释说法不一样，但基本认为死亡只是人们通向另一个世界的大门，是生的另一种体现形式。虽然看上去二位老年人追求的终极目标不一样，但其实质还是生的问题。

（四）　老年人信仰选择原因的定量分析

1. 建立模型

因变量：宗教信仰。2006 年数据将宗教信仰分为六类，分别是佛教、基督教、天主教、道教、伊斯兰教和其他。在分析时，将基督教和天主教合并为基督宗教，将道教和其他宗教合并为本土宗教，从而产生新的因变量。新的因变量——宗教信仰，宗教信仰是分类变量，分别为佛教、基督宗教、伊斯兰教和本土宗教，参照类为本土宗教。

自变量：分别选择人口学类变量、地区类变量、健康类变量、家庭类变量和经济类变量五类变量作为自变量。

人口学类变量：年龄为连续变量。性别为二分类变量（1 = 女，0 = 男），参照类为男性。民族为二分类变量（1 = 少数民族，0 = 汉族），参照类为汉族。婚姻状况为二分类变量（1 = 有配偶，0 = 无配偶），参照类为无配偶。政治面貌为二分类变量（1 = 群体，0 = 党员），参照类为党员。文化程度为分类变量（1 = 没上过学，2 = 小学，3 = 初中，4 = 高中，5 = 大专及以上），参照类为没上过学。

地区类变量：地区为分类变量（1 = 华北地区，2 = 东北地区，3 = 华东地区，4 = 中南地区，5 = 西南地区，6 = 西北地区），参照类为华北地区。城乡为二分类变量（1 = 农村，0 = 城市），参照类为城市。

健康类变量：是否患慢性病为二分类变量（1 = 是，0 = 否），参照类为否。抽烟为二分类变量（1 = 抽，0 = 不抽），参照类为不抽。喝酒为二分类变量（1 = 喝，0 = 不喝），参照类为不喝。

家庭类变量：家庭是否和睦为二分类变量（1 = 是，0 = 否），参照类为否。

经济类变量：经济状况自评为分类变量（1 = 宽裕，2 = 一般，3 = 困难），参照类为宽裕。

2. 回归结果分析

分别将人口学类变量、地区类变量、健康类变量、家庭类变量和经济类变量纳入模型，结果得到 3 个模型（见表 5—5 与表 5—6）。文化程度对老年人信仰选择无显著影响。

（1）年龄越大的老年人，信仰佛教的可能性越大

在模型1中（见表5—5），年龄对老年人是否信仰佛教存在显著影响，而对是否信仰基督宗教和伊斯兰教上无显著影响。与信仰本土宗教的老年人相比，年龄每增加一岁，信仰佛教的发生比将增加3.3%。因此，随着年龄的增加，信仰佛教的老年人越来越多。

（2）老年妇女更可能信仰佛教和基督宗教

性别对老年人是否信仰佛教和基督宗教存在显著影响，而对老年人是否信仰伊斯兰教无显著影响。与信仰本土宗教的老年人相比，女性老年人信仰佛教和基督宗教的发生比分别是男性的1.9倍和3倍（见表5—5）。

（3）少数民族老年人更可能信仰伊斯兰教和本土宗教

民族对老年人是否信仰佛教、基督宗教和伊斯兰教均存在显著影响。与信仰本土宗教相比，信仰佛教和基督宗教的少数民族老年人分别是汉族老年人的16.8%和6.5%；少数民族老年人信仰伊斯兰教的发生比是汉族老年人的12.4倍（见表5—5）。

（4）有配偶的老年人更有可能信仰基督宗教

婚姻状况对老年人是否信仰基督宗教存在显著影响，而对信仰佛教和伊斯兰教无显著影响。与信仰本土宗教的老年人相比，有配偶的老年人信仰基督宗教的发生比是无配偶老年人的1.5倍（见表5—5）。

表5—5　　　　　老年人信仰不同宗教的多元 Logistic 回归分析

变量		模型1			模型2		
		佛教	基督宗教	伊斯兰教	佛教	基督宗教	伊斯兰教
年龄		1.033**	1.015	1.002	1.033**	1.021	-0.997
性别		1.927***	3.005***	-0.747	1.963***	2.990***	1.044
民族		-0.168***	-0.065***	12.409***	-0.133***	-0.091***	20.445***
婚姻状况		1.289	1.538**	1.111	1.144	1.420	1.280
政治面貌		1.301	2.584***	-0.975	1.251	2.455***	-0.857
文化程度	小学	-0.878	-0.703	1.126	1.027	-0.777	-0.797
	初中	1.158	-0.896	1.244	1.207	-0.783	-0.797
	高中	-0.930	1.086	-0.719	-0.786	-0.777	-0.646
	大专及以上	-0.381	-0.594	1.892	-0.458	-0.554	1.666

续表

变量		模型 1			模型 2		
		佛教	基督宗教	伊斯兰教	佛教	基督宗教	伊斯兰教
城乡		−0.343***	−0.684	−0.088***	−0.366***	−0.671	−0.045***
地区	东北				9.539*	6.661	−0.020***
	华东				1.802	−0.673	−0.027***
	中南				−0.342**	−0.092***	−0.006***
	西南				1.173	−0.107***	−0.003***
	西北				3.045	2.621	4.115
Chi – Square			2100.118			2678.054	
R – Square			0.538			0.636	
N			3364			3364	

注：* 0.05 < sig. < 0.1，** 0.01 < sig. ≤ 0.05，*** sig. ≤ 0.01。

资料来源：郭平、陈刚：《2006 年中国城乡老年人口状况追踪调查数据分析》，中国社会出版社 2009 年版。

（5）城市老年人更有可能信仰佛教和伊斯兰教

城乡对老年人信仰选择存在显著影响。与信仰本土宗教的老年人相比，农村老年人信仰佛教和伊斯兰教的发生比分别是城市老年人的34.3%和8.8%（见表5—5）。可见，城市老年人信仰佛教和伊斯兰教的可能性更大。

（6）地区对老年人的信仰选择存在显著影响

在模型2中（见表5—5），当控制人口学类变量和城乡类变量纳入地区类变量后，回归结果表明，不同地区的老年人在信仰选择上存在显著差异。与信仰本土宗教的老年人相比，东北地区老年人信仰佛教的发生比是华北地区的9.5倍，中南地区老年人信仰佛教的发生比是华北地区的34.2%；中南地区和西南地区老年人信仰基督宗教的发生比分别是华北地区的9.2%和10.7%；东北地区、华东地区、中南地区和西南地区老年人信仰伊斯兰教的发生比分别是华北地区的2.0%、2.7%、0.6%和0.3%。

在模型3中，当控制人口学类变量纳入健康类变量、家庭类变量和经济类变量后，回归结果表明，家庭类变量和健康类变量对老年人信仰选择存在显著影响，是否患慢性病、经济状况自评对老年人信仰选择无显著影响（见表5—6）。

表5—6　老年人信仰不同宗教的多元 Logistic 回归分析（续表5—6）

变量		模型3		
		佛教	基督宗教	伊斯兰教
年龄		1.034 **	1.015	1.003
性别		1.945 ***	2.519 ***	-0.314 ***
民族		-0.165 ***	-0.064 ***	13.230 ***
婚姻状况		1.158	1.413	-0.798
政治面貌		1.400	2.733 ***	1.449
文化程度	小学	-0.918	-0.744	1.171
	初中	1.037	-0.845	1.176
	高中	-0.848	1.034	-0.741
	大专及以上	-0.385	-0.592	1.828
城乡		-0.338 ***	-0.699	-0.088 ***
是否有慢性病		-0.963	1.087	1.555
家庭是否和睦		-0.821	-0.955	2.711 *
抽烟		1.590 *	1.176	-0.299 ***
喝酒		-0.795	-0.559 **	-0.064 ***
经济状况	一般	-0.928	-0.896	1.618
	困难	-0.686	-0.821	1.391
Chi - Square			2193.210	
R - Square			0.564	
N			3285	

注：* 0.05 < sig. < 0.1，** 0.01 < sig. ≤0.05，*** sig. ≤0.01。

资料来源：郭平、陈刚：《2006年中国城乡老年人口状况追踪调查数据分析》，中国社会出版社2009年版。

与选择信仰本土宗教的老年人相比，抽烟的老年人信仰佛教的发生比是不抽烟的老年人的1.59倍，抽烟的老年人信仰伊斯兰教的发生比是不抽烟的老年人的29.9%，喝酒的老年人信仰基督宗教的发生比是不喝酒的老年人的55.9%，喝酒的老年人信仰伊斯兰教的发生比是不喝酒的老年人的6.4%，家庭和睦的老年人信仰伊斯兰教的发生比是家庭不和睦的老年人的2.7倍（见表5—6）。

以上分析发现，不同人口特征、地区特征和社会经济特征的老年人信仰选择存在显著差异。与选择信仰本土宗教的老年人相比，年龄越大的老年人，越有可能信仰佛教；东北地区老年人更有可能信仰佛教；女性老年人、有配偶老年人、普通群众老年人和农村老年人更有可能信仰基督宗教；中南地区和西南地区的老年人信仰基督宗教的可能性较小；少数民族老年人，西北地区的老年人，不抽烟、不喝酒和家庭和睦的老年人更有可能信仰伊斯兰教。

（五）老年人宗教皈依的动机

从老年人信仰宗教的动机看，有的老年人在最初接触宗教的时候无明确的动机，抱着信不信试一试、看一看或好奇的心态，参与宗教活动一段时间后才产生了明确的目的，老年人信仰宗教的目的反过来强化了老年人的宗教参与行为和宗教信仰。信仰宗教的目的可视为信仰宗教的回报。回报在供应上总是有限的，包括一些在可观察的世界中不可存在的回报；人们会试图以结果来评价解释，保留那些似乎最有效的解释；在回报稀少，或者不能直接得到时，人们会形成并接受在遥远的将来或者在某种其他不可验证的环境中获得回报的解释；所有宗教中最有价值的回报是彼世的回报，彼世的回报是那些只有在一个非经验的（通常是死后的）环境中取得的回报；在追求彼世的回报时，人们会寻求跟神交换，并愿意接受一个延长的、排他的交换关系①。因此，宗教信仰是老年人与神灵之间的一种交换关系。

行为交换理论认为，对社会现象的合理解释必须以人性的内在心理结构为基础，人与人之间的互动根本上是一种交换过程②。社会交换理论认

---

① ［美］罗德尼·斯达克、罗杰尔·芬克：《信仰的法则——解释宗教之人的方面》，杨凤岗译，中国人民大学出版社2003年版，第107—108页。

② 贾春增：《外国社会学史》，中国人民大学出版社2000年版，第292—299页。

为，每一个人都有不同于他人的自我需求和资源资本，社会互动就是通过资源交换以满足自我需求的行为；现代化理论认为，现代化削弱了老年人的社会地位①。人们总是想以最小的成本换取最大的报酬。老年人社会地位的下降使老年人与他人可交换的资源减少，在交换过程中处于被动的地位，而在老年人与神灵交换的过程中则不同，老年人可以处于主动的地位。老年教徒可以从与神灵的交换过程中获得一些此世与彼世的回报。

老年人中因病信仰宗教者较多，为了身体健康和长寿仅仅是老年人信仰宗教的直接动机。在信仰宗教以后，老年教徒通过与教友的经常互动，逐渐形成了信仰宗教的终极目的。老年人信仰宗教的动机有以下几个方面。

1. 寻求新的生命与死后灵魂的永存

长寿是人类的普遍愿望，但生命总是有限的，死亡总是人类无法逃避的问题。在现实生活中，越是人们在现实世界中无法获得的东西，人们越是不断地寻找、追求，宗教世界为人们实现愿望提供了一种可能，宗教思想中的灵魂不死论、末日审判论、救赎论、生死轮回论等为人们提供了答案，使得追求彼世的回报更为珍贵，而且使实现愿望也成为可能。

赵女士（C01）：我认为世界上有神，我们信这个（基督教）最主要是得到生命，神给了我生命，这是最主要的。我得点好处，这都是暂时的，这都是能看见的。我们得到的是看不到的（东西），是耶稣基督给的生命，信什么也没有生命，唯有信这个耶稣我们才有生命。

王女士（C02）：（我）在牧师的指导下受洗以后，才知道为了生命而信主。说信主以后，你能得救。就是说人在世上，短暂的只是一年，那生命就一回，上帝规定的，就是你人的生命可以达到七十岁，如果身体强壮可以达到八十岁。就是不管七十岁也好八十岁也好，你的时间很有限，是吧？现在呢，就感觉到信主很好，是无限的，神爱我们也是无限的，我们的生命将来也是无限的，是不是？

刘女士（C03）：咱信主最终都有盼望。人都有老的一天，都有需要依靠的一天。往哪里去，人从哪里来？神造咱们从母腹里来，最终上哪里去呢？都有死亡的一天。死亡了，有的不信主的人，进到地狱里头。信主

---

① 邬沧萍：《社会老年学》，中国人民大学出版社1999年版，第282页。

的人，神接纳你，把你带走。最主要的是让灵魂得拯救，有个永远的家。永远的家在那里，咱们在这世上住的都是帐篷，都是临时的，就像住旅馆一样，今天到这儿，明天到那儿。永远的家在神那里。人的肉体没有了，火化了，灵魂不死。神能复活，也能让我们复活。（信仰神）有个盼望，有个依靠。

李女士（C07）：佛教最终目的，往生西方极乐世界，是不生不灭的，念佛，求升净土，往生西方极乐世界，这是最圆满的。

孙女士（C09）：（信仰）对我有什么好处？最后关心的不都是想升天堂，到极乐世界。

从几位老年教徒的个案访谈资料分析中发现，选择信仰宗教的终极目的是为了彼世回报。赵女士和王女士谈到的"生命无限"，刘女士谈到的"灵魂不死"，李女士和孙女士谈到的"极乐世界"，这些是老年教徒希望通过信仰宗教最终能实现的愿望。

2. 寻求精神寄托与心理慰藉

进入老年时期后，受身体健康条件的限制，老年人与社会的交流互动减少，社会网络逐渐缩小。家庭结构小型化、核心化的趋势，导致老年人的居住方式发生变化，独居老年人和仅与配偶居住的老年夫妇增多。在现代社会中，由于年轻人与老年人在思想观念、价值观念、生活方式、生活习惯等方面存在较大的差异，年轻人很少与老年父母一起生活居住。由于子女经常不在身边，丧偶独居无倾诉对象，老年人焦虑、沮丧、孤独、寂寞等负性情绪体验增强，老年人年龄越大，这些问题越突出。精神慰藉和心理需求对老年人晚年生活尤为重要。因此，宗教信仰成为老年人寻求精神寄托与心理慰藉的途径之一。

王女士（C02）：刚开始的时候就是本着信不信试试，抱着试试的态度，结果不然，一进了教会，（看到）弟兄姊妹的相爱啊，帮助啊，牧师的讲道啊，就给我征服了，就服从在这里面了。就觉得（信仰宗教）很好，就将我这个心里不痛快的信念一下子就拿去了，都没有了，更平静了。从那以后，（我）就不会哭啊，有什么事就去祷告，不管什么事都去祷告。跟主走上来，一年比一年（身体）状况好。

李女士（C07）：我有感受啊，这个感受拿现在说就是法喜。他这个法喜不是说像跳舞，跟几个同事跳舞，跳交际舞，他这个（跳舞）是当时的痛快、高兴，那个翩翩起舞，那个劲头，那个音乐，快感！佛法不是，佛法就是说从心地上解决（问题），这个不可说，奥妙！这种（感受）使你下次不去就不好使。越听越有法喜，越说越觉得这个人（心里愉乐），哎呀，太好了！

刘女士（C03）：那时候有病，我才悔转，才信主。信主来到神的面前，虽然说身体还是软弱，但是神在托着我，神在跟着我，天天在安慰我。现在我的心脏病好多了。我心里释放了，心里头不是有什么事特别着急了，心脏病就怕精神紧张，有什么事着急。特别是 2007 年，我丈夫突然去世，我在这期间身体也不好。神告诉我，人生有时，死有时，神就安慰我。我也没有天天吃不好饭，吃不下饭，照样吃。但是我身体不是特别好，就是总寻思，在一起这么长时间，一起生活三十多年吧，突然就没有了。哎呀，亲人没有啦，就是你身边没有人了。老是伴，少是妻。老了的时候你没有这个伴了，就觉得呢，孤独。但是，神就这么一天天托着我，安慰我。我们在家里天天侍奉，有姊妹陪着我，和姊妹在一起，祷告，交通（沟通），一点点儿就走过来了。

郭先生（C10）：皈依以后，就觉得特别虔诚，信仰的程度更深了，进了佛门了，成了佛教徒。我觉得我成了佛教徒了，心里就是觉得高兴，就是因为我进了佛门了。就好像是加入了一个组织，在精神上有一个依靠似的。

从几位老年教徒的个案访谈资料分析中发现，王女士和刘女士由于遇到了负性生命事件而产生了强烈的负性情绪体验，信仰宗教使她们的不良情绪得到控制与宣泄，心理获得调节，心理慰藉得到了满足。郭先生信仰宗教以后，宗教组织和宗教团体使他产生了一种强烈的归属感和认同感，找到了精神寄托，对未来生活充满希望与信心。李女士认为，宗教信仰可以解决心理上产生的问题，也就是她所谓的"法喜"，使她心情愉快，而这种快乐跟参加文娱活动所产生的快乐是不一样的。可见，心理慰藉与精神寄托是老年人宗教皈依的重要原因。

3. 寻求生活上的帮助与支持

老年人不仅需要心理和精神上的支持，日常生活中的物质性和工具性支持也是他们最基本的需求，特别是贫困老年群体。宗教组织和教友之间提供的物质帮助与支持，在一定程度上拓宽了老年人社会支持网络的渠道，宗教信仰成为老年人面临危机时选择的一种问题处理方式。

王女士（C02）：在新疆那块土地上很不适应，那时候（我）有三个孩子，几乎没有老人伺候。有了孩子以后没有人照顾，自己都不会照顾自己，（我）年龄还小，又没有亲人在身边，受不了。但是当我信仰主以后，有什么事弟兄姊妹来帮忙，帮着带孩子啊，帮着给小孩做做棉衣啊。一看这一无亲二无故的，这些人都能像姊妹一样、像自己的母亲一样的，全力爱自己，一下子就感到神的爱。那么大的爱，一下子叫我心里头，哎呀，真是好。这事要求着人家，人家给咱们还不干。那时在新疆，我小孩小的时候，那些老姊妹都把棉衣早早给我送来，所以我一下子就得到了爱，真的。所以，在空闲的时候，心里不踏实的时候，也进入教堂，这一下子得到弟兄姊妹的爱和鼓舞。

王女士在举目无亲、生活无助的情况下，接触宗教以后，获得了基督教教友在生活上和家庭上提供的帮助与支持，在情感上和心理上对基督教和基督教教徒产生了好感和依赖，信仰基督教成为基督教教徒以后可以获得教友更多更为稳定的非正式支持。因此，王女士皈依了基督教。

4. 寻求幸福、平安、欢乐的晚年

每个老年人都希望有一个美满的晚年生活，幸福、平安、欢乐的晚年生活是老年人信仰宗教寻求的世俗回报之一。在哪儿能获得幸福、平安与欢乐？如何才能获得？宗教观念认为世俗生活是困难、苦难、悲伤的根源，在宗教生活与宗教世界中，神灵给教徒以幸福、平安和欢乐的许诺，皈依宗教成为获得神灵许诺的途径。

王女士（C02）：我们楼上楼下，好几家儿女这个婚姻状况都不良好。但是，我觉得他们现在很苦，说着这些，他们的眼泪就哗哗地下来了。我就劝他们，用我的经历告诉他们，叫他们来信奉主耶稣，能够自己安慰自己。你看老了嘛，要有一个欢心快乐的晚年，对不对？在哪里能找着，在世上能找着吗？在儿女根上能找着吗？找不到。在世上你要想找一个欢喜快乐的地方、长久存留的地方，不可能找得到。只有来到这个教会才有长长的平安和幸福。

刘女士（C03）：（信仰宗教的）最终目的，就是在世上有平安，在耶稣里有喜乐。谁能没有难事啊，谁能没有愁事啊，一家不知一家。就你念书的有念书的这一段难处，工作的有工作的难处。像我们带小孩似的，在一个人身上抱着你觉得累，等到他会走了，哎呀，你得看着他，别让他颠倒了。一段都有一段的难处，人生活在世上都有难处。有难处怎么办啊，向神祷告，神会帮助你的，神会安慰你的，神会看护你的。在世上的时候，他带给你平安，虽然有点苦难。

孙女士（C09）：我就考虑社会团结，家里头都平平安安的。你求平安，平安就是福。

从王女士、刘女士和孙女士的个案访谈资料分析中发现，王女士认为依靠子女、家庭都无法获得美满的晚年生活，只有宗教和宗教团体能提供。刘女士认为家家有难事、人人有难处，世俗生活充满苦难，宗教信仰能为自己提供平安和幸福晚年生活。孙女士宗教皈依的原因是她认为宗教可以促进社会团结、家庭和谐。

5. 寻求内心世界的平静

老年人社会地位的降低，社会对老年人的忽视或歧视，家庭与子女矛盾、邻居纠纷、丧偶、丧亲、健康等事件或问题，老年人容易产生激动、愤怒、烦躁、焦虑等心态。宗教的心理调适作用成为宗教吸引老年人宗教皈依的原因之一，也是老年人信仰宗教的动机之一。

刘先生（C11）：（老年人宗教皈依）这个吧，老年人最缺少的就是清静。我们这个学佛的一个最终的目的，就是修清心，就是刨除一切私心杂念。你私心杂念没有了，那么你的心就平静了，一切都不争了，没有争纷了。

李女士（C13）：（信仰宗教）对老年人当然有好处了，他心静啊。我就是一天杂乱事，我寻思，一天就是念咒，像念"阿弥陀佛"似的。他心静身体不就健康了，最起码身体挺不错的，身体挺好的。学佛的好处老多了，我就是不会说。

刘先生和李女士认为宗教信仰可以让内心平静，内心平静可以促进老年人身体状况、思想观念、待人处世方式等的变化。因此，老年人将寻求内心世界的平静作为宗教皈依的动机。

6. 实现自我价值和自身素质的提高

宗教是一种文化现象，其中包含有丰富的宗教哲学思想，有一整套哲学体系，如佛教哲学思想中的人生论、心性论、宇宙论和实践论等，某些信仰宗教的老年人其信仰的实质不是具体的某个或某些神灵，而真正信仰的是宗教思想中所包含的哲学思想。因此，宗教信仰成为部分老年人实现自我价值和提升自身素质的途径。

郭先生（C10）：他们信佛就是（为了）保佑家庭啊，保佑平安啊，保佑这个什么一切顺利啊。哎，他们就是把佛当成大神了。实际佛不是，佛是人，像孔子一样，他是在教育人，说我们怎么样按佛说的去做，佛怎么说的，佛经是怎么说的，我们怎么做的，经常地对照对照。按现在的话来说就是你怎么样做一个合格的人，怎么做一个好人，你要是做不到一个合格的人，做不到一个好人，你怎么能说以后你能成菩萨，你怎么能说你能成佛呢？信佛好，在理论道德方面，确实是一个好事。

宗教文化中的宗教哲学思想影响着信仰宗教的老年人，宗教伦理思想中包含着一些有助于处理现代人际关系、家庭关系和邻里关系的思想，这有助于宗教信徒提升自己的道德修养。

7. 寻求生与死的解脱

生与死是困扰人们的两个基本问题。如何回答这两个问题，是形成不同的生死观的区别。无论是积极的生死观或是消极的生死观，对生与死的问题都必须给出正面的回答。宗教思想中的生死观肯定了生的意义，对死亡持一种乐观态度，死亡只不过是生的另一种表现形式。宗教从神学的角度解释了生与死亡的问题，回答了人们的困惑。

李女士（C13）：（信仰佛教）最根本的是佛教他能了脱生死，这是最关键的。那你学佛，人生最大的事：一个是生，一个是死，就是这两个问题。学佛能了解人生的真谛，人生有没有后世？有没有来世？不学佛的人说，死了，人死如灯灭，没有后世。但学佛的人不这样认为。我就觉得学佛要比那些人"就近"，你不懂什么叫"就近"吧，"就近"就是学佛能了脱生死。什么叫了脱生死？就是死了我不下三恶道，不学佛的人好像是不明白这回事。

李女士最关心的问题就是生与死的问题，或者说是人生的意义是什么，人死亡以后将去向哪里，人的躯体死亡以后是不是还有灵魂等，了解并明白了这些问题，对生死问题的困惑自然就解开了。因此，李女士认为佛教提供了回答此类问题的理论和学说，掌握了这些理论与学说以后，就等于拿到了打开生死这扇神秘大门的钥匙。

综上所述，老年人信仰宗教的直接动机是寻求在余生中获得心理上、精神上、情感上和物质上的帮助与支持，终极目的是寻求彼岸世界的回报。老年人信仰宗教的动机呈现出多样性和多元化。老年人信仰宗教的动机常常是多重的，有时是因为某个单一的目的皈依，有时候是同时为了几个目的而皈依，但老年人皈依宗教的终极目的是不会变的。

四　老年人改变信仰选择的个案分析

　　改变信仰选择，即改教，是指跨宗教传统的转换，从信仰某一宗教转为信仰另一宗教。在老年教徒中改变信仰选择的情况时有发生，为什么老年人会改变信仰选择？国外学者研究认为，改教是缘于教义的吸引力和教徒的个人社会网络①。那么我国老年教徒改教是否也出于此原因？本节将使用两个个案对此问题予以回答。

（一）　从佛教信仰转变为基督教信仰

　　老年人最初从无宗教信仰，到产生天堂、地狱、鬼神等观念，到主动去认识宗教，再到信仰佛教，再到放弃佛教信仰转而选择基督教信仰，这些过程中负性或危机事件的发生，对老年人改教产生了关键性的影响。老年人从接触宗教，选择信仰宗教以后，面临的负性或危机事件向好的方向发展或转变，使老年人面临的危机得以化解，转危为安，这成为老年人改教得以实现的根本原因。因为，人们总是用结果去解释宗教信仰，并有将好的结果归因于宗教信仰的倾向。另外，在改教的过程中，宗教教义对老年人改教起到了推动和促进作用。

　　赵女士从信仰佛教到转变为信仰基督教，赵女士为何要改变信仰选择？

　　　　赵女士（C01）：我根本就不可能信（教），我的家庭，我学了那么多唯物论、辩证法，我根本就不可能信仰宗教。但是我为什么会信仰宗教呢？就是我发现这个世界是有天堂、有地狱、有神、有鬼的。

---

　　①　［美］罗德尼·斯达克、罗杰尔·芬克：《信仰的法则——解释宗教之人的方面》，杨凤岗译，中国人民大学出版社2003年版，第143—144页。

一开始我发现这个问题以后，我就去研究神学，买了好多书，几百块钱的书，我就去研究佛教。研究半天以后呢，我就吃全素，连葱花鸡蛋都不吃。那时，我实际已经开始信佛教了，但是就是说还没有开光啊，皈依啊，什么的。当时就是想皈依了，但是没有皈依。

有一天，主跟我说话了，他就告诉我大祸临头了。我当时在我爱人的办公室，我在里间，他在外间。就在这时候，主就告诉我要大祸临头了。你说是声音吧，还是意念啊，就是很明确，就是很清楚。我就跟我爱人说：主告诉我说大祸临头了。我爱人说：你这辈子没有做坏事，你上辈子也没有（做坏事）。我们当时也没有太信这事。

我家装修，我骑摩托车到青海泡沫厂去买做墙壁的东西，回来也没事，这是第二天。第三天，我和我爱人出去吃饭。我和爱人从办公室骑着车出来。我们每次骑摩托车下那个台阶，大概有这么窄（老年人用双手比画了一下），都是骑过去的。就是那天我一骑，那个方向盘就使劲歪一下，把我磕到台阶的那个石头上，这个地方（老年人指着自己的头）戳个大包，胳膊戳断了，里面肉都颠裂了。

就是第三天就发生这个事了，就是告诉我大祸临头的第三天。结果北医三院就说：你这个鼻子里有血，你这个脑袋里有血，你要做CT（检查）。完了给我拍片子，做 CT（检查）。五点钟骑出来的，结果搞到十二点多，才回家。

回来了以后，我就在想这个事哈。我说真是大祸临头了，但大祸临头我还没有死，还活了，还救了我呢。

后来第二天，我跟好人一样。完了什么事没有，就这个地方石膏还有，这个头（肿得）像鸡蛋那样大，没有了，下去了。鼻子流血，我也不管它，我就告诉我爱人什么都不做。就在这个过程当中吧，我自己不能做素菜吃了。在食堂买的菜那也是不洁净的，所以，我就开始吃荤了。我的感觉就是我不是这根上（信佛教）的人。所以，我就上教堂来了，我再也不吃素了。（信仰基督教）也没有要求我吃素，也不要求我什么的，我就开斋了，我就上教堂。我觉得我没有办法去信（佛教）那个神了，它要求我吃素，我不能吃素，鸡蛋葱花都不吃，所以我不是那一路的人。我是这个路上的人（基督教徒），我只能到教堂来，来听这方面的教诲，我在听这方面教诲的同时，越来越感到，这个世界有神灵、有天堂、有地狱。

> 因为我不可能走那条道了（信佛教），不能走那条路，我只能走
> 这条路（信仰基督教）。我天生就是主的人，所以我就走这条路了。
> 走这条路以后，越走越顺，越走越顺，到最后……我经常去教堂。

赵女士从产生和相信"天堂、地狱、鬼、神"等观念以后，自己主动接触并学习佛教，经过一段时间学习以后，虽然没有按佛教的规定举行皈依仪式，但实际上她已经按佛教的教规、教义信仰佛教。但在生活中遇到的一件危机事件——车祸，她产生了与此相关的一系列宗教解释，并坚信这一危机事件是让她改变宗教信仰的暗示。在这个过程中，身体健康、生活顺利成了赵女士宗教皈依的世俗动机。因此，赵女士由此改变了信仰选择，选择信仰基督教。

可见，危机事件的发生，是老年人产生改教意念的直接原因，危机事件出现转机则对老年人坚持改变宗教信仰产生了推动作用。在此过程中，宗教皈依的世俗动机对老年人改变宗教信仰产生了促进作用。

（二）从佛教信仰转变为天主教信仰再转变到佛教信仰

老年人从信仰佛教再到信仰天主教，再从信仰天主教转到信仰佛教，在此过程中，老年人经历了一系列负性与危机事件，子女的疾病、生活的困难、邻居纠纷、内心烦躁与不安是老年人宗教信仰转变的影响因素。不同时期不同危机事件对老年人的影响是不同的，宗教解释与宗教皈依动机是推动老年人改变宗教信仰的重要因素。

孙女士从信仰佛教到信仰天主教，最后改变为信仰佛教，这个过程中是什么原因导致孙女士两次改变信仰选择？

> 孙女士（C09）：我从一开始信佛教，后来改成信天主教，后来
> 又改成信佛教。佛教呢是我自己的缘分。
> 我爱人是信仰天主教的，他信天主教是祖辈传下来的。但是吧，
> 那时候我有这个缘分的时候，我还不知道。他是信天主教，我是信佛
> 教。那时候吧，我们家有四个孩子，四个孩子有三个孩子骨折，但是
> 发现孩子骨折，他还不痛。那时候我就说：你看（应当）信佛吧。

改信佛之后呢，又出现一件事。就是那时候我家生活困难，就在家前院盖了个菜窖，这个菜窖（里的菜）眼看就要买的时候，一个小孩放一把火给捅着了。你说人家还不承认，还不赔你，你说憋不憋气。这在那方面说，你说这不是过得不顺了吗？结果找人看，（找的人）说：你呀，你就得皈依天主教，你就好了。哎呀，我说：行，只要生活顺顺利利的，平平安安的。我信天主教也有十多年吧。

后来皈依天主教吧，哎哟，我觉得我自己这心里头啊就是心烦，就直生气。有时候跟老头一个礼拜肯定得吵一场。完了，后来发生了一件事，就这个事吧，根本就不怨咱们，后来和邻居闹上矛盾了。我们家邻居，他把这个闭路给弄坏了，咱家三天没有看着（电视）。咱问他，他给整坏了，还不承认，咱还自己花的钱，你看憋不憋气。这又不顺那，不顺吧，我这心里就不舒服。后来，接触这样的人（信仰佛教的人），他说：你就得皈依佛教，你还是得皈依你自个儿本身的缘分，你从生下来就有这个缘。这咱咋知道？这是别人说的，咱也不知道，所以说就这么的了（改为信仰佛教）。老头信他的天主教，我信我的佛教。现在觉得还可以了，不像那时候，那时候老有气。现在也不生气了，生活也顺心了。

孙女士在两次改变信仰选择的过程中，转变信仰选择的最关键影响因素是生活中的危机事件，以及与此有关的宗教解释。孙女士从最初的无宗教信仰到皈依佛教信仰是因为子女生病，从佛教信仰转变为天主教信仰是因为菜窖被烧，从天主教信仰转变为佛教信仰是因为邻里纠纷。在整个信仰选择的转变过程中，除了发生危机事件，另外促进转变的两个重要原因，一是教徒的宗教解释，二是孙女士的宗教皈依动机。其他教徒结合孙女士遇到的危机事件，将危机事件的发生解释为是她错误信仰选择的结果。孙女士在整个信仰选择转变过程中的动机是家人生活顺利、平平安安。在老年人改变信仰选择的过程中，老年人从被动接受宗教信仰到主动寻求，最后对危机事件进行合理化的宗教解释，从而促使改变宗教信仰的实现。

（三）老年人改教的基本模式

从两个信仰选择转变的个案看，老年人改变宗教信仰不是因为宗教教义的吸引，也不是因为社会网络的影响，主要原因是老年人生活中产生的负性事件与危机事件，从而推动了老年人信仰选择的转变。在转变过程中，宗教教义与教规起到了推动作用，同时，宗教皈依动机与教徒对危机事件的宗教解释也起到了促进作用。

　　由于老年教徒身边发生的危机事件或负性事件，随后对事件进行的宗教解释，导致老年教徒从选择 A 类宗教信仰可能转变为选择 B 类、C 类或 D 类任何一类宗教信仰，在此过程中，宗教皈依动机是老年教徒信仰选择转变的推动因素。此种信仰转变模式被称为"AB"型信仰选择转变模式（见图 5—2）。

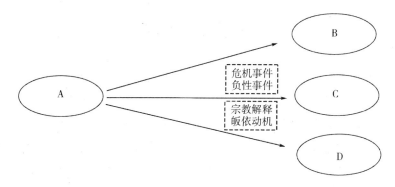

图 5—2　"AB"型信仰选择转变模式

注：A、B、C、D 分别代表不同的宗教信仰。

　　由于老年教徒身边发生的危机事件或负性事件，随后对事件进行的宗教解释，导致老年教徒从选择 A 类宗教信仰转变为选择 B 类宗教信仰，之后，再次发生的危机事件或负性事件，引起了老年教徒对选择 B 类宗教信仰的反思，结合宗教解释与皈依动机，老年教徒从选择 B 类宗教信仰转变为选择 A 类宗教信仰；此种信仰转变模式中老年教徒信仰选择经历了两次转变后，又重新选择了最初的宗教信仰，此种信仰选择转变模式被称为"ABA"型信仰选择转变模式（见图 5—3）。

　　无论是"AB"型信仰选择转变模式还是"ABA"型信仰选择转变模式，引起信仰选择转变的直接因素就是危机事件或负性事件。危机事件是指老年人生活中突然发生的、结果不确定的、引起老年人情绪或心理紧张的、对老年人自己及其家人各方面具有破坏性影响的、必须处理的生活事件。在老年教徒信仰选择转变过程中，危机事件的发生是关键。因此，可

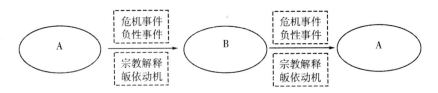

图5—3　"ABA"型信仰选择转变模式

注：A、B分别代表不同的宗教信仰。

以将"AB"型信仰选择转变模式和"ABA"型信仰选择转变模式统一称为危机型信仰选择转变模式。

五　宗教信仰的双重性

任何事物都具有两面性，宗教信仰也不例外，对老年人而言，它具有双重影响，既具有积极意义或正面意义，也具有消极或负面意义。从宗教信仰的积极意义看，宗教信仰可以调适老年人的心理、减少老年人对死亡的恐惧、增加老年人的社会参与、提供心理寄托与精神慰藉等。从宗教信仰的消极或负面意义看，宗教思想所提倡的一些宗教行为不利于老年人的身体健康；老年人对宗教思想的全盘接受，缺少判断与辨别能力；信仰宗教的老年人整体文化素质较低，老年人急功近利、固执笃信、盲目从众的心态，容易被不法分子借宗教名义蒙骗，损害老年人生命财产利益，甚至危害社会稳定。

（一）宗教信仰对老年人的积极影响

宗教信仰对老年人的晚年生活有一定的积极作用。学者以往研究发现，宗教信仰有助于克服心理上许多心理问题[1]；满足老年人自我中心的需要，对死亡的超脱，安全感的获得，权力和地位的补偿，满足追求理想或价值的需要，满足探究世界本源及解释自身的需要[2][3]；宗教信仰为老年人提供生活的勇气、力量和希望，获得一般社会成员难以得到的许多社

---

①　周玉茹：《西安城市佛教女性信仰调查》，《咸阳师范学院学报》2008年第5期。

②　宋广文：《宗教心理功能初探》，《求是学刊》1996年第4期。

③　赵志毅：《宗教本质新论》《世界宗教研究》1995年第4期。

会支持，容易形成被社会欢迎的行为方式，更容易得到社会的支持①；另外，宗教信仰为个体提供良好的人际交往氛围和新知识，宗教的教义与教旨对老年人具有较强的激励作用和心理安慰作用②。

通过宗教交往，实现心理平衡，达到慰藉的目的；同时克服人们生存的有限感，与神同在的信念，消除心灵的缺乏感和空虚③，提供精神上的娱乐和休闲，丰富生活、缓解压力和焦虑的同时，有利于老年人积极地面对死亡④，又能达到社会交往的目的，进而提高生活质量⑤。因此，宗教信仰成为老年人的精神寄存器⑥。

通过对个案资料的分析发现，宗教信仰对老年人的积极作用主要表现在以下几个方面：

1. 宗教信仰促进了老年人的社会参与

宗教参与可以视为社会参与的一种形式。宗教信仰可以增加老年人的宗教参与，同时，宗教参与为老年人提供了参与社会的机会。

赵女士（C01）：我礼拜天都来，平常我也来。我平时也有些社会活动，比方说唱唱歌什么的。我准备参加我们那边的老年人歌唱团。但是，我觉得我没有什么奉献，所以我觉得我愿意做些事情。就是前一个阶段，我上这儿教堂学习，上讲道学习班。

王女士（C02）：以前圣诞节、复活节人少，现在人越来越多了，这个节日也跟着多起来了。九九重阳节，尊老节。重阳节的活动我们已经完了，上个礼拜三活动的。我们有聚会点，在这里是大教会，整个集体，我们聚会点有三十来个人。我们礼拜三聚会的时候，还唱赞美诗，唱歌。现在有感恩节，感恩节有活动，大唱赞美。感恩节一过呢，就到十二月份

①　崔光成、赵阿勐、陈力：《中年基督教信仰者心理健康状况及其影响因素的调查》，《神经疾病与精神卫生》2008 年第 4 期。

②　王婷、韩布新：《佛教信仰与地震灾区老年人的心理健康状况》，《中国老年学杂志》2009 年第 10 期。

③　辛世俊：《宗教与社会稳定》，《青海社会科学》1991 年第 4 期。

④　尹可丽：《傣族佛教信徒皈依行为的原因及意义》，《云南师范大学学报》2006 年第 5 期。

⑤　林顺道：《浙江温州民间念佛诵经结社集会调查研究》，《世界宗教研究》2003 年第 4 期。

⑥　王红漫：《给老年人精神寄存处》，《世界宗教文化》2001 年第 1 期。

了，就是圣诞节。圣诞节过了就是复活节了。这些节日我们都参加。

孙女士（C09）：这个活动有时候就是赶上了就去，上寺院、正海寺、千山。比如二月十九、六月十九、九月十九，那个什么观音菩萨诞辰日。如果还有时间，TY那边还有个佛友，他信得挺好的，我有时候去看看他。佛教和天主教的节日我都参加。圣诞节、复活节、感恩节等，那都必须得去。八月十五圣母升天，这不是天主教的吗？我也要去。

从三位老年教徒个案资料分析中发现，老年人信仰宗教以后，定期、不定期地参与了宗教组织举办的一些宗教活动、宗教仪式、宗教节日和宗教学习，从而加强了老年人与教友、教会、宗教人士的联系，老年人融入宗教文化生活中，老年人获得了更多社会参与的机会。

2. 宗教信仰增强和巩固了老年人的助人思想与利他行为

老年人宗教皈依以后，宗教信仰比较虔诚，一般往往都比较遵守宗教教义，宗教思想中去恶从善、助人为乐、果报论等思想对老年人的思想观念与行为方式产生了较大影响，有助于增强和巩固老年人的助人思想与利他行为。

王女士（C02）：我在这个教堂十多年了，要是哪个事没人干，我一看没有人干，这个应该干，我就去做，扫地啊，抹桌子啊，清理卫生啊。你看教会这么干净，都是老弟兄、老姊妹干的，年轻的（干这些事的人）肯定很少。老弟兄、老姊妹，早早就来了，很勤快的。都是为神做工，神知道。所以就不讲条件，不讲代价，不顾名利地去做。哪有弟兄姊妹住医院啊，我们去祷告、去探访。有的是住了医院了，有的是家庭有困难。在这个时候呢，我们兄弟姊妹就拿出点钱，十块、八块、二十块，买个水果，买点礼物去看看。

李女士（C07）：这家有一个老太太，或者是世俗的，不是学佛的，学佛的（老太太）有，不学佛的（老太太）也有，走了，往生了。这时候咱们给他们祈祷，给他们念佛，求升西方极乐世界，叫他们去好处。他生前信佛教的人基本上都去，就拿这死去的人当自己的父母。家庭互相有矛盾的啊，孩子有病的啊，老人有病的啊，我们可以念观音菩萨，为他们祈祷，也念佛，诵经。

郭先生（C10）：一个是有病的人，该给他看病给他看病，该给他买药给他买药。你要是缺点什么东西啦，大伙可以捐点钱来给他买。在佛点念佛的人更得照顾了。这些人都是了解后，确实他有困难，我们才去帮。或者通过调查后，知道他确实是这样，我们就帮他，经济上的、实物上的都有。主要是经济上有困难的人，不管他信不信佛，我们都帮助他。有老年人的养老院，生活方面差，有时候佛点自愿地组织几个人，去给他们包饺子，给他们改善生活。碰到困难，该帮就得帮，做点功德，捐点钱，就这样。

老年教徒受宗教教义中助人思想、慈善思想等的影响，老年人实践了助人思想，在现实生活中以实际行动帮助需要帮助的人。从个案访谈资料分析中发现，王女士经常到教会做义工打扫卫生，为生病、家庭有困难的基督教教友提供生活、经济和情况支持；李女士与信仰佛教的教友一起为生病的、家庭有矛盾的老年教徒或老年人诵经祈福；郭先生与教友为有经济困难、生活困难和养老院的老年人提供帮助与支持。老年教徒助人对象既有共同信仰的教友，也有无宗教信仰的老年人。

3. 宗教信仰约束了老年人的社会行为

宗教思想对老年人个人行为有一定约束作用，对老年人而言，有利于他们形成健康的行为与生活方式，对老年人家庭成员和年轻人而言，能产生一种教育意义和榜样影响。

赵女士（C01）：你不做这些事情（违法、犯罪），你好好的，信《圣经》，做好事，你自己心里头也非常平静，也非常喜乐。而且你做那么多好事，别人也看见了，主也看见了。

刘先生（C08）：你看不信仰宗教的，他就没有约束。没有约束，可以这么说，道德败坏、品质恶劣。你想，他任何信仰都没有，他想怎么做就怎么做，由于人们生活逐步提高，所以他有两个臭钱，他想怎么花就怎么花，这个花天酒地啊，什么那些娱乐城啊、歌舞厅啊，他想怎么玩，就怎么玩，你要有个信仰，他都不敢到那儿去了。原来我想，假如我没有信仰，我也可能到歌舞厅去，我也可能去跳舞，或者说做些乱七八糟的事。（有了信仰）什么都不敢了，对吧？那你说你还敢做啥（坏事）吗，对不对？有信仰就是比没有信仰强。

孙女士（C09）：说实话，你信这个咱可以说是不能出去做坏事呗，对不对。有时候孩子回来的时候，也和他们讲讲这些事。说咱有这个信仰，咱不能去干坏事，不要去偷别人的东西，那不成。

刘先生（C11）：我们就是以善行善念，善言善语，自己觉得是善的就去做。一个是你自己认为是善，再一个来讲，那个经书上讲的那些个都是善事，让你做善事嘛。实际上，看经书，学经书，这都是一种促使我们不要忘了以善行对人，以善行去做事。这是我们总的言语行事。

从个案访谈资料分析中发现，老年教徒信仰宗教以后，受宗教教义与教规的影响，老年教徒的社会行为除了严格遵守教义教规外，还遵守伦理道德、社会风俗与法律法规，个人行为表现出强烈的亲社会行为，同时，老年教徒的个人行为对家人以及年轻人的社会行为起到影响作用。

4. 宗教信仰有助于老年人形成忍让、宽容、和蔼可亲的性格，获得更多的情感性、物质性和工具性支持

老年人进入晚年后，心情烦躁，性格孤僻，容易生气，常常与家庭成员、朋友、邻居关系不和，从而影响老年人获取情感、物质与工具性支持。宗教思想中提倡与人为善、宽大为怀、忍让宽容，这些对改变老年人的性格，对改善代际关系，家庭、邻里和朋友关系有一定积极作用，从而使老年人获得更多的物质性和情感性支持。

赵女士（C01）：我是独生子，而且自己很骄傲，我爱人也是独生子，而且他家是老干部。自己各方面有一些优越的条件，但是，我们两个思想也挺冲突，老打架，谁也不服谁。自从我信主以后，他好多事情我都谅解了，我也不发脾气了，我好多事情都能忍让了，能互相谅解。结果我不知不觉就变得谦卑起来，能够谅解别人，不跟别人计较，很怪很怪的。进了基督教以后，就是把自己这样一个人，跟一般的人不一样了，好多事情我能够谅解、忍受、忍爱，能够不骄傲了。我爱人发现我的这些变化以后，他很支持我信仰基督教。

王女士（C02）：原来我的性格很不好的。因为，在我姊妹中间，我是最小的一个，他们很娇惯我，所以把我的脾气养得很不好。我成家立业的时候，在丈夫面前发小性子，使脾气，人家是很害怕的。到有儿女了，不好就打、骂，一手遮天。不高兴了，孩子对不对，就揍他们。我信主以后，大家很支持，一家人都支持。为什么啊？就是你信主了，老是说神是爱啊。就像我们对对方，温柔啊，良善啊，体贴啊，包容啊，这些一看就明白了，就往上努力去做。当丈夫做错事的时候，能够包容他了。

从老年教徒的赵女士和王女士的个人访谈资料中发现，当她们产生宗

教信仰以后，性格和脾气与信仰宗教之前差别较大，由信教之前的易暴、易怒的脾气与多疑、急躁的性格转变为平和、包容的脾气与忍让、和蔼的性格。老年教徒脾气与性格的转变主要是因为老年人信仰宗教以后宗教信仰对老年人思想和行为的影响，而老年教徒思想和行为的转变使老年教徒的宗教选择获得家人的支持，家人的支持反过来又增强了老年人脾气和性格的转变。

5. 宗教信仰有助于代际关系与家庭关系的和谐

宗教信仰为老年人提供了情感倾诉的对象和情感宣泄的场所，有利于老年人排解不快的心情，释放压抑的情绪，减少家庭成员之间的摩擦与矛盾，从而一定程度上有助于代际关系与家庭关系的和谐。

王女士（C02）：要是不信主，可能给儿女带来一系列的麻烦。心里不高兴，自己烦闷，他拿谁出气啊？他就拿他的儿女，是不？这一闹腾，儿子媳妇就不干，要是闺女也不干。你说这样好吗？给儿女带不来平安。信主了，就是儿女错一点，就包容了，就不会给儿女无缘无故去找事，这就少了一大堆的工作（麻烦事），是不是？他有事了，他到教会去聚会，他有事情不痛快了，他向神倾诉。他不给儿女找事，这是一个家庭和谐的源头。家庭和睦了，是不是社会就和睦了，家庭不和睦社会怎么也不能和睦。

刘先生（C11）：在家庭来讲，我们一切都讲奉献，不想去享受别人的奉献，那么你的家庭就好了。如果你都想去享受别人的奉献，你享受的，我就不要；你不想要的，我就要，那不就完了吗？你想清闲不干活，那么我干。再说家庭无非就是家务。除了家务这些事的话，你说话也好，你言语也好，你都忍一忍就没事了。

从两位老年教徒的个案访谈资料来看，老年人信仰宗教以后，当遇到家庭矛盾、代际矛盾时，老年人可以去教会向神灵倾诉、宣泄，找到了情绪释放的途径，从而家庭成员之间的矛盾被化解了。另外，老年人信仰宗教以后，由于受利他思想的影响，遇事换位思考，明确他人的角色期待，能更好扮演社会角色。

6. 老年人获得情感慰藉与精神寄托

情感需求与精神需求是老年人生活质量的重要保障。宗教信仰对老年人最大的积极意义之一就是教友之间的帮助与关爱，为老年人提供了情感慰藉与精神寄托，特别是对丧偶的老年人。

王女士（C02）：弟兄姊妹的相爱，牧师的讲道和看《圣经》的教导，（《圣经》）教导神怎么爱我们是无限的。他为了爱我们，你看我们是罪人，你想一个罪人能引起神那样纯真的爱，那么深深的爱，这是什么时候都换不过来的。人爱就很短暂，是不？人的爱很薄。没有无缘无故的爱，在神来讲就不一样，那是神爱我们就是永恒的，弟兄姊妹的相爱也是永恒的。

刘女士（C03）：我的父亲支持我（信仰基督教），他说：你去吧，挺好的。我的女儿她也没有反对我。她说，妈你也刚强点，她支持我信主。朋友也都支持，他们很多不是信徒。我自个儿一个人离开家的时候，姊妹都送我到车上。我回家时候，姊妹都上我家看我。进家，姊妹说：哎呀，给你买点大米，给你买点菜，买点鸡蛋，放那儿，明天吃。就是那种爱，神的那种爱，就是一家人似的，很感动（又哭了）。所以说不能离开神，离开上帝。就现在家里头姊妹都在为我祷告。因为，他们知道我很软弱，很孤独，我很想他们，像我自个儿的亲人那样想他们。因为，我丈夫死了以后，我回家，有我姊妹陪着我半个月，陪着我在一起住。有时候他们说：哎呀，你上我家来吃吧，你别上楼了，你上楼干啥啊？你别回去了，咱们在一起吃吧。如果你是世人，还要你的好处呢！你给他好，他才给你好，你给他不好，他不给你的。在主里头，都特别爱。愿神能给我信心的力量。

郭先生（C10）：后来我从家办完丧事，回到单位，我就跟佛友说：老母亲去世了。咱那时候还上着班呢，白天没有活，念佛。不是死人有"一七"、"二七"一直到"五七"嘛，每到"一七"，这佛友们好几十人就到我家了，为老太太念一晚上佛。每到一个七，他们都到我家，为老太太念佛，一念一晚上，一念一晚上，哎哟，那时候真是……

从三位老年教徒的个案访谈材料来看，老年人在信仰宗教以后，通过信仰而联结在一起的信仰共同体为老年人提供了一个教友之间相互交流与沟通的空间和平台，而在信仰共同体中的互动使老年人获得了情感上和精神上的满足。

7. 宗教应对让老年人获得内心的安宁与平静

宗教被老年人视为应对危机的一种资源、机制和策略，老年人用以应对面临的各种心理压力。当处于痛苦和矛盾中时，宗教可以为他们提供安抚、理解、意义和忏悔途径，这是一种压力缓冲机制①，从而减轻老年人的心理压力，使老年人获得内心的平静与安宁。

王女士（C02）：不管来到我身上有多大的事情，不是说大小事情没有了，很风顺了。有事，也有坎坷，但是我心里很踏实，有事情就去祷告吧，交给神吧，咱人都管不了的事情，是不是？神能掌握，掌握我们的生命。你说大小事神就管了，管不到的事情，我们还管他干吗呢？所以，我们就信神，就坦然地来到神面前：主啊，今天这样的事情交给你，我管不了，你可以（处理）。交托就完了啊，心里就踏实了。交托了，心里再也不想这个事了。

从王女士的访谈资料来看，老年教徒在遇到事情以后，处理方式是将事情向神灵全盘托出，交给神灵"处理"，老年教徒不为如何处理事情而烦躁，从而使内心事件获得宁静。

8. 宗教信仰有助于弘扬传统孝道观

尊老、爱老是中华民族的优良传统美德。宗教的道德规范作用不仅与传统文化中伦理规范相一致，而且还有利于弘扬传统孝道观，无论对老年人而言还是老年人的子女都有积极意义。

王女士（C02）：但是我觉得年轻人信（仰宗教）更好。年轻人信了怎么好啊？孝敬自己的父母，这是神的命令，是不是？这个人啊要孝敬父母，在世才能得福长寿，这是神给我们的。尊老爱幼，它是责任啊，是不是？所以家庭更加和睦，咱们教会的人更多，咱们社会更平稳，是不是？社会平安了，稳定的社会就来了。

刘先生（C08）：基督教特别强调孝敬父母。孝敬父母这是神的旨意，孝敬父母在地呢得福，在世长寿，有这个定律，这是《圣经》里面说的。孝敬父母，而且在道德品质上也有规定，有约束，（《圣经》）说在白发人面前你要站起来，这说明什么问题啊？这是品质问题。

郭先生（C10）：（信仰宗教）对我最大的影响是我怎么做一个人，我明白了怎么样做人。以前说也是稀里糊涂的，不知道，通过学佛，怎么样做人，我明白了。简单一点说，起码说第一个就是孝顺父母，这是做人的

---

① Bosworth, Hayden B. , et al. , "The impact of religious practice and religious coping on geriatric depression. " *International Journal of Geriatric Psychiatry*, Vol. 18, No. 10, 2003, pp. 905 – 914.

最基础的知识了。

在各类宗教教义中，孝敬老人、尊老爱幼是宗教思想中的重要伦理思想，这与传统社会所提倡的伦理思想相一致。从个案访谈资料来看，老年教徒认为宗教信仰中孝敬老人的伦理思想可以增强信徒的伦理观念，无论是老年人还是年轻人。

9. 有助于减少老年人对死亡的恐惧感

对来世的信念确实减少了对死亡的恐惧，越是年龄大的人，越是相信来世，而相信的人比不相信的人更少感到焦虑；尤其对于那些具有高度内在宗教取向的人；高度内在宗教性的人对死亡不那么恐惧，高度外在的人对死亡恐惧；教堂出席率与积极地期待死亡相关①。宗教对死亡予以乐观的解释。因此，宗教信仰对缓减老年人死亡恐惧感有一定的作用。

刘女士（C03）：就是说不信神的人，他有一种惧怕，他不愿意往那个地狱里去。信神的人，就是有一种那个……虽然咱们都没有经历过死亡，也不知道，但是就觉着没有惧怕，坦然无惧，愿意去，愿意接受（死亡）。上个礼拜的见证，那个女孩说她爸爸的事，她就说她爸爸死得挺坦然的，挺安详的，不是那种脸色不好看啊、挣扎啊、痛苦啊的样子。她爸爸临死前的两个月接受主了，而且还受洗了，归为基督，归为神，就得救了。那就是相信神，神给带走了，不让他再痛苦了。

刘女士（C04）：我让老伴信的教，他跟我聚会一年，后来他就去世了。神接走了呢，他更享福了，他升上（天堂）去了。我说：这些穿白大褂的都是神，来接他来了。晚上去的（医院），早上起来就走了。

李女士（C07）：我现在有时候诵经，那时候想我爸，我就说很自然，生、老、病、死、苦啊，人间常情，人必须得死，看透了。但就说你学佛的，你到一定的程度，圆满的时候，你也会走啊。所以说平时就不要执着，自己的身体是假象。人不是死啊，换件衣服，就是换件衣服！这衣服越换越好，你现在是人，那我将来想升天，或者向往着极乐世界。有些人，不学佛的人，他换啥了？蚂蚁、大马、大鱼，各种小野生动物。

李女士（C13）：学佛教的人更看得开死，不害怕，不恐惧。你看学

① ［英］麦克·阿盖尔：《宗教心理学导论》，陈彪译，中国人民大学出版社 2005 年版，第155—156 页。

佛，我要真正学佛学好了，对生死，人死只是换件衣服，死了，死就死了，死了以后我换一个更高的境界。我现在不害怕。现在就是在有生之年，得好好学（佛），了脱生死，真能修成，死了以后我不下三恶道，而是到最高的境界去。

宗教信仰对死亡的解释，让教徒对死亡有了另一种看法，死亡没有世俗社会认为的那么可怕。从个案访谈资料来看，老年教徒从身边教友死亡的过程中，体验到死亡只是进入另一个世界或达到另一种境界的过程，从而欣然接受死亡，因此，老年教徒对死亡的恐惧感自然就弱化甚至消失。

从以上个案资料的分析发现，宗教信仰对老年人的积极作用主要表现在对心理上、精神上、情感上和物质上的影响，主要是通过宗教教义本身以及宗教教徒的网络产生影响。与既有研究不同，通过个案分析发现，宗教信仰对老年人助人思想与利他行为的形成与巩固，家庭的和睦，改善代际关系，改变性格和弘扬传统孝道观有一定积极作用。

（二）宗教信仰对老年人的消极影响

宗教信仰对老年人还存在一些消极影响。正如前文所述，我国老年信徒文化素质普遍较低，健康状况和经济状况差，生活满意度和幸福感下降，普遍缺乏宗教知识，辨别能力差，急功近利、急于求成的心理强，极容易受宗教中消极思想的影响和社会不法分子的利用，不仅危害老年人的身心健康，危及老年人的财产安全，而且关系社会的稳定团结。

宗教信仰容易使人们坠入宗教世界观的迷雾，产生消极厌世的思想；过多的信奉鬼神使他们产生极端的思想，精神空虚；顶礼膜拜和跪拜时间过长，会对健康产生不利；有些人热衷于自己的灵魂得救，弃世厌世、实行禁欲和苦行主义，迷恋于神迹奇事，甚至会被一些自由传道人或邪教所迷惑，在信仰上误入歧途、成为社会不安定因素[1][2]。

通过对个案资料研究发现，宗教信仰对老年人的消极影响主要体现在以下几个方面：

1. 在一知半解的状态下全盘接受宗教思想，缺乏辨别与判断能力

老年教徒整体文化程度较低，不能一分为二地看待宗教思想、宗教观

---

① 罗伟虹：《宗教与妇女的心理需求》，《妇女研究论丛》1997年第2期。
② 许玉平：《大理白族妇女宗教信仰分析》，《大理学院学报》2004年第2期。

念、宗教教规与宗教教义，缺乏辨别能力与判断能力，容易全盘接受、认同宗教思想，甚至是一些错误的宗教思想。部分老年人对宗教了解较少，信仰宗教表现出一定的盲目性。这种宗教思想可能会引起老年人的一些越轨行为。

赵女士（C01）：你在主这儿什么都能得到，他什么都给你。你把精力放在传福音上，你什么都能得到。我跟着主，我是主的。就是主都给我了。我一切都交托给主了，我活着是为了主活着，我死了，主叫我为他死，我也为他死。

刘先生（C08）：以前我都不懂，我对宗教信仰不懂。我是先信了基督教，才知道其他教，什么佛教、天主教啊、伊斯兰教啊。我没信之前，不太了解，在他们规劝下，我也就稀里糊涂信了。信了以后经过聚会，经过读经，我就接受了。

从个案访谈资料来看，赵女士信仰基督教以后将所有希望完全寄托于宗教信仰，认为宗教思想、宗教观念都是正确的、不可置疑的，具有绝对权威性，因此，愿意为神灵奉献自己的一切，甚至是自己的生命。刘先生在对基督教不甚了解的情况下，在教徒规劝下皈依了基督教，因此，刘先生的皈依带有盲目性。

2. 宗教观念视某些社会参与和社会活动为罪行，阻碍老年人正常的社会参与

老年人退休以后，有意愿有能力的老年人仍从事一些其他社会活动，而宗教信仰要求老年人将自己所有一切都投入信仰的活动中，否定正常社会活动的社会意义与社会价值，这阻碍了老年人正常的社会参与。

赵女士（C01）：为世上的事情贪心，我现在还有很多。你比如说吧，我老是以为我挺行的，我做些什么事情都行。所以我去给人家做一些事情，人家给我一些回报什么的，我有时候就挺贪心这些事的。实际我的工资已经够我花了，孩子们也不需要，他们还给我们。我什么都够了，但是我为什么还这么贪心，不把我的时间拿到这儿（教堂）来呢？其实我七十多岁了，我还有多少时间来敬拜主呢？所以我有罪，我有很多罪。

赵女士认为退休以后仍然给某单位工作，发挥自己才能的同时，还有一定的报酬。信仰宗教以后，赵女士认为工作获取报酬是自己贪心的表现，甚至将这种行为看作是"罪行"。可见，宗教信仰使老年人对能创造

社会价值的工作产生了误解，这非常不利于发挥有知识有才能的老年人的宝贵知识财富，继续为社会服务。

3. 增加老年人社会参与的同时，缩小老年人的社会网络

宗教信仰促使老年人到教堂、教会、寺庙等宗教场所参与宗教活动，有利于增加老年人的社会参与，但这减少老年人和其他人接触的可能，缩小老年人的社会网络。

刘女士（C03）：教堂的活动都会来，星期天，有时候是第二堂、第三堂。星期二都会来，固定来，星期二是查经会。我都是礼拜二、礼拜四、礼拜天来教堂聚会，平时都在家里头干点什么，看书什么的，很少和外边的人接触。即使和人聊天，也是在教堂，和教堂里的人。

刘女士一周三天都固定到教堂去参加宗教活动，与教友聊天，但刘女士只与教友在教堂互动，不与其他人往来，这实质上限制了自己的社会活动范围和互动对象，将自己封闭于教友与教堂，缩小了自己的社会网络。

4. 将生活中发生的事件归因于信仰宗教，否定人们的主观能动性

信仰宗教的老年人常常用宗教来解释身边发生的事件，使用宗教标准来评价事件性质的好坏，他们往往将好的结果归因于信仰宗教，很大程度上否定了人们的主观能动性，夸大了宗教或者宗教信仰的功能与作用。

刘女士（C04）：我闺女中专毕业，要上山区里头一个果林去（工作），她学果林的。我跟神说：让我们一家人在一起吧。我就跟闺女说：你跟你们学校那个老师说，我们哪儿也不去，要去你弟弟那儿。哎，我闺女跟他们老师联系，我闺女是"三好生"，她夜大毕业。后来说去了农业大学，跟他们养花，现在给农业大学招大学生，管理学校。感谢主。

李女士（C05）：我们就是有了病以后，接着祷告，也要去看医生，开点药，神赐给大夫聪明智慧，能借着这个上帝，十字架的罪、十字架的救赎，能把你这个病查出原因以后，开些药，也是上帝赐给的。该吃药也得吃药，该看病的看病，该养病的养病，该审查我们自己有亏欠神的地方，得罪人的地方，得罪神的地方，都需要审查。

刘女士将女儿毕业的工作地由山区改为大学归因于神灵的保佑，却完全忽视了其女儿在工作变动过程中的努力。李女士认为医生的治病能力是神灵赐予的，医生能将病人患的病治好也是神灵给予了聪明才智。两位老

年教徒否定了人的主观能动性，都夸大了宗教的功能。

5. 对宗教政策法规和宗教知识不了解，给不法分子借用宗教名义骗取钱财和危害社会以可乘之机

老年人对我国宗教政策法规不了解，同时由于老年人文化程度较低对相关的宗教知识更不了解，对宗教缺少辨别能力，这为一些不法分子借用宗教名义骗取老年人钱财提供了机会，导致老年人利益受到损害的事件时有发生，这不仅损害了老年人自身的利益，而且很可能会危害社会群体的利益。

李女士（C07）：我听说过（宗教）信仰自由。用佛教的话说就是因缘得度，他信基督教啦、天主教啦、伊斯兰教啦，这些都是因缘得度，或者有病苦的因缘。他家的亲戚有学天主的、有学基督的、有学伊斯兰的，都是因缘得度的。学佛的，他这个进佛门不一样，想法不一样。学佛你布施一文钱，将来的果报不可忽视。有为求人间福报的，他不是为了解脱，从思想上真正得到一种安慰，真正得到至善圆满的教育，他不是这样想的，有很多（教徒）是这样的。

李女士（C13）：有好多假的（佛教徒），披上袈裟都是（佛教徒）。现在假的（佛教徒）有的是，咱们在北镇的时候，那伙人白天穿上和尚衣服上北镇那个和尚寺庙里面去。晚上都回家，都有家。有的给老母亲配个袍，就配这一下子就拿一百块钱，而且那个钱都下到个人腰包。那你说那能是真正的佛教徒吗？

6. 一些宗教思想与宗教行为不利于老年人的身体健康

一些宗教提倡禁欲主义和苦行主义，这不仅对老年人的身体健康没有益处，反而有害。另外，老年人对宗教的狂热与痴迷，使老年人对自己的身体健康状况过度乐观，从而忽视了健康问题。

刘女士（C04）：我们家媳妇弄电脑，我一禁食，她那个基金就挣钱了。感谢上帝，真是这样的。搬家费给我八万，我闺女拿着那个钱了，她说：我给你放在基金里头，我给你挣两万去。我七月份禁食十天，她给我挣了两万，我要不禁食她就挣不着。那天那个老师讲的，禁食你就能得到赏头，你不禁食你就得不到。禁食就是舍己，你开始时，从禁半天到一天，慢慢往上长，越禁多了越好。

李女士（C07）：我不看医生，我身体怎么样，我也不知道，我也不

怀疑，我总觉得我的身体挺好。但是有没有头痛脑热的时候？有，但是我坐下来念一个小时的佛，一切都好了。我不体检，我都知道我的身体相当好。

郭先生（C10）：这一天都在念，除了吃饭睡觉的时间，都在念佛。从早上四点半开始上殿，到六点钟吃饭，吃完饭，休息半个小时，领出来开始进大殿，是集体吃饭，集体念佛。念到十一点，吃中午饭。完了之后就休息，休息到一点，又开始上殿，从一点一直到晚上十点，下殿，也不吃饭了，就睡觉，到四点起床。佛点有三种方法，来回轮流。坐一个小时，大伙坐着念。完了，起来拜佛，拜着念，拜一个小时，再坐下，坐一个小时。坐一小时后是绕佛，走着念，一个小时后再坐下。从一点到十点，中间不休息。在家，我晚上到九点我就下楼活动活动，我一下楼就走着念了，我就到外面转一圈，一圈大概三个小时到四个小时，边走边念。一直到晚上一点或是两点，有时候三点才回来。

郭先生（C10）：当时受戒去了四天，四天拜忏，什么叫拜忏？就是拜佛、磕头、消业，忏悔自己的罪过。当我拜了不到两个小时的时候，我头磕下去，就起来，流大汗了，哎哟，累得我。我一看表，还不到两个小时呢！我说我再坚持一下，我最后继续拜。刚好，还没有拜几个，突然的，我这感觉就特别轻松了，就像比没有拜佛之前还轻松，一点纰漏也没有了。我一鼓作气，我又拜。那时候将近两个小时，两个小时就出现这种境界。我连续拜，一直没有间断。我受戒一鼓作气就拜了四个小时，一点不累，感到佛的价值和好处。

从个案资料中发现，宗教思想中提倡的一些宗教活动，如长期禁食、长时间跪拜等，为了达到宗教皈依的目的，老年人过度痴迷于宗教活动，对老年人身体健康是一种伤害。

7. 宗教信仰不利于老年人维权意识的发展

宗教提倡忍让和包容对处理社会关系固然有其积极意义，但一味地追求，老年人忽视了自己正当合理的权益，老年人利益容易受到损害。

李女士（C12）：你看我们学《入行论》就讲，人生应该怎么做，每个期间学佛怎么学，到底做什么？给你讲得特别细。完了，给你讲什么安忍，安忍波罗蜜，遇事你怎么做到安忍，怎么做忍辱。就是让你遇到什么事，修改自己的忍辱。他讲，有道理你就按照那个做吧，遇到什么事就安忍。

可见，老年人的宗教信仰对老年教徒的身体健康、正常的社会参与、社会网络、维权意识、主观能动性有一定的负面影响。我国老年教徒文化程度整体较低和普遍缺乏宗教政策法规知识和宗教知识的现实，使老年人缺少对宗教与邪教、宗教与迷信的辨别能力，可能成为不法分子通过宗教名义利用老年人骗取钱财提供机会，甚至危害社会稳定与团结。与以往研究发现不同，不研究发现宗教信仰对老年人的正常社会参与、社会网络、维权意识和主观能动性的发挥有负面影响，不利于老年人发挥自身的经验与聪明才智。

六　小　结

本章使用个案访谈资料和 2006 年调查数据，对老年人接触宗教的原因与途径，老年人宗教选择的原因与动机，老年人宗教信仰选择转变的原因，宗教信仰对老年人的积极与消极影响进行研究。结果发现，老年人主要是通过家庭成员、亲属、身边朋友、邻居和同事等初级群体中的成员接触宗教。老年人最初接触宗教的原因主要有以下几类：身体健康状况差、工作不顺利、家庭矛盾、远离亲人、无人照顾、缺少亲情关爱、受宗教文化的吸引、适应退休生活以及角色转变，家庭或民族传统影响，好奇心驱使，神秘体验的困惑。

本文将信仰宗教的原因与目的相区别，研究发现老年人宗教选择的原因有：因病信仰宗教，因家庭矛盾、婚姻不幸而信仰宗教，因家庭经济困难与亲人无助而信教，因现代社会缺乏信仰的现象和社会危害行为的不满而信教，因对死亡（地狱）的恐惧而信教，因宗教信仰的"交换成本"低、但"收益"大而信教，宗教观念中平等、博爱、尊老敬老、弃恶从善等思想的说服力，"神迹"和神秘体验是老年人虔诚信仰宗教的重要原因。与以往研究不同的是，本研究认为对死亡（地狱）的恐惧，家庭不和与信仰宗教交换成本低收益大是老年人信仰宗教的重要原因。定量分析中发现，老年人宗教选择和信仰选择受人口学因素、地区因素、经济因素、健康因素、家庭因素与心理因素的影响。神灵的力量与宗教教旨是老年人宗教信仰选择的基础，老年人信仰选择过程中会尽量保持他们的社会资本与宗教资本，宗教信仰彼世回报的差异是老年人信仰选择的依据。

　　老年人宗教皈依的动机主要有：寻求新的生命与死后灵魂的永存，寻求精神寄托与心理慰藉，寻求生活上的帮助与支持，寻求幸福、平安、欢乐的晚年，寻求内心世界的平静，实现自我价值和自身素质的提高，寻求生与死的解脱。

　　对老年人信仰选择转变的研究发现，老年人信仰选择转变的主要原因是老年人生活中负性与危机事件的发生。老年人的信仰选择转变可以分为"AB"型信仰选择转变模式和"ABA"型信仰选择转变模式，在老年人信仰选择转变过程中宗教解释和宗教皈依动机起到了促进作用。

　　宗教信仰对老年人的具有二重性，本研究发现，从积极影响看，宗教信仰对促进老年人的社会参与，促使老年人形成助他的思想与行为，改变老年人的性格、脾气，对改善代际关系和家庭关系以及弘扬传统孝道观有一定的积极意义。从消极意义讲，在一知半解的状态下全盘接受宗教思想，缺乏辨别与判断能力。宗教观念视某些社会参与和社会活动为罪行，阻碍老年人正常的社会参与。增加老年人社会参与的同时，缩小老年人的社会网络。将生活中发生的事件归因于信仰宗教，否定人们的主观能动性。老年人对宗教政策法规和宗教知识不了解，给不法分子借用宗教名义骗取钱财和危害社会以可乘之机。一些宗教思想与宗教行为不利于老年人的身体健康。宗教信仰不利于老年人维权意识的发展。

第六章　宗教信仰与老年人的生活质量

　　生活质量是社会成员满足生存和发展需要的各方面情况特征的综合反映，是建立在一定的物质条件基础上，社会个体对自身及其社会环境的认同感①。它是不同文化和价值体系中的个体对于他们的目标、期望、标准以及所关心的事情有关生活状况的体验②，是人们对生活环境的满意程度和对生活的全面的评价③，生活质量的测量结果使用幸福感、满意感或满足感来表示④。老年人的生活质量是老年人群对自己的身体、精神、家庭和社会生活美满程度的全面评价⑤。生活质量是一个多维概念，其内容包括躯体健康、自理能力、心理健康、社会交往、经济状况、家庭情感支持、生活满意度、幸福感等方面。本章对信仰宗教与不信仰宗教的老年人的生活质量进行比较研究，深入分析宗教信仰与生活质量之间的关系。

一　宗教信仰与老年人的社会参与和社会态度

（一）宗教信仰与老年人的利他行为

　　宗教信仰对老年人的社会行为有一定的影响。与不信仰宗教的老年人

---

　　①　冯立天：《中国人口生活质量研究》，北京经济学院出版社 1992 年版，第 43 页。

　　②　World Health Organization Quality of Life Group，"The development of the World Health Organi-zation quality of life assessment instrument（the WHOQOL）." *Quality of life assessment：international perspectives. Heidelberg：Springer Verlag*，1994，pp. 41 – 60.

　　③　林南、王玲、潘允康、哀国华：《生活质量的结构与指标——1985 年天津千户问卷调查资料分析》，《社会学研究》1987 年第 6 期。

　　④　Levi, Lennart, and Lars Andersson. *Psychological stress：population，environment，and quality of life.* Spectrum Publications，1975.

　　⑤　于普林、杨超元、何慧德：《老年人生活质量调查内容及评价标准建设（草案）》，《中华老年医学杂志》1996 年第 5 期。

相比，信仰宗教的老年人社会行为的利他性特点更为突出。

　　与不信仰宗教的老年人相比，信仰宗教的老年人更愿意为生活有困难的老年人做家务、提供照料、聊天解闷，信仰宗教的老年人的社会行为体现更多的利他性。信仰宗教的老年人和不信仰宗教的老年人在为生活有困难的老年人做家务、提供照料和聊天解闷上表现出显著的差异，信仰宗教的老年人愿意为有困难的老年人提供帮助的比例超过不信仰宗教的老年人，信仰宗教的老年人愿意提供帮助的比例比不信仰宗教的老年人依次分别高2.4个、3.7个和1.76个百分点。虽然为生活有困难的老年人提供求医问药和调解纠纷上信仰宗教者与不信仰宗教者无明显差异，但信仰宗教的老年人愿意提供帮助的比例仍比无宗教信仰者高（见表6—1）。

　　信仰宗教与不信仰宗教的老年人是否愿意参加向上级反映老人的困难方面存在显著差异。与不信仰宗教的老年人相比，信仰宗教的老年人愿意参加向上级反映老年人的困难的比例相对较低，比不信仰宗教的老年人低近3.4个百分点（见表6—1）。

表6—1　　　　　　　　　　宗教信仰与老年人的社会行为

单位：%

社会行为		是否信仰宗教		社会行为		是否信仰宗教	
		否	是			否	是
为生活有	不愿意	83.73	81.34	为生活有	不愿意	74.77	73.50
困难的老	愿意	16.27	18.66	困难的老	愿意	25.23	26.50
人做家务		$X^2 = 11.582$***		人求医问药		$X^2 = 2.374$	
照料生	不愿意	83.22	79.52	为生活有	不愿意	68.12	68.08
活有困	愿意	16.78	20.48	困难的老	愿意	31.88	31.92
难的老人		$X^2 = 26.84$***		人调解纠纷		$X^2 = 0.002$	
参加向上	不愿意	31.61	34.98	代表老年	不愿意	37.03	38.44
级反映老	愿意	68.39	65.02	人向上级	愿意	62.97	61.56
人的困难		$X^2 = 7.476$**		反映情况		$X^2 = 1.213$	

社会行为		是否信仰宗教		社会行为		是否信仰宗教	
		否	是			否	是
为生活有困难的老人聊天解闷	不愿意	39.14	37.38	参加社区有人组织的老年人娱乐活动	不愿意	37.48	38.80
	愿意	60.86	62.62		愿意	62.52	61.20
		$X^2 = 3.656^*$				$X^2 = 2.090$	

注: $^*0.05 < p < 0.1$, $^{**}0.01 < p \leq 0.05$, $^{***}p \leq 0.01$。"代表老年人向上级反映情况"仅限于城市老年人。

资料来源：郭平、陈刚：《2006 年中国城乡老年人口状况追踪调查数据分析》，中国社会出版社 2009 年版。

从为有困难的老年人提供帮助（做家务、提供照料、聊天解闷、向上级反映老人的困难）的层面上看，信仰宗教的老年人的社会行为表现出更强的利他性。然而，信仰宗教的老年人的利他性社会行为体现出个体性，即他们更愿意做一些非政府、组织或团体的非正式的助他性社会行为，而参加通过政府、组织或团体等有组织的正式的社会行为较少。因此，在是否愿意参加向上级反映老年人的困难上，信仰宗教的老年人比不信仰宗教的老年人少。

（二）宗教信仰与老年人的处事方式

宗教信仰影响老年人的处事方式。与无宗教信仰的老年人相比，信仰宗教的老年人的处事方式趋于保守或消极。

与无宗教信仰的老年人相比，当自己的权益受到侵害时，信仰宗教的老年人不采取任何措施，自认倒霉的比例为 19.50%，比不信仰宗教的老年人高近 5 个百分点；采取通过组织逐级反映的比例达到 56.35%，但仍比不信仰宗教的老年人低近 4 个百分点。信仰宗教的老年人通过写信投诉、法律途径和上访等方式解决问题的比例均比不信仰宗教的老年人低（见表 6—2）。可见，信仰宗教的老年人比无宗教信仰的老年人在面对自身权益受损时，更多的是采取回避、容忍等消极态度。

当子女不赡养老人时，采取单位调解、社区调解和法律等途径的信仰宗教的老年人明显少于不信仰宗教的老年人，更多的老年人选择忍受和承受。与不信仰宗教的老年人相比，当子女不赡养自己时，信仰宗教的老年人中有 21.51% 的老年人选择自己受委屈，比不信仰宗教的老年人高近 3 个百分点；选择通过单位调解、社区调解和打官司的信仰宗教的老年人比不信仰宗教的老年人分别低 2.35%、0.43% 和 0.9%（见表 6—2）。

表 6—2 宗教信仰与老年人的处事方式

单位:%

处事方式		是否信仰宗教		处事方式		是否信仰宗教	
		否	是			否	是
自己权益受到侵害	自认倒霉	14.89	19.50	子女不赡养	自己受委屈	18.66	21.51
	通过组织逐级反映	60.22	56.35		亲属调解	29.67	30.50
	写信投诉	2.89	2.79		单位调解	28.24	25.89
	法律途径	18.58	18.27		社区调解	19.71	19.28
	上访	3.42	3.09		打官司	3.72	2.82
		$X^2 = 45.631^{***}$				$X^2 = 22.489^{***}$	

注:*** $p \leqslant 0.01$。

资料来源：郭平、陈刚：《2006 年中国城乡老年人口状况追踪调查数据分析》，中国社会出版社 2009 年版。

（三）宗教信仰与老年人的家庭地位

与不信仰宗教的老年人相比，信仰宗教的老年人在家庭中的地位，特别是经济地位较低，子女孝顺老人的较少，家庭不和睦的老人较多，帮子女做家务、照看家的老人较多，愿意与子女一起居住的老人较多。

信仰宗教的老年人在家庭中的地位较低，家庭经济决定权由子女掌管的比例相对较高，由老年人自己掌管的相对较少。当家庭需要花钱时，由自己或配偶决定的信仰宗教老年人的比例为 57.0%，比不信仰宗教者低近 7 个百分点；由子女决定的信仰宗教老年人的比例为 38.80%，比不信仰宗教的老年人高近 8 个百分点（见表 6—3）。可见，信仰宗教的老年人在家庭中的经济地位比不信仰宗教的老年人低，信仰宗教的老年人家庭的经济决定权更多归属于子女。

信仰宗教的老年人的子女不孝顺的比例相对较高。在信仰宗教的老年人中，子女孝顺的比例为 71.49%，比不信仰宗教的老年人低 2.61%；子女不孝顺的信仰宗教老年人的比例为 3.02%，比不信仰宗教的老年人高近 1 个百分点（见表 6—3）。信仰宗教的老年人家庭不和睦者多于不信仰宗教的老年人。在信仰宗教的老年人中，虽然家庭和睦的老年人比例高达94.90%，但是仍低于不信仰宗教的老年人；信仰宗教的老年人家庭不和睦的比例为5.1%，比不信仰宗教的老年人高近1个百分点（见表6—3）。

在信仰宗教的老年人中，帮子女照看家庭和做家务的老年人明显多于不信仰宗教的老年人。信仰宗教老年人帮助子女照看家庭和做家务的比例分别是58.66%和40.61%，明显地比不信仰宗教的老年人高3.54个百分点和4.35个百分点（见表6—3）。可见，在家庭日常事务方面，帮助子女的信仰宗教的老年人比不信仰宗教的更多。

虽然信仰宗教的老年人在家庭中的经济地位较低，为子女做家务和照看家庭的较多，但愿意与子女居住的老年人超过了一半，比不信仰宗教的老年人比例高。信仰宗教的老年人愿意与子女一起居住的比例为51.93%，比不信仰宗教的老年人高近8个百分点；不愿意与子女居住的老年人比例为27.99%，比不信仰宗教的老年人低6个百分点（见表6—3）。

表6—3　　　　　　　　　宗教信仰与老年人的家庭地位

单位:%

家庭地位		是否信仰宗教		家庭地位		是否信仰宗教	
		否	是			否	是
帮子女	否	44.88	41.34	子女	很孝顺	31.67	30.78
照看家	是	55.12	58.66	孝顺	比较孝顺	42.43	40.71
		$X^2 = 14.319^{***}$			一般	23.54	25.49
帮子女	否	63.74	59.39		比较不孝顺	1.82	2.33
做家务	是	36.26	40.61		很不孝顺	0.54	0.69
		$X^2 = 22.887^{***}$				$X^2 = 11.96^{*}$	
与子女	愿意	44.45	51.93	家里办大	自己	47.85	43.06
居住	无所谓	21.40	20.08	事时花钱	配偶	15.70	14.03
	不愿意	34.14	27.99	谁说了算	子女	30.90	38.80
		$X^2 = 67.686^{***}$			其他	5.55	4.11
家庭和睦	否	4.18	5.10			$X^2 = 83.977^{***}$	
	是	95.82	94.90				
		$X^2 = 5.58^{*}$					

注：*** $p \leqslant 0.01$，* $0.05 < p < 0.1$。

资料来源：郭平、陈刚：《2006 年中国城乡老年人口状况追踪调查数据分析》，中国社会出版社 2009 年版。

可见，有宗教信仰的老年人更愿意与子女居住在一起，即使他们在家庭中的经济地位较低，子女不孝顺者和家庭不和睦者相对较多。

（四）宗教信仰与老年人的社会参与

宗教信仰影响老年人的社会参与。与不信仰宗教的老年人相比，信仰宗教的老年人主要参与一些非正式的社会组织的活动。

信仰宗教的老年人主要参与一些非正式的社会组织的活动，而且参与水平较低。在信仰宗教的老年人中，参加各种非政府组织的老年人比例近 4%，明显高于不信仰宗教的老年人（1.43%）。信仰宗教的老年人参与兴趣爱好组织的较少，所占比例不到 3%，低于无宗教信仰的老年人（3.89%）（见表 6—4）。

一些正式团体组织的社会公益活动，信仰宗教的老年人的参与水平明显较低。在城市中，信仰宗教的老年人参与治安巡逻、青少年教育的比例分别为 9.29% 和 11.11%，分别比不信仰宗教的老年人低 2.58% 和 1.77%（见表 6—4）。这说明，信仰宗教的老年人社会参与程度明显低于无宗教信仰的老年人。

表 6—4　　　　　　　　宗教信仰与老年人的社会参与

单位：%

社会参与		是否信仰宗教		社会参与		是否信仰宗教	
		否	是			否	是
治安巡逻	不参加	88.13	90.71	参加兴趣	不参加	96.11	97.39
	参加	11.87	9.29	爱好组织	参加	3.89	2.61
		$X^2 = 9.538$**				$X^2 = 13.128$***	
青少年教育	不参加	87.12	88.89	参加其他各种	不参加	98.57	96.01
	参加	12.88	11.11	非政府组织	加	1.43	3.99
		$X^2 = 4.102$*				$X^2 = 100.796$***	

注：* $0.05 < p < 0.1$，** $0.01 < p \leqslant 0.05$，*** $p \leqslant 0.01$。治安巡逻，青少年教育两项仅针对城市老年人。

资料来源：郭平、陈刚：《2006 年中国城乡老年人口状况追踪调查数据分析》，中国社会出版社 2009 年版。

　　信仰宗教的老年人参与老年活动的水平较低。在信仰宗教的老年人中，从不参加老年活动室、老年大学、运动场和老干部活动中心的活动的比例分别是34.49%、24.36%、24.24%和34.96%，分别比不信仰宗教的老年人高8.18%、2.89%、4.95%和1.4%（见表6—5）。可见，信仰宗教的老年人参与老年活动的水平相对较低，明显低于不信仰宗教的老年人。

表6—5　　　　　　　　　　老年教徒参与老年活动的水平

单位:%

活动水平		是否信仰宗教		活动水平		是否信仰宗教	
		否	是			否	是
老年活动室	附近没有	53.27	42.56	运动场	附近没有	56.59	51.49
	从不参加	26.31	34.49		从不参加	19.29	24.24
	偶尔参加	12.26	15.24		偶尔参加	12.68	12.80
	经常参加	8.16	7.71		经常参加	11.44	11.47
		$X^2 = 148.823^{***}$				$X^2 = 46.305^{***}$	
老年大学	附近没有	74.72	70.87	老干部活动中心	附近没有	52.48	58.06
	从不参加	21.47	24.36		从不参加	33.56	34.96
	偶尔参加	2.07	2.25		偶尔参加	8.13	4.16
	经常参加	1.74	2.52		经常参加	5.83	2.82
		$X^2 = 25.116^{***}$				$X^2 = 62.819^{***}$	

　　注:*** $p \leqslant 0.01$。老干部活动中心仅针对城市老年人。

　　资料来源:郭平、陈刚:《2006年中国城乡老年人口状况追踪调查数据分析》，中国社会出版社2009年版。

（五）宗教信仰与老年人的社会态度

　　与不信仰宗教的老年人相比，信仰宗教的老年人更认为跟不上社会的发展，比较赞同自己是社会和家庭的负担，对社会问题持更宽容的态度。但信仰宗教的老年人认为老年人的社会地位有所提高。信仰宗教的老年人的孤独感强，同时幸福感也较强。

　　信仰宗教与不信仰宗教的老年人在孤独感、幸福感、老年人是家庭和社会的负担、老年人跟不上社会的发展、社会存在比较严重的不公平现象、尊敬老年人的年轻人越来越多和社会越来越关心和重视老年人问题等方面的评价上存在显著差异。

　　信仰宗教的老年人的孤独感较强。信仰宗教的老年人常常感到孤独的比例为 28.74%，比不信仰宗教的老年人高近 1 个百分点，经常无孤独感的比例为 60.69%，比不信仰宗教老年人低 2.56%（见表 6—6）。

信仰宗教的老年人的幸福感较强。信仰宗教的老年人有 90.18% 的赞同能够吃饱穿暖就很幸福的说法，比不信仰宗教的老年人高近 1%；赞同过去的老年人没有现在的老年人幸福的比例为 89.27%，比不信仰宗教的老年人高近 1%（见表 6—6）。

信仰宗教的老年人更认同自己是家庭和社会的负担的观点，信仰宗教的老年人的主观评价较低，自我态度较消极。有 50.43% 的信仰宗教老年人认为自己是社会的负担，比不信仰宗教的老年人高近 1 个百分点；认同自己是家庭的负担的信仰宗教老年人的比例为 51.77%，比不信仰宗教老年人高 1.1%（见表 6—6）。可见，信仰宗教的老年人认为自己是家庭和社会的负担的比例均超过一半，而且比例超过不信仰宗教的老年人。

信仰宗教的老年人对社会不公平现象持更宽容的态度。有近 60% 的信仰宗教的老年人认同现在社会存在着比较严重的不公平现象，比不信仰宗教的老年人低 3.53%；同时，有 16.56% 的信仰宗教的老年人认为现在社会不存在比较严重的不公平现象，比不信仰宗教的老年人高 2.22%（见表 6—6）。

信仰宗教的老年人更认为自己跟不上社会的发展。有 73.14% 的信仰宗教的老年人认为自己跟不上社会的发展，比不信仰宗教的老年人高近 2 个百分点；同时，仅有 16.34% 的信仰宗教的老年人认为自己能跟上社会的发展，比不信仰宗教的老年人低 2.23%（见表 6—6）。

与不信仰宗教的老年人相比，信仰宗教的老年人认为老年人社会地位在逐渐提高，因为信仰宗教老年人认为尊敬老年人的年轻人在增多，老年人的问题日益受到社会的重视和关心。有 70.69% 的信仰宗教的老年人认为尊敬老年人的年轻人越来越多，比不信仰宗教老年人高 6.25%；有 87.80% 的信仰宗教的老年人认为社会越来越关心和重视老年人的问题，比不信仰宗教的老年人高 3.84%（见表 6—6）。

虽然在喜欢与别人聊天和结交朋友两项上，信仰宗教与不信仰宗教老年人不存在显著差异，但对二者持认同态度的不信仰宗教老年人的比例均比信仰宗教的老年人高。信仰宗教的老年人喜欢和别人聊天和结交朋友的比例分别为 71.96% 和 60.20%，分别比不信仰宗教的老年人低 1.08% 和 1.5%（见表 6—6）。

表6—6 宗教信仰与老年人的社会态度

单位:%

社会态度		是否信仰宗教		社会态度		是否信仰宗教	
		否	是			否	是
喜欢与人聊天	是	73.04	71.96	老人是社会的负担	是	49.65	50.43
	否	19.88	20.33		否	36.81	34.13
	不好说	7.08	7.72		不好说	13.54	15.44
		$X^2 = 2.285$				$X^2 = 13.056^{***}$	
喜欢结交朋友	是	61.70	60.20	老人是家庭的负担	是	50.67	51.77
	否	27.75	28.72		否	37.75	34.92
	不好说	10.55	11.08		不好说	11.59	13.30
		$X^2 = 2.694$				$X^2 = 13.496^{***}$	
常常感到孤独	是	27.95	28.74	过去的老人没有现在的幸福	是	88.45	89.27
	否	63.25	60.69		否	5.42	4.39
	不好说	8.80	10.57		不好说	6.13	6.34
		$X^2 = 13.056^{***}$				$X^2 = 6.174^{*}$	
吃饱穿暖就很幸福	是	89.39	90.18	尊敬老人的年轻人越来越多	是	64.44	70.69
	否	6.33	4.88		否	15.37	12.83
	不好说	4.29	4.94		不好说	20.19	16.48
		$X^2 = 12.592^{***}$				$X^2 = 48.446^{***}$	
现在和年轻时一样幸福	是	61.61	62.06	社会存在比较严重的不公平现象	是	63.52	59.99
	否	24.74	23.76		否	14.34	16.56
	不好说	13.65	14.18		不好说	22.14	23.45
		$X^2 = 1.716$				$X^2 = 17.068^{***}$	
跟不上社会的发展	是	71.33	73.14	社会越来越关心和重视老人问题	是	83.96	87.80
	否	18.57	16.34		否	5.03	3.32
	不好说	10.10	10.52		不好说	11.01	8.89
		$X^2 = 9.369^{**}$				$X^2 = 34.112^{***}$	

注:$^{*}0.05 < p < 0.1$,$^{**}0.01 < p \leqslant 0.05$,$^{***}p \leqslant 0.01$。

资料来源:郭平、陈刚:《2006年中国城乡老年人口状况追踪调查数据分析》,中国社会出版社2009年版。

因此，与不信仰宗教的老年人相比，信仰宗教的老年人的社会态度更宽容，但自我评价低，孤独感强。信仰宗教的老年人更赞同老年人的社会地位有所提高，受社会的关心与重视，幸福感比不信仰宗教的老年人强。

二　宗教信仰与老年人的经济支持

将老年人的经济支持按来源分为正式经济支持和非正式经济支持。正式经济支持主要是指通过政府、单位和组织发放或提供的经济支持，如政府救助、集体救助、社会养老保险金、企业养老补贴和其他补贴等，非正式经济支持主要是指通过家庭成员提供的经济支持，如子女、孙子女、其他亲戚和人情收入。

信仰宗教与不信仰宗教老年人的经济支持存在显著差异，主要体现在政府救助、集体救助、养老保险、养老补贴、子女/孙子女/亲戚给钱、人情收入和其他补贴上，并表现为信仰宗教老年人获得的正式经济支持相对较少，但救助型正式支持较多，非正式经济支持相对较多。

（一）信仰宗教老年人的正式经济支持较少

从正式经济支持看，信仰宗教老年人获得的正式经济支持明显低于不信仰宗教的老年人。在信仰宗教的老年人中，获得政府救助和集体救助的老年人比例分别是 10.61% 和 4.85%，分别比不信仰宗教的老年人高 1.49% 和 1.99%；信仰宗教老年人有社会养老保险金和企业养老补贴的比例分别是 25.05% 和 3.03%，分别比不信仰宗教的老年人低 2.85% 和 1.47%（见表6—7）。可见，信仰宗教老年人靠政府和集体救助的较多。

表6—7　　　　　　　　　宗教信仰与老年人的经济支持

单位:%

经济支持		是否信仰宗教		经济支持		是否信仰宗教	
		否	是			否	是
政府救助	无	90.88	89.39	孙子女给钱	无	91.08	88.00
	有	9.12	10.61		有	8.92	12.00
	合计	100.00	100.00		合计	100.00	100.00
		$X^2 = 7.425^{**}$				$X^2 = 31.343^{***}$	

续表

经济支持		是否信仰宗教		经济支持		是否信仰宗教	
		否	是			否	是
集体救助	无	97.14	95.15	其他亲戚给钱	无	93.87	91.47
	有	2.86	4.85		有	6.13	8.53
	合计	100.00	100.00		合计	100.00	100.00
		$X^2 = 36.011^{***}$				$X^2 = 26.568^{***}$	
社会养老保险金	无	72.10	74.95	其他人情收入	无	95.77	94.06
	有	27.90	25.05		有	4.23	5.94
	合计	100.00	100.00		合计	100.00	100.00
		$X^2 = 11.469^{***}$				$X^2 = 19.161^{***}$	
企业养老补贴	无	95.50	96.97	其他补贴	无	92.77	89.29
	有	4.50	3.03		有	7.23	10.71
	合计	100.00	100.00		合计	100.00	100.00
		$X^2 = 14.939^{***}$				$X^2 = 47.257^{***}$	
子女给钱	无	54.04	46.90				
	有	45.96	53.10				
	合计	100.00	100.00				
		$X^2 = 57.735^{***}$					

注：$^{**} 0.01 < p \leqslant 0.05$，$^{***} p \leqslant 0.01$。

资料来源：郭平、陈刚：《2006年中国城乡老年人口状况追踪调查数据分析》，中国社会出版社2009年版。

　　政府和集体的救助对象是经济上或生活上有特殊困难，基本生活或最低生活水平难以获得保障的老年人，他们是老年人群体当中更加脆弱的群体。因此政府和集体提供的经济支持是一种救助性的经济支持。可见，在正式经济支持方面，信仰宗教老年人从政府和集体获得的救助明显比不信仰宗教的老年人多，而有社会养老保险金和企业补贴的信仰宗教老年人的比例却相对较少。这说明，信仰宗教老年人的经济能力比不信仰宗教的老年人差。

（二）信仰宗教老年人的非正式经济支持较多

从非正式经济支持看，信仰宗教老年人获得的非正式经济支持明显高于不信仰宗教的老年人。在信仰宗教的老年人中，有子女给钱的老年人比例超过一半，达到53.10%，比不信仰宗教的老年人高7.14%；有孙子女给钱、其他亲戚给钱和其他人情收入的老年人比例分别为12%、8.53%和5.94%，分别比不信仰宗教的老年人高3.08%、2.4%和1.71%（见表6—7）。可见，信仰宗教的老年人的非正式经济支持高于不信仰宗教的老年人。这表明，信仰宗教老年人对家庭成员的经济依赖性比不信仰宗教的老年人强。

从老年人的经济支持看，信仰宗教老年人的正式经济支持显著低于不信仰宗教的老年人，相反，信仰宗教老年人的非正式经济支持显著高于不信仰宗教的老年人。可见，有宗教信仰的老年人的经济独立能力比无宗教信仰的老年人差，对家庭成员和政府、集体的经济依赖性较强。因此，经济独立能力弱，经济困难是信仰宗教老年人的特征之一。

老年人经济上的困难，缺乏安全感，导致他们寻求非正式的经济支持。除家庭成员这一初级群体外，教会与教友等社会群体成为经济独立能力差的老年人寻求经济支持与帮助的重要来源。同时，参与教会的日常宗教事务或活动，教友之间的经济支持与互助进一步促使老年人信仰宗教，增强老年人的宗教信仰与宗教参与。

三　宗教信仰与老年人的晚年照料

（一）信仰宗教老年人的主要照料者

信仰宗教的老年人与不信仰宗教的老年人的主要照料者存在差异。信仰宗教的老年人的主要照料者按比例由高到低前三位分别是儿子、儿媳和女儿，各自比例分别是60.80%、51.20%和48.00%，分别比不信仰宗教的老年人高3.89%、4.75%和5.85%；而不信仰宗教的老年人的主要照料者按比例由高到低前三位分别是儿子、儿媳和配偶，不信仰宗教的老年人由配偶照料的比例为43.53%，明显比信仰宗教的老年人高8.28%（见表6—8）。

可见，信仰宗教的老年人由儿子、儿媳和女儿照料的比不信仰宗教的老年人多，而且存在明显差异。另外，配偶是老年人的主要照料者之一。信仰宗教的老年人由配偶照料的明显低于不信仰宗教的老年人，这是由于信仰宗教的老年人中丧偶者多于不信仰宗教的老年人。

虽然信仰宗教与不信仰宗教的老年人在由女婿、孙子女、其他亲属照料上不存在显著差异，但是信仰宗教的老年人由女婿、孙子女、其他亲属照料的比不信仰宗教的老年人多（见表6—8）。

由养老机构人员和保姆/小时工照料的老年人比例较少，信仰宗教的由养老机构人员照料的老年人的比例为3.49%，明显比不信仰宗教的老年人高2.21%，由保姆/小时工照料的信仰宗教老年人比例为8.97%，比不信仰宗教老年人高1.38%（见表6—8）。

表6—8 宗教信仰与老年人的照料者

单位:%

照料者		是否信仰宗教		照料者		是否信仰宗教	
		否	是			否	是
配偶	无	56.47	64.75	其他亲属	无	94.59	93.50
	有	43.53	35.25		有	5.41	6.50
		$X^2 = 8.480^{***}$				$X^2 = 0.687$	
儿子	无	43.09	39.20	朋友邻居	无	96.05	95.39
	有	56.91	60.80		有	3.95	4.61
		$X^2 = 1.908^{*}$				$X^2 = 0.332$	
儿媳	无	53.55	48.80	志愿人员	无	99.01	99.18
	有	46.45	51.20		有	0.99	0.82
		$X^2 = 2.793^{*}$				$X^2 = 0.096$	
女儿	无	57.85	52.00	村委会乡政府人员	无	96.34	96.47
	有	42.15	48.00		有	3.66	3.53
		$X^2 = 4.302^{*}$				$X^2 = 0.014$	
女婿	无	78.14	75.20	养老机构人员	无	98.72	96.51
	有	21.86	24.80		有	1.28	3.49
		$X^2 = 1.515$				$X^2 = 9.149^{**}$	

续表

照料者		是否信仰宗教		照料者		是否信仰宗教	
		否	是			否	是
孙子女	无	83.83	81.08	保姆	无	92.41	91.03
	有	16.17	18.92	小时工	有	7.59	8.97
		$X^2 = 1.653$			$X^2 = 0.797$		

注：* $0.05 < p < 0.1$，** $0.01 < p \leqslant 0.05$，*** $p \leqslant 0.01$。

资料来源：郭平、陈刚：《2006 年中国城乡老年人口状况追踪调查数据分析》，中国社会出版社 2009 年版。

照料问题是老年人晚年面临的重要挑战之一，不亚于医疗健康问题与经济来源问题。由于信仰宗教老年人的主要照料资源——配偶的减少，使信仰宗教老年人对其他照料者的依赖性增强。因此，由儿子、儿媳和女儿照料的信仰宗教老年人较多，而且由机构照料的信仰宗教老年人也明显多于不信仰宗教的老年人。

（二）宗教信仰与老年人的被照料时间

将老年人的照料者按照料者与被照料者的关系分为家庭照料、亲朋照料与机构照料，从三类照料者近半年对老年人照料所花的时间来分析信仰宗教与不信仰宗教老年人的照料时间的差异。

总体上看，信仰宗教老年人近半年内人均被照料时间为 78.2 天，比不信仰宗教的老年人低 0.5 天。信仰宗教老年人被家庭照料和机构照料的时间分别为 76.5 天和 110.0 天，比不信仰宗教的老年人分别少 1.8 天和 1.4 天，信仰宗教老年人被亲朋照料的时间为 58.4 天，比不信仰宗教的老年人多 14.4 天（见表 6—9）。

从家庭照料看，配偶和儿子半年内对信仰宗教老年人的照料时间少于不信仰宗教的老年人，儿媳、女儿、女婿和孙子女半年内对信仰宗教老年人的时间多于不信仰宗教的老年人。半年内配偶和儿子人均用于照料信仰宗教老年人的照料时间分别是 128.8 天和 69.8 天，分别比不信仰宗教的老年人少 10.8 天和 7.3 天；儿媳、女儿、女婿和孙子女半年内人均用于照料信仰宗教老年人的时间分别是 80.5 天、68.5 天、51.2 天和 48.8 天，分别比不信仰宗教的老年人多 6.5 天、8.5 天、9 天和 3 天（见表 6—9）。可见，在家庭照料方面，信仰宗教老年人被配偶和儿子照料的时间少于不信仰宗教的老年人外，被家庭其他成员照料的时间均多于不信仰宗教的老年人。

从亲朋照料看，半年内信仰宗教老年人被其他亲属、朋友/邻居照料的人均时间均多于不信仰宗教的老年人。半年内其他亲属和朋友/邻居人均用于照料信仰宗教老年人的时间分别是 61.5 天和 53.6 天，分别比不信仰宗教的老年人高 3.2 天和 32.3 天（见表 6—9）。可见，信仰宗教老年人被亲朋照料时间明显高于不信仰宗教的老年人。

从机构照料看，养老机构人员和村委会/乡政府人员用于照料信仰宗教老年人的时间多于不信仰宗教的老年人，而保姆/小时工用于照料信仰宗教老年人的时间则少于不信仰宗教的老年人。半年内养老机构人员和村委会/乡政府人员人均用于照料信仰宗教老年人的时间分别是 146.5 天和 19.9 天，分别比不信仰宗教的老年人多 28 天和 5.6 天；半年内保姆/小时工人均用于照料信仰宗教老年人的时间是 130.7 天，比不信仰宗教的老年人少 14.2 天（见表 6—9）。总体上看，信仰宗教老年人被机构照料时间少于不信仰宗教的老年人。

表 6—9　　　　宗教信仰与老年人近半年内人均被照料时间

单位：人，天

| | 照料者 | 是否信仰宗教 | | | |
| | | 否 | | 是 | |
		N	平均值	N	平均值
	合计	3407	78.7	792	78.2
	配偶	524	139.6	93	128.8
	儿媳	671	74.0	159	80.5
家庭照料	儿子	823	77.1	192	69.8
	女儿	598	60.0	150	68.5
	女婿	291	42.2	62	51.2
	孙子女	205	45.8	53	48.8
	合计	3112	78.3	709	76.5

续表

照料者		是否信仰宗教			
		否		是	
		N	平均值	N	平均值
亲朋照料	合计	3407	78.7	792	78.2
	其他亲属	78	58.3	17	61.5
	朋友/邻居	49	21.3	11	53.6
	合计	127	44.0	28	58.4
机构照料	养老机构人员	15	118.5	12	146.5
	保姆/小时工	113	144.9	31	130.7
	村委会/乡政府人员	40	14.3	12	19.9
	合计	168	111.4	55	110.0

资料来源：郭平、陈刚：《2006年中国城乡老年人口状况追踪调查数据分析》，中国社会出版社2009年版。

参与宗教佛事活动的老人临终前需要完全照料的时间短，若不考虑其他因素，那些经常参与宗教佛事活动的老人临终前需要完全照料的天数比那些从不参与此类活动的老人少48天，若其他条件均相同，两者之间的差异缩小为30—33天；有宗教信仰的老人临终前绝望和抑郁的发生率较低，他们比没有宗教信仰的人对生命和来世持有更积极的态度，这种积极态度促使他们积极主动地生活，从而缩短了临终前需要他人完全照料的时间[①]。

老年人的照料时间主要取决于两个因素：一是老年人的健康状况；二是老年人的照料者的多寡。老年人的健康状况好，老年人需要照料的时间少；老年人照料者多，人均用于照料老年人的时间少。信仰宗教老年人健康状况比不信仰宗教的老年人差，但总体上被照料时间少于不信仰宗教的老年人。

---

① 顾大男、柳玉芝、章颖新、任红、曾毅：《我国老年人临终前需要完全照料的时间分析》，《人口与经济》2007年第6期。

四 宗教信仰与老年人的闲暇活动

信仰宗教老年人的闲暇活动与不信仰宗教的老年人是否存在差异，信仰宗教老年人的闲暇活动呈现出哪些特征？下面将对信仰宗教与不信仰宗教的老年人的闲暇活动进行对比分析，试图回答以上问题。

（一）信仰宗教与不信仰宗教老年人的闲暇活动比较

首先，什么是闲暇？闲暇是去掉生理必需时间和维持生计所必需的时间之后，自己可以判断和选择的自由支配时间①。Parker 认为闲暇是满足工作和生活的基本需要之后的剩余时间；Krausy 认为闲暇是扣除用于工作和与工作相关的职责以及从事其他形式的必要活动后个人所拥有的那部分时间②。伦敦城市研究所将闲暇界定为除工作时间之外，自己能自主地参与活动机会的时间③。可见，闲暇是人们除去必要的工作和生活所需要的时间后，自己能自主地自由地支配的时间。因此，闲暇活动是人们在闲暇时间里所从事的社会活动，它直接受个人支配。

在进入老年期以后，老年人逐渐退出生产和工作领域，除开必要的基本生活需要时间之后，闲暇时间大幅增加，闲暇活动增多。老年人绝大多数时间均用于闲暇活动，闲暇活动成为老年人晚年最重要的社会活动，对老年人的身心恢复和健康有着重要作用。因此，闲暇活动对老年人的生活质量特别重要。

参考纳什的闲暇活动层次论④，按老年人闲暇活动的目的，可将老年人的十六项闲暇活动分为三类：A 类，娱乐消遣型，包含听广播/看电视、读书看报、打麻将/打牌/下棋、看电影/听戏、旅游、唱歌/跳舞、逛公

---

① Abbott, Michael, and Orley Ashenfelter, "Labour supply, commodity demand and the allocation of time." *The Review of Economic Studies*, 1976, pp. 389 – 411.

② Anderton, Derrick. *Looking at leisure*. Hodder & Stoughton, 1992.

③ Ausubel, Jesse H. , and Arnulf Grübler, "Working less and living longer: Long – term trends in working time and time budgets." *Technological Forecasting and Social Change*, Vol. 50, No. 3, 1995, pp. 195 – 213.

④ 李仲广：《闲暇经济论》，东北财经大学博士学位论文，2005 年，第 43 页。

园、集邮/收藏、散步、种花/养宠物。B 类，运动健身型，包含打太极拳、做保健操、参加球类运动。C 类，学习创造型，包含学/用手机、作书画、学电脑/上网。

从 A 类娱乐消遣型看，信仰宗教老年人的闲暇活动按比例由高到低依次分别是听广播/看电视（82.75%）、散步（62.12%）、读书看报（21.60%）、逛公园（20.48%）、看电影/听戏（19.04%）、种花/养宠物（18.19%）、打麻将/打牌/下棋（16.67%）、旅游（6.34%）、唱歌/跳舞（4.90%）和集邮/收藏（0.76%）（见表6—10）。信仰宗教老年人与不信仰宗教老年人在听广播/看电视、读书看报、打麻将/打牌/下棋、看电影/听戏、散步和种花/养宠物六项活动上存在显著差异。信仰宗教老年人在听广播/看电视和看电影/听戏方面分别比不信仰宗教的老年人高1.71%和1.17%；在读书看报、打麻将/打牌/下棋、散步和种花/养宠物方面分别比不信仰宗教的老年人低8.63%、3.41%、3.5%和1.35%。可见，信仰宗教老年人参与 A 类闲暇活动的程度比不信仰宗教的老年人低。

从 B 类运动保健型看，信仰宗教老年人闲暇活动按比例由高到低依次分别是做保健操（8.19%）、打太极拳（3.87%）和参加球类运动（1.61%），其中做保健操和参加球类运动两项与不信仰宗教的老年人存在显著差异，做保健操的信仰宗教老年人比不信仰宗教老年人高1.12%，参加球类运动的信仰宗教老年人比不信仰宗教老年人低0.75%（见表6—10）。可见，信仰宗教老年人参与 B 类闲暇活动的程度比不信仰宗教的老年人高。

从 C 类学习创造型看，信仰宗教老年人闲暇活动按比例由高到低依次分别是（学）用手机（6.13%）、作书画（2.14%）和学电脑/上网（0.91%），信仰宗教老年人与不信仰宗教老年人在三项闲暇活动上存在显著差异。信仰宗教的老年人分别比不信仰宗教的老年人低0.8%、0.86%和0.76%（见表6—10）。可见，信仰宗教老年人参与 C 类闲暇活动的程度非常低。

表 6—10   宗教信仰与老年人的闲暇活动

单位:%

闲暇活动		是否信仰宗教		闲暇活动		是否信仰宗教	
		否	是			否	是
学/用手机	否	93.07	93.87	作书画	否	97.00	97.86
	是	6.93	6.13		是	3.00	2.14
		$X^2 = 2.857^*$				$X^2 = 7.540^{**}$	
打太极拳	否	96.24	96.13	旅游	否	93.65	93.66
	是	3.76	3.87		是	6.35	6.34
		$X^2 = 0.100$				$X^2 = 0.001$	
做保健操	否	92.93	91.81	唱歌/跳舞	否	95.50	95.10
	是	7.07	8.19		是	4.50	4.90
		$X^2 = 5.263^*$				$X^2 = 1.033$	
听广播/看电视	否	18.96	17.25	集邮/收藏	否	98.92	99.24
	是	81.04	82.75		是	1.08	0.76
		$X^2 = 5.426^*$				$X^2 = 2.793$	
读书看报	否	69.77	78.40	逛公园	否	80.70	79.52
	是	30.23	21.60		是	19.30	20.48
		$X^2 = 102.806^{***}$				$X^2 = 2.505$	
打麻将/打牌/下棋	否	79.92	83.33	学电脑/上网	否	98.33	99.09
	是	20.08	16.67		是	1.67	0.91
		$X^2 = 20.938^{***}$				$X^2 = 10.865^{***}$	
参加球类运动	否	97.64	98.39	散步	否	34.38	37.88
	是	2.36	1.61		是	65.62	62.12
		$X^2 = 7.198^{**}$				$X^2 = 15.218^{***}$	
看电影/听戏	否	82.13	80.96	种花/养宠物	否	80.46	81.81
	是	17.87	19.04		是	19.54	18.19
		$X^2 = 2.628^*$				$X^2 = 3.281^*$	

注:$^*0.05 < p < 0.1$,$^{**}0.01 < p \leqslant 0.05$,$^{***}p \leqslant 0.01$。

资料来源:郭平、陈刚:《2006 年中国城乡老年人口状况追踪调查数据分析》,中国社会出版社 2009 年版。

信仰宗教的老年人在的闲暇活动除了与不信仰宗教老年人有一些重合外，还具备自己的特征，即从事宗教佛事活动，如礼拜、去教堂/寺庙/道观听道、参与教堂/寺庙/道观组织的宗教仪式、读经、传道、祷告、拜神/佛/上帝等。

信仰宗教老年人的闲暇活动比例最高的是听广播/看电视。年龄越大时间弹性最大，老年人是各个年龄段中看电视时间最长的[①]，老年教徒也不例外。

我国老年人的闲暇活动从 20 世纪 80 年代末至今发生了较大变化。20世纪 80 年代我国老年人散步的比例为 53.2%，看电视的比例为 43.2%[②]。与过去相比，我国老年人散步和看电视的比例已经大幅提高，这说明我国老年人闲暇活动随着生活水平的提高发生了较大变化。

可见，我国信仰宗教老年人的闲暇活动呈现出整体参与水平较低，娱乐消遣型和学习创造型参与程度低于不信仰宗教老年人，而运动保健型闲暇活动参与程度高于不信仰宗教的老年人的特征。这反映我国老年教徒的健康状况较差，健康需求大。

（二）信仰宗教老年人闲暇活动的特征

将 16 项闲暇活动每项按有计 1 分，无计 0 分，分别将得分相加，分值在 0—16 分之间，得分越高，说明老年人的平常闲暇活动越多，日常生活越丰富。

1. 信仰宗教老年人的闲暇活动比不信仰宗教老年人少

信仰宗教和不信仰宗教老年人闲暇活动参与水平从 0 项到 2 项快速上升，信仰宗教老年人上升速度快于不信仰宗教老年人；到 2 项时达到峰值，随后急剧下降，信仰宗教老年人闲暇活动参与水平一直低于不信仰宗教的老年人，而且闲暇活动参与水平下降速度快于不信仰宗教老年人。

信仰宗教老年人闲暇活动参与水平从 0 项的 4.67% 上升到 2 项 30%左右，上升起过 25 个百分点，而不信仰宗教老年人从 5.59% 上升到

---

① 王琪延、雷韬、石磊：《看电视京城市民最主要的闲暇活动——北京市居民生活时间分配调查系列报告（之三）》，《北京统计》2002 年第 9 期。

② 辜胜阻、王冰：《我国老年人口闲暇活动模式浅析》，《中国人口科学》1989 年第 4 期。

26%，上升超过 20 个百分点，可见，信仰宗教老年人上升速度快于不信仰宗教老年人。闲暇活动参与水平超过 2 项后，信仰宗教老年人的参与水平急剧下降，下降到 3 项的 15.61%，下降近 14 个百分点，而不信仰宗教老年人仅下降近 10 个百分点。之后，不信仰宗教的老年人闲暇活动参与水平一直高于信仰宗教的老年人，到 10 项及以上时，不信仰宗教老年人闲暇活动参与水平仍保持在 1% 以上（见图 6—1）。因此，信仰宗教老年人的闲暇活动参与水平低于不信仰宗教老年人。

信仰宗教老年人闲暇活动参与水平低，是因为他们的宗教活动相应较多的原因。

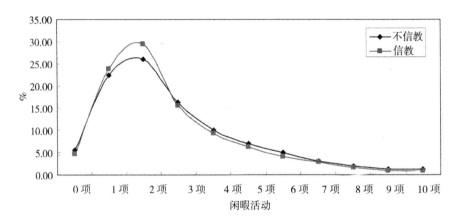

图 6—1 信仰宗教与不信仰宗教老年人闲暇活动比较

资料来源：郭平、陈刚：《2006 年中国城乡老年人口状况追踪调查数据分析》，中国社会出版社 2009 年版。

2. 信仰佛教和道教的老年人闲暇活动参与水平较高

不同宗教信仰的老年人闲暇活动参与水平呈现一定差异。总体上看，随着闲暇活动的增多，到 2 项时，参与水平最高，随后不同宗教信仰的老年人的参与水平急剧下降。闲暇活动增加到 4 项时，除佛教教徒参与水平在 10% 以上外，其他宗教信仰的老年人的参与水平均低于 10%，之后闲暇活动参与水平逐渐下降。

信仰佛教和道教的老年人的闲暇活动参与水平较高，信仰伊斯兰教的老年人闲暇活动的参与水平最低。闲暇活动在 6 项时，佛教老年信徒的参与水平为 5.21%，道教为 4.4%，而伊斯兰教老年信徒参与水平已经降到

1%左右；闲暇活动增加到 8 项时，道教信徒的参与水平为 3.3%，佛教信徒为 1.5%，伊斯兰教信徒的参与水平在 1% 左右；当闲暇活动增加到 10 项及以上时，佛教信徒的参与水平为 1.2%，伊斯兰教信徒的参与水平不足 0.5%（见图 6—2）。

　　老年穆斯林的闲暇活动参与水平较其他宗教信仰的低，是因为老年穆斯林几乎将所有的闲暇时间均用于宗教活动。老年穆斯林每天必须完成五项功修中的礼拜。这要求穆斯林要面向"克尔白"（天房）礼拜，每次礼拜要完成一套立正、赞颂、鞠躬、叩头、跪坐等动作；礼拜包括有每日五次拜：晨礼（在破晓以后）、晌礼（在午后）、脯礼（在太阳落山以后）、昏礼（在黄昏时）和宵礼（在夜晚），每周五午后的一次"主麻"拜。老年穆斯林宗教活动时间占据闲暇活动的时间的增多，用于参与其他闲暇活动的时间自然减少。

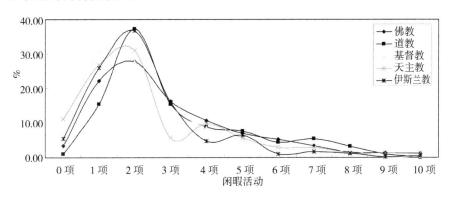

图 6—2　不同宗教信仰老年人的闲暇活动比较

　　资料来源：郭平、陈刚：《2006 年中国城乡老年人口状况追踪调查数据分析》，中国社会出版社 2009 年版。

　　3. 男性老年信徒的闲暇活动参与水平高于女性

　　男性老年信徒闲暇活动参与水平高于女性。闲暇活动在 2 项以前，男性老年信徒的参与水平低于女性；当闲暇活动超过 2 项以后，男性老年信徒闲暇活动参与水平均高于女性。

　　平常不参加、参加 1 项和参加 2 项闲暇活动的男性老年信徒的比例分别为 3.05%、22.03% 和 28.47%，比女性分别低 2.51%、2.98% 和 1.6%；闲暇活动超过 2 项以后，男性老年信徒的参与水平均高于女性（见图 6—3）。

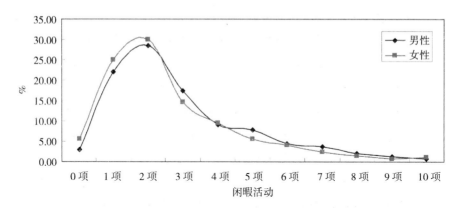

图6—3　老年信徒闲暇活动参与水平的性别差异

资料来源：郭平、陈刚：《2006年中国城乡老年人口状况追踪调查数据分析》，中国社会出版社2009年版。

这主要是因为老年女性的宗教委身高于男性，宗教参与多于男性。就每周和每天参与宗教活动的频率和祈祷次数看，女性比男性多①。在我国有16.78%的老年人参加宗教活动，几乎每天都参加的占4.1%，其中男性占10.59%，女性占21.50%②。另外，中国传统社会中"男主外女主内"的家庭分工模式，使许多老年妇女仍然承担着较多的家务劳动。因此，女性的闲暇活动参与水平低于男性。

4. 低龄老年信徒闲暇活动参与水平高于高龄老人

随着年龄的增加，老年信徒闲暇活动参与水平逐渐降低。平常不参加任何闲暇活动的高龄老年信徒的比例是8.88%，分别比60—69岁和70—79岁老年信徒高近6个百分点和近4个百分点；参加1项闲暇活动的比例是35.50%，分别比60—69岁和70—79岁老年信徒高近16个百分点和11个百分点；平常参加2项闲暇活动的比例为30.18%，比60—69岁老年信徒高近2个百分点；当闲暇活动超过2项时，高龄老年信徒的闲暇活动参与水平均低于中龄和低龄老年信徒（见图6—4）。

中、高龄老年教徒闲暇活动参与水平低主要是受健康条件的限制。

---

① Miller, Tracy, "US Religious Landscape Survey Religious Beliefs and Practices: Diverse and Politically Relevant." 2008, pp. 1 – 272.

② Brown, Philip H., and Brian Tierney, "Religion and subjective well – being among the elderly in China." *The Journal of Socio – Economics*, Vol. 38, No. 2, 2009, pp. 310 – 319.

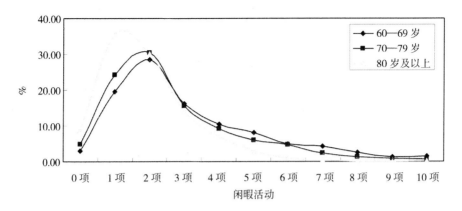

图 6—4　老年信徒闲暇活动参与水平的年龄差异

资料来源：郭平、陈刚：《2006 年中国城乡老年人口状况追踪调查数据分析》，中国社会出版社 2009 年版。

5. 文化程度高的老年信徒闲暇活动参与水平高

文化程度低的老年信徒闲暇活动参与水平比文化程度高的老年信徒低。文化程度低的老年信徒主要集中在参与 1—3 项闲暇活动；文化程度高的老年信徒，随着闲暇活动的增加，仍保持较高参与水平。没上过学、小学文化和初中文化的老年信徒闲暇活动参与水平最高值出现在 2 项闲暇活动时；而高中及以上文化的老年信徒的最高值出现在 5 项闲暇活动时，而且同时参与多项闲暇活动的水平较高（见图 6—5）。

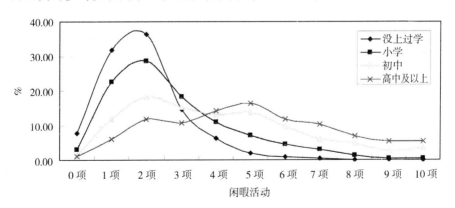

图 6—5　老年信徒闲暇活动参与水平的文化程度差异

资料来源：郭平、陈刚：《2006 年中国城乡老年人口状况追踪调查数据分析》，中国社会出版社 2009 年版。

6. 汉族老年信徒的闲暇活动参与水平高于少数民族

汉族老年信徒闲暇活动的参与水平高于少数民族老年信徒。

从图6—6可知，少数民族老年信徒同时参与3项及以下闲暇活动的比例高于汉族老年信徒，汉族老年信徒同时参与4项及以上闲暇活动的比例高于少数民族老年信徒。

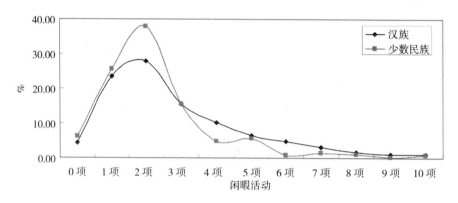

图6—6　老年信徒闲暇活动参与水平的民族差异

资料来源：郭平、陈刚：《2006年中国城乡老年人口状况追踪调查数据分析》，中国社会出版社2009年版。

7. 无配偶老年信徒的闲暇活动参与水平低于有配偶老年信徒

无配偶的老年信徒的闲暇活动参与水平低于有配偶老年信徒。平常仅参加2项及以下闲暇活动的无配偶老年信徒的比例明显高于有配偶的老年信徒，无配偶老年信徒参与1—2项闲暇活动的参与水平较高。有配偶的老年信徒，平常同时参与3项及以上闲暇活动的参与水平明显高于无配偶老年信徒（见图6—7）。

8. 城市老年信徒的闲暇活动参与水平高于农村

城市老年信徒平常参与的闲暇活动多于农村老年信徒。农村老年信徒参与2项及以下闲暇活动的比例高于城市老年信徒，农村老年信徒平常仅参加1—2项的老年人比例超过了70%。城市老年信徒参加3项及以上闲暇活动的比例明显高于农村老年信徒（见图6—8）。可见，我国农村老年信徒的闲暇活动参与水平较低，闲暇活动少。

通过对信仰宗教与不信仰宗教以及信仰不同宗教的老年人的闲暇活动参与水平的比较发现，信仰宗教老年人闲暇活动参与水平低于不信仰宗教

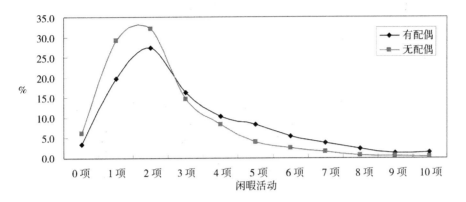

图 6—7　老年教徒闲暇活动参与水平的婚姻状况差异

资料来源：郭平、陈刚：《2006 年中国城乡老年人口状况追踪调查数据分析》，中国社会出版社 2009 年版。

的老年人。不同宗教信仰的老年人闲暇活动参与水平存在差异。信仰佛教和道教的老年人闲暇活动参与水平较高，信仰伊斯兰教的老年人闲暇活动参与水平低。信仰宗教老年人闲暇活动参与水平在性别、年龄、民族、城乡、文化程度、婚姻状况上存在差异。

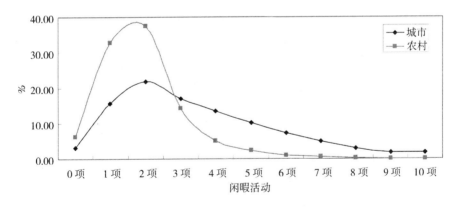

图 6—8　老年信徒闲暇活动参与水平的城乡差异

资料来源：郭平、陈刚：《2006 年中国城乡老年人口状况追踪调查数据分析》，中国社会出版社 2009 年版。

可见，闲暇活动参与水平低是信仰宗教老年人的一个特征。信仰宗教老年人参与闲暇活动较少一方面反映出他们社会参与水平低；另一方面说明他们日常精神文化生活单调。选择信仰宗教，老年人宗教参与的增多，可以使老年人融入更大的社会网络中，增加与人的交流和沟通。宗教参与的娱乐功能、提供参与社会的机会、增强情感交流等，对闲暇活动是一种代替。

五　宗教信仰与老年人的日常生活服务的使用与需求

我国已经进入老龄社会，老年人日常生活服务体系的建立对老年人极其重要。社会日常生活服务的需求日益增大是人口老龄的挑战之一，对日常生活服务体系与服务质量的要求不断提高。老年日常生活服务体系其实质是为老年人提供社会支持，这些社会支持包括健康护理、日常照料、政策支持、心理健康支持、日常陪护，等等。在我国人口老龄化不断发展的情况下，我国信仰宗教老年人对日常生活服务的使用状况如何？他们对日常生活服务的需求有多大？信仰宗教老年人与不信仰宗教老年人在日常生活服务的使用与需求上是否存在差异？

2006 年数据对老年人日常生活服务的使用和需求状况进行了调查。农村问卷中仅含四项内容，分别是上门做家务、上门护理、上门看病和聊天解闷；城市问卷中除包含农村问卷的项目外，还增加老年人服务热线、康复治疗、法律援助、帮助日常购物、陪同看病和老年饭桌或送饭。接下来将对信仰宗教老年人与不信仰宗教老年人日常生活服务的使用和需求情况进行对比分析，回答以上问题。

（一）信仰宗教老年人日常生活服务的使用情况

从使用情况来看，按信仰宗教老年人对十项日常生活服务的使用率的由高到低依次分别是上门看病（17.72%）、聊天解闷（4.73%）、上门做家务（4.46%）、康复治疗（2.42%）、法律援助（1.56%）、上门护理（1.41%）、老年人服务热线（1.35%）、陪同看病（0.98%）、帮助日常购物（0.55%）和老年饭桌或送饭（0.55%）（见表6—11）。可见，信仰宗教老年人日常生活服务的使用率较低，除上门看病外，其他日常生活服务的使用率都低于5%，而且陪同看病、帮助日常购物和老年饭桌或送饭的使用率甚至低于1%。上门看病的使用率最高，这反映出信仰宗教老年人慢性病患病率高，健康保健需求大的特征。

从不信仰宗教老年人日常生活服务的使用率看，居前三位的分别是上门看病（19.00%）、上门做家务（4.56%）和聊天解闷（3.93%）；其他日常生活服务的使用率均低于2%（见表6—11）。可见，不信仰宗教老年人的日常生活服务的使用率也较低，除上门看病外，其他各项的使用率均低于5%，帮助日常购物和老年饭桌或送饭的使用率低于1%。

信仰宗教老年人与不信仰宗教老年人日常生活服务的使用情况呈现出一定差异。首先，无论是信仰宗教老年人还是不信仰宗教老年人，上门看病服务的使用率最高，是其他项目的4倍以上。其次，对日常生活服务的使用存在差异。聊天解闷服务的使用率在信仰宗教老年人中居第二位，而在不信仰宗教老年人中居第三位；上门做家务服务的使用率在信仰宗教老年人中居第三位，而在不信仰宗教老年人中居第二位。最后，信仰宗教老年人多数日常生活服务的使用率比不信仰宗教老年人高。除了上门看病、上门做家务、帮助日常购物和陪同看病四项外，信仰宗教老年人其他六项日常生活服务的使用率均不同程度地高于不信仰宗教老年人。

（二）信仰宗教老年人日常生活服务的需求情况

信仰宗教老年人日常生活服务的需求由高到低依次是：上门看病（39.20%）、聊天解闷（26.73%）、上门做家务（23.17%）、上门护理（21.33%）、法律援助（16.29%）、康复治疗（15.22%）、老年人服务热线（14.08%）、陪同看病（11.71%）、帮助日常购物（10.31%）和老年饭桌或送饭（9.70%）（见表6—11）。可见，信仰宗教老年人对上门看病服务的需求，聊天解闷和上门做家务分别位列第二位和第三位。

不信仰宗教老年人日常生活服务需求由高到低分别是上门看病（43.55%）、聊天解闷（29.34%）、上门做家务（25.35%）、上门护理（23.50%）、法律援助（21.54%）、康复治疗（18.77%）、老年人服务热线（17.36%）、陪同看病（12.13%）、帮助日常购物（10.67%）和老年饭桌或送饭（10.09%）（见表6—11）。可见，不信仰宗教老年人对上门看病服务的需求最大。

与不信仰宗教老年人相比，信仰宗教老年人日常生活服务的需求水平更低。从上门做家务到老年饭桌或送饭（信仰宗教老年人与不信仰宗教老年人日常生活服务需求高低顺序相同），不信仰宗教老年人的需求依次分别低 4.35%、2.61%、2.18%、2.17%、5.25%、3.55%、3.28%、0.42%、0.36% 和 0.39%。在上门看病和法律援助二项服务上，信仰宗教与不信仰宗教老年人的需求差异最大。可见信仰宗教老年人与不信仰宗教老年人在日常生活服务需求方面存在差异，信仰宗教老年人日常生活服务需求较低。

表6—11　信仰宗教老年人的日常生活服务项目的使用与需求情况

单位:%

服务项目	用过/需要	是否信仰宗教		服务项目	用过/需要	是否信仰宗教	
		否	是			否	是
上门做家务	用过	4.56	4.46	康复治疗	用过	1.92	2.42
	需要	25.35	23.17		需要	18.77	15.22
上门护理	用过	1.40	1.41	法律援助	用过	1.09	1.56
	需要	23.50	21.33		需要	21.54	16.29
上门看病	用过	19.00	17.72	帮助日常购物	用过	0.88	0.55
	需要	43.55	39.20		需要	10.67	10.31
聊天解闷	用过	3.93	4.73	陪同看病	用过	1.05	0.98
	需要	29.34	26.73		需要	12.13	11.71
老年人服务热线	用过	1.19	1.35	老年饭桌或送饭	用过	0.52	0.55
	需要	17.36	14.08		需要	10.09	9.70

注：老年人服务热线、康复治疗、法律援助、帮助日常购物、陪同看病、老年饭桌或送饭调查对象为城市老年人。

资料来源：郭平、陈刚：《2006 年中国城乡老年人口状况追踪调查数据分析》，中国社会出版社 2009 年版。

（三）信仰宗教老年人日常生活服务的需求与使用的差异

信仰宗教老年人日常生活服务的需求与使用存在较大差距，表现在两个方面，一个是使用水平与需求水平；另一个是使用与需求的程度。

从日常生活服务的需求水平与使用水平看，信仰宗教老年人对每项日常生活服务的需求水平远远高于使用水平。有近40%的信仰宗教老年人需要上门看病服务，而使用率仅为 18%，需求水平是使用水平的 2 倍；有超过 1/4 的信仰宗教老年人需要聊天解闷服务，而使用水平仅为 5% 左右，需求水平是使用水平的 6 倍；有超过 1/5 的信仰宗教老年人需要上门做家务服务，而使用水平仅为 5% 左右，需求水平是使用水平的 5 倍。另外，日常生活服务使用水平越低，需求水平与使用水平之间的差异越大。信仰宗教老年人帮助日常购物和老年饭桌或送饭的使用水平均是 0.55%，而需求水平分别是使用水平的 19 倍和 18 倍。

从需求与使用程度上看，信仰宗教老年人对日常生活服务的需求与使用顺序存在差异。前三位日常生活服务的需求水平和使用水平由高到低依次是上门看病、聊天解闷和上门做家务。上门护理在需求中居第四位，而在使用水平中居第六位；康复治疗在需求中居第六位，而在使用水平中居第四位。这表明，信仰宗教老年人的日常生活服务存在需求与使用的脱节。

信仰宗教老年人日常生活服务呈现出使用水平低的特征，一是与老年人生活的社区是否提供相关的服务有关；二是与相关服务的收费水平和老年人自身的经济能力相关。信仰宗教老年人日常生活服务的使用水平低于需求水平的情况表明，社区提供的相关日常生活服务资源较少，服务项目的收费水平超出老年人的支付能力，同时也反映出信仰宗教老年人经济能力较差。

六　宗教信仰与老年人的亲属网络

社会网络是一定范围的个人之间相对稳定的社会关系，个人的社会网络是个人对获得各种资源支持的社会网络，通过社会支持网络的帮助，人们解决日常生活中的问题与危机，并维持日常生活的正常运行[1]。良好的社会支持网络有益于缓减生活压力，有益于个人身心健康和发展。社会支持网络的缺乏，则会导致个人正常的日常生活出现问题与困难。

亲属网络是老年人社会网络中的一个重要组成部分，亲属网络是指老年人与亲戚、朋友、邻居形成的固定的、亲密的社会联系。它作为非正式

---

① 　贺寨平：《国外社会支持网研究综述》，《国外社会科学》2001 年第 1 期。

支持网络，与正式支持网络同样重要。亲属网络在个人突发事件和出现危机需要动员社会资源时特别有用，当亲属与个人的朋友、邻居有联系时，作用更大。朋友提供的感情和工具性支持没有父母和成人子女多，但和兄弟姐妹几乎一样，且比兄弟姐妹提供更多的陪伴性支持；许多没有亲属关系的人经常有亲密的朋友，这些朋友像亲属一样提供各种各样的支持①。亲属网络可以为老年人提供经济支持、情感支持和工具性支持。因此，亲属网络对维持与改善老年人晚年生活质量相当重要。

亲属网络规模的大小与亲属网络提供的支持的数量与质量存在一定联系。韦尔曼等人发现，网络规模越大，提供情感支持、物品、服务及陪伴支持的网络成员的数量就越大；同时，网络规模越大，提供支持的网络成员的比例也越高②。因此具有大规模社会网的人在两方面都占优势，不仅网络中潜在的社会支持提供者较多，而且每个成员提供支持的可能性大。

本书将亲属网络规模界定为能与老年人见面或联系、谈心和为老年人提供帮助的亲属和朋友的数量。亲属网络支持包含亲属和朋友提供的情感性支持，物质性或工具性支持两个内容。

2006年数据提供老年人能见面或联系、谈心、提供帮助的亲属和朋友的数量的数据，分为六个问题，分别是每个月至少见一次面或能联系的亲属有几位，能放心与其谈论心里话的亲属有几位，能帮上忙的亲属有几个，每个月至少见一次面或能联系的朋友有几位，能放心与其谈论心里话的朋友有几位，能帮上忙的朋友有几个。将见面或联系和谈心视为情感性支持，将帮助视为物质性或工具性支持。

本节将讨论信仰宗教老年人与不信仰宗教老年人亲属网络规模的大小是否存在差异？不同宗教信仰老年人的亲属网络规模是否不同？信仰宗教与不信仰宗教老年人亲属网络支持的差异？

（一）信仰宗教与不信仰宗教的老年人的亲属网络规模及支持的差异

1. 信仰宗教老年人从亲属处获得的情感支持略大于不信仰宗教老年人

信仰宗教与不信仰宗教老年人的亲属网络规模无显著差异。信仰宗教

---

① Wellman, Barry, and Scot Wortley, "Brothers' keepers: Situating kinship relations in broader networks of social support." *Sociological Perspectives*, Vol. 32, No. 3, 1989, pp. 273 – 306.

② 贺寨平：《国外社会支持网研究综述》，《国外社会科学》2001年第1期。

与不信仰宗教老年人从亲属处获得的情感性支持大于物质性支持或工具性支持，信仰宗教老年人从亲属处获得的情感性支持略大于不信仰宗教老年人。

信仰宗教老年人至少能与 1 位亲属见面或联系、谈心和提供帮助的比例分别是 87.12%、84.51% 和 82.61%，不信仰宗教的老年人比例分别是 86.42%、84.15% 和 82.55%，比不信仰宗教的老年人分别高 0.70%、0.36% 和 0.06%（见表6—12）。信仰宗教老年人至少能从 1 位亲属处获得帮助的比例分别比见面和谈心的低近 5 个百分点和近 2 个百分点，不信仰宗教老年人至少能从 1 位亲属处获得帮助的比例分别比见面和谈心的低近 4 个百分点和近 2 个百分点。

可见，信仰宗教与不信仰宗教老年人从亲属处获得的情感性支持大于物质性或工具性支持，而且信仰宗教老年人从亲属处获得的情感性支持大于不信仰宗教老年人。

2. 信仰宗教老年人从朋友所获得的情感支持大于不信仰宗教老年人

信仰宗教老年人至少有 1 位朋友见面或联系、谈心和提供帮助的比例分别是 64.66%、62.02% 和 58.07%。信仰宗教老年人至少有 1 位朋友见面或联系与谈心的比例比需要时至少能从 1 位朋友处获得帮助的比例分别高近 7 个百分点和近 4 个百分点，不信仰宗教老年人至少有 1 位朋友见面或联系与谈心的比例比需要时至少能从 1 位朋友上获得帮助的比例分别高 5 个百分点和近 4 个百分点（见表6—12）。信仰宗教老年人至少有 1 位朋友见面或联系与谈心的比例比不信仰宗教的老年人高 2 个百分点。

可见，信仰宗教与不信仰宗教老年人从朋友处获得的情感支持大于物质支持或工具性支持，而且信仰宗教老年人从朋友处获得的情感支持大于不信仰宗教老年人。

3. 信仰宗教老年人从亲属处获得的情感和物质或工具性支持远远大于朋友

信仰宗教老年人至少能与 1 位亲属见面或联系、谈心和提供帮助的比例分别是 87.12%、84.51% 和 82.61%，比至少有 1 位朋友见面或联系、谈心和提供帮助的比例分别高 22.46 个、22.49 个和 24.54 个百分点（见表6—12）。可见，亲属对信仰宗教老年人提供的情感性支持、物质性支持或工具性支持远远大于朋友。

表6—12　　　　是否信仰宗教与老年人的亲属网络规模与支持的差异

单位:%

是否信仰宗教			网络规模						
			无	1人	2人	3—4人	5—8人	9人及以上	X^2
亲属	见面联系	否	13.57	11.58	20.42	27.32	18.22	8.88	7.353
		是	12.88	11.58	20.73	26.76	17.82	10.23	
	谈心	否	15.85	16.09	25.21	25.12	12.27	5.46	9.682*
		是	15.50	17.56	23.21	25.91	12.59	5.24	
	获得帮助	否	17.46	10.57	20.20	24.89	17.24	9.65	7.316
		是	17.39	10.09	18.71	25.83	17.39	10.59	
朋友	见面联系	否	36.07	10.25	17.56	18.15	10.53	7.44	10.103*
		是	35.34	8.98	17.45	18.92	10.83	8.48	
	谈心	否	37.61	14.21	20.71	16.40	7.00	4.06	6.720
		是	37.98	12.65	20.74	17.39	7.12	4.12	
	获得帮助	否	41.35	10.21	17.98	16.47	7.99	6.00	2.682
		是	41.94	9.95	17.42	16.19	7.92	6.59	

注:* $0.05 < p < 0.1$。

资料来源:郭平、陈刚:《2006年中国城乡老年人口状况追踪调查数据分析》,中国社会出版社2009年版。

(二) 不同宗教信仰的老年人的亲属网络规模及支持的差异

1. 道教老年教徒的亲属网络规模最大,基督宗教老年教徒的较小

不同宗教信仰的老年人亲属网络规模除了在每月能见面或联系方面无显著差异($X^2 = 32.691$, $p = 0.139$)外,在其他五个方面均存在显著差异。

不同宗教信仰老年人在能与亲属谈心的人数和能从亲属处获得帮助的人数上存在显著差异。道教教徒无任何亲属谈心的比例最低,仅为6.67%,天主教教徒最高,比例为22.54%;道教教徒有5位及以上亲属可以谈心的比例最高,超过1/5,其他宗教信仰的老年人比例均在20%以

上，其中以天主教教徒比例最低，为14.08%。道教教徒中无人能提供帮助的比例最低，仅为6.59%，而伊斯兰教教徒比例最高，接近1/4；道教教徒有5位及以上亲属能提供帮助的比例接近2/5，伊斯兰教教徒的比例最低，接近1/4（见表6—13）。可见，道教老年教徒的亲属网络规模比其他教徒的大，信仰天主教的老年人的亲属网络规模最小。

不同宗教信仰的老年人在每月能见面或联系的朋友的人数，可以谈心的朋友的人数和提供帮助的朋友的人数上存在显著差异。天主教教徒每月无能见面或联系的朋友的比例最高，达到53.52%，道教教徒每月有5位及以上朋友可以见面或联系的比例最高，为32.97%；基督教教徒无朋友谈心的比例最高，达到45.69%，道教教徒有5位及以上朋友可以谈心的比例最高，为18.68%；天主教教徒和基督教教徒有需要时，无朋友帮助的比例均超过一半，天主教教徒接近60%，而道教教徒的比例为27.47%，道教教徒有5位及以上朋友提供帮助的比例最高，为17.58%（见表6—13）。可见，道教老年教徒的朋友网络规模最大，信仰天主教和基督教的老年人的朋友网络规模较小。

通过比较发现，道教教徒的亲属网络规模较大，天主教和基督教教徒的亲属网络规模较小。

2. 老年教徒的亲属提供的情感性、物质性或工具性支持高于朋友

老年教徒的亲属提供的情感性支持和物质性或工具性支持比老年教徒的朋友多。信仰佛教的老年人，无朋友见面或联系、谈心和提供帮助的比例分别是33.86%、36.38%和39.71%，而无亲属见面或联系、谈心和提供帮助的比例分别为12.99%、16.23%和16.18%，分别是亲属的2.6倍、2.2倍和2.5倍（见表6—13）。道教、基督教、天主教和伊斯兰教的情况与佛教类似。

3. 老年教徒朋友提供的情感性支持多于物质性或工具性支持

老年教徒的朋友提供的情感性支持多于物质性或工具性支持。基督教教徒无朋友提供帮助的比例为50.08%，分别比无朋友谈心和见面与联系的比例高4.39个和6.52个百分点。这说明老年教徒的朋友提供的情感性支持多于物质性或工具性支持。其他宗教信仰的老年教徒情况与基督教教徒类似。

值得注意的是，佛教、道教和天主教的亲属提供的情感支持并非一定高于物质性或工具性支持。例如佛教教徒无亲属谈心的比例为16.23%，

比无亲属提供帮助的比例 16.18% 略高；道教教徒无亲属谈心的比例为 6.67%，比无亲属提供帮助的比例 6.59% 略高；天主教教徒无亲属谈心的比例为 22.54%，比无亲属提供帮助的比例 21.43% 高 1.11 个百分点（见表 6—13）。可见，佛教、道教和天主教老年教徒的亲属对他们不仅注重情感性支持，同样也注重物质性或工具性支持。

表 6—13　　　　不同宗教信仰老年人的亲属网络支持与规模的差异

单位：%

亲属网络		宗教信仰					
	网络规模	佛教	道教	基督教	天主教	伊斯兰教	X^2
亲属	见面联系 无	12.99	5.49	13.51	12.86	13.37	
	1 人	10.91	12.09	12.67	15.71	12.38	
	2 人	21.41	23.08	19.93	21.43	17.82	32.691
	3—4 人	27.14	25.27	27.53	30.00	22.52	
	5 人及以上	27.55	34.07	26.35	20.00	33.91	
	谈心 无	16.23	6.67	14.53	22.54	14.14	
	1 人	15.81	16.67	17.91	14.08	26.30	
	2 人	23.90	20.00	22.13	28.17	21.09	50.172***
	3—4 人	26.40	35.56	26.35	21.13	20.84	
	5 人及以上	17.66	21.11	19.09	14.08	17.62	
	获得帮助 无	16.18	6.59	18.14	21.43	23.76	
	1 人	9.29	7.69	8.64	11.43	17.08	
	2 人	18.31	21.98	20.85	17.14	17.08	71.878***
	3—4 人	27.97	24.18	23.39	25.71	18.07	
	5 人及以上	28.25	39.56	28.98	24.29	24.01	
朋友	见面联系 无	33.86	25.27	43.56	53.52	29.46	
	1 人	8.93	5.49	8.81	9.86	9.65	
	2 人	18.64	17.58	16.27	7.04	15.10	63.888***
	3—4 人	19.38	18.68	15.93	12.68	21.29	
	5 人及以上	19.20	32.97	15.42	16.90	24.50	

续表

亲属网络		宗教信仰					
	网络规模	佛教	道教	基督教	天主教	伊斯兰教	X^2
朋友	谈心 无	36.38	26.37	45.69	47.14	35.40	
	1 人	11.88	7.69	12.18	14.29	17.33	
	2 人	23.16	17.58	17.94	15.71	14.11	75.077***
	3—4 人	17.43	29.67	13.54	14.29	20.05	
	5 人及以上	11.14	18.68	10.66	8.57	13.12	
	获得帮助 无	39.71	27.47	50.08	58.57	42.68	
	1 人	9.52	5.49	8.80	7.14	14.89	
	2 人	18.68	23.08	14.72	11.43	12.90	72.499***
	3—4 人	16.83	26.37	13.37	11.43	15.38	
	5 人及以上	15.26	17.58	13.03	11.43	14.14	

注：*** $p \leqslant 0.01$。

资料来源：郭平、陈刚：《2006 年中国城乡老年人口状况追踪调查数据分析》，中国社会出版社 2009 年版。

对信仰宗教与不信仰宗教以及不同宗教信仰的老年人的亲属网络规模和对老年教徒的支持进行分析，结果发现，信仰宗教老年人从亲属和朋友处获得的情感性支持多于物质性或工具性支持，信仰宗教老年人从亲属处获得的情感性、物质性、工具性支持远远大于朋友。不同宗教信仰的老年人的亲属网络规模存在差异，道教老年教徒的亲属网络规模较大，天主教和基督教教徒的亲属网络规模较小。亲属对老年教徒提供的支持远远大于朋友，朋友提供的情感性支持较多。

亲属网络之所以对信仰宗教老年人晚年生活很重要，是因为他发挥着为信仰宗教老年人提供物质支持与精神支持，情感支持与工具性支持的作用。现代社会人口流动性增强，子女与父母分开居住，从而突出了老年人的兄弟姐妹、同事朋友、邻里在老年人日常生活中的重要角色。

七　小　结

本章使用 2006 年数据对信仰宗教与不信仰宗教的老年人的生活质量

进行对比研究。通过对比研究发现，与不信仰宗教的老年人相比，信仰宗教的老年人社会行为的利他性特点更为突出，但处事方式趋于保守或消极；信仰宗教的老年人在家庭中的地位，特别是经济地位较低，子女孝顺的老人相对较少，家庭不和睦的老人相对较多，他们中较多的人认为自己是社会和家庭的负担，但认为老年人的社会地位有所提高，对社会问题持更宽容的态度。

从经济支持看，信仰宗教老年人获得的正式经济支持明显低于不信仰宗教的老年人，而获得的非正式经济支持明显高于不信仰宗教的老年人。

信仰宗教老年人的健康状况相对较差，日常生活照料的需求较大，缺少日常生活照料资源；他们对日常生活服务的需求水平远远高于使用水平，特别是健康需求，主要原因可能是信仰宗教老年人经济能力和健康状况较差。

信仰宗教老年人近半年人均照料时间比不信仰宗教的老年人略低。他们由家庭和机构照料的人均照料时间比不信仰宗教的老年人普遍低，但由朋友照料的时间要高于不信仰宗教的老年人；他们从亲属和朋友处获得的情感支持大于不信仰宗教老年人；另外，他们从亲属处获得的情感和物质或工具性支持远远大于朋友。

信仰宗教的老年人主要参与一些非正式的社会组织（团体）的活动；他们较少参与娱乐消遣型和学习创造型闲暇活动，而运动保健型闲暇活动参与程度相对较高。

从信仰宗教与不信仰宗教的角度来研究宗教信仰与老年人生活质量之间的关系，目的是要清晰地认识信仰宗教老年人的生活质量的现状。宗教信仰固然影响老年人的生活质量，但其不是关键性因素。在初步认识信仰宗教老年人的生活质量状况后，将着重研究宗教信仰与老年人的健康和主观幸福感的关系。

第七章　宗教信仰与老年人的健康

　　宗教与健康是研究老年人宗教信仰问题的一个核心问题。国外研究指出宗教信仰与健康间有正向或重要的关系[1]；国内一些研究同样指出某类宗教信仰有益于老年人的健康[2][3][4][5]。宗教信仰主要是通过一些机制对老年人健康产生影响，如社会支持和改善健康行为；一些附加机制，如改善心理状态，信仰、希望和内心平衡；为获得提供心理上的巩固或维持积极的健康行为；最后是通过祈求神灵的治疗和代人祷告[6]。宗教参与可以减少老年人认知障碍，提高老年人的生理和心理健康，有利于实现健康老龄化[7]。宗教参与越多，功能限制越少，同时宗教参与还可以预测老年人不同方面功能受限的数量[8]；经常参与宗教仪式活动或宗教佛事活动的老年

　　① O'Connell, Kathryn A., and Suzanne M. Skevington, "To measure or not to measure? Reviewing the assessment of spirituality and religion in health – related quality of life." *Chronic Illness*, Vol. 3, No. 1, 2007, pp. 77 – 87.

　　② 肖芒：《伊斯兰教的"五功"与回族妇女的健康》，《云南民族学院学报》2001 年第3 期。

　　③ 汤先镗、田大政、刘令申、杨曼、崇青等：《北京市牛街地区回、汉族居民老年期痴呆流行病学调查》，《中华老年医学杂志》1998 年第 5 期。

　　④ 胡孚深、张群英：《道教的文化特征及其发展前景》，《东方论坛》1994 年第 2 期。

　　⑤ 张淑民、孙国军：《甘南藏族地区民俗宗教中的养生健身行为研究》，《西北成人教育学报》2001 年第 1 期。

　　⑥ Oman, Doug, and Carl E. Thoresen, "'Does religion cause health?': differing interpretations and diverse meanings." *Journal of Health Psychology*, Vol. 7, No. 4, 2002, pp. 365 – 380.

　　⑦ Hill, Terrence D., "Religious involvement and healthy cognitive aging: patterns, explanations, and future directions." *The Journals of Gerontology Series A: Biological Sciences and Medical Sciences*, Vol. 63, No. 5, 2008, pp. 478 – 479.

　　⑧ Powell, Lynda H., Leila Shahabi, and Carl E. Thoresen, "Religion and spirituality: Linkages to physical health." *American Psychologist*, Vol. 58, No. 1, 2003, p. 36.

人，ADL 和 IADL 困难较少[1]。

本章节将对宗教信仰与老年人健康之间的关系进行分析，揭示我国老年人的宗教信仰与健康之间的关系。

一　宗教信仰与老年人的日常生活功能

日常生活功能是 Katz 于 1963 年首先提出，目的是测定老年人独立生活能力[2]。老年人独立生活能力的丧失是老年人最主要的健康问题，因此，日常生活功能评价已经被广泛用于研究老年人的健康问题。提高老年人的独立生活能力，缩短老年人晚年生活不能自理的时间是健康老龄化的目标之一。

老年人的日常生活功能一般分为自理能力（Activities of daily living）和操持家务的能力（Instrumental activities of daily living），前者一般包括洗澡、吃饭、穿衣、上下床、上厕所、洗澡和室内走动等活动，反映老年人的日常生活自理能力；后者包括购物、做饭、管理财务、洗衣等活动，是维持老年人社会功能的基础。在此将老年人的日常生活功能分为自理能力，评价指标分为洗澡、吃饭、穿衣、上下床、上厕所和室内走动六项；操持家务能力，评价指标分为日常购物、做饭、管理财务、洗衣、扫地、使用电话六项；躯体活动能力，评价指标分为提起 20 斤重物、乘坐公交车、步行 3—4 里路、上下楼梯四项[3]。

2006 年数据对每项指标设三个选项："不费力"、"有点困难"和"做不了"，将"不费力"视为能自理，计 1 分；将"有点困难"和"做不了"视为不能自理，计 2 分。日常生活自理能力分值在 6—12 分，分值为 6 分，视为能自理；操持家务能力分值在 6—12 分，分值为 6 分视为能

①　Park, Nan Sook, et al., "Religiousness and longitudinal trajectories in elders' functional status." *Research on Aging*, Vol. 30, No. 3, 2008, pp. 278 – 279.

②　Katz, Sidney, et al., "Studies of illness in the aged: the index of ADL: a standardized measure of biological and psychosocial function." *Journal of American Medical Association*, Vol. 185, No. 12, 1963, pp. 914 –919.

③　宋新明、齐铱：《新城区老年人慢性病伤对日常生活功能的影响研究》，《人口研究》2000 年第 5 期。

自理；躯体能力分值在 4—8 分，分值为 4 分，视为能自理；得分越高，日常生活功能越差。

与不信仰宗教的老年人相比，信仰宗教的老年人日常生活功能是否更差？是否三项能力都比不信仰宗教老年人差？信仰各类宗教的老年人的日常生活功能是否存在差异？哪类宗教信仰的老年人的日常生活功能最差（最好）？下面将回答这些问题。

（一）信仰宗教老年人日常生活功能比不信仰宗教老年人差

信仰宗教老年人的日常生活功能比不信仰宗教的老年人差，其中信仰道教的老年人日常生活功能最好，信仰伊斯兰教的老年人的日常生活功能最差。

信仰宗教的老年人日常生活自理能力、操持家务能力和躯体活动能力不能自理的比例分别是 48.90%、55.22% 和 57.13%，分别比不信仰宗教的老年人高近 6 个百分点，近 7 个和近 6 个百分点（见表 7—1）。可见，信仰宗教与不信仰宗教老年人的日常生活功能存在差异，信仰宗教老年人日常生活功能比不信仰宗教的老年人差。

表 7—1　　　　　　　　宗教信仰与老年人日常生活功能

单位：%

宗教信仰		自理能力		操持家务能力		躯体活动能力	
		不能自理	能自理	不能自理	能自理	不能自理	能自理
是否信仰宗教	否	42.97	57.03	48.73	51.27	51.25	48.75
	是	48.90	51.10	55.22	44.78	57.13	42.87
宗教信仰	佛教	48.91	51.09	52.93	47.07	55.99	44.01
	道教	38.46	61.54	48.35	51.65	46.15	53.85
	基督教	46.02	53.98	57.24	42.76	56.46	43.54
	天主教	49.30	50.70	56.52	43.48	56.34	43.66
	伊斯兰教	56.19	43.81	63.84	36.16	66.34	33.66

资料来源：郭平、陈刚：《2006 年中国城乡老年人口状况追踪调查数据分析》，中国社会出版社 2009 年版。

从信仰各类宗教的老年人看，在日常生活自理能力、操持家务能力和躯体活动能力方面，信仰伊斯兰教的老年人不能自理的比例最高，分别为

56.19%、63.84%和66.34%；信仰道教的老年人不能自理的比例最低，分别为38.46%、48.35%和46.15%（见表7—1）。可见，不同宗教信仰的老年人日常生活功能存在差异，信仰道教的老年人日常生活功能最好，而信仰伊斯兰教的老年人日常生活功能最差。

（二）信仰宗教老年人的自理能力

1. 信仰宗教老年人洗澡能力丧失水平最高

信仰宗教老年人的自理能力丧失水平最高的是洗澡，不能自理的老年人占18.40%，其次是室内走动，比例为8.06%，再次是上厕所，比例为6.69%；上下床、吃饭和穿衣三项的丧失水平分别为6.49%、4.55%和5.22%（见表7—2）。

表7—2　　　　　　　　　信仰宗教老年人的自理能力

单位:%

项目	能否自理	是否信仰宗教		项目	能否自理	是否信仰宗教	
		否	是			否	是
吃饭	能	95.25	95.45	上下床	能	93.59	93.51
	不能	4.75	4.55		不能	6.41	6.49
	合计	100.00	100.00		合计	100.00	100.00
穿衣	能	95.09	94.78	洗澡	能	82.61	81.60
	不能	4.91	5.22		不能	17.39	18.40
	合计	100.00	100.00		合计	100.00	100.00
上厕所	能	93.34	93.31	室内走动	能	92.20	91.94
	不能	6.66	6.69		不能	7.80	8.06
	合计	100.00	100.00		合计	100.00	100.00

资料来源：郭平、陈刚：《2006年中国城乡老年人口状况追踪调查数据分析》，中国社会出版社2009年版。

与信仰宗教老年人相比，不信仰宗教的老年人除吃饭项丧失率高于信仰宗教老年人外，其他各项的丧失率均不同程度地低于信仰宗教老年人。

可见，在信仰宗教老年人各项自理能力中，洗澡项的丧失水平最高，接近1/5，其他各项丧失水平较低，比例在5%—8%之间。

女性日常生活自理能力丧失率为 56.32%，是男性的 1.6 倍；普通老年群体日常生活自理能力丧失率为 50.53%，是老党员的 1.4 倍；文化程度越低，老年教徒日常生活自理能力丧失率越高，没上过学的老年教徒的丧失率是 60.88%，分别是初中、中专/高中和大专及以上的 1.9 倍、1.7 倍和 1.7 倍；丧偶老年教徒日常生活自理能力丧失率为 64.32%，是有偶同住的 1.8 倍；老年教徒的年龄越大，日常生活自理能力丧失率越高；农村老年教徒日常生活自理能力丧失率为 49.42%，比城市略高 1 个百分点（见表 7—3）。

2. 信仰宗教老年人自理能力比较

信仰宗教老年人的日常生活自理能力存在性别、政治面貌、民族、文化程度、婚姻状况、年龄和城乡差异。

表 7—3　　　　　　信仰宗教老年人生活自理能力的比较

单位:%

项目		能否自理		项目		能否自理	
		不能	能			不能	能
性别	男性	35.43	64.57	婚姻状况	有偶同住	36.82	63.18
	女性	56.32	43.68		有偶分居	49.09	50.91
政治面貌	中共党员	35.54	64.46		丧偶	64.32	35.68
	群众	50.53	49.47		离婚	39.62	60.38
民族	汉族	47.74	52.26		未婚	40.00	60.00
	少数民族	54.86	45.14	年龄	60—64 岁	24.06	75.94
文化程度	没上过学	60.88	39.12		65—69 岁	36.00	64.00
	私塾	60.56	39.44		70—74 岁	50.06	49.94
	小学	40.06	59.94		75—79 岁	64.97	35.03
	初中	32.93	67.07		80 岁及以上	80.40	19.60
	中专/高中	35.29	64.71	城乡	城市	48.40	51.60
	大专及以上	36.00	64.00		农村	49.42	50.58

资料来源：郭平、陈刚：《2006 年中国城乡老年人口状况追踪调查数据分析》，中国社会出版社 2009 年版。

可见，在老年教徒中，女性、普通群众、少数民族、文化程度低、丧偶老人、高龄老人和农村老人的日常生活自理能力的丧失水平较高。

（三）信仰宗教老年人的操持家务能力

1. 信仰宗教老年人管理账务的能力丧失率最高

从操持家务能力看，信仰宗教老年人管理账务项的丧失率最高，比例接近40%，其次是使用电话，丧失率为34.05%，再次是自己洗衣项，丧失率为28.58%；日常购物、做饭和扫地项的丧失率分别为22.30%、22.23%和12.40%（见表7—4）。

在操持家务能力中，信仰宗教老年人除日常购物和做饭项的丧失率略低于不信仰宗教老年人1.37%和0.35%外，其他各项能力的丧失率均不同程度的高于不信仰宗教老年人。与不信仰宗教老年人相比，信仰宗教老年人扫地项、洗衣项、管理财务项和使用电话项的丧失率分别高1.35%、0.83%、4.44%和5.42%。

表7—4　　　　　　　　信仰宗教老年人的操持家务能力

单位:%

项目	能否自理	是否信仰宗教 否	是	项目	能否自理	是否信仰宗教 否	是
自己扫地	能	88.95	87.60	自己洗衣	能	72.25	71.42
	不能	11.05	12.40		不能	27.75	28.58
	合计	100.00	100.00		合计	100.00	100.00
日常购物	能	79.07	77.70	管理财务	能	64.93	60.49
	不能	20.93	22.30		不能	35.07	39.51
	合计	100.00	100.00		合计	100.00	100.00
自己做饭	能	77.42	77.77	使用电话	能	71.37	65.95
	不能	22.58	22.23		不能	28.63	34.05
	合计	100.00	100.00		合计	100.00	100.00

资料来源：郭平、陈刚：《2006年中国城乡老年人口状况追踪调查数据分析》，中国社会出版社2009年版。

可见，信仰宗教老年人的操持家务能力的丧失率高于不信仰宗教的老年人，其中丧失率最高的是管理财务项，达到2/5。信仰宗教老年人与不信仰宗教老年人操持家务能力相差水平最大的是使用电话的能力和管理财务的能力。

2. 信仰宗教老年人操持家务能力的比较

信仰宗教老年人操持家务的能力存在性别、年龄、城乡、民族、文化程度、婚姻状况和政治面貌的差异。

在老年教徒中，女性操持家务能力的丧失率为 58.84%，是男性的 1.2 倍；普通群众操持家务能力的丧失率为 57.87%，是老党员的 1.7 倍；少数民族老年教徒操持家务能力的丧失率为 65.56%，是汉族老年教徒的 1.2 倍；文化程度越低，老年教徒操持家务能力的丧失率越高，没上过学的老年教徒操持家务能力的丧失率高达 74.33%，分别是初中、中专/高中和大专及以上老年教徒的 2.5 倍、3 倍、3.5 倍；丧偶老年教徒操持家务能力的丧失率为 69.44%，是有偶同住老年教徒的 1.6 倍；老年教徒的年龄越大，操持家务能力的丧失率越高；农村老年教徒操持家务的丧失率为 69.79%，是城市老年教徒的 1.7 倍（见表 7—5）。

可见，在老年教徒中，女性、普通群众、少数民族、文化程度低、丧偶老人、高龄老人和农村老人操持家务能力的丧失水平较高。

表 7—5　　　　　　　　信仰宗教老年人操持家务能力的比较

单位:%

项目		能否自理		项目		能否自理	
		不能	能			不能	能
性别	男性	48.62	51.38	婚姻状况	有偶同住	44.21	55.79
	女性	58.84	41.16		有偶分居	56.36	43.64
政治面貌	中共党员	34.07	65.93		丧偶	69.44	30.56
	群众	57.87	42.13		离婚	35.85	64.15
民族	汉族	53.23	46.77		未婚	60.00	40.00
	少数民族	65.56	34.44	年龄	60—64 岁	32.78	67.22
文化程度	没上过学	74.33	25.67		65—69 岁	45.35	54.65
	私塾	65.47	34.53		70—74 岁	54.72	45.28
	小学	45.04	54.96		75—79 岁	66.04	33.96
	初中	29.37	70.63		80 岁及以上	87.48	12.52
	中专/高中	24.51	75.49	城乡	城市	41.61	58.39
	大专及以上	21.33	78.67		农村	69.79	30.21

资料来源：郭平、陈刚：《2006 年中国城乡老年人口状况追踪调查数据分析》，中国社会出版社 2009 年版。

（四）信仰宗教老年人的躯体活动能力

1. 信仰宗教老年人提起重物的丧失率最高

信仰宗教老年人躯体活动能力丧失水平最高的是提起 20 斤重物，不能自理的老年人比例为 47.99%，其次是步行 3—4 里路，不能自理的老年人比例为 39.43%。乘坐公交车和上下楼梯两项不能自理的老年人比例分别是 32.55% 和 31.96%（见表 7—6）。

信仰宗教老年人躯体活动能力各项丧失水平均高于不信仰宗教的老年人。与不信仰宗教的老年人相比，在各项躯体活动能力中，信仰宗教老年人提起 20 斤重物项的丧失水平高 5.82 个百分点，步行 3—4 里路项的丧失水平高 4.51 个百分点，上下楼梯项的丧失水平高 3.28 个百分点，乘坐公交车项的丧失水平高 3.81 个百分点。

可见，信仰宗教老年人躯体活动能力丧失水平较高，各项躯体活动能力丧失水平在 32%—48% 之间，而且各项躯体活动能力丧失水平均高于不信仰宗教的老年人。在各项躯体活动能力中，信仰宗教老年人提起 20 斤重物项的丧失水平最高。

表 7—6　　　　　　　信仰宗教老年人的躯体活动能力

单位：%

项目	能否自理	是否信仰宗教 否	是否信仰宗教 是	项目	能否自理	是否信仰宗教 否	是否信仰宗教 是
提起 20 斤重物	能	57.83	52.01	上下楼梯	能	71.32	68.04
	不能	42.17	47.99		不能	28.68	31.96
	合计	100.00	100.00		合计	100.00	100.00
步行 3—4 里路	能	65.08	60.57	乘坐公交车	能	71.26	67.45
	不能	34.92	39.43		不能	28.74	32.55
	合计	100.00	100.00		合计	100.00	100.00

资料来源：郭平、陈刚：《2006 年中国城乡老年人口状况追踪调查数据分析》，中国社会出版社 2009 年版。

2. 信仰宗教老年人躯体活动能力的比较

老年教徒的躯体活动能力存在性别、政治面貌、民族、文化程度、婚姻状况、年龄和城乡的差异。

在老年教徒中，女性躯体活动能力的丧失率为 64.07%，是男性的 1.4

倍；普通群众躯体活动能力的丧失率为 59.28%，是老年党员的 1.5 倍；少数民族躯体活动能力的丧失率为 64.64%，是汉族的 1.2 倍；老年教徒的文化程度程度越低，躯体活动能力的丧失率越高，没上过学的老年教徒躯体活动能力的丧失率为 70.73%，是初中、中专/高中和大专及以上的 1.8 倍左右；丧偶老年教徒躯体活动能力的丧失率为 71.25%，是有偶同住老年教徒的 1.6 倍；老年教徒的年龄越大，躯体活动能力的丧失率越高；农村老年教徒躯体活动能力的丧失率为 60.63%，比城市老年教徒高近 7 个百分点（见表 7—7）。

可见，我国老年教徒中女性、普通群众、少数民族、文化程度低、丧偶老人、高龄老人和农村老人躯体活动能力的丧失水平高。

综上所述，老年人的日常生活功能是老年人健康状况的重要测量指标，是反映老年人独立生活能力的重要指标。从自理能力、操持家务能力和躯体活动能力看，信仰宗教老年人的日常生活功能丧失水平较高，特别是躯体活动能力。信仰宗教老年人的日常生活功能丧失水平高于不信仰宗教的老年人。这说明，信仰宗教老年人的独立生活能力比不信仰宗教的老年人差，同时也说明信仰宗教老年人的健康状况比不信仰宗教老年人差。

表 7—7　　　　　　　信仰宗教老年人躯体活动能力的比较

单位：%

项目		能否自理		项目		能否自理	
		不能	能			不能	能
性别	男性	44.52	55.48	婚姻状况	有偶同住	46.12	53.88
	女性	64.07	35.93		有偶分居	55.56	44.44
政治面貌	中共党员	39.78	60.22		丧偶	71.25	28.75
	群众	59.28	40.72		离婚	45.28	54.72
民族	汉族	55.68	44.32		未婚	60.00	40.00
	少数民族	64.64	35.36	年龄	60—64 岁	31.59	68.41
文化程度	没上过学	70.73	29.27		65—69 岁	46.18	53.82
	私塾	68.79	31.21		70—74 岁	57.66	42.34
	小学	48.06	51.94		75—79 岁	72.38	27.62
	初中	39.47	60.53		80 岁及以上	88.45	11.55
	中专/高中	38.73	61.27	城乡	城市	53.83	46.17
	大专及以上	38.67	61.33		农村	60.63	39.37

资料来源：郭平、陈刚：《2006 年中国城乡老年人口状况追踪调查数据分析》，中国社会出版社 2009 年版。

二 宗教信仰与老年人的患病状况与健康行为

随着年龄的增加，老年人机体各项功能逐渐下降，机体的免疫力和抵抗力下降。因此，老年期成为老年病和慢性病的高发期，老年人成为慢性病高发的群体。慢性病患病率高成为老年群体的一个主要特点。

慢性病主要指以心脑血管疾病（高血压、冠心病、脑卒中等）、糖尿病、恶性肿瘤、慢性阻塞性肺部疾病（慢性气管炎、肺气肿等）、精神异常和精神病等为代表的一组疾病，具有病程长、病因复杂、治愈难等特点。慢性病对老年人的脑、心、肾等重要脏器会产生严重的损害，易造成伤残，严重影响老年人的躯体健康和日常生活功能；同时也会给老年人造成巨大的心理痛苦，影响老年人晚年的生活质量。而且慢性病治疗难、病程长，医疗费用极其昂贵，从而增加老年人及其家庭的经济负担。

国外研究发现，参与宗教活动的频率越高，老年人的血压越低，患动脉硬化和心血管病所致的死亡率越低，身体失能发生率也越低[1][2][3]。有内部宗教性的老年人心血管病活动性比外部宗教性老年人低，内部的宗教信仰导致老年人高血压发生风险降低[4]。病人依赖宗教信仰来应对危机，具体而言，在关节炎方面，祈祷常常被病人作为自我照料治疗的方法，一些病人把它作为疼痛的控制机制[5]。而经常使用宗教策略的人是那些患病相当严重、失能、受教育水平低和平均年收入低的老年人，因为，此类老年

---

[1] Graham, Thomas W., et al., "Frequency of church attendance and blood pressure elevation." *Journal of Behavioral Medicine*, Vol. 1, No. 1, 1978, pp. 37 – 43.

[2] Comstock, George W., and Kay B. Partridge, "Church attendance and health." *Journal of Chronic Diseases*, Vol. 25, No. 12, 1972, pp. 665 – 672.

[3] Idler, Ellen L., and Stanislav V. Kasl, "Religion among disabled and nondisabled persons II: Attendance at religious services as a predictor of the course of disability." *The Journals of Gerontology Series B: Psychological Sciences and Social Sciences*, Vol. 52, No. 6, 1997, pp. S306 – S316.

[4] Benjamins, Maureen R., and Marcia Finlayson, "Using religious services to improve health findings from a sample of middle – aged and older adults with multiple sclerosis." *Journal of Aging and Health*, Vol. 19, No. 3, 2007, pp. 537 – 553.

[5] Ibrahim, Said A., et al., "Inner city African – American elderly patients' perceptions and preferences for the care of chronic knee and hip pain: findings from focus groups." *The Journals of Gerontology Series A: Biological Sciences and Medical Sciences*, Vol. 59, No. 12, 2004, pp. 1318 – 1322.

人应对危机的资源相对较少①。

可见,慢性病与老年人的宗教信仰之间有一定关系。因病信仰宗教是老年人信仰宗教的一个重要原因。那么信仰宗教老年人与不信仰宗教老年人的慢性病患病率有没有差异?信仰宗教老年人患慢性病的模式是否与不信仰宗教的老年人相同?哪些慢性病在信仰宗教老年群体中患病率较高?通过对信仰宗教与不信仰宗教老年人患慢性病的情况的比较,有助于更清晰地认识这些问题。

(一) 信仰宗教老年人的慢性病患病率与患病状况

1. 信仰宗教老年人慢性病患病率高于不信仰宗教老年人,特别是天主教徒

从慢性病患病率看,信仰宗教老年人的慢性病患病率高于不信仰宗教的老年人。信仰宗教老年人慢性病患病率为79.09%,比不信仰宗教的老年人(74.13%)高近5个百分点(见表7—8)。可见,信仰宗教的老年人与不信仰宗教的老年人的慢性病患病率存在显著差异,信仰宗教的老年人中患慢性病的老年人接近八成。

表7—8　　信仰宗教老年人和信仰各类宗教老年人的慢性病患病率

单位:%

宗教信仰		是否患慢性病		合计
		无	有	
是否信仰宗教	是	20.91	79.09	100.00
	否	25.87	74.13	100.00
宗教信仰	佛教	25.43	74.57	100.00
	道教	35.30	64.70	100.00
	基督教	26.45	73.55	100.00
	天主教	6.62	93.38	100.00
	伊斯兰教	14.33	85.67	100.00

资料来源:郭平、陈刚:《2006年中国城乡老年人口状况追踪调查数据分析》,中国社会出版社2009年版。

---

① Markides, Kyriakos S. , Jeffrey S. Levin, and Laura A. Ray, "Religion, aging, and life satisfaction: An eight – year, three – wave longitudinal study." *The Gerontologist*, Vol. 27, No. 5, 1987, pp. 660 – 665.

　　从信仰各类宗教的老年人看，首先是信仰天主教的老年人，慢性病患病率最高，高达93.38%；其次是信仰伊斯兰教的老年人，慢性病患病率为85.67%；再次是信仰佛教的老年人，患病率为74.57%；最后是信仰道教的老年人，患病率最低，患病率为64.70%（见表7—8）。可见，不同宗教信仰老人的慢性病患病率差异显著。

　　2. 信仰宗教老年人慢性病患病状况

　　信仰宗教老年人各类慢性病的患病率由高到低依次是：高血压（41.64%）、关节炎（35.43%）、心脏病（27.21%）、慢性支气管炎（17.66%）、颈/腰椎病（17.62%）、类风湿（16.77%）、骨质疏松（14.83%）、青光眼/白内障（14.01%）、脑血管病（11.71%）、糖尿病（7.96%）、肾病（4.54%）、神经系统疾病（4.05%）、前列腺疾病（3.46%）、皮肤病（3.46%）、中风（3.35%）、口腔疾病（2.49%）、妇科疾病（2.30%）；信仰宗教老年人患其他消化道疾病、其他呼吸系统病和其他慢性病的患病率分别是12.68%、6.25%和12.12%，患癌症/肿瘤、痴呆症、结核病和肝病的患病率在1%—2%之间（见表7—9和表7—10）。

表7—9　　　　　　　　信仰宗教老年人患慢性病的情况

单位:%

慢性病	是否患病	是否信仰宗教		慢性病	是否患病	是否信仰宗教	
		否	是			否	是
高血压	没有	58.90	58.36	其他消化道疾病	没有	88.13	87.32
	有	41.10	41.64		有	11.87	12.68
	$X^2 = 0.265$				$X^2 = 1.370$		
心脏病	没有	72.51	72.79	其他呼吸系统病	没有	94.40	93.75
	有	27.49	27.21		有	5.60	6.25
	$X^2 = 0.086$				$X^2 = 1.722$		
中风	没有	96.29	96.65	其他慢性病	没有	89.29	87.88
	有	3.71	3.35		有	10.71	12.12
	$X^2 = 0.829$				$X^2 = 4.487^*$		

注：$^*0.05 < p < 0.1$，$^{**}0.01 < p \leqslant 0.05$，$^{***}p \leqslant 0.01$。

资料来源：郭平、陈刚：《2006年中国城乡老年人口状况追踪调查数据分析》，

中国社会出版社 2009 年版。

　　不信仰宗教的老年人各类慢性病的患病率由高到低依次是：高血压（41.10%）、关节炎（30.45%）、心脏病（27.49%）、颈/腰椎病（19.28%）、脑血管病（15.05%）、慢性支气管炎（14.94%）、类风湿（14.28%）、骨质疏松（14.23%）、青光眼/白内障（12.07%）、糖尿病（8.21%）、前列腺疾病（7.13%）、肾病（4.56%）、皮肤病（4.00%）、神经系统疾病（3.84%）、中风（3.71%）、口腔疾病（2.84%）、妇科疾病（2.25%）、肝病（2.30%）；不信仰宗教老年人患其他消化道疾病、其他呼吸系统病和其他慢性病的患病率分别是 11.87%、5.60% 和 10.71%，患癌症/肿瘤、痴呆症和结核病的患病率在 1%—2% 之间（见表 7—9 和表 7—10）。

　　从各类慢性病的患病率看，信仰宗教老年人明显高于不信仰宗教老年人的分别是慢性支气管炎、青光眼/白内障、关节炎、类风湿和结核病，比不信仰宗教老年人分别高 2.72%、1.94%、4.98%、2.49% 和 0.71%。另外，信仰宗教老年人患其他慢性病的患病率也比不信仰宗教老年人高 1.41%。

表 7—10　　　　　　信仰宗教老年人的慢性病情况（续表 7—9）

单位:%

慢性病	是否患病	是否信仰宗教		慢性病	是否患病	是否信仰宗教	
		否	是			否	是
脑血管病	没有	84.95	88.29	肾病	没有	95.44	95.46
	有	15.05	11.71		有	4.56	4.54
		$X^2 = 19.89^{***}$				$X^2 = 0.004$	
肝病	没有	97.70	98.40	癌症肿瘤	没有	98.81	98.51
	有	2.30	1.60		有	1.19	1.49
		$X^2 = 5.072^{*}$				$X^2 = 1.584$	
结核病	没有	98.74	98.03	痴呆症	没有	98.27	98.66
	有	1.26	1.97		有	1.73	1.34
		$X^2 = 8.016^{**}$				$X^2 = 2.087$	
类风湿	没有	85.72	83.23	皮肤病	没有	96.00	96.54
	有	14.28	16.77		有	4.00	3.46
		$X^2 = 10.853^{***}$				$X^2 = 1.759$	

续表

慢性病	是否患病	是否信仰宗教		慢性病	是否患病	是否信仰宗教	
		否	是			否	是
颈/腰椎病	没有	80.72	82.38	妇科疾病	没有	97.75	97.70
	有	19.28	17.62		有	2.25	2.30
	$X^2 = 3.965^*$				$X^2 = 0.032$		
关节炎	没有	69.55	64.57	口腔疾病	没有	97.16	97.51
	有	30.45	35.43		有	2.84	2.49
	$X^2 = 25.336^{***}$				$X^2 = 0.992$		
前列腺疾病	没有	92.87	96.54	骨质疏松	没有	85.77	85.17
	有	7.13	3.46		有	14.23	14.83
	$X^2 = 49.173^{***}$				$X^2 = 0.653$		
青光眼白内障	没有	87.93	85.99	糖尿病	没有	91.79	92.04
	有	12.07	14.01		有	8.21	7.96
	$X^2 = 7.652^{**}$				$X^2 = 0.197$		
慢性支气管炎	没有	85.06	82.34	地方病	没有	99.15	99.18
	有	14.94	17.66		有	0.85	0.82
	$X^2 = 12.441^{***}$				$X^2 = 0.033$		
神经系统疾病	没有	96.16	95.95				
	有	3.84	4.05				
	$X^2 = 0.265$						

注：$^*0.05 < p < 0.1$，$^{**}0.01 < p \leqslant 0.05$，$^{***}p \leqslant 0.01$。

资料来源：郭平、陈刚：《2006 年中国城乡老年人口状况追踪调查数据分析》，中国社会出版社 2009 年版。

可见，信仰宗教老年人的慢性病患病率高于不信仰宗教的老年人，而且信仰宗教老年人有五项慢性病明显高于不信仰宗教老年人，仅有四项低于不信仰宗教的老年人。慢性病患病率高的现象在信仰宗教老年人中更为突出。

（二）信仰宗教与不信仰宗教老年人患慢性病模式的差异

老年人往往同时患多种慢性病，这不仅增加老年人的慢性病治愈的难度，而且增加了老年人的医疗负担和生理与精神上的折磨。

　　1. 信仰宗教老年人多种慢性病患病率高于不信仰宗教的老年人

　　信仰宗教的老年人同时患多种慢性病者多于不信仰宗教的老年人。同时患有 2 种及以上慢性病的信仰宗教老年人的比例是 68.67%，比不信仰宗教的老年人（67.07%）高 1.6 个百分点，而且同时患 3 种、4 种和 5 种及以上的信仰宗教老年人的比例均不同程度的高于不信仰宗教的老年人（见表 7—11）。

表 7—11　　　　　　　　　　　宗教信仰与患病种类

单位:%

宗教信仰		患病种类					合计
		1 种	2 种	3 种	4 种	5 种及以上	
是否信仰宗教	否	32.93	27.86	16.91	9.09	13.20	100.00
	是	31.33	28.28	17.18	9.46	13.75	100.00
宗教信仰	佛教	32.36	29.38	16.51	8.46	13.29	100.00
	道教	43.66	23.94	11.27	8.45	12.68	100.00
	基督教	32.05	28.21	18.38	10.47	10.90	100.00
	天主教	17.54	33.33	28.07	10.53	10.53	100.00
	伊斯兰教	25.85	22.73	18.18	12.50	20.74	100.00

　　资料来源：郭平、陈刚：《2006 年中国城乡老年人口状况追踪调查数据分析》，中国社会出版社 2009 年版。

　　2. 信仰天主教的老年人多种慢性病的患病率最高

　　不同宗教信仰的老年人，同时患多种慢性病方面也存在差异。信仰天主教的老年人同时患 2 种及以上慢性病的比例最高，为 82.46%，比信仰伊斯兰教的老年人（74.15%）高 8 个百分点，比信仰基督教的老年人（67.96%）高近 15 个百分点，比信仰佛教的老年人（67.64%）高近 15 个百分点，比信仰道教的老年人（56.34%）高 26 个百分点；信仰伊斯兰教同时患 5 种及以上慢性病的老年人比例为 20.74%，分别是信仰其他宗教老年人的近 2 倍（见表 7—11）。可见，不同宗教信仰的老年人，多种慢性病的患病率存在明显差异。

　　3. 信仰宗教与不信仰宗教的老年人慢性病的患病模式存在差异

　　按各类慢性病的患病率由低向高排序，发现信仰宗教老年人与不信仰宗教老年人慢性病患病模式存在差异。

　　将老年人慢性病患病率按从低向高排序，得出信仰宗教老年人与不信
仰宗教老年人慢性病的患病模式，呈"金字塔"形。从金字塔底部看，
信仰宗教老年人与不信仰宗教老年人患慢性病模式前三位相同，之后存在
差异。慢性支气管炎在信仰宗教老年人中居第四位，而在不信仰宗教老年
人中居第六位；颈/腰椎病在信仰宗教老年人中居第五位，而在不信仰宗
教老年人中居四位；类风湿在信仰宗教老年人中居第六位，而在不信仰宗
教老年人中居七位；脑血管病在信仰宗教老年人中第九位，而在不信仰宗
教老年人中居五位（见图7—1）。

　　从金字塔顶部看，信仰宗教老年人慢性病患病率最低的后四位依次是
痴呆症、癌症/肿瘤、肝病和结核病，而不信仰宗教老年人分别是癌症/肿
瘤、结核病、痴呆症和肝病（见图7—1）。

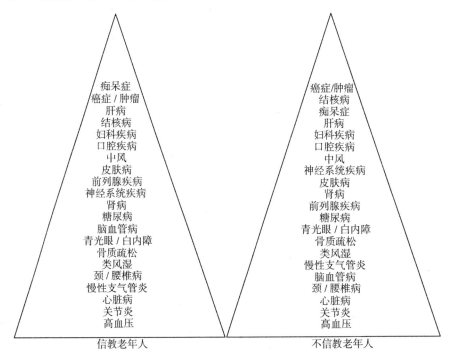

图7—1　信仰宗教老年人与不信仰宗教老年人慢性病患病模式差异

　　信仰宗教老年人痴呆症患病率最低，这与老年人的宗教信仰存在关
系。在北京的老年人中，回族与汉族痴呆症之比为1：4.12[1]。在北京牛

---

①　肖芒：《伊斯兰教的"五功"与回族妇女的健康》，《云南民族学院学报》2001年第3期。

街地区，回族老年人痴呆患病率低于汉族，回族老年人大多饮食起居有序，讲究卫生，坚持做礼拜，积极参与街道活动，丰富的社会或空闲活动恰是降低痴呆发生的因素①。

（三）宗教信仰与老年人的健康行为

日常生活习惯与健康密切相关，健康的生活习惯对老年人而言尤为重要。健康的生活习惯有利于老年人保持健康的身体，消除和降低疾病的诱发因素。社会控制是宗教的功能之一，宗教信仰对老年人的社会行为有一定约束力。不仅因为各类宗教教义和教规中对信徒的言行有明确的规定，而且还因为各类宗教的教旨是让人去恶从善，摒弃那些不好的思想、行为和习惯。

信仰宗教的老年人与其他人相比有一些健康的生活习惯，如不吸烟、不喝酒、学习好的饮食习惯、有规律地锻炼身体，从而减少在整个生命历程中患病的风险②③。老年人在教会和教友间获得的社会支持，宗教信仰所获得的生活意义和应对方法，促成了积极的健康的行为④。另外，患病严重的老年教徒不会因避免治疗疾病带来的风险而抵制治疗⑤。一些宗教思想中的养身方法，如道教对老年保健有指导意义⑥。

本小节将从抽烟、喝酒和食用保健品三方面考察信仰宗教与不信仰宗教老年人的健康行为。

1. 信仰宗教老年人中抽烟、喝酒者较少

信仰宗教老年人中抽烟、喝酒的比例较少。信仰宗教老年人抽烟和喝酒的比例分别为 18.07% 和 13.57%，比不信仰宗教老年人分别低 9.53%

----

① 汤先锃、田大政、刘令申、杨曼、崇青等：《北京市牛街地区回、汉族居民老年期痴呆流行病学调查》，《中华老年医学杂志》1998 年第 5 期。

② Ellison, Christopher G., and Linda K. George, "Religious involvement, social ties, and social support in a southeastern community." *Journal for the Scientific Study of Religion*, 1994, pp. 46 – 61.

③ Krause, Neal, "Religious meaning and subjective well – being in late life." *The Journals of Gerontology Series B: Psychological Sciences and Social Sciences*, Vol. 58, No. 3, 2003, pp. S160 – S170.

④ Park, Nan Sook, et al., "Religiousness and longitudinal trajectories in elders´ functional status." *Research on Aging*, Vol. 30, No. 3, 2008, pp. 279 – 298.

⑤ Van Ness, Peter H., and David B. Larson, "Religion, senescence, and mental health: The end of life is not the end of hope." *The American Journal of Geriatric Psychiatry*, Vol. 10, No. 4, 2002, pp. 386 – 397.

⑥ 胡孚深、张群英：《道教的文化特征及其发展前景》，《东方论坛》1994 年第 2 期。

和9.23%；从来不抽的占70.41%，从来不喝的占72.87%，分别比不信仰宗教老年人高14.45%和13.52%；曾经抽烟和喝酒，现在不抽烟和不喝酒的信仰宗教老年人的比例分别是11.52%和13.56%，分别比不信仰宗教老年人低4.92%和4.29%（见表7—12）。

与不经常参与宗教活动的老人相比，经常参与者有更大的社会网络，能获得更多的支持，他们平衡能力好，经常锻炼身体、抽烟少、喝酒少，从事更多的志愿工作、压抑感较少，从而增强他们的免疫系统抵御疾病和加快恢复的能力[①]。可见，宗教信仰有助于老年人形成健康的生活习惯。

2. 信仰宗教老年人更注重养身保健

从不吃保健品的信仰宗教老年人的比例为60.63%，比不信仰宗教老年人低8.5个百分点；偶尔和经常吃保健品的比例分别是28.03%和11.34%，比不信仰宗教老年人分别高5.84%和2.66%（见表7—12）。信仰宗教的老年人更加注重身体健康的保养。

因此，从抽烟和喝酒的信仰宗教老年人较少和食用保健品的信仰宗教老年人较多的状况可以看出，信仰宗教老年人保持着较健康的生活习惯。宗教信仰对老年人的健康行为产生一定的积极影响，对改善教徒，特别是老年人、体弱者和患慢性疾病者的健康状况有一定积极作用[②]。

表7—12　　　　　　　　　宗教信仰与老年人的健康行为

单位:%

健康行为		是否信仰宗教	
		否	是
平常是否吃保健品	经常	8.68	11.34
	偶尔	22.19	28.03
	从不	69.13	60.63
		$X^2 = 93.414^{***}$	

---

① Oman, Douglas, and Dwayne Reed, "Religion and mortality among the community – dwelling elderly." *American Journal of Public Health*, Vol. 88, No. 10, 1998, pp. 1469 – 1475.

② 张淑民、孙国军:《甘南藏族地区民俗宗教中的养生健身行为研究》,《西北成人教育学报》2001年第1期。

续表

健康行为		是否信仰宗教	
		否	是
抽烟	从来不抽	55.96	70.41
	曾经抽烟，现在不	16.44	11.52
	现在抽烟	27.60	18.07
		$X^2 = 242.558$ ***	
喝酒	从来不喝	59.35	72.87
	曾经喝酒，现在不	17.85	13.56
	现在喝酒	22.80	13.57
		$X^2 = 226.38$ ***	

注：*** $p \leqslant 0.01$。

资料来源：郭平、陈刚：《2006 年中国城乡老年人口状况追踪调查数据分析》，中国社会出版社 2009 年版。

（四）信仰宗教老年人的医疗保障

前面分析发现，慢性病患病率高在信仰宗教老年群体中表现特别突出，这说明信仰宗教老年人的医疗健康需求比不信仰宗教老年人更大，需要用于医疗保健的费用支出更多。在我国老年人医疗健康保障体系还不够完善的情况下，老年人的医疗资源主要靠家庭成员来提供。老年人慢性病患病率高，治疗费用高昂，照料需求大等问题已经给老年人及其家庭成员形成了巨大的压力，仅靠家庭成员难以解决这些问题。

信仰宗教老年人的医疗保障的情况与他们的健康状况密切相关，而且还与他们医疗费用支出相关。本小节将从基本医疗保险、合作医疗、公费医疗和商业医疗保险的享受情况来分析信仰宗教老年人的医疗保障状况。

1. 信仰宗教老年人缺少基本医疗保障

从享受各类医疗保障的情况看，信仰宗教老年人与不信仰宗教老年人能享受的医疗保障存在显著差异。信仰宗教老年人能享受基本医疗保险和公费医疗的比例分别是 44.84% 和 5.93%，比不信仰宗教老年人分别低近 9 个和近 5 个百分点；不享受任何医疗保障的信仰宗教老年人的比例达到 41.02%，比不信仰宗教老年人高近 4 个百分点（见表 7—13）。

表 7—13　　　　　　　　信仰宗教老年人的医疗保障情况

单位：%

医疗保障		是否信仰宗教		医疗保障		是否信仰宗教	
		否	是			否	是
基本医疗保险	不享受	46.23	55.16	合作医疗	不享受	76.63	74.00
	享受	53.77	44.84		享受	23.37	26.00
		$X^2 = 46.221^{***}$				$X^2 = 10.735^{***}$	
公费医疗	不享受	89.51	94.07	其他医疗保障	不享受	98.96	98.59
	享受	10.49	5.93		享受	1.04	1.41
		$X^2 = 67.081^{***}$				$X^2 = 3.443^{*}$	
商业医疗保险	不享受	99.53	99.59	不享受任何医疗保障	否	62.63	58.98
	享受	0.47	0.41		是	37.37	41.02
		$X^2 = 0.238$				$X^2 = 16.025^{***}$	

注：* $0.01 < p \leqslant 0.05$，*** $p \leqslant 0.01$。

资料来源：郭平、陈刚：《2006 年中国城乡老年人口状况追踪调查数据分析》，中国社会出版社 2009 年版。

信仰宗教老年人能享受基本医疗保险的人不到一半，能享受合作医疗的老年人仅占 26%，而能享受公费医疗的老年人仅有近 5.93%，不享受任何医疗保障的占 41.02 成。可见，与不信仰宗教的老年人相比，信仰宗教老年人基本医疗保障不足。

信仰宗教老年人一方面慢性病患病率高；另一方面缺少基本医疗保障。因此，信仰宗教老年人的健康问题堪忧。

2. 信仰宗教老年人多因经济困难而看不起病

从调查前两周患病情况看，信仰宗教老年人患病率较高，未治疗者多，其主要原因是经济困难。调查前两周内信仰宗教老年人的患病率是 33.01%，比不信仰宗教的老年人高 4.85%。调查前两周患病没有进行治疗的信仰宗教老年人比例为 10.6%，比不信仰宗教老年人高 1.4%。

在信仰宗教老年人未治疗病的原因中，经济困难居首位，占64.46%；其次是自己觉得病轻，比例为35.5%。可见，信仰宗教老年人不看病的主要原因是经济困难。

调查前两周患病的老年人中，看医生的信仰宗教老年人比例为65.44%，比不信仰宗教老年人低3个百分点，而采取自我处置的老年人比例为19.75%，比不信仰宗教的老年人高近4个百分点。因此，因经济困难，患病后看医生的信仰宗教老年人较少，而采取自己处置的老年人接近1/5。

综上所述，我国信仰宗教老年人与不信仰宗教老年人慢性病患病模式存在差异，老年教徒慢性病患病率高，特别是信仰天主教的老年教徒更为严重。同时，我国老年教徒基本医疗保障不足，存在较多因经济困难而看不起病的老年教徒。在此种情况下，老年教徒应保持相对良好的健康行为与生活习惯。

三　宗教信仰与老年人的心理健康

由于宗教信仰可以减少大量的压力风险，提供一种处理压力或支持的方法，提供一个作为社会资源的网络和促进心理平衡的资源[1][2]。所以，社会适应能力、经济能力、独立生活能力弱的老年人，往往希望借助超自然的能力来对这些进行控制，当他们信仰某种超自然力后，通过祷告、祈祷、笃信、奉事等个人行为来与超自然能力进行交换，希望这些事能向好的方面发展，能如自己所愿。

2006年数据城乡问卷中均调查老年人的五项担心事件，分别是没有生活费来源、生病时没有钱治病、需要时没有人照料、社会不安定和子女不孝。本文以此来反映老年人的心理健康状况。每项变量分别设置五个答案，分别是毫不担心、不太担心、一般、比较担心和非常担心，相应赋予

---

① Allen, Rebecca S., et al., "Religiousness/spirituality and mental health among older male inmates." *The Gerontologist*, Vol. 48, No. 5, 2008, pp. 692 – 697.

② Chang, Bei – Hung, Anne E. Noonan, and Sharon L. Tennstedt, "The role of religion/spirituality in coping with caregiving for disabled elders." *The Gerontologist*, Vol. 38, No. 4, 1998, pp. 463—470.

1分、2分、3分、4分和5分，总分为5—25分，得分越高，担心程度越高，反映心理健康状况越差。将5—10分为低度担心，11—19分为中度担心，20分以上为高度担心。

（一）信仰宗教老年人对晚年生活缺乏安全感

信仰宗教老年人对五项事件的担心程度高于不信仰宗教老年人。低度担心的信仰宗教老年人的比例为32.70%，比不信仰宗教的老年人低3.25个百分点；高度担心的信仰宗教老年人的比例为22.44%，比不信仰宗教的老年人高近3个百分点（见表7—14）。

可见，与不信仰宗教的老年人相比，信仰宗教老年人对生活、经济、健康、照料、子女孝顺问题高度担心，对晚年生活缺乏安全感，对生活充满焦虑和担忧。信仰宗教老年人健康状况差、独立生活能力差，经济独立能力弱，社会适应能力降低，对家庭成员和社会的依赖性大，因此，一旦家庭或社会发生变化，将对信仰宗教老年人的生活、健康等将造成极大影响。

表7—14　　　　　　　　　　宗教信仰与担心事件

单位:%

宗教信仰		担心程度			合计
		低度	中度	高度	
是否信仰宗教	否	35.95	44.17	19.88	100.00
	是	32.71	44.85	22.44	100.00
宗教信仰	佛教	34.95	44.26	20.79	100.00
	道教	26.44	57.47	16.09	100.00
	基督教	34.31	46.72	18.97	100.00
	天主教	28.57	50.00	21.43	100.00
	伊斯兰教	19.05	41.60	39.35	100.00

资料来源：郭平、陈刚：《2006年中国城乡老年人口状况追踪调查数据分析》，中国社会出版社2009年版。

（二）信仰伊斯兰教的老年人安全感最低

从不同宗教信仰的老年人看，不同宗教信仰的老年人对事件的担心程度存在较大差异。信仰伊斯兰教的老年人高度担心的比例是39.35%，是天主教的 1.8 倍，是佛教的 1.9 倍，是基督教的 2.1 倍，是道教的 2.5 倍（见表 7—14）。

可见，信仰伊斯兰教的老年人担心程度最高，而信仰道教的老年人担心程度最低。这一方面与信仰宗教的老年人的经济、社会、家庭环境有关；另一方面与宗教文化中的宗教思想有关。不同宗教对世俗和彼岸世界的态度是不同的，佛教、基督教、天主教和道教强调彼岸世界，伊斯兰教强调两世吉庆；有的宗教强调积极入世，有的宗教强调与世无争、清静无为。因此，各宗教信仰老年人的担心程度的差异，受宗教对待世俗世界的态度和观念的影响。

另外，信仰伊斯兰教的老年人几乎都是少数民族，少数民族老年人所处的生活环境差，地区经济社会发展水平低，因此，他们更缺乏安全感，对社会、家庭的变动更为担心。

（三）　老年教徒对健康问题最为担心

在老年教徒的晚年生活中，不同事件对老年人生活影响程度不同，因此，老年教徒对晚年生活中的事件担心程度也不同。

我国老年教徒对健康问题最为担心。信仰宗教老年人对担心事件的担心程度按比例由高到低依次是生病时没有钱治病（50.68%）、社会不安定（46.54%）、没有生活费来源（38.24%）、需要时没人照料（37.24%）和子女不孝（27.94%）；分别比不信仰宗教的老年人高 2.22 个、3.84 个、1.74 个、2.98 个和 4.35 个百分点（见表 7—15）。可见，我国老年教徒对健康问题担心的最多，担心程度也最高。

城市信仰宗教老年人担心子女失业、交通不安全和退/离休金不够养老的比例分别是 67.60%、57.72% 和 40.75%；分别比不信仰宗教的老年人高 1.68%、0.80% 和 0.55%（见表 7—15）。

可见，从整体上看，信仰宗教老年人对事件的担心程度普遍较高，比不信仰宗教老年人高。城市信仰宗教老年人也呈现出相同的特征。信仰宗教老年人对生病时没钱治病的担心程度最高，超过一半，近一半的老年人担心社会不安定，近四成的老年人担心需要时没人照料，近三成的老年人担心子女不孝，而且明显高于不信仰宗教的老年人。城市信仰宗教老年人有近七成担心子女失业，明显高于不信仰宗教老年人；近六成担心交通不安全，2/5 的老年人担心退离休金不够养老。

对晚年生活中事件的担心程度是影响老年人心理健康的指标之一，从担心事件可以反映老年人的心理状况。从老年教徒对晚年生活中事件的担心程度看，老年教徒的担心程度高，对晚年生活缺乏安全感，特别是对健康问题，其中，信仰伊斯兰教的老年人最为突出。信仰宗教老年人对晚年健康、生活来源、照料、子女孝顺等事件的担心和忧虑程度普遍较高的状况，表明信仰宗教老年人心理承受巨大的压力，心理健康状况较差。

表 7—15　　　　　　　　　信仰宗教老年人的担心事件

单位:%

担心事件		是否信仰宗教		担心事件		是否信仰宗教	
		否	是			否	是
没有生活费来源	毫不担心	30.86	28.92	子女不孝	毫不担心	36.40	33.39
	不太担心	23.88	23.61		不太担心	28.72	26.92
	一般	8.76	9.23		一般	11.29	11.75
	比较担心	21.18	21.88		比较担心	13.19	15.80
	非常担心	15.32	16.36		非常担心	10.40	12.14
	$X^2 = 6.879$				$X^2 = 32.381^{***}$		
生病时没有钱治病	毫不担心	23.02	20.93	退/离休金不够养老	毫不担心	29.07	28.12
	不太担心	20.44	21.07		不太担心	19.62	19.86
	一般	8.08	7.32		一般	11.10	11.26
	比较担心	26.70	27.89		比较担心	22.63	22.73
	非常担心	21.76	22.79		非常担心	17.57	18.02
	$X^2 = 10.894^{*}$				$X^2 = 0.592$		
需要时没有人照料	毫不担心	28.04	26.44	子女失业	毫不担心	14.35	12.36
	不太担心	26.64	25.64		不太担心	12.42	11.83
	一般	11.06	10.68		一般	7.31	8.20
	比较担心	20.84	22.86		比较担心	34.55	37.61
	非常担心	13.42	14.38		非常担心	31.37	29.99
	$X^2 = 11.312^{*}$				$X^2 = 10.48^{*}$		

担心事件		是否信仰宗教		担心事件		是否信仰宗教	
		否	是			否	是
社会 不安定	毫不担心	21.64	19.15	交通 不安全	毫不担心	12.59	12.44
	不太担心	21.14	20.28		不太担心	15.32	14.46
	一般	14.52	14.03		一般	15.17	15.38
	比较担心	25.65	28.42		比较担心	34.54	35.60
	非常担心	17.05	18.12		非常担心	22.38	22.12
		$X^2 = 19.718^{**}$				$X^2 = 1.266$	

注：$^*0.05 < p < 0.1$，$^{**}0.01 < p \leqslant 0.05$，$^{***}p \leqslant 0.01$。退/离休金不够养老，子女失业和交通不安全三项调查样本为城市老年人。

资料来源：郭平、陈刚：《2006年中国城乡老年人口状况追踪调查数据分析》，中国社会出版社2009年版。

四　宗教信仰与老年人的主观感受

宗教信仰与老年人的一些主观感受存在密切联系，主观感受对生活质量存在影响。将老年人的主观感受按老年人的情绪反映分为正性和负性两类。正性主观感受是指老年人产生的积极的、愉快的和正面的情绪或感受。负性主观感受是指老年人产生的消极的、伤心的和负面的情绪或感受。正性主观感受对老年人的生活质量有促进作用，而负性主观感受会降低老年人的生活质量。

2006年数据对老年人过去一周的感受进行了调查，主要是让老年人对自己过去一周是否有过一些主观感做出肯定与否定的回答，以下将从正性与负性两个角度对老年人的主观感受进行分析。

（一）宗教信仰与老年人的正性主观感受

从正性主观感受看，信仰宗教老年人的正性主观感受低于不信仰宗教的老年人。信仰宗教老年人的正性主观感受按比例从高到低依次是对自己的生活满意（90.93%）、活着真是太好了（86.13%）、多数时候感到幸福（79,30%）、多数时候感觉精神好（70.92%）和觉得精力充沛

（47.81%）（见表7—16）。

在五项正性主观感受中，信仰宗教与不信仰宗教老年人有三项存在显著差异，其中有两项信仰宗教老年人低于不信仰宗教的老年人。有90.93%的信仰宗教老年人对自己的生活满意，高于不信仰宗教的老年人1.2%；有70.92%的信仰宗教老年人多数时候感觉精神好，比不信仰宗教的老年人低1.48%；有47.81%的信仰宗教老年人觉得精力充沛，比不信仰宗教的老年人低1.71%（见表7—16）。

可见，信仰宗教的老年人的正性主观感受明显低于不信仰宗教的老年人。与不信仰宗教的老年人相比，信仰宗教老年人的积极性、正向性和肯定性的感受较低，这不利于信仰宗教老年人的生活质量的改善。

表7—16   宗教信仰与老年人的正性主观感受

单位:%

主观感受		是否信仰宗教	
		否	是
对自己的	否	10.27	9.07
生活满意	是	89.73	90.93
		$X^2 = 4.405^*$	
多数时候	否	27.60	29.08
感觉精神好	是	72.40	70.92
		$X^2 = 3.034^*$	
多数时候	否	21.34	20.70
感到幸福	是	78.66	79.30
		$X^2 = 0.679$	
活着真	否	13.06	13.87
是太好了	是	86.94	86.13
		$X^2 = 1.593$	
觉得精	否	50.48	52.19
力充沛	是	49.52	47.81
		$X^2 = 3.272^*$	

注: $^*0.05 < p < 0.1$。

资料来源：郭平、陈刚：《2006年中国城乡老年人口状况追踪调查数据分析》，中国社会出版社2009年版。

（二）宗教信仰与老年人的负性主观感受

在十项负性主观感受中，信仰宗教老年人在调查前一周内有此种感受的比例均高于不信仰宗教老年人，其中有五项负性主观感受存在显著差异。可见，信仰宗教老年人的负性主观感受比不信仰宗教老年人强。

信仰宗教老年人的负性主观感受按比例从高到低依次是不愿去做自己不太熟悉的事情（69.55%）、放弃了很多以往的活动和爱好（56.84%）、多数人比自己富（54.16%）、自己的记忆力要比其他老人差（50.73%）、自己生活不够充实（46.49%）、常常感到心烦（42.56%）、自己很没用（42.10%）、担心有不好的事情发生在自己身上（38.93%）、自己的处境没有希望（22.77%）和常常感到无依无靠（19.30%）（见表7—17）。

五项存在显著差异的负性主观感受分别是自己很没用、放弃了很多以往的活动和爱好、多数人比自己富、担心有不好的事情发生在自己身上、自己生活不够充实和常常感到心烦，信仰宗教老年人的比例分别比不信仰宗教的老年人高2.59%、0.93%、2.26%、1.89%、1.76%和1.52%（见表7—17）。

表7—17　　　　　　宗教信仰与老年人的负性主观感受

单位：%

负性主观感受		是否信仰宗教		负性主观感受		是否信仰宗教	
		否	是			否	是
不愿去做自己	否	31.68	30.45	担心有不好的事	否	62.96	61.07
不太熟悉的事情	是	68.32	69.55	情发生在自己身上	是	37.04	38.93
		$X^2 = 1.974$				$X^2 = 4.272^*$	
自己的记忆力	否	50.14	49.27	常常感到	否	81.73	80.70
要比其他老人差	是	49.86	50.73	无依无靠	是	18.27	19.30
		$X^2 = 0.839$				$X^2 = 1.969$	
自己很没用	否	60.49	57.90	放弃了很多以往	否	44.09	43.16
	是	39.51	42.10	的活动和爱好	是	55.91	56.84
		$X^2 = 7.782^{**}$				$X^2 = 0.978$	

续表

负性主观感受	是否信仰宗教			负性主观感受	是否信仰宗教		
		否	是			否	是
自己的处境	否	78.24	77.23	自己生活	否	55.27	53.51
没有希望	是	21.76	22.77	不够充实	是	44.73	46.49
		$X^2 = 1.678$				$X^2 = 3.506^*$	
多数人比	否	48.10	45.84	常常感	否	58.96	57.44
自己富	是	51.90	54.16	到心烦	是	41.04	42.56
		$X^2 = 5.708^{**}$				$X^2 = 2.646^*$	

注：$^*0.05 < p < 0.1$，$^{**}0.01 < p \leqslant 0.05$。

资料来源：郭平、陈刚：《2006 年中国城乡老年人口状况追踪调查数据分析》，中国社会出版社 2009 年版。

可见，信仰宗教老年人的负性主观感受明显强于不信仰宗教的老年人。与不信仰宗教的老年人相比，有更多的信仰宗教老年人认为自己很没用，自己没有其他人富裕，自己放弃了很多以往的活动和爱好，现在的生活不够充实，常常感到心烦，总是担心有不好的事情发生在自己的身上。

这些负性主观感受使老年人觉得现实世界中很多事情不能左右，难于控制；自我价值低，或者说自己的价值难于实现；经济上的困难，自己能力的逐渐丧失，使他们个体安全感降低，时常担心不好的事情降临到自己身上。由此他们认为冥冥之中有一种超自然的力量存在，人们不能控制，只能服从，而对此种力量的信仰则会增强自己的安全感，避免或减少灾难发生在自己和家人身上。因此，他们选择宗教，宗教信仰成为他们抗拒不可知世界的力量源泉和精神支柱，从中获得生活的信心与力量。

五　宗教信仰与老年人主观幸福感

宗教信仰与老年人的主观幸福感一直是国外老年人宗教问题研究的热点问题。主观幸福感是指人们如何评价他们的生活，包括生活满意度、婚姻满意度、无沮丧和焦虑、积极的心情和情感等指标。主观幸福感是一个宽广的现象类型，它是人们对情感反映、各方面满意度和生活满意度的整体判断①。以往研究表明，宗教信仰有助于提高老年人的主观幸福感②③。国外学者使用"中国老年健康长寿跟踪调查"数据对我国老年教徒的主观幸福感进行研究，结果表明，当控制人口学等变量后，宗教参与同主观幸福感之间有很强的负向关系④。由于该数据调查对象是 80 岁及以上的老年人，而 60—79 岁年龄段的老年人没有被考察。因此，该研究用于说明宗教信仰与我国老年人主观幸福感之间的关系存在一些不足。

那么，究竟宗教信仰与我国老年人幸福感和生活满意度之间是一种什么关系？在此，使用 2006 年数据对此问题进行研究，揭示宗教信仰与幸福感和生活满意度之间的关系。

（一）有宗教信仰的老年人的幸福感强于无宗教信仰的老年人

1. 建立模型

将老年人幸福感作为因变量，选择人口学因素、地区因素、健康因素、经济因素等作为自变量建立模型。

因变量：幸福感。幸福感为序次变量，1 = 较幸福，2 = 差不多，3 = 较不幸福，参照类为较不幸福。采用序次 Logistic 回归方法进行分析。

自变量：人口学变量。年龄为连续变量。性别为二分类变量（1 = 女，0 = 男），参照类为男性。民族为二分类变量（1 = 少数民族，0 = 汉族），参照类为汉族。婚姻状况为二分类变量（1 = 有配偶，0 = 无配偶），参照类为无配偶。政治面貌为二分类变量（1 = 一般群众，0 = 党员），参照类为党员。文化程度为分类变量，1 = 没上过学，2 = 小学，3 = 初中，4 = 高中，5 = 大专及以上，参照类为没上过学。城乡为二分类变量（1 = 农村，0 = 城市），参照类为城市。

①　Diener, ed. , "Subjective well – being: The science of happiness and a proposal for a national index. " *American Psychologist*, Vol. 55, No. 1, 2000, p. 34.

②　Brown, Philip H. , and Brian Tierney, "Religion and subjective well – being among the elderly in China. " *The Journal of Socio – Economics*, Vol. 38, No. 2, 2009, pp. 310 – 319.

③　Krause, Neal, "Religious meaning and subjective well – being in late life. " *The Journals of Gerontology Series B: Psychological Sciences and Social Sciences*, Vol. 58, No. 3, 2003, pp. S160 – S170.

④　Brown, Philip H. , and Brian Tierney, "Religion and subjective well – being among the elderly in China. " *The Journal of Socio – Economics*, Vol. 38, No. 2, 2009, pp. 310 – 319.

　　地区是分类变量，1 = 东北地区，2 = 华东地区，3 = 中南地区，4 = 西南地区，5 = 西北地区，6 = 华北地区，以华北地区为参照类。

　　经济状况自评为分类变量，1 = 宽裕，2 = 一般，3 = 困难，参照类为宽裕。

　　是否有慢性病为二分类变量（1 = 是，0 = 否），参照类为无慢性病。健康状况自评为分类变量，1 = 差，2 = 一般，3 = 好，参照类为差。健康状况变化为分类变量，1 = 变好，2 = 基本不变，3 = 变差，4 = 时好时坏，参照类为变好。日常生活是否需要照料为二分类变量（1 = 是，0 = 否），以不需要照料为参照类。

　　家庭是否和睦为二分类变量（1 = 和睦，0 = 不和睦），参照类为不和睦。子女孝顺为分类变量，1 = 孝顺，2 = 一般，3 = 不孝顺，以不孝顺为参照变量。

　　宗教信仰为二分类变量（1 = 信仰宗教，0 = 不信仰宗教），参照类为不信仰宗教。

　　2. 回归结果分析

　　将人口学变量、地区、健康、经济、家庭等变量纳入模型，得到 2 个模型（见表7—18）。在调查时，老年人已经有某类宗教信仰，而幸福感是调查时回答的。因此，在时间关系上，宗教信仰在前，老年人的幸福感在后。

　　模型 1，年龄与幸福感呈正相关，年龄越大，幸福感越强。女性老年人幸福感比男性老年人高，较不幸福的女性老年人是男性老年人的73.2%。有配偶的老年人幸福感比无配偶的老年人高，较不幸福的有配偶的老年人是无配偶老年人的63.5%。一般群众的幸福感低于党员，较不幸福的一般群众是党员的1.6倍。文化程度越高，幸福感越高。较不幸福的小学文化、初中文化、高中文化和大专及以上文化的老年人分别是没上过学的老年人的65.5%、51.1%、46.9%和35%。农村老年人的幸福感低于城市老年人，较不幸福的农村老年人是城市老年人的1.6倍。

　　当控制人口学变量和城乡变量后，信仰宗教的老年人中幸福的多于不信仰宗教徒的老年人，较不幸福的信仰宗教老年人是不信仰宗教老年人的87.6%，即信仰宗教的老年人幸福感强于不信仰宗教的老年人。由于调查时宗教信仰在前，幸福感在后，由此可以看出，宗教信仰有助于提高老年人的幸福感。

　　模型 2，当控制人口学和城乡变量后，纳入健康、家庭、经济等变量，宗教信仰对老年人的主观幸福感影响显著，信仰宗教老年人的幸福感比不信仰宗教的老年人高。

　　从地区看，不同地区老年人的幸福感存在差异。东北地区和西北地区较不幸福的老年人是华北地区老年人的 80.7% 和 79.7%，华东地区和中南地区较不幸福的老年人分别是华北地区老年人的 1.14 倍和 1.23 倍。

　　从健康状况看，身体健康状况越好，老年人的幸福感越高。较不幸福的身体健康状况一般和好的老年人分别是健康状况差的老年人的 69.4% 和 39.3%；较不幸福的身体健康状况基本不变、变差和时好时坏的老年人分别是健康状况变好的老年人的 1.6 倍、1.9 倍和 1.9 倍。这表明，老年人的身体健康状况越好，幸福感越高。从经济状况看，经济状况越好，老年人的幸福感越高。较不幸福的经济状况一般和困难的老年人分别是经济状况宽裕的老年人的 3.6 倍和 10.7 倍。

　　由此可见，当控制其他变量后，有宗教信仰的老年人幸福感高于无宗教信仰的老年人。

表 7—18　　　　宗教信仰与老年人幸福感的序次 Logistic 回归

		模型 1	模型 2
较幸福		1.825***	-0.002***
差不多		30.438***	-0.059***
年龄		-0.976***	-0.974***
性别		-0.732***	-0.850***
民族		1.086	-0.917
婚姻状况		-0.635***	-0.715***
政治面貌		1.584***	1.398***
文化程度	小学	-0.655***	-0.675***
	初中	-0.511***	-0.541***
	高中	-0.469***	-0.429***
	大专及以上	-0.350***	-0.330***
城乡		1.549***	1.592***

续表

		模型 1	模型 2
较幸福		1.825 ***	-0.002 ***
差不多		30.438 ***	-0.059 ***
地区	东北		-0.807 ***
	华东		1.140 ***
	中南		1.230 ***
	西南		1.088
	西北		-0.797 ***
经济状况	一般		3.550 ***
	困难		10.737 ***
健康状况	一般		-0.694 ***
	好		-0.393 ***
健康状况变化	基本不变		1.637 ***
	变差		1.851 ***
	时好时坏		1.867 ***
是否需要照料			1.070
是否患慢性病			-0.869 ***
家庭是否和睦			-0.320 ***
子女孝顺	一般		2.227 ***
	不孝顺		3.072 ***
是否信仰宗教		-0.876 ***	-0.880 ***
Chi-Square		1723.453	6062.517
R-Square		0.099	0.321
N		19765	19335

注：参照类：较不幸福。* 0.05 < sig. < 0.1, ** 0.01 < sig. ≤ 0.05, *** sig. ≤ 0.01。

资料来源：郭平、陈刚：《2006 年中国城乡老年人口状况追踪调查数据分析》，中国社会出版社 2009 年版。

（二）有宗教信仰的老年人生活满意度高于无宗教信仰的老年人

情感支持是衡量代际间感情融洽程度及潜在经济和生活照料支持的重

要指标①②。国外研究发现，情感支持比生活照料和经济支持更能促进老年人的精神健康③，而后两者旨在满足老年人因健康和经济状况产生的需求，未必对生活满意度产生直接正面作用④⑤。国内研究发现，有宗教信仰的老年人生活满意度明显低于无宗教信仰的老年人，宗教信仰并不能提高老年人的生活满意度⑥。

宗教信仰与老年人的生活满意度之间存在何种关系呢？宗教信仰是否能提高老年人的生活满意度？此节将回答这一问题。

1. 建立模型

将老年人生活满意度作为因变量，选择人口学、城乡、地区、经济、健康、家庭和宗教信仰作为自变量。

因变量：生活满意度为序次变量，1 = 不满意，2 = 一般，3 = 满意，参照类为满意。采用序次 Logistic 回归进行分析。

自变量：人口学、城乡、地区、经济、健康、家庭和宗教信仰为自变量（前面已介绍，此处略）。

2. 回归结果分析

将人口学、城乡、地区、经济、健康、家庭和宗教信仰等变量纳入模型，得到 2 个模型（见表 7—19）。在调查时，老年人已经有某类宗教信仰，而生活满意度是调查时回答的。因此，在时间关系上，宗教信仰在

① Krause, Neal, Jersey Liang, and Verna Keith, "Personality, social support, and psychological distress in later life." *Psychology and Aging*, Vol. 5, No. 3, 1990, p. 315.

② Thompson, Estina E. , and Neal Krause, "Living alone and neighborhood characteristics as predictors of social support in late life." *The Journals of Gerontology Series B: Psychological Sciences and Social Sciences*, Vol. 53, No. 6, 1998, pp. S354 – S364.

③ Silverstein, Merril, and Vern L. Bengtson, "Does intergenerational social support influence the psychological well – being of older parents? The contingencies of declining health and widowhood." *Social Science & Medicine*, Vol. 38, No. 7, 1994, pp. 943 – 957.

④ Dean, Alfred, Bohdan Kolody, and Walter M. Ensel. "The effects of types of social support from adult children on depression in elderly persons." *Journal of Community Psychology*, Vol. 17, No. 4, 1989, pp. 341 – 355.

⑤ Krause, Neal, and Jersey Liang, "Stress, social support, and psychological distress among the Chinese elderly." *Journal of Gerontology*, Vol. 48, No. 6, 1993, pp. 282 – 291.

⑥ 王婧媛、姚本先、方双虎：《有无宗教信仰老年人生活满意度现状调查》，《世界宗教文化》2009 年第 2 期。

前，老年人的生活满意度在后。

模型 1，当控制人口学和城乡因素后，宗教信仰对老年人的生活满意度有显著影响。女性老年人的生活满意度高于男性。少数民族老年人的生活满意度低于汉族老年人。有配偶的老年人生活满意度高于无配偶的老年人。一般群众的生活满意度低于党员。文化程度越高，老年人的生活满意度越高。农村老年人的生活满意度低于城市老年人。

当控制人口学和城乡因素后，宗教信仰对老年人的生活满意度有显著影响。对生活满意的信仰宗教的老年人是不信仰宗教的老年人的 1.1 倍，有宗教信仰的老年人生活满意度高于无宗教信仰的老年人。

模型 2，当控制人口学、城乡、地区、健康、经济、家庭等因素后，宗教信仰对老年人的生活满意度有显著影响。

从地区看，不同地区老年人的生活满意度存在显著差异。东北地区、中南地区和西南地区生活满意的老年人分别是华北地区的 86%、91% 和 90%，西北地区生活满意的老年人是华北地区的 1.1 倍。经济状况越好，健康状况越好的老年人，生活满意度越高。家庭越和睦，子女越孝顺，老年人的生活满意度越高。

当控制人口学、城乡、地区、健康、经济、家庭等因素后，生活满意的信仰宗教老年人是不信仰宗教老年人的 1.1 倍。可见，信仰宗教老年人的生活满意度高于不信仰宗教的老年人。

通过以上分析发现，有宗教信仰的老年人的幸福感和生活满意度比无宗教信仰的老年人高，因此，有宗教信仰的老年人的主观幸福感高于无宗教信仰的老年人。

表 7—19　　　　宗教信仰与老年人生活满意度的序次 Logistic 回归

	模型 1	模型 2
不满意	-0.079***	8.881***
一般	-0.587***	90.996***
年龄	1.017***	1.019***
性别	1.208***	1.106***
民族	-0.785***	-0.949
婚姻状况	1.374***	1.184***

		模型 1	模型 2
不满意		-0.079***	8.881***
一般		-0.587***	90.996***
政治面貌		-0.702***	-0.801***
文化程度	小学	1.297***	1.397***
	初中	1.594***	1.694***
	高中	1.701***	1.801***
	大专及以上	2.275***	2.375***
城乡		-0.888***	-0.964
地区	东北		-0.860**
	华东		-0.986
	中南		-0.905**
	西南		-0.899*
	西北		1.114*
经济状况	一般		-0.435***
	困难		-0.145***
健康状况	一般		1.436***
	好		2.684***
健康状况变化	基本不变		-0.642***
	变差		-0.628***
	时好时坏		-0.553***
是否需要照料			-0.913*
是否有慢性病			1.177***
家庭是否和睦			2.302***
子女孝顺	一般		-0.550***
	不孝顺		-0.516***
是否信仰宗教		1.096**	1.061*

续表

	模型 1	模型 2
不满意	− 0.079***	8.881***
一般	− 0.587***	90.996***
Chi – Square	750.8652	4390.866
R – square	0.043	0.237
N	19780	19348

注：参照类为满意，* 0.05 < sig. < 0.1，** 0.01 < sig. ≤ 0.05，*** sig ≤ 0.01。

资料来源：郭平、陈刚：《2006 年中国城乡老年人口状况追踪调查数据分析》，中国社会出版社 2009 年版。

六　小　结

本章对信仰宗教老年人与不信仰宗教老年人的日常生活功能、患病状况、健康行为、医疗保障和心理健康状况进行对比研究，以研究宗教信仰与健康之间的关系。

通过研究发现，从日常生活自理能力、操持家务能力和躯体活动能力看，信仰宗教老年人的日常生活功能比不信仰宗教的老年人差，其中信仰道教的老年人日常生活功能最好，信仰伊斯兰教的老年人的日常生活功能最差。

从慢性病患病率看，信仰宗教老年人慢性病患病率高于不信仰宗教老年人，特别是天主教徒。信仰宗教老年人与不信仰宗教老年人患慢性病模式存在差异，信仰宗教老年人多种慢性病患病率高于不信仰宗教的老年人，特别是信仰天主教的老年人多种慢性病的患病率最高。

信仰宗教老年人基本医疗保障不足，他们多因经济困难而看不起病；但他们当中抽烟、喝酒者较少，更注重养身保健；他们对生活、经济、健康、照料、子女孝顺问题高度担心，特别是健康问题；这导致他们对晚年生活缺乏安全感。信仰伊斯兰教的老年人担心程度最高，而信仰道教的老年人担心程度最低。

信仰宗教的老年人的积极性、正向性和肯定性的感受较低，而负性主观感受明显强于不信仰宗教的老年人。当控制人口学、地区、健康、经济、家庭等因素后，宗教信仰对老年人的生活满意度和幸福感有显著影响，有宗教信仰的老年人的生活满意度和幸福感高于无宗教信仰的老年人。因此，有宗教信仰的老年人的主观幸福感比无宗教信仰的老年人高。

第八章　宗教信仰与老年人自杀

自杀是任何由死者自己完成并知道会产生这种结果的某种积极或消极的行动直接或间接地引起的死亡，它是社会整合程度的一种反映，社会整合程度越高，自杀率就越低①。自杀率是指自杀死亡率，即因自杀而导致死亡的死亡率。

沮丧与抑郁是影响自杀的一个重要诱因。宗教信仰通过影响沮丧与抑郁对自杀产生影响。对那些处于严重困境中的人，如疾病和精神创伤，宗教涉入者比那些不参与者抑郁水平低②。在欧洲老人中，有宗教习惯的老人，患抑郁者较低③。

随着时间的变化，教堂参与与压抑症状呈负相关；有规律的教堂参与者，压抑得分较低④。固定参与宗教活动者比从来不参与宗教活动的人沮丧抑郁的风险低，特别是女性老人⑤。频繁地参加宗教活动可以减少女性

---

① ［法］埃米尔·迪尔凯姆：《自杀论》，冯韵文译，商务印书馆 2000 年版，第 11 页。

② Smith, Timothy B. , Michael E. McCullough, and Justin Poll, "Religiousness and depression: evidence for a main effect and the moderating influence of stressful life events. " *Psychological Bulletin*, Vol. 129, No. 4, 2003, p. 614.

③ Braam, Arjan W. , et al. , "Religion as a cross - cultural determinant of depression in elderly Europeans: results from the EURODEP collaboration. " *Psychological Medicine*, Vol. 31, No. 5, 2001, pp. 803 - 814.

④ Braam, Arjan W. , et al. , "Religious involvement and 6 - year course of depressive symptoms in older Dutch citizens: results from the Longitudinal Aging Study Amsterdam. " *Journal of Aging and Health*, Vol. 16, No. 4, 2004, pp. 467 - 489.

⑤ Braam, Arjan W. , et al. , "Religion as a cross - cultural determinant of depression in elderly Europeans: results from the EURODEP collaboration. " *Psychological Medicine*, Vol. 31, No. 5, 2001, pp. 803 - 814.

的抑郁程度，但是男性的抑郁度却增加①。

在 60—70 岁时，宗教信仰可以缓减身体健康状况不好的压力，宗教性低和健康状况不好的人抑郁水平最高②。有较强宗教信仰的病人很少沮丧，并且更容易从他们严重的疾病中解脱出来；宗教性越强的病人沮丧率低，而且对身体治疗的态度更积极③。

宗教神职人员和调解人员的看访有助于老年人维持希望与乐观的心态，宗教信仰的纽带帮助老年人打开通向能提供工具性和情感性支持的大门。与无宗教信仰的人相比，有宗教信仰者的抑郁率与自杀率较低④，原因可能是未参与者缺少参与者在社会网络中获得的支持资源。

改革开放以来，我国社会经历前所未有的变革，发生翻天覆地的变化，人口流动迁移的加剧、城乡收入差距的扩大、城乡社会保障体系的脱节、家庭规模的缩小、传统价值观体系分崩离析、代际间居住方式的转变、孝道观的淡化、家庭养老功能的弱化，同时医疗保障体系和社会养老保障体系尚未健全，这些因素将影响我国社会的整合。社会整合程度的降低无疑对老年人口的影响是最大的，特别是农村地区的老年人口。老年期是人生中最后一个转折点，由于生理和心理的变化，老年人社会适应能力减弱，资源与角色的丧失，以及一系列重大负性事件的影响，老年人的自杀问题凸现，逐渐引起学界与社会的关注。在世界上大多数国家，自杀最多见于老年人口⑤。自杀率随着年龄的增高而有规律地增高⑥，老年人是自杀率最高的人群。

---

① Norton, Maria C., et al., "Gender differences in the association between religious involvement and depression: The Cache County (Utah) study." *The Journals of Gerontology Series B: Psychological Sciences and Social Sciences*, Vol. 61, No. 3, 2006, pp. 129 – 136.

② Wink, Paul, Michele Dillon, and Britta Larsen, "Religion as Moderator of the Depression – Health Connection Findings From a Longitudinal Study." *Research on Aging*, Vol. 27, No. 2, 2005, pp. 197 – 220.

③ Pressman, Peter, et al., "Religious belief, depression, and ambulation status in elderly women with broken hips." *American Journal of Psychiatry*, Vol. 147, No. 6, 1990, pp. 758 – 760.

④ Van Ness, Peter H., and Stanislav V. Kasl, "Religion and cognitive dysfunction in an elderly cohort." *The Journals of Gerontology Series B: Psychological Sciences and Social Sciences*, Vol. 58, No. 1, 2003, pp. S21 – S29.

⑤ ［加］布施丰正：《自杀与文化》，马利联译，文化艺术出版社 1992 年版，第 14 页。

⑥ ［法］埃米尔·迪尔凯姆：《自杀论》，冯韵文译，商务印书馆 2000 年版，第 79 页。

从 20 世纪 90 年代以来，我国城乡人口的自杀率在逐步下降，农村老年人口自杀率明显高于城市老年人口，而且城乡老年人口自杀率的差距在不断扩大。国际上习惯将自杀率大于 20/10 万称为高自杀率，自杀率小于 10/10 万的称为低自杀率。我国农村人口不同年代的自杀率均高于 20/10 万，属高自杀率群体，农村老年人口的自杀率更高。1990 年、1995 年和 2000 年分别为 65.4/10 万、76.2/10 万和 74.7/10 万，分别是城市老年人口的 2.6 倍、3.8 倍和 4.8 倍[①]。因此，农村老年人口的自杀问题更为突出。

2006 年数据对老年人是否有过结束自己生命的想法，以及过去五年、过去一年和过去一个月是否有想到过死的念头、考虑过自杀和是否有过自杀行为做了调查。本节将对信仰宗教老年人与不信仰宗教老年人的自杀意念和自杀行为进行对比分析，试图回答宗教信仰是否能应对老年人的自杀念虑（想要自杀的想法或意图）和自杀行为。

一　宗教信仰与老年人自杀

宗教是一种文化现象，人们可以从中找到关于生与死的解答，依靠信仰超自然的力量来回答世俗世界无法回答的疑惑，寻找世俗世界中无法获得的满足与寄托。宗教文化与自杀密切相连，不同宗教信仰的国家，归属不同教派的人群，自杀率不同。这与不同宗教的教规和教义对待自杀的态度有关。

（一）我国老年人口的自杀率

1. 我国老年人口自杀率居全球之首

从全球范围来看，各国人口的自杀率均呈现出随年龄增加逐渐上升的趋势，到老年时期时，自杀率急剧上升。可见，自杀率随年龄增加而上升，到老年时期达到峰值在全世界是一个普遍现象（见表 8—1）。因此，与少儿时期和成年时期相比，老年期的自杀风险最大。

老年人口的自杀率存在地区差异。非洲、美洲和大洋洲地区的国家老年人口自杀率较低，欧洲和亚洲老年人口自杀率较高，特别是亚洲地区。

---

① 颜廷健：《社会转型期老年人自杀现象研究》，《人口研究》2003 年第 5 期。

中国老年人口自杀率居全球之首。

中国65—74岁老年人口的自杀率为41.3/10万,是日本和新加坡的1.3倍和2.3倍,是加拿大和美国的4倍和3.3倍,分别是法国、德国、意大利和俄罗斯的1.7倍、2.3倍、4.6倍和1.2倍,分别是澳大利亚和毛里求斯的3.6倍和7倍。

中国75岁及以上人口自杀率高达70.7/10万,是日本和新加坡的2.3倍和2.5倍,是加拿大和美国的6.9倍和4.2倍,分别是法国、德国、意大利和俄罗斯的2.1倍、2.7倍、5.2倍和1.7倍,是澳大利亚和毛里求斯的5.2倍和5.5倍(见表8—1)。

按自杀与年龄之间存在的关系,将自杀分为三种类型①,第一种类型称为"欧洲型",自杀率随着年龄增加明显上升,老年时期上升最为明显;第二种称为"北欧型",自杀率随年龄缓慢上升,在70岁以上的老年人口中,自杀率略有下降;第三种是"东亚型",从15—25岁的青少年中,有一自杀率高峰,自杀率在中年时期显示出较稳定的缓慢地上升,到60岁以后,自杀率呈现出急剧上升的趋势。亚洲地区老年人口的自杀率规律呈现出"东亚型"的特点,尤其是中国。

可见,中国老年人口自杀率居全世界之首,我国老年人口的自杀问题应当引起政府、社会和学界的高度重视。

2. 老年人口中男性自杀率高于女性的现象更突出

自杀率存在明显的性别差异,表现为男性高于女性,而且随着年龄的增加,男性与女性的自杀率差距逐渐扩大,特别是到老年人口更为明显。这一现象在世界各国普遍存在。在65—74岁和75岁及以上的老年人口中,中国男性自杀率分别是女性的1.1倍和1.4倍,加拿大男性分别是女性的2.9倍和5.6倍,美国男性分别是女性的5.7倍和9.5倍,法国男性分别是女性的2.6倍和4.9倍,德国男性分别是女性的3.1倍和3.6倍,意大利男性分别是女性的3.7倍和6.4倍(见表8—1)。

值得注意的是,我国15—54岁人口的自杀率呈现出女性高于男性的特征,这与世界各国明显不同。在15—24岁、25—34岁、35—44岁和

---

① [加]布施丰正:《自杀与文化》,马利联译,文化艺术出版社1992年版,第69页。

45—54 岁，女性的自杀率分别比男性高 3.2/10 万、6.3/10 万、1.3/10 万和 0.8/10 万（见表 8—1）。

　　与世界其他国家相比，我国 65—74 岁的男性老年人口自杀率最高，为 43.7/10 万，75 岁以上男性人口自杀率高达 84.2/10 万，特别是高龄男性老年人。因此，对男性老年人，特别是高龄男性老年人要给予更多的研究和关注。

表 8—1　　　　　　　　　老年人口自杀率的国际比较

单位：1/10 万

洲别	国家（年份）		少儿人口	劳动年龄人口				老年人口	
			5—14 岁	15—24 岁	25—34 岁	35—44 岁	45—54 岁	55—64 岁	65—74 岁	75 岁及以上
亚洲	中国（1999）	合计	0.8	6.9	15.1	13.2	18.2	21.9	41.3	70.7
		男	0.9	5.4	12.0	12.6	17.8	23.1	43.7	84.2
		女	0.8	8.6	18.3	13.9	18.6	20.7	39.2	61.2
	日本（2007）	合计	0.4	14.0	22.0	26.7	33.9	35.7	31.2	30.8
		男	0.5	18.4	30.5	39.3	53.2	55.2	44.7	46.5
		女	0.3	9.3	13.2	13.7	14.5	16.9	19.2	21.4
	新加坡（2006）	合计	0.4	3.8	8.8	11.6	16.7	18.5	17.7	28.9
		男	0.4	6.2	9.4	17.3	21.1	23.1	21.1	30.0
		女	0.4	1.3	8.2	5.9	12.3	14.0	14.7	28.1
美洲	加拿大（2004）	合计	0.7	11.0	13.5	15.5	17.5	13.3	10.3	10.3
		男	0.8	17.0	21.5	23.2	25.5	19.9	15.7	20.7
		女	0.6	4.8	5.3	7.7	9.5	6.8	5.5	3.7
	美国（2005）	合计	0.7	10.0	12.4	14.9	16.4	13.8	12.5	16.8
		男	1.0	16.1	19.9	23.0	25.2	22.2	22.7	37.8
		女	0.3	3.5	4.7	6.8	8.0	6.1	4.0	4.0
欧洲	法国（2006）	合计	0.4	6.7	14.2	22.6	27.3	21.7	24.3	33.7
		男	0.6	10.0	22.0	34.4	40.1	30.1	36.6	68.1
		女	0.2	3.2	6.4	11.0	15.1	13.6	13.9	13.9

续表

洲别	国家(年份)		少儿人口	劳动年龄人口					老年人口	
			5—14岁	15—24岁	25—34岁	35—44岁	45—54岁	55—64岁	65—74岁	75岁及以上
欧洲	德国(2006)	合计	0.4	5.9	8.0	11.6	15.5	15.6	17.9	26.0
		男	0.5	9.2	12.7	17.7	23.0	23.4	27.9	49.8
		女	0.2	2.4	3.2	5.3	7.9	7.9	9.1	13.7
	意大利(2006)	合计	0.1	3.1	5.2	6.1	7.5	8.3	9.0	13.7
		男	0.1	4.7	8.2	9.2	11.2	13.0	14.9	29.3
		女	0.0	1.4	2.1	3.0	3.9	3.9	4.0	4.6
	俄罗斯(2006)	合计	2.0	25.8	39.8	36.9	38.6	31.4	33.8	40.7
		男	2.8	43.7	70.9	66.3	71.4	61.6	70.0	86.5
		女	1.1	7.4	9.0	9.1	10.3	8.9	13.3	24.8
大洋洲	澳大利亚(2004)	合计	0.3	9.8	16.2	15.8	13.1	9.9	11.4	13.7
		男	0.5	14.4	26.8	25.4	20.0	15.6	19.3	25.8
		女	0.1	4.9	5.7	6.3	6.3	4.0	3.9	5.5
非洲	津巴布韦(1990)	合计	0.5	12.5	15.1	14.2	12.1	16.5	19.9	
		男	0.5	13.0	22.1	22.4	17.2	27.7	33.6	
		女	0.5	12.1	8.4	6.4	7.1	6.1	8.3	
	毛里求斯(2007)	合计	0.5	14.1	18.0	14.6	11.4	7.8	5.9	12.8
		男	0.0	16.5	29.4	23.0	19.2	14.3	8.9	34.8
		女	1.0	11.7	6.8	6.3	3.6	1.9	3.5	0.0

资料来源：世界卫生组织网站。World Health Organization, Country reports and charts available. Available at http：//www. who. int/mental _ health/prevention/suicide/country_ reports/en/index. html. ［2009. July 24］

3. 农村老年人口自杀率高于城市，且上升速度快于城市

我国老年人口的自杀率存在明显的城乡差异，表现为农村高于城市，并随着年龄的增加城乡人口自杀率差距逐渐扩大的特征，特别是进入老年时期以后。

随着年龄的增加，农村人口的自杀率在10—49岁时，虽然呈现出上

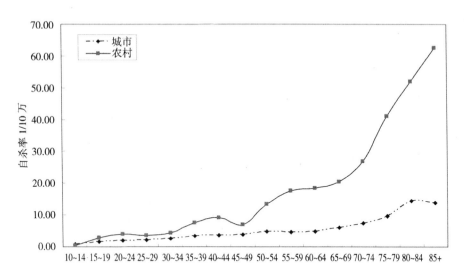

图 8—1　2008 年我国城乡分年龄人口的自杀率

资料来源：中华人民共和国卫生部网站。《2009 中国卫生统计年鉴》目录，居民病伤死亡原因 . Available at http：//www. moh. gov. cn/publicfiles/business/html-files/zwgkzt/ptjnj/200908/42635. htm.

升的趋势，但有所波动；在 40—44 岁时有一个小高峰，而在 45—49 岁时有所下降。从 50 岁开始，农村人口自杀率稳步上升；进入 65 岁以后，自杀率急剧上升，到 85 岁及以上时达到 62.5/10 万。随着年龄的增加，城市人口的自杀率呈现出小幅稳步上升的趋势；到 80—84 岁时，自杀率达峰值，为 14.4/10 万；85 岁及以上，老年人的自杀率有所下降（见图 8—1）。可见，农村老年人口的自杀率上升速度明显快于城市。

　　农村老年人口的自杀率明显高于城市，而且年龄越大，差距越大。农村 60—64 岁老年人的自杀率为 18.5/10 万，是城市的 3.8 倍；65—69 岁老年人的自杀率为 20.5/10 万，是城市的 3.4 倍；70—74 岁老年人的自杀率为 26.9/10 万，是城市的 3.6 倍；75—79 岁老年人的自杀率为 41.2/10 万，是城市的 4.3 倍；80—84 岁老年人的自杀率为 51.9/10 万，是城市的 3.6 倍；85 岁及以上老年人的自杀率是 62.5/10 万，是城市的 4.5 倍（见图 8—1）。

　　因此，我国农村老年人口自杀率高于城市，而且自杀率上升的速度快于城市，随着年龄的增加，城乡老年人口的自杀率差距不断扩大。

（二）宗教信仰与自杀的关系

法国社会学家埃米尔·迪尔凯姆在《自杀论》中就宗教信仰对自杀产生的影响作了研究，并指出信仰天主教的国家自杀率比信仰基督新教的国家低，信仰犹太教的国家自杀率最低[①]。

他认为宗教对自杀有一种预防的作用；这不是因为宗教和世俗道德一样谴责自杀，不是因为上帝的意旨使他的训诫具有特殊的、能使意志屈服的权威，也不是因为来世生活的前景和在那里等待着罪人的可怕惩罚使他的禁令比人间的法律得到更有效的承认；宗教之所以使人避免自杀的欲望，不是因为宗教用某些特殊的理由劝告他重视自己的身体，而是因为宗教是一个社会，构成这个社会的是所有领域所共有的、传统的、因而也是必须遵守的许多信仰和教规；这些集体的状态越多越牢固，宗教社会的整体化越牢固，越是具有预防的功效；信条和宗教仪式的细节是次要的，主要的是信条和仪式可以维持一种具有足够强度的集体生活[②]。

因此，他认为自杀人数的多少与宗教社会一体化的程度成反比，与家庭社会一体化的程度成反比，与政治社会一体化的程度成反比[③]。他认为，不同宗教信仰的自杀率与不同宗教信仰社会中的教徒所组成的社会或教会的整合程度有关，社会整合程度越高，自杀率就越低；反之，则高。

老年人退出工作领域以后，社会网络的规模缩小，社会联系减少。信仰宗教以后，加入到一个新的更大的教徒网络中，教徒之间的交流与分享，互助与支持，在社会交往的过程中，获得安全感、归属感和满足感，从而增强老年人克服困难与挫折的信心与能力。宗教教徒之间形成的社会网络的整合程度的提高，有助于减少自杀现象的发生。

（三）不同宗教对待自杀的态度存在差异

天主教与基督教自杀率的不同与它们对待自杀的态度有关。天主教信守人命为神所赐，唯有神才可夺人命的教义，至今不允许自杀。并且断定

---

① ［法］埃米尔·迪尔凯姆：《自杀论》，冯韵文译，商务印书馆 2000 年版，第 144—149 页。

② 同上书，第 166—167 页。

③ 同上书，第 214 页。

自杀是冒渎神的难以挽救的罪过，自杀是比他杀更严重的罪过，自杀者绝对不能升入天国。天主教至今仍然支持拒绝埋葬自杀者这种严酷的传统和态度。

基督教认为自杀不是什么不可赎的大罪，原则上对自杀者也给以教葬。基督教和天主教不仅在道义上非常严厉地谴责自杀，而且都教导说，新的生活始于死后，在这种生活中，人们将因他们的错误行为受到惩罚；基督教和天主教都把自杀算在错误的行为之列；在这两种宗教信仰中，这种禁律都具有神圣的性质；这种禁律不是被表现为一种正确推理的逻辑，但它的权威性就是上帝本人的权威性；另外，基督教比天主教在更大的程度上允许自由思考①。因此，基督教徒的自杀率比较高，是因为基督教是一个不像天主教会那样非常整体化的教会；而信徒个人与教会的整合度的弱化，极度的信仰自由和个人主义使个人陷入孤独、怀疑和绝望的深渊，从而产生自杀的意念与行为。

犹太人自杀率低，是因为他们历尽偏见、迫害、屠杀等悲惨命运后，养成了强韧的民族意识和团结、同类意识和生存本能，这强化了他们的民族意识和民族自豪感，增强了犹太人社会的互助精神、团结和共同体观念。犹太教是一个肯定"生"的宗教，与来世相比，它更重视现世，重视现实生活的充实。并认为自杀行为否定了犹太教的现世肯定精神，威胁民族的生存与发展，因此，自杀被作为难以容忍的行为受到谴责。另外，犹太人家族间的团结和家庭的健全，也有利于降低自杀率。

伊斯兰教教徒的自杀率也较低。伊斯兰教与天主教和犹太教一样，甚至比二者更为强烈地否定自杀行为。伊斯兰教的教义和仪式彻底地浸透到穆斯林的日常生活中，保持着比天主教更为保守的宗教信仰生活，从早到晚在宗教仪式中度过，这样的宗教信仰和宗教生活方式有利于预防自杀。

佛教是一个重视彼世的宗教，其教义和思想都表现出重视死后的归宿。佛教将死作为解脱虚幻尘世的手段，称死为"往生"，即离开尘世，到另一个世界获得重生。佛教的轮回思想认为，死并非只有一次，通过轮回可以经历数次生与死。死或提前死去是往生极乐世界、成佛获得永生的

---

① 〔法〕埃米尔·迪尔凯姆：《自杀论》，冯韵文译，商务印书馆2000年版，第151—154页。

途径。因此，佛教中自杀行为是被默认的。另外，佛教思想认为不要说死者的坏话，死有助于自己罪恶的净化，一生所犯的罪或过错可因死而被宽恕。因此，自杀被作为一种赎罪的方式。

可见，不同宗教对待自杀的态度不同，不同宗教信仰的国家和群体的自杀率也不同。宗教信仰对老年人的自杀意念和自杀行为存在影响。

二　宗教信仰与老年人的死亡意念

（一）信仰宗教老年人的死亡意念比不信仰宗教的老年人弱

死亡意念是指老年人在过去五年内曾经想到过死亡。是否信仰宗教的老年人，他们过去五年内在死亡意念上是否存在差异？

信仰宗教老年人从过去五年到过去一个月，有死亡意念的老年人比例低于不信仰宗教的老年人。从过去五年到过去一年再到过去一个月，有死亡意念的信仰宗教老年人的比例分别从 54.97% 下降到 45.95% 和 23.76%，分别下降 9 个和 22 百分点；从过去五年到过去一个月，有死亡意念的信仰宗教老年人的比例下降 31 个百分点；同期，不信仰宗教的老年人分别下降 15 个、17 个和 32 个百分点（见图 8—2）。可见，有死亡意念的老年人的比例在不断下降。

与不信仰宗教的老年人相比，信仰宗教老年人过去五年和过去一个月有死亡意念的比例均低 5 个百分点。可见，信仰宗教老年人的死亡意念明显低于不信仰宗教老年人，特别是在过去一年，有死亡意念的信仰宗教老年人的比例下降幅度明显大于不信仰宗教老年人。

（二）信仰宗教老年人死亡意念的特征

有死亡意念的信仰宗教老年人在婚姻状况、年龄、性别和民族上存在差异。

从性别看，在过去一年内，男性有死亡意念的信仰老年人的比例高于女性，而在过去五年，女性却高于男性。在过去一年和过去一月，男性中有死亡意念的老年人比例分别为 52.27% 和 23.81%，分别比女性高近 8.3 个和近 0.1 个百分点；在过去五年，男性比女性低近 8 个百分点（见表 8—2）。

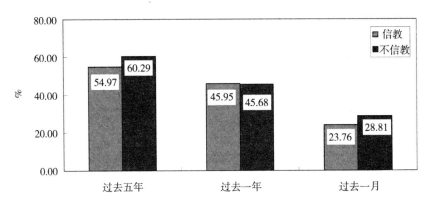

图 8—2　宗教信仰与老年人死亡意念

资料来源：郭平、陈刚：《2006 年中国城乡老年人口状况追踪调查数据分析》，中国社会出版社 2009 年版。

　　从年龄看，在过去一月，过去一年和过去五年，有死亡意念的信仰老年人的比例随着年龄的增加而上升。在过去一月，有死亡意念的信仰宗教老年人的比例从 60—64 岁的 17.14% 上升到 80 岁及以上的 37.50%，上升 20.36%；在过去一年，此比例从 60—64 岁的 36.11% 上升到 80 岁及以上的 62.50%，上升 26.39%；在过去五年，此比例从 60—64 岁的 55.56% 上升到 80 岁及以上的 62.50%，上升近 7 个百分点（见表 8—2）。

　　从婚姻状况看，无配偶的信仰宗教老年人在过去五年有死亡意念明显高于有配偶的老年人。在过去一月和过去五年，信仰宗教老年人中无配偶的有死亡意念的老年人比例分别是 25.00% 和 55.65%，分别比有配偶的老年人高 3.26% 和 1.7%；在过去一年，有死亡意念的无配偶的信仰宗教老年人中比例为 44.35%，比有配偶的低 4.22%（见表 8—2）。

　　从民族看，有死亡意念的汉族老年人比例明显高于少数民族。过去一月、过去一年和过去五年，汉族老年人中有死亡意念的比例分别是 25.85%、47.65% 和 56.05%，分别比少数民族高 11.14%、8.76% 和 6.05%（见表 8—2）。

　　从文化程度看，在过去一月和过去一年，小学以上文化的老年人的死亡意念高于小学及以下的老年人；在过去五年，小学以上文化的老年人的死亡意念却低于小学及以下文化的老年人。在过去一月和过去一年，小学以上文化的老年人有死亡意念的比例分别是 32.00% 和 48.00%，比小学及以下文化的老年人分别高近 10 个百分点和 2.5 个百分点；在过去五年，小学及以下文化的老年人有死亡意念的比例为 56.63%，比小学以上的老年人高近 13 个百分点（见表 8—2）。

从城乡看，在过去一月和过去五年，有死亡意念的城市老年人多于农村，而在过去一年，农村则高于城市。过去一月和过去五年，城市有死亡意念的老年人的比例分别是 25.88% 和 56.84%，比农村分别高 4 个百分点和 3.71 个百分点；在过去一年，农村有死亡意念的老年人比例为 52.08%，比城市高近 13 个百分点（见表 8—2）。

表 8—2   有死亡意念的信仰宗教老年人的基本特征

单位:%

基本特征		时间		
		过去一月	过去一年	过去五年
性别	男性	23.81	52.27	48.89
	女性	23.74	43.97	56.85
年龄	60—64 岁	17.14	36.11	55.56
	65—69 岁	18.60	42.22	55.32
	70—74 岁	23.40	50.00	47.06
	75—79 岁	28.13	43.75	60.61
	80 岁及以上	37.50	62.50	62.50
婚姻状况	有配偶	21.74	48.57	53.95
	无配偶	25.00	44.35	55.65
民族	汉族	25.85	47.65	56.05
	少数民族	14.71	38.89	50.00
文化程度	小学及以下	22.44	45.63	56.63
	小学以上	32.00	48.00	44.00
城乡	城市	25.88	39.33	56.84
	农村	21.88	52.08	53.13

资料来源：郭平、陈刚：《2006 年中国城乡老年人口状况追踪调查数据分析》，中国社会出版社 2009 年版。

三　宗教信仰与老年人的自杀意念

自杀意念是指老年人在过去任何时间曾经有过想结束自己生命或故意伤害自己的想法或念头，但这一想法没有付诸实施。在此，将曾经有过想结束自己生命和曾经考虑过自杀的老年人定义为有自杀意念的老年人。自杀意念仅是一个想法，但表明老年人对自杀进行了计划、评价和权衡。他们对自杀方式、自杀地点、自杀时间、自杀工具等已经进行过思考与选择，而仅仅是由于内部或外部的原因，放弃自杀行为。

随着时间的变化，老年人的自杀意念将怎样变化？信仰宗教与不信仰宗教的老年人在自杀意念上有无差异？有自杀意念的信仰宗教老年人呈现哪些特征？本节将回答这些问题。

（一）信仰宗教老年人自杀意念下降趋势比不信仰宗教老年人更明显

我国老年人的自杀意念明显呈下降趋势，特别是信仰宗教老年人下降趋势更明显。值得注意的是，在过去五年，信仰宗教老年人的自杀意念明显高于不信仰宗教老年人，而在过去一年和过去一月，信仰宗教老年人的自杀意念低于不信仰宗教老年人（见图8—3）。

信仰宗教老年人与不信仰宗教老年人的自杀意念明显下降。从过去五年到过去一年，再到过去一月，有自杀意念的信仰宗教老年人的比例从28.72%下降到19.13%和13.74%，下降近15个百分点；而不信仰宗教的老年人比例从26.83%下降到19.90%和15.64%，下降11.19个百分点（见图8—3）。可见，信仰宗教老年人的自杀意念比不信仰宗教老年人下降速度快。

在过去五年，有自杀意念的信仰宗教老年人比例为28.72%，比不信仰宗教老年人高1.89个百分点；在过去一年和过去一月有自杀意念的信仰宗教老年人的比例比不信仰宗教的老年人低0.77%和1.90%（见图8—3）。可见，信仰宗教老年人在过去一年内有自杀意念的老年人明显比不信仰宗教老年人少。

（二）信仰宗教老年人自杀意念的基本特征

信仰宗教老年人的自杀意念明显高于不信仰宗教老年人。从整体上

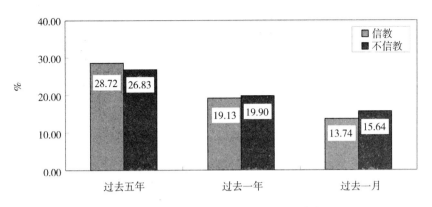

图 8—3 我国信仰宗教老年人的自杀意念

资料来源：郭平、陈刚：《2006 年中国城乡老年人口状况追踪调查数据分析》，中国社会出版社 2009 年版。

看，曾有过想结束自己生命的信仰宗教老年人的比例为 5.80%（见表 8—3），比不信仰宗教老年人高近 2 个百分点。可见，信仰宗教与不信仰宗教的老年人在自杀意念上存在显著差异（$X^2 = 24.460$，$p < 0.001$）。

有自杀意念的信仰宗教老年人在性别、年龄、文化程度、婚姻状况等方面呈现出一些明显的特征。

女性的自杀意念明显高于男性。女性信仰宗教老年人曾有过结束自己生命的想法的比例为 6.87%，是男性的近 2 倍（见表 8—3）。

随着年龄的增加，有自杀意念的信仰宗教老年人的比例明显下降，即年龄越大，自杀意念越低。有自杀意念的信仰宗教老年人的比例从 60—64 岁的 6.26% 下降到 80 岁及以上的 4.78%，下降近 1.5 个百分点（见表 8—3）。

少数民族老年人的自杀意念高于汉族老年人。少数民族有自杀意念的信仰宗教老年人的比例是 6.59%，比汉族老年人高近 1 个百分点（见表 8—3）。

离婚老年人的自杀意念最强，有偶分居老年人的自杀意念最弱。从婚姻状况看，离婚的有自杀意念的信仰宗教老年人的比例为 16.98%，分别是有偶同住、有偶分居、丧偶和未婚者的 4.0 倍、4.8 倍、2.3 倍和 3.2 倍；有偶分居的有自杀意念的信仰宗教老年人的比例最低，仅为 3.57%（见表 8—3）。

随着文化程度的提高，信仰宗教老年人的自杀意念明显下降，即文化程度越高，自杀意念越低。从文化程度看，没上过学的有自杀意念的信仰宗教老年人的比例最高，为7.18%，初中及以上的信仰宗教老年人有自杀意念的比例在4%左右（见表8—3）。

农村信仰宗教老年人的自杀意念略高于城市。农村有自杀意念的信仰宗教老年人的比例为5.91%，比城市高0.23个百分点（见表8—3）。

表8—3　　　　　　有自杀意念的信仰宗教老年人的基本特征

单位:%

		自杀意念			自杀意念
是否信仰宗教	是	5.80		有偶同住	4.23
	否	3.91		有偶分居	3.57
性别	男性	3.83	婚姻状况	丧偶	7.42
	女性	6.87		离婚	16.98
年龄	60—64岁	6.26		未婚	5.26
	65—69岁	5.70		没上过学	7.18
	70—74岁	6.27		私塾	5.63
	75—79岁	5.63		小学	5.05
	80岁及以上	4.78	文化程度	初中	4.15
民族	汉族	5.64		中专/高中	3.45
	少数民族	6.59		大专及以上	4.05
城乡	城市	5.68			
	农村	5.91			

资料来源：郭平、陈刚：《2006年中国城乡老年人口状况追踪调查数据分析》，中国社会出版社2009年版。

可见，信仰宗教老年人的自杀意念存在性别、年龄、民族、城乡婚姻状况和文化程度的差异。老年人的绝望感与自杀意念显著相关，并且在这个年龄段严重躯体疾病（尤其是不治之症）是主要的自杀死亡危险因素之一[1]。

———

① 牛雅娟、王志青、杨少杰、费立鹏、王向群：《北京地区40家综合医院住院病人自杀意念和自杀未遂的调查》，《中国心理卫生杂志》2006年第7期。

（三）宗教信仰是老年人产生自杀意念的危险因素

影响老年人的产生自杀意念的因素有哪些？宗教信仰是否影响老年人的自杀意念？宗教信仰如何影响老年人的自杀意念？结果表明，宗教信仰对老年人的自杀意念有显著影响，有宗教信仰的老年人产生自杀意念的可能性高于无宗教信仰的老年人。

1. 建立模型

因变量：将老年人是否有自杀意念作为因变量，因变量为二分类变量，1 = 是，0 = 否，参照类为否。

自变量：选取人口学类变量、地区类变量、经济类变量、健康类变量、家庭类变量和心理内变量作为自变量。

人口学类变量：分别选择年龄、性别、民族、婚姻状况、文化程度和政治面貌六个变量。年龄，为连续变量。性别为二分类变量，1 = 女，0 = 男，参照类为男性。民族为二分类变量，1 = 少数民族，0 = 汉，参照类为汉族。婚姻状况为二分类变量，1 = 有配偶，0 = 无配偶，参照类为无配偶。政治面貌为二分类变量，1 = 一般群众，0 = 党员，参照类为党员。受教育程度为分类变量，1 = 没上过学，2 = 小学，3 = 中学，4 = 中专/高中，5 = 大专及以上，以没上过学为参照类。

城乡为二分类变量，1 = 农村，0 = 城市，参照类为城市。

经济类变量：老年人经济状况自评为分类变量，1 = 宽裕，2 = 一般，3 = 困难，参照类为宽裕。

健康类变量：此类变量选择健康状况自评、健康状况变化、是否患慢性病、是否需要照料、日常生活能否自理、抽烟和喝酒七个变量。是否有慢性病为二分类变量，1 = 是，0 = 否，参照类为无慢性病。日常生活能否自理为二分类变量，1 = 是，0 = 否，参照类为不能自理。是否抽烟为二分类变量，1 = 抽，0 = 不抽，参照类为不抽。是否喝酒为二分类变量，1 = 喝，2 = 不喝，参照类为不喝。健康状况自评为分类变量，1 = 差，2 = 一般，3 = 好，参照类为差。日常生活是否需要照料为二分类变量，1 = 是，0 = 否，参照类为不需要。

家庭类变量：选取子女孝顺、家庭经济地位和家庭是否和睦三个变量。家庭是否和睦为二分类变量，1 = 和睦，0 = 不和睦，参照类为不和睦。子女孝顺为分类变量，1 = 孝顺，2 = 一般，3 = 不孝顺，以不孝顺为参照变量。家庭经济地位为分类变量，1 = 配偶，2 = 子女，3 = 自己，4 = 其他，以其他为参照类。

心理健康变量：主观幸福感为分类变量，1 = 较幸福，2 = 一般，3 = 较不幸福，参照类为较幸福。生活满意度为分类变量，1 = 不满意，2 = 一般，3 = 满意，参照类为不满意。

宗教信仰：信仰宗教为二分类变量，1 = 是，0 = 否，参照类为否。

2. 回归结果分析

将是否有自杀意念作为因变量，人口学、经济、城乡、家庭、身体健康、心理健康和宗教信仰纳入模型，得到 4 个模型（见表 8—4）。

模型 1，仅纳入人口学因素，除性别对老年人的自杀意念无显著影响外，年龄、民族、婚姻状况、政治面貌、文化程度对老年人的自杀意念均有显著影响。年龄越大，老年人自杀意念越低。少数民族老年人有自杀意念的是汉族老年人的 1.4 倍，一般群众是党员的 1.6 倍；文化程度越高，有自杀意念的老年人越少，小学、初中、高中和大专及以上文化的老年人有自杀意念的分别是没上过学的 67.6%、54.8%、48.2% 和 33.1%。

模型 2，当控制人口类因素后，纳入城乡、经济和宗教信仰因素，结果表明，经济状况和宗教信仰对自杀意念有显著影响，城乡无显著影响。经济状况越好，有自杀意念的老年人越少；经济状况一般和困难的老年人有自杀意念的分别是经济状况宽裕的老年人的 1.7 倍和 5.1 倍。有宗教信仰的老年人有自杀意念的是无宗教信仰的老年人的 1.28 倍。可见，信仰宗教的老年人产生自杀意念的可能性更大。

模型 3，当控制人口、经济、城乡因素后，纳入健康因素和宗教信仰，结果表明，健康状况和宗教信仰对自杀意念有显著影响。健康状况越好的老年人，自杀意念越低。身体健康状况为一般和好的老年人产生自杀意念的可能性是差的老年人的 62.1% 和 57.9%。需要人照料和患慢性病的老年人产生自杀意念的可能性分别是不需要人照料和无慢性病老年人的 1.79 倍和 1.81 倍；日常生活能自理的老年人有自杀意念的可能性是不能自理的老年人的 79.3%。有宗教信仰的老年人产生自杀意念的可能性是无宗教信仰的老年人的 1.24 倍。

模型 4，控制人口、城乡、经济、身体健康因素后，纳入家庭、心理健康和宗教信仰因素，结果表明，家庭、心理健康和宗教信仰对老年人的自杀意念有显著影响。

　　家庭越和睦，子女越孝顺，老年人产生自杀意念的可能性越低。家庭和睦的老年人产生自杀意念的可能性是家庭不和睦的老年人的 47.7%。子女一般和不孝顺的老年人产生自杀意念的可能性分别是子女孝顺的老年人的 1.73 倍和 2.40 倍。老年人在家庭中经济地位越高，产生自杀意念的可能性越低；家庭经济权由配偶、子女和自己掌管的老年人产生自杀意念的可能性分别是由其他人掌管的老年人的 66.2%、61.3% 和 69.3%。

　　幸福感越低，生活满意度越低的老年人，产生自杀意念的可能性越高。不幸福的老年人产生自杀意念的可能性是幸福的老年人的 1.76 倍；生活满意度为一般和满意的老年人产生自杀意念的可能性分别是不满意的老年人的 73.8% 和 73.3%。有宗教信仰的老年人产生自杀意念的可能性是无宗教信仰的老年人的 1.22 倍。

　　通过分析发现，宗教信仰对老年人的自杀意念有显著影响。宗教信仰对老年人的自杀意念无显著的抑制、预防或保护作用。相反，宗教信仰可能是老年人产生自杀意念的危险因素。

表 8—4　　　　　　宗教信仰与老年人自杀意念的 Logistic 回归

变量		模型 1	模型 2	模型 3	模型 4
年龄		-0.984 ***	-0.987 **	-0.962 ***	-0.966 ***
性别		1.117	1.152 *	1.094	1.209 **
民族		1.416 ***	1.177	1.064	1.128
婚姻状况		-0.700 ***	-0.819 **	-0.780 ***	-0.821 **
政治面貌		1.602 ***	1.400 ***	1.359 **	1.269 *
文化程度	小学	-0.676 ***	-0.753 ***	-0.784 ***	-0.823 **
	初中	-0.548 ***	-0.664 ***	-0.701 **	-0.740 **
	高中	-0.482 ***	-0.664 **	-0.716 *	-0.738
	大专及以上	-0.331 ***	-0.499 **	-0.523 **	-0.524 **
城乡			-0.902	-0.919	-0.905
经济状况	一般		1.647 ***	1.494 **	1.382 *
	困难		5.094 ***	3.385 ***	2.205 ***

续表

变量		模型 1	模型 2	模型 3	模型 4
健康状况	一般			-0.621***	-0.689***
	好			-0.579***	-0.655***
	抽烟			1.191*	1.201*
	喝酒			-0.910	-0.885
	是否需要照料			1.792***	1.963***
	是否有慢性病			1.812***	1.834***
	日常生活能否自理			-0.793**	-0.832**
	家庭是否和睦				-0.477***
子女孝顺	一般				1.726***
	不孝顺				2.401***
家庭经济决定权	配偶				-0.662**
	子女				-0.613***
	自己				-0.693**
幸福感	一般				1.053
	不幸福				1.755***
生活满意度	一般				-0.738***
	满意				-0.733***
是否信仰宗教			1.276***	1.244**	1.218**
	Chi – Square	175.992	441.757	781.039	1026.716
	R – Square	0.031	0.077	0.135	0.177
	N	19183	19183	19183	19183

注：*0.05 < sig. < 0.1，**0.01 < sig. ≤ 0.05，***sig. ≤ 0.01。

资料来源：郭平、陈刚：《2006 年中国城乡老年人口状况追踪调查数据分析》，中国社会出版社 2009 年版。

四　宗教信仰与老年人自杀未遂

自杀未遂是指老年人在过去任何时间曾经有过结束自己生命的自杀行

为，由于种种原因，自杀并未成功，获得挽救。这一行为会对老年人的生理和心理造成极大的创伤，造成老年人伤残或种种心理问题。在此，考察老年人过去五年内自杀未遂在宗教信仰方面有无差异？自杀未遂的信仰宗教老年人有何特征？

（一）信仰宗教老年人自杀未遂者呈增加趋势

随着时间的变化，信仰宗教老年人中自杀未遂者呈上升趋势，而不信仰宗教老年人则表现出下降趋势。自杀未遂的老年人在宗教信仰上存在明显差异。从过去五年到过去一月，信仰宗教老年人自杀未遂的比例从7.98%上升到9.84%，上升近2个百分点；不信仰宗教的老年人自杀未遂的比例从9.09%下降到8.80%，下降了0.29个百分点（见图8—4）。

不同时期，信仰宗教与不信仰宗教老年人中自杀未遂者呈现不同特征。在过去五年，有7.98%的信仰宗教老年人自杀未遂，比不信仰宗教的老年人低1.11个百分点；在过去一年，有7.61%的信仰宗教老年人自杀未遂，比不信仰宗教的老年人高1.12个百分点；在过去一月，有9.84%的信仰宗教老年人自杀未遂，比不信仰宗教的老年人高1.04个百分点（见图8—4）。

因此，随着时间的变化，信仰宗教老年人自杀未遂者呈增加趋势，特别是在最近一年。

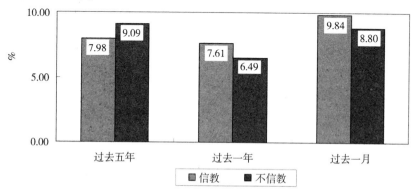

图8—4　宗教信仰与老年人自杀未遂

资料来源：郭平、陈刚：《2006年中国城乡老年人口状况追踪调查数据分析》，中国社会出版社2009年版。

(二) 信仰宗教老年人自杀未遂的特征

随着年龄的增加，男性自杀未遂者呈下降趋势，而女性呈上升趋势。从性别看，男性过去五年和过去一年自杀未遂者的比例分别为 13.64% 和 13.95%，分别是女性的 2.2 倍和 2.5 倍；而在过去一月，女性自杀未遂者的比例为 11.43%，是男性的 2.5 倍；从过去五年到过去一月，男性自杀未遂者的比例下降近 9 个百分点，同期，女性上升 5.18 个百分点（见表 8—5）。

从年龄看，随着年龄的增加，在过去五年，信仰宗教老年人自杀未遂者呈现增加的特征，而在过去一年内，自杀未遂者呈下降趋势。在过去一年和过去一月，从 60 岁到 80 岁及以上，信仰宗教老年人自杀未遂者比例分别从 14.29%、8.57% 下降到 4.17%，分别下降 10.12 个百分点和 4.4 个百分点；在过去五年，从 60 岁到 80 岁及以上，自杀未遂者却表现为上升趋势，从 2.78% 上升到 8.33%，上升 5.55 个百分点（表 8—5）。

从婚姻状况看，无配偶的自杀未遂者多于有配偶的老年人，无配偶的信仰宗教老年人上升速度更快。在过去五年、过去一年和过去一月，无配偶的信仰宗教老年人自杀未遂者分别比有配偶者高 2.01 个百分点、0.92 个百分点和 4.36 个百分点；从过去五年到过去一月，无配偶的信仰宗教老年人自杀未遂者从 8.77% 上升到 11.50%，上升近 3 个百分点，而有配偶老年人仅上升 0.4 个百分点（见表 8—5）。

从民族看，少数民族信仰宗教老年人自杀未遂者明显低于汉族老年人，汉族老年人自杀未遂者呈上升趋势。在过去一月、过去一年和过去五年，汉族信仰宗教的老年人自杀未遂的比例分别是 11.41%、8.05% 和 9.09%，分别比少数民族高 8.47%、2.34% 和 6.15%；汉族老年教徒自杀未遂者从过去五年的 9% 左右增加到过去一月的 11%，增加近 2 个百分点（见表 8—5）。

从文化程度看，文化程度越高，自杀未遂者越多。小学以上文化的老年人自杀未遂增长速度快于小学及以下的老年人。在过去一月、过去一年和过去五年，小学以上文化程度的信仰宗教老年人自杀未遂者的比例分别是 20.00%、8.33% 和 16.00%，分别比小学及以下文化的老年人高 11.77%、0.83% 和 9.25%；从过去五年到过去一月，小学及以下老年人自杀未遂者上升近 1.5 个百分点，而小学以上老年人上升 4 个百分点（见表 8—5）。

从城乡看，城市自杀未遂者高于农村，且城市自杀未遂者不断上升，而农村逐渐下降。在过去一月、过去一年和过去五年，城市自杀未遂的信仰宗教老年人比农村分别高 11.92%、0.66% 和 5.66%；从过去五年到过去一月，城市自杀未遂者的比例从 10.87% 上升到 16.09%，上升 5.22 个百分点；而农村从 5.21% 下降到 4.17%，下降 1 个百分点（见表 8—5）。

表 8—5　　　　　　　　　自杀未遂的信仰宗教老年人的特征

单位:%

基本特征		时间		
		过去一月	过去一年	过去五年
性别	男性	4.65	13.95	13.64
	女性	11.43	5.67	6.25
年龄	60—64 岁	14.29	8.57	2.78
	65—69 岁	6.82	10.87	10.64
	70—74 岁	12.50	4.26	6.12
	75—79 岁	9.38	9.38	12.50
	80 岁及以上	4.17	4.17	8.33
婚姻状况	有配偶	7.14	7.04	6.76
	无配偶	11.50	7.96	8.77
民族	汉族	11.41	8.05	9.09
	少数民族	2.94	5.71	2.94
文化程度	小学及以下	8.23	7.50	6.75
	小学以上	20.00	8.33	16.00
城乡	城市	16.09	7.95	10.87
	农村	4.17	7.29	5.21

资料来源：郭平、陈刚：《2006 年中国城乡老年人口状况追踪调查数据分析》，中国社会出版社 2009 年版。

（三）老年人的自杀原因与自杀方式

老年人离退休后，对社会角色转变、生活环境和生活方式的改变，适应能力的下降，容易出现焦虑、抑郁、悲哀、恐惧等消极情绪，从而暴露于自杀的风险因素中。

老年人的自杀率以及自杀行为表现出性别差异、城乡差异、时间差异和年龄差异等，这表明老年人的自杀受多种因素的影响，是生理、心理和社会因素共同作用的结果。

我国人口的自杀诱因以家庭、婚恋纠纷、人际关系不和以及精神障碍、身体疾患为主，女性的自杀诱因以家庭、婚姻纠纷为主，男性以疾病因素较为多见[1]。自杀死亡者前三位自杀诱因是精神症状、家庭纠纷、躯体疾患和老年无助[2]。湖南省部分地区（1990—1998年）对老年人自杀诱因研究发现，家庭纠纷、久病厌世是老年人自杀的主要诱因，在农村占所有老年自杀者的96.3%，城市占83.0%；在城市精神障碍亦是老年人自杀的重要诱因[3]。

在北京一项对全国1799例死亡人群的调查中，有895例为自杀者，年龄在55岁以上的自杀者占35.4%；在老年自杀者中，因社会问题自杀的占51.1%，因躯体疾病自杀的占22.2%，因家庭内部矛盾自杀的占19.4%，因经济困难自杀的占6.8%，因其他问题自杀的占2.7%[4]。学者将老年人的自杀归因为健康丧失、角色丧失、地位丧失、价值丧失等"个人性丧失"和养老支持的丧失和孝道文化的丧失等"社会性丧失"[5]，从理论上探讨老年人自杀的原因。

因此，家庭（婆媳、子女、夫妻）矛盾或纠纷、疾病痛苦、赡养问题、经济困难、孤独等是老年人自杀的主要原因。老年人的自杀受个人的社会网络、家庭关系、人际关系、社会变迁、社会经济状况和宗教及文化等因素的影响。

不同年龄和性别的老年人的自杀方式存在差异。老年人以自缢、服

---

① 赵梅、季建林：《中国自杀率研究》，《临床精神医学杂志》2002年第3期。

② 谢巧明：《自杀死亡与自杀未遂病人自杀原因及自杀方式比较》，《中国临床心理学杂志》1997年第5期。

③ 徐慧兰、肖水源、陈续萍：《湖南省城乡部分老年人口自杀流行病学研究》，《中国心理卫生杂志》2000年第14期。

④ 陈立新、姚远：《老年人心理健康影响因素的调查研究——从人格特征与应对方式二因素分析》，《市场与人口分析》2006年第2期。

⑤ 颜廷健：《社会转型期老年人自杀现象研究》，《人口研究》2003年第5期。

毒、跳楼、溺死等自杀方式为主①②③。采用的传统的自杀方式服毒（药）与自缢，占半数以上，甚至高达80%—90%④。服毒（药）自杀方式随年龄增加而减少，而自缢随年龄增加而增加⑤。在性别差异方面，男性多选择自缢、跳楼、自焚、自爆等激烈方式，而女性多选择服药、服毒、自溺等较温和方式⑥⑦。农村的自杀方式以服毒服药为主，主要是农药和鼠药；而在城市，服毒服药亦多见，主要是镇静安眠药及抗精神病药类。跳楼、开煤气等自杀方式在城市多见，而在农村极少见⑧。

五　小　结

本章对宗教信仰与老年人自杀问题进行了研究。我国老年人的自杀死亡率高，而且存在性别和城乡差异，老年男性高于老年女性，农村高于城市，特别是农村老年男性自杀率最高。老年人的高自杀率应当引起政府和社会各界的高度重视。

通过对信仰宗教老年人和不信仰宗教老年人的死亡意念、自杀意念和自杀行为对比分析后发现，老年人的死亡意念、自杀意念和自杀行为在是否信仰宗教上存在差异，而且不同时期表现出不同特征。信仰宗教老年人的死亡意念、自杀意念和自杀行为在性别、年龄、文化程度、民族和城乡上呈现一定差异。

信仰宗教的老年人与不信仰宗教的老年人的死亡意念、自杀意念和自

---

① 陆泳、方少心、杨湘雯、吴玉珍：《广州市区老年人自杀问题》，《中华老年医学杂志》1994年第4期。

② 张秀珍：《郑州市老年人自杀因素分析》，《老年学杂志》1991年第4期。

③ 徐作国、王庆同、宫玉柱等：《农村和城市老年人自杀对照研究》，《临床精神医学杂志》1993年第3期。

④ 赵梅、季建林：《中国自杀率研究》，《临床精神医学杂志》2002年第3期。

⑤ 何兆雄：《自杀病学》，中国中医药出版社1997年版，第227页。

⑥ 叶丽新、倪守旗、曹青宁等：《安徽省疾病监测点1990—1995年自杀死因分析》，《疾病监测》1997年第12期。

⑦ 张敬悬、唐济生、翁正：《山东省自杀死亡率流行病学研究》，《中国心理卫生杂志》1999年第13期。

⑧ 黄诚、王令文、牛杏芝：《天津地区城区与农村自杀死亡资料分析》，《中国心理卫生杂志》1997年第11期。

杀行为的差异主要表现为：在过去五年内，信仰宗教老年人的死亡意念低于不信仰宗教的老年人；虽然在过去五年，信仰宗教老年人的自杀意念高于不信仰宗教老年人，但是在过去一年和过去一月，信仰宗教老年人的自杀意念明显低于不信仰宗教老年人；就自杀行为而言，在过去五年，信仰宗教老年人的自杀行为明显低于不信仰宗教的老年人。可见，宗教信仰对老年人的死亡意念、自杀意念和自杀行为存在影响。

通过定量分析发现，当控制人口、经济、健康和心理等变量后，宗教信仰可能是自杀意念产生的危险因素。老年人自杀是多种因素共同作用的结果，宗教信仰只是其中的一个因素，心理健康差、健康状况差、家庭不和睦、子女不孝顺等也是导致老年人自杀的重要因素。

第九章 结　　论

一　本书结论

　　本文使用2000年和2006年数据，以及个案访谈资料，对我国老年人宗教信仰问题进行研究。分析我国老年人宗教信仰的现状与特征以及不同宗教信仰老年人的现状与特征，研究不同时期我国老年人宗教信仰的特征差异及变化趋势，揭示老年人接触宗教的途径与原因、信仰宗教的原因与目的、选择不同宗教信仰的原因、改变宗教信仰的原因以及宗教信仰对老年人的双重性，对信仰宗教与无宗教信仰的老年人的生活质量进行对比研究，深入分析宗教信仰与老年人生活质量间的关系，得出以下主要结论：

（一）我国信仰宗教老年人的地区、城乡、性别和教派差异显著

　　2006年我国信仰宗教的老年人约占老年人总数的17%，约有2600万人，信仰佛教、基督教、伊斯兰教、道教和天主教的比例分别为64.16%、17.52%、11.99%、2.69%和2.10%，老年教徒数量分别约为1700万、460万、310万、70万和60万。我国老年教徒呈现出女性多于男性，中低龄多于高龄，汉族多于少数民族，文化程度低，有配偶者和普通群众较多，健康状况较差和经济状况较差的较多，主观幸福感较强的基本特征。

　　我国老年教徒主要分布在华东地区，占全国的45%。我国老年人宗教信仰的地区特征表现为，信仰佛教的老年人主要分布于华东地区，信仰道教的老年人主要分布于中南地区，信仰基督徒和天主教的老年人主要分布于华东地区，而老年穆斯林主要分布于西北地区。

　　我国老年教徒性别差异的基本特征表现为：女性文化程度较低，女性

高龄教徒、丧偶教徒和汉族教徒较多，女性老年教徒的健康状况和经济状况较男性差，女性老年教徒的生活满意度和幸福感高于男性。

我国老年教徒城乡差异的基本特征表现为：城市老年教徒中女性和信仰佛教的教徒较多，农村老年教徒文化程度低，农村丧偶和少数民族教徒较多，农村老年教徒的健康状况和经济状况比城市差，农村老年教徒的生活满意度和幸福感低于城市。

我国老年教徒教派差异的基本特征表现为：信仰基督教的女性老年人比重大，文化程度最低，丧偶率最高；信仰道教的男性比例最大；信仰天主教的高龄老年人比重最大，生活满意度最高；老年穆斯林的文化程度最高；信仰伊斯兰教的老年人中汉族仅占1%左右，信仰其他宗教的汉族老年人居多；信仰伊斯兰教的老年人健康状况和经济状况最差，而他们的幸福感最强。

（二）我国信仰宗教的老年人呈现日益增多的趋势

我国信仰宗教的老年人日益增加。从2000年到2006年，老年教徒的比例从15%上升到17%，上升2个百分点。信仰宗教的老年人数量从2000万增加到2600万，增加600万。信仰宗教老年人日益增多不仅是社会转型、国内宗教政策宽松和我国开放程度加深、国外宗教的影响与冲击、人口老龄化社会到来的结果，还是个体老龄化过程中面对一系列危机、缺少应对危机资源，伴随年龄增加，心理、精神、社会交往等需求不断增加，宗教性增强的表现。

我国信仰宗教的老年人总体上呈增长趋势，但不同人口、社会经济特征和不同教派的老年人变化趋势存在差异。城市老年教徒增加的速度快于农村。佛教信仰在老年人中日益盛行，信仰佛教的老年人越来越多，增加速度快于其他宗教，增加趋势更明显。

不同人口社会特征的老年人宗教信仰的变化趋势存在差异。女性、文化程度高、离婚和丧偶、汉族和低龄老年教徒增加较快；患慢性病的老年人信仰宗教者增长趋势明显；经济状况好和健康状况好的老年人信仰宗教者增长速度较快；生活满意度和幸福感高的老年教徒增加较快。因此，我国老年教徒的构成已发生了明显变化。

不同宗教信仰的老年人的构成变化趋势不同。各宗教老年教徒中女性比重持续上升，但道教例外；各类老年教徒的文化程度均有所提高，特别是信仰道教的老年教徒；信仰道教和伊斯兰教的无配偶老年教徒增加较快；信仰佛教、基督教、天主教和伊斯兰教老年教徒呈现出高龄化趋势；信仰道教的患慢性病的老年教徒快速增长；信仰天主教的老年教徒中经济状况困难者日益增多；老年基督徒的生活满意度下降速度快；老年穆斯林的幸福感逐渐提高，其他宗教信徒的幸福感呈下降趋势。

城乡信仰宗教老年人的构成变化趋势不同。城乡老年教徒中"女多男少"的格局基本不变；城乡信仰佛教的老年教徒的比重快速扩大；城市老年教徒文化程度提高的幅度大于农村；城乡有配偶的老年教徒比重在增加，丧偶老年教徒的比重在减少；城市老年教徒高龄化趋势更明显；农村老年教徒的经济状况改善程度高于城市；城市患慢性病的老年教徒正快速增加；城市老年教徒的健康状况变差；农村老年教徒生活满意度下降幅度大于城市，而幸福感下降幅度小于城市。

（三）个体老龄化过程中危机事件的发生是老年人改教的关键因素

老年人主要是通过家庭成员、亲属、身边朋友、邻居和同事等初级群体中的人员接触宗教。老年人接触和信仰宗教的原因多元化。老年人最初接触宗教不仅有健康、心理、家庭等方面的原因，还受宗教思想、宗教文化的吸引。老年人信仰宗教和信仰不同宗教受人口学因素、地区因素、经济因素、健康因素、家庭因素与心理因素的影响。具体而言老年人信仰宗教的原因有：因病，因家庭矛盾，因经济困难，对不良社会现象和社会行为的不满，对死亡（地狱）的恐惧，宗教中关于平等、爱、尊老敬老、去恶从善等思想的说服力，"神迹"和神秘体验。与以往研究不同的是，本研究认为对死亡（地狱）的恐惧，家庭不和与信仰宗教交换成本低收益大是老年人信仰宗教的重要原因。神灵的能力与宗教的教旨是老年人选择宗教信仰的基础；宗教对彼世解释的不同，是老年人选择宗教信仰的依据。

老年人信仰宗教的目的多元化。寻求死后灵魂的永存与归宿，寻求精神寄托与心理慰藉，寻求生活上的帮助与支持，寻求幸福、平安、欢乐的晚年，寻求内心世界的平静，寻求生与死的解答，实现自我价值和提高自身素质是老年人信仰的主要目的。

老年人在信仰宗教过程中存在改变宗教信仰的现象。老年人改变宗教信仰不是因为宗教教义的吸引，也不是因为社会网络的影响，主要原因是个体老龄化过程中负性与危机事件的发生，以及危机事件得以化解或向好的方向发展。

（四）有宗教信仰的老年人主观幸福感高于无宗教信仰的老年人

信仰宗教老年人的客观生活质量较不信仰宗教的老年人低，但有宗教信仰的老年人的主观幸福感高于无宗教信仰的老年人。信仰宗教的老年人社会行为的利他性特点更为突出，但处事方式趋于保守或消极。信仰宗教的老年人在家庭中的地位，特别是经济地位较低，子女孝顺的老人相对较少，家庭不和睦的老人相对较多，他们中较多的人认为自己是社会和家庭的负担，但认为老年人的社会地位有所提高，对社会问题持更宽容的态度。在经济支持上，信仰宗教老年人获得的正式经济支持明显低于不信仰宗教的老年人，而获得的非正式经济支持明显高于不信仰宗教的老年人。信仰宗教老年人的健康状况相对较差，日常生活功能较差，日常生活照料的需求较大。他们对日常生活服务的需求水平远远高于使用水平，特别是健康需求。信仰宗教老年人基本医疗保障不足，他们多因经济困难而看不起病。

信仰宗教的老年人虽然幸福感较强，但他们积极性、正向性和肯定性的感受较低，而负性主观感受明显强于不信仰宗教的老年人。他们对生活、经济、健康、照料、子女孝顺问题高度担心，特别是健康问题；这导致他们对晚年生活缺乏安全感。

当控制人口学、地区、健康、经济、家庭等作为研究因素后，宗教信仰对老年人的生活满意度和幸福感有显著影响，有宗教信仰的老年人的生活满意度和幸福感高于无宗教信仰的老年人，因此，有宗教信仰的老年人的主观幸福感比无宗教信仰的老年人高。

（五）宗教信仰是老年人产生自杀意念的危险因素

我国老年人的自杀死亡率呈现出男性高于老年女性、农村高于城市的基本特征。

通过研究发现，老年人的死亡意念、自杀意念和自杀行为在是否信仰宗教上存在差异，而且不同时期表现出不同特征。主要表现为：在过去五年内，信仰宗教老年人的死亡意念低于不信仰宗教的老年人；虽然在过去五年，信仰宗教老年人的自杀意念高于不信仰宗教老年人，但是在过去一年和过去一月，信仰宗教老年人的自杀意念明显低于不信仰宗教老年人；就自杀行为而言，在过去五年，信仰宗教老年人的自杀行为明显低于不信仰宗教的老年人。信仰宗教老年人的死亡意念、自杀意念和自杀行为在性别、年龄、文化程度、政治面貌、民族和城乡上呈现一定差异。

通过定量分析发现，当控制人口、经济、健康和心理等纳入研究变量后，有宗教信仰的老年人自杀意念高于无宗教信仰的老年人，因此，宗教信仰可能是自杀意念产生的危险因素。老年人自杀是多种因素共同作用的结果，宗教信仰只是其中的一个因素，心理健康差、健康状况差、家庭不和睦、子女不孝顺等是导致老年人自杀的重要原因。

（六）宗教信仰对老年人具有双重性

宗教信仰对老年人既有积极的价值，但也有消极的作用。本研究发现，从积极影响看，宗教信仰对促进老年人的社会参与，促使老年人形成助他思想与行为，改变老年人的性格，代际关系的和谐与家庭的和睦以及弘扬传统孝道观有积极意义。同时，宗教思想中的一些观念阻碍老年人正常的社会参与；信仰宗教老年人仅与教友接触，缩小了老年人的社会网络；信仰宗教老年人往往将事情的结果与宗教信仰相联系，否定老年人的主观能动性；宗教思想中的一些观念不利于老年人维权意识的发展。因此，宗教信仰对老年人具有双重性。

二 对策与建议

我国人口老龄化已经进入快速发展阶段，老年人口规模将日益增加。从 20 世纪 80 年代以来，我国逐渐恢复、贯彻与落实宗教信仰自由政策，国内宗教环境日益宽松。随着我国改革开放的不断深入，国外宗教对我国的影响也日趋增大。在现代化快速发展与社会快速转型时期，老年人社会地位和家庭地位的下降，养老资源的减少，老年人无疑成为受社会转型影响最大的群体之一。激烈的社会变迁，无情的社会竞争，贫富分化的加剧，引起人们世界观、人生观和价值观的碰撞。社会变迁越激烈，"被压迫生灵的叹息"就越强烈，"无情世界"的竞争越激烈，"无情世界的感情"就越浓厚①。我国社会保障不足的实况，成为部分老年人信仰宗教，寻求宗教帮助的原因之一。在个体老龄化过程中，对一系列危机事件的焦虑，对死亡的恐惧，在老年人精神生活的多种需求中，难免有许多人把个人的前途与命运寄托于神灵；而宗教进行的调整与变化，更迎合和适应老年人的精神需求。因此，老年人宗教参与日益活跃，信仰宗教的老年人呈现增长趋势。

我国宗教具有群众性、民族性、国际性、复杂性、长期性的基本特点，正确对待宗教问题就是正确对待群众问题②。从总体上讲，从长远看，随着科技的日新月异，特别是信息科学、生命科学等的突破，人们对客观世界乃至生命本质的认识愈来愈深刻，从而对宗教本质的认识也会愈来愈深化，宗教幻想的领域必然会逐渐缩小，人们的宗教观念总是会逐步趋于淡化；但这个总趋向发展的进程是漫长、曲折和复杂的；宗教还有产生和存在的社会基础、自然基础、认识论或社会心理基础③。

在社会剧烈变迁和个体老龄化过程中，老年人有精神追求、精神寄托与精神支柱的需求。因此，在宗教信徒中，有较大部分是老年群体。面对信仰宗教的老年人日益增多的趋势，我们不必惊慌，但也不能乐观。宗教信仰是老年人个体行为，是老年人心理与精神需求的一种表现。在个体老龄化过程中并非所有老年人在中老年时期接触和皈依宗教，信仰宗教的老年人只是一部分，主要是女性、文化程度低、健康状况差、经济状况差的老年人。但近年来，我国部分文化程度高、经济状况好、生活满意度高和幸福感强的老年人中信仰宗教者有增加的趋势。这说明，老年人信仰宗教不仅仅是因为贫困、疾病，还有更深层次的社会和心理原因。应当在坚持尊重宗教信仰自由，尊重老年人的宗教信仰与宗教情感，满足老年人宗教生活、精神与心理需求的同时，更要关注我国老年人的心理健康问题。因此，针对我国老年人宗教信仰的问题，提出以下建议。

---

① 叶小文：《宗教问题怎么看怎么办》，宗教文化出版社 2007 年版，第 36—37 页。

② 叶小文：《当前我国的宗教问题——关于宗教五性的再探讨》，《世界宗教文化》1997 年第 2 期。

③ 叶小文：《宗教问题怎么看怎么办》，宗教文化出版社 2007 年版，第 36—37 页。

（一）完善老年社会保障制度和老龄政策与法规，为提高老年人的生活质量做好制度安排

老年人缺少经济支持，健康医疗保障不足，而老年人是健康医疗需求最大的群体。传统社会来自家庭的经济支持已经不足以满足老年人日益增长的经济与健康保健需求。健康问题不能解决，老年人的生活质量何谈提高？我国进入老龄社会已经十年，人口老龄化已经进入了快速发展阶段，而我国老年保障制度和老龄政策法规正处于不断健全、不断完善的过程中，保障范围小，保障水平低，滞后于老龄社会的现实，不利于老年人生活质量的改善与提高。因此，应当不断完善老年社会保障制度，扩大保障范围与保障水平，建立与健全老龄经济、健康等政策与法规，使老年人的生存与健康的需要能得到较好的保障，使我国老年人的生活质量有一个新的提升与改善，特别是老年人口中经济贫困、身体健康差等特困群体。

（二）高度重视与关注我国老年人的心理健康与精神需求问题，注重心理调适与心理引导

心理健康与精神慰藉是影响老年人生活质量的重要方面。心理健康状况良好，精神愉悦，老年人的主观生活质量则提高。我国老年人的物质生活水平有所提高，相比之下，精神文化生活的改善却相对缓慢。在物质生活水平不断提高的过程中，精神文化生活的改善显得日益重要。宗教信仰成为老年人寻求精神慰藉、寻求精神寄托、寻求情感关怀的方式之一。

社会的快速发展，使老年人难以跟上时代的发展，失落感增强；人口流动迁移的加强，家庭结构的小型化，使老年人孤独感增强；缺少生活、医疗、照料等资源，使老年人安全感降低，危机感增强；个体老龄化过程中一系列危机事件的发生，使老年人负性感受增强；这些问题会导致老年人出现抑郁、沮丧、甚至是自杀等心理问题的产生。因此，我国老年人的心理健康问题与精神需求应当引起政府、社会与家庭的高度重视。应当不断努力构建多层次、多方位的为老服务体系，丰富老年人文化生活，满足老年人的精神文化需求；为老年人提供正确的心理调适，科学的心理引导，特别是老年妇女。

（三）社会与家庭应当尊重与理解老年人的宗教信仰

宗教信仰对老年人具有双重性，对老年人宗教信仰问题应当一分为二来看待。宗教思想中固然有一些消极的观念，应当加以抵制和遗弃；但我们看到宗教信仰对老年人也起到一定的积极作用。一味认为宗教对老年人是一种精神麻痹的观点是错误的。

老年人之所以信仰宗教，是因为宗教满足了老年人的心理需求、情感关怀和精神寄托，减少死亡恐惧，增加社会交往，增加情感性和工具性支持，增强归属感。信仰或者不信仰宗教是一种个人行为，社会与家庭对老年人信仰宗教应当持理解与尊重的态度，反对与歧视不仅会伤害老年人的情感，造成老年人更大的心理问题，而且对代际关系与家庭关系将产生负面影响。

（四）加强宗教事务管理，净化宗教环境

由于我国老年人文化素质较低，整体生活水平不高，健康需求大，精神文化生活缺乏等等，成为老年人信仰宗教的社会心理根源。我国老年教徒的文化程度低，宗教政策与宗教知识缺乏，慢性病患病率高，经济和健康状况较差的现实状况，老年人对宗教表现出较大兴趣和浓厚情感，老年人信仰宗教呈现出危机型的特征。这导致部分老年人对宗教与宗教观念缺乏判断与辨别能力，急于求成、急功近利，极易受到宗教消极思想的影响，部分信仰宗教老年人实行苦行主义、禁欲主义，对老年人心理和健康产生负面影响，甚至一些老年人被不法分子和邪教迷惑，误入歧途。

因此，政府应当加强宗教事务管理，清除宗教环境中借用宗教名义进行非法活动的组织（团体），净化宗教环境，提高老年人辨别合法宗教与非法宗教的能力，根除邪教产生的根源，从而保障老年人的合法权利与生命财产安全。

（五）构建和谐社区，完善社会组织，让老年人"老有所归"

在传统社会向现代社会转型的新旧交替过程中，剧烈的社会变迁和激烈的社会竞争，同时，新的信仰寄托不明确，导致部分老年人寻求信仰寄托、精神追求，转而信仰宗教。这是老年人缺乏归宿感的一种表现。老年

人不仅需要有一个固定的居所，在心理上、精神上更需要一个"居所"，即精神归宿。在重视"老有所为、老有所学、老有所乐、老有所教"以满足老年人晚年精神文化生活的同时，忽视了老年人的精神归宿问题，而宗教信仰正好满足了老年人的精神归宿。这说明，我们距实现老龄工作的"六个老有"的目标还有很长的路要走，社会组织、公益组织和慈善组织不完善，社区建设还不够和谐。

因此，应当加强和谐社会的构建，不断完善社会组织、公益组织和慈善组织，为老年人提供参与社会组织的机会，参与和谐社区的建设，让老年人找到精神归宿。政府要更好地履行发展公益性文化事业的责任，保障老年人的基本需求和权益。文化基础设施建设和公共文化资源配置要向基层，推进美术馆、图书馆、文化馆、博物馆免费开放，丰富老年人的精神文化生活。要继续推进文化体制改革，扶持公益性文化事业，发展文化产业，鼓励文化创新，生产更多健康向上的文化产品，满足老年人口多样化的文化需求。

（六）不断开展与完善老年服务与老龄计划

针对我国老年人信仰宗教与信仰宗教老年人不断增多的趋势，政府和社会应当不断开展与完善相应的老年服务与老龄计划。宗教团体和宗教组织应当在坚持党的领导，坚持贯彻我国宗教政策的基础上，积极引导宗教发展与社会主义建设相适应。在老龄社会和我国人口老龄化快速发展的背景下，老年教徒多，信仰宗教的老年人日益增多，宗教团体和宗教组织应当充分认识这一情况，配合有关部门做好老年服务与老龄计划工作，开展心理辅导、健康教育、娱乐活动等，提供安全舒适的从事宗教活动的场所，在满足老年人宗教生活、宗教情感的基础上，引导老年人正确认识宗教，从事正确的积极的宗教活动。同时，要大力发挥宗教团体和宗教组织的慈善济困思想，帮助老年人口中有特殊需要和特别困难的老年人，从精神层面和物质层面关注我国老年人。

本书在对我国老年人宗教信仰现状、特征与变化趋势，老年人接触宗教途径与原因，信仰宗教的原因与目的，选择宗教信仰的原因与改变宗教信仰的原因以及宗教信仰与生活质量之间关系进行深入研究的同时，发现一些问题仍值得今后深入研究。

第一，对老年人宗教生活的对比研究。信仰宗教以及信仰不同宗教的老年人的宗教参与、宗教活动、宗教体验、宗教情感、宗教消费、社会交往模式等方面由于缺少具有较强代表性的数据，尚缺乏研究。这些研究将对深入了解我国老年人信仰宗教问题具有现实意义。另外，应当对宗教参与同老年人的身体健康与心理健康等进行深入分析，弥补仅从信仰宗教与否角度来研究的不足。

第二，人口老龄化与宗教问题。群体的老龄化与个体的老龄化过程与宗教存在何种关系。在我国研究老年人的宗教问题应当基于人口老龄化社会的现实，人口老龄化已经成为我国的一个基本国情。因此，老年人宗教问题研究基于人口老龄化与宗教关系的基础之上，更能清晰认识我国老年人宗教问题。

参考文献

专著：

［1］［法］埃米尔·迪尔凯姆：《自杀论》，冯韵文译，商务印书馆 2000 年版，第 11、79、144—149、151—154、166—167、214 页。

［2］［加］布施丰正：《自杀与文化》，马利联译，文化艺术出版社 1992 年版，第 14、69 页。

［3］陈向明：《质的研究方法与社会科学研究》，教育科学出版社 2000 年版，第 103—111 页。

［4］从恩霖：《伊斯兰教与穆斯林生活》，蓝月出版社 2007 年版，第 44—45 页。

［5］戴康生：《宗教社会学》，社会科学文献出版社 2000 年版，第 69、71—75 页。

［6］［德］马克思、恩格斯：《马克思恩格斯选集》第 3 卷，人民出版社 1960 年版，第 354 页。

［7］冯立天：《中国人口生活质量研究》，北京经济学院出版社 1992 年版，第 49 页。

［8］郭平、陈刚：《2006 年中国城乡老年人口状况追踪调查数据分析》，中国社会出版社 2009 年版，第 2 页。

［9］何兆雄：《自杀病学》，中国中医药出版社 1997 年版，第 227 页。

［10］贾春增：《外国社会学史》，中国人民大学出版社 2000 年版，第 292—299 页。

［11］李本公：《中国人口老龄化发展趋势百年预测》，华龄出版社 2006 年版，第 20 页。

［12］［美］罗德尼·斯达克、罗杰尔·芬克：《信仰的法则——解释

宗教之人的方面》，杨凤岗译，中国人民大学出版社 2003 年版，第 103、107—108、120—124、135—136、143—144、148—150、243 页。

　　[13]［英］马林诺夫斯基：《文化论》，费孝通译，华夏出版社 2002 年版，第 53 页。

　　[14]［英］麦克·阿盖尔：《宗教心理学导论》，陈彪译，中国人民大学出版社 2005 年版，第 22—23、33—35、155、267 页。

　　[15]［英］麦克斯·缪勒：《宗教的起源和发展》，金泽译，上海人民出版社 1989 年版，第 15 页。

　　[16]［美］托马斯·奥戴：《宗教社会学》，胡荣等译，宁夏人民出版社 1989 年版，第 7 页。

　　[17] 邬沧萍：《社会老年学》，中国人民大学出版社 1999 年版，第 117—119、250—251、258、282—287 页。

　　[18] 叶小文：《宗教问题怎么看怎么办》，宗教文化出版社 2007 年版，第 36—37 页。

　　[19] 郑杭生：《社会学概论新修》，中国人民大学出版社 1994 年版，第 203—210 页。

　　[20] 中共中央文献研究室综合研究组：《新时期宗教工作文献选编》，宗教文化出版社 1995 年版，第 60—65 页。

　　[21] 周丽苹：《老年人口健康评价与指标体系研究》，红旗出版社 2003 年版，第 51 页。

　　[22] 彭时代：《宗教信仰与民族信仰的政治价值研究》，民族出版社 2007 年版，第 7 页。

　　[23] 朱晓明、沈桂萍：《宗教若干理论问题研究》，民族出版社 2006 年版，第 54—56 页。

论文：

　　[1] 韩凤鸣：《宗教历史中的女性地位》，《广西社会科学》2002 年第 4 期。

　　[2] 贺璋瑢：《关于女性宗教信仰建立的几点思考》，《华南师范大学学报》（社会科学版）2001 年第 3 期。

　　[3] 高淑贤：《简析我国宗教发展的新趋势》，《新疆社科论坛》2000

年第 2 期。

[4] 方华:《佛教生活与健身之我见》,《佛教文化》1994 年第 5 期。

[5] 白金慈:《少数民族地区共产党员信仰宗教问题探讨》,《宁夏社会科学》1991 年第 5 期。

[6] 白庆侠:《鲁南农村基督教信仰考察研究——以山东临沂苍山县食庄村为个案》,中央民族大学硕士学位论文,2006 年,第 35 页。

[7] 鲍静:《中国传统社会中性别模式的构建与认知》,《中国行政管理》2007 年第 3 期。

[8] 陈立新、姚远:《老年人心理健康影响因素的调查研究——从人格特征与应对方式二因素分析》,《市场与人口分析》2006 年第 2 期。

[9] 陈苏宁:《新时期中国农村宗教的特点及其成因刍议》,《求索》1994 年第 3 期。

[10] 崔光成、赵阿勐、陈力:《中年基督教信仰者心理健康状况及其影响因素的调查》,《神经疾病与精神卫生》2008 年第 4 期。

[11] 崔森:《对成都地区佛教信徒的调查》,《宗教学研究》1996 年第 3 期。

[12] 丁志宏、胡强强:《20 世纪 90 年代我国丧偶人口状况分析》,《南方人口》2006 年第 1 期。

[13] 杜鹏、武超:《1994—2004 年中国老年人主要生活来源的变化》,《人口研究》2006 年第 3 期。

[14] 杜鹏、武超:《中国老年人的主要经济来源分析》,《人口研究》1998 年第 4 期。

[15] 杜鹏:《中国老年人主要生活来源的现状与变化》,《人口研究》2003 年第 6 期。

[16] 杜鹏:《中国老年人居住方式变化的队列分析》,《中国人口科学》1999 年第 3 期。

[17] 高之旭、黄风娣、史鸿璋、郑瞻培:《老年人自杀死亡的流行学调查》,《老年学杂志》1987 年第 7 期。

[18] 辜胜阻、王冰:《我国老年人口闲暇活动模式浅析》,《中国人口科学》1989 年第 4 期。

[19] 关键:《当前我国宗教问题研究综述》,《青海民族研究》1999

年第 1 期。

［20］顾大男、柳玉芝、章颖新、任红、曾毅：《我国老年人临终前需要完全照料的时间分析》，《人口与经济》2007 年第 6 期。

［21］关颖：《改革开放以来我国家庭代际关系的新走向》，《学习与探索》2010 年第 1 期。

［22］郭平、程建鹏、尚晓援：《中国城乡老年人健康状况与卫生服务利用的差异》，《市场与人口分析》2005 年增刊。

［23］中华人民共和国国家统计局：《2009 年国民经济和社会发展统计公报》，中华人民共和国国家统计局网站，2010 年 2 月 25 日。

［24］国务院新闻办公室：《中国人权事业的进展》，《中华人民共和国国务院公报》1995 年第 32 期。

［25］黄诚、王令文、牛杏芝：《天津地区城区与农村自杀死亡资料分析》，《中国心理卫生杂志》1997 年第 11 期。

［26］贺彦凤：《当代中国宗教问题的文化研究》，东北师范大学博士学位论文，2007 年，第 89 页。

［27］贺寨平：《国外社会支持网研究综述》，《国外社会科学》2001 年第 1 期。

［28］胡孚深、张群英：《道教的文化特征及其发展前景》，《东方论坛》1994 年第 2 期。

［29］胡锦涛：《高举中国特色社会主义伟大旗帜，为夺取全面建设小康社会新胜利而奋斗——在中国共产党第十七次全国代表大会上的报告》，《求是》2007 年第 21 期。

［30］李安辉：《关于武汉市伊斯兰教信仰现状的调查研究》，《中国穆斯林》2008 年第 6 期。

［31］李大华：《当代道教的生存处境——岭南道教宫观调查》，《宗教学研究》2007 年第 4 期。

［32］李华贵：《影响当代人生宗教的九种功利因素》，《世界宗教文化》2005 年第 3 期。

［33］李向平、石大建：《中国人的信仰认同模式——以儒教信仰为中心》，《社会》2008 年第 6 期。

［34］李向平、石大建：《信仰但不归属的佛教信仰形式——以浙闽

地区佛教的宗教生活为中心》,《世界宗教研究》2004年第1期。

[35] 李仲广:《闲暇经济论》,东北财经大学博士学位论文,2005年,第43页。

[36] 梁丽萍:《关于宗教认同的调查与分析》,《世界宗教研究》2003年第3期。

[37] 梁丽萍:《中国人的宗教皈依历程:以山西佛教徒与基督教徒为对象的考察》,《宗教学研究》2005年第1期。

[38] 林顺道:《浙江温州民间念佛诵经结社集会调查研究》,《世界宗教研究》2003年第4期。

[39] 南文渊:《伊斯兰教对老年穆斯林生活的影响》,《青海民族研究》1991年第4期。

[40] 林南、王玲、潘允康、哀国华:《生活质量的结构与指标——1985年天津千户问卷调查资料分析》,《社会学研究》1987年第6期。

[41] 卢秀敏、秦和平:《基督教在黔西北彝汉杂居地区传播的现状调查——以贵州赫章、威宁的两个村落为研究个案》,《北方民族大学学报》2009年第4期。

[42] 陆泳、方少心、杨湘雯、吴玉珍:《广州市区老年人自杀问题》,《中华老年医学杂志》1994年第4期。

[43] 吕大吉:《宗教是什么?——宗教的本质、基本要素及其逻辑结构》,《世界宗教研究》1998年第2期。

[44] 罗惠翩:《宗教的社会功能——几个穆斯林社区的对比调查与研究》,中央民族大学博士学位论文,2005年,第56页。

[45] 罗伟虹:《宗教与妇女的心理需求》,《妇女研究论丛》1997年第2期。

[46] 罗勇、王院成:《民间风水信仰的心理解读——以赣闽粤客家地区为例》,《西南民族大学学报》2005年第12期。

[47] 骆为祥:《少数民族人口分布及其变动分析》,《南方人口》2008年第1期。

[48] 马平:《情感诉诸:中国穆斯林宗教信仰的重要动因》,《宁夏社会科学》1995年第3期。

[49] 南方渊:《伊斯兰教对老年穆斯林的影响》,《青海民族研究》

1994 年第 4 期。

　　[50] 牛雅娟、王志青、杨少杰、费立鹏、王向群:《北京地区 40 家综合医院住院病人自杀意念和自杀未遂的调查》,《中国心理卫生杂志》2006 年第 7 期。

　　[51] 张桂华:《全球化与中国妇女参政政策研究》,《社会科学战线》2002 年第 1 期。

　　[52] 舒景祥、陆林、战广:《黑龙江省汉族地区佛教和道教的基本状况和信仰趋向的调查分析》,《黑龙江民族丛刊》2001 年第 2 期。

　　[53] 舒景祥:《关于黑龙江省天主教、基督教概况及其教徒信仰趋向的调查分析》,《黑龙江民族丛刊》2003 年第 3 期。

　　[54] 宋广文:《宗教心理功能初探》,《求是学刊》1996 年第 4 期。

　　[55] 宋新明、齐铱:《新城区老年人慢性病伤对日常生活功能的影响研究》,《人口研究》2000 年第 5 期。

　　[56] 孙雄:《浙江宗教状况及其对社会发展的影响》,《中共浙江省委党校学报》2001 年第 1 期。

　　[57] 汤先镗、田大政、刘令申、杨曼、崇青等:《北京市牛街地区回、汉族居民老年期痴呆流行病学调查》,《中华老年医学杂志》1998 年第 5 期。

　　[58] 童玉芬、王海霞:《中国西部少数民族地区人口的贫困原因及其政策启示》,《人口与经济》2006 年第 1 期。

　　[59] 屠文淑、姚蕾:《浅谈新时期妇女与宗教问题》,《浙江工商职业技术学院学报》2003 年第 1 期。

　　[60] 王存河:《宗教与西部少数民族现代化》,兰州大学博士学位论文,2008 年,第 23 页。

　　[61] 王红漫:《给老年人精神寄存处》,《世界宗教文化》2001 年第 1 期。

　　[62] 王婧媛、姚本先、方双虎:《有无宗教信仰老年人生活满意度现状调查》,《世界宗教文化》2009 年第 2 期。

　　[63] 王平:《丧偶老人的心理反应及护理对策》,《中华护理杂志》1995 年第 9 期。

　　[64] 王琪延、雷韬、石磊:《看电视京城市民最主要的闲暇活

动——北京市居民生活时间分配调查系列报告（之三）》，《北京统计》2002 年第 9 期。

［65］王树新：《人口老龄化过程中的代际关系新走向》，《人口与经济》2002 年第 4 期。

［66］王婷、韩布新：《佛教信仰与地震灾区老年人的心理健康状况》，《中国老年学杂志》2009 年第 10 期。

［67］王再兴：《社会转型中国基督教——关于南充地区基督教的田野调查报告》，四川大学硕士论文，2003 年，第 47 页。

［68］王作安：《我国宗教状况的新变化》，《中央社会主义学院学报》2008 年第 3 期。

［69］夏雷鸣：《新疆克拉玛依市克拉玛依区汉传佛教现状调查》，《宗教学研究》2009 年第 2 期。

［70］肖芒：《伊斯兰教的"五功"与回族妇女的健康》，《云南民族学院学报》2001 年第 3 期。

［71］谢巧明：《自杀死亡与自杀未遂病人自杀原因及自杀方式比较》，《中国临床心理学杂志》1997 年第 5 期。

［72］辛世俊：《宗教与社会稳定》，《青海社会科学》1991 年第 4 期。

［73］刑世增、李锐、王德焕：《黑龙江省部分人群自杀流行病学分析》，《疾病监测》1995 年第 10 期。

［74］徐海燕：《关于辽宁中老年女性宗教信仰状况调查分析》，《理论界》2005 年第 5 期。

［75］徐慧兰、肖水源、陈续萍：《湖南省城乡部分老年人口自杀流行病学研究》，《中国心理卫生杂志》2000 年第 14 期。

［76］徐作国、王庆同、宫玉柱等：《农村和城市老年人自杀对照研究》，《临床精神医学杂志》1993 年第 3 期。

［77］许玉平：《大理白族妇女宗教信仰分析》，《大理学院学报》2004 年第 2 期。

［78］于普林、杨超元、何慧德：《老年人生活质量调查内容及评价标准建设（草案）》，《中华老年医学杂志》1996 年第 5 期。

［79］颜廷健：《社会转型期老年人自杀现象研究》，《人口研究》2003 年第 5 期。

[80] 叶小文:《当前我国的宗教问题——关于宗教五性的再探讨》,《世界宗教文化》1997 年第 2 期。

[81] 杨凤岗:《中国宗教的三色市场》,《中国人民大学学报》2006 年第 6 期。

[82] 杨莉:《宗教与妇女的悖相关系》,《宗教学研究》1991 年第 2 期。

[83] 姚米佳、王剑华、刘宏全:《西安地区基督教信众状况调查分析》,《陕西教育学院学报》2003 年第 3 期。

[84] 叶丽新、倪守旗、曹青宁等:《安徽省疾病监测点 1990—1995 年自杀死因分析》,《疾病监测》1997 年第 12 期。

[85] 尹可丽:《傣族佛教信徒皈依行为的原因及意义》,《云南师范大学学报》2006 年第 5 期。

[86] 曾传辉:《成都市青羊宫道教信徒基本情况调查报告》,《宗教学研究》1989 年第 1 期。

[87] 曾和平:《新疆基督教问题调查》,《新疆社会科学》2005 年第 6 期。

[88] 曾毅、王正联:《中国家庭与老年人居住安排的变化》,《中国人口科学》2004 年第 5 期。

[89] 张广才:《和谐之音吹拂着道教信仰的渐变——兰州市道教团信仰调研分析报告》,《世界宗教研究》2007 年第 4 期。

[90] 张敬悬、唐济生、翁正:《山东省自杀死亡率流行病学研究》,《中国心理卫生杂志》1999 年第 13 期。

[91] 张善余、曾明星:《少数民族人口分布变动与人口迁移形势——2000 年第五次人口普查数据分析》,《民族研究》2005 年第 1 期。

[92] 张淑民、孙国军:《甘南藏族地区民俗宗教中的养生健身行为研究》,《西北成人教育学报》2001 年第 1 期。

[93] 张文娟、李树苗:《子女的代际支持行为对农村老年人生活满意度的影响研究》,《人口研究》2005 年第 5 期。

[94] 张秀珍:《郑州市老年人自杀因素分析》,《老年学杂志》1991 年第 4 期。

[95] 张雪梅:《四川藏区藏传佛教现状调查》,《西北民族研究》

2006 年第 4 期。

[96] 赵梅、季建林：《中国自杀率研究》，《临床精神医学杂志》 2002 年第 3 期。

[97] 赵社民：《农村青年宗教信仰状况调查——以河南省为例》， 《当代青年研究》2004 年第 6 期。

[98] 赵志毅：《宗教本质新论》《世界宗教研究》1995 年第 4 期。

[99] 周玉茹：《西安城市佛教女性信仰调查》，《咸阳师范学院学 报》2008 年第 5 期。

[100] 贺寨平：《国外社会支持网研究综述》，《国外社会科学》2001 年第 1 期。

[101] 卓永强、柳之茂：《试论基督教在我国传播的方法》，《青海 民族学院学报》2000 年第 3 期。

英文期刊：

[1] Abbott, Michael, and Orley Ashenfelter, "Labour supply, commodity demand and the allocation of time." *The Review of Economic Studies* , 1976, pp. 389 – 411.

[2] Anderton, Derrick. *Looking at leisure.* Hodder & Stoughton, 1992.

[3] Braam, Arjan W. , et al. , "Religious involvement and 6 – year course of depressive symptoms in older Dutch citizens: results from the Longitudinal Aging Study Amsterdam." *Journal of Aging and Health*, Vol. 16, No. 4, 2004, pp. 467 – 489.

[4] Ausubel, Jesse H. , and Arnulf Grübler, "Working less and living longer: Long – term trends in working time and time budgets." *Technological Forecasting and Social Change*, Vol. 50, No. 3, 1995, pp. 195 – 213.

[5] Bahr, Howard M. , "Aging and religious disaffiliation." *Social Forces*, Vol. 49, No. 1, 1970, pp. 59 – 71.

[6] Bosworth, Hayden B. , et al. , "The impact of religious practice and religious coping on geriatric depression." *International Journal of Geriatric Psychiatry*, Vol. 18, No. 10, 2003, pp. 905 – 914.

[7] Braam, Arjan W. , et al. , "Religion as a cross – cultural determi-

nant of depression in elderly Europeans: results from the EURODEP collaboration." *Psychological Medicine*, Vol. 31, No. 5, 2001, pp. 803 – 814.

[8] Chang, Bei – Hung, Anne E. Noonan, and Sharon L. Tennstedt, "The role of religion/spirituality in coping with caregiving for disabled elders." *The Gerontologist*, Vol. 38, No. 4, 1998, pp. 463 – 470.

[9] Comstock, George W., and Kay B. Partridge, "Church attendance and health." *Journal of Chronic Diseases*, Vol. 25, No. 12, 1972, pp. 665 – 672.

[10] Markides, Kyriakos S., Jeffrey S. Levin, and Laura A. Ray, "Religion, aging, and life satisfaction: An eight – year, three – wave longitudinal study." *The Gerontologist*, Vol. 27, No. 5, 1987, pp. 660 – 665.

[11] Dean, Alfred, Bohdan Kolody, and Walter M. Ensel, "The effects of types of social support from adult children on depression in elderly persons." *Journal of Community Psychology*, Vol. 17, No. 4, 1989, pp. 341 – 355.

[12] Diener, ed., "Subjective well – being: The science of happiness and a proposal for a national index." *American Psychologist*, Vol. 55, No. 1, 2000, p. 34.

[13] Ellison, Christopher G., and Linda K. George, "Religious involvement, social ties, and social support in a southeastern community." *Journal for the Scientific Study of Religion*, 1994, pp. 46 – 61.

[14] Ellison, Christopher G., et al., "Religious involvement and mortality risk among African American adults." *Research on Aging*, Vol. 22, No. 6, 2000, pp. 630 – 667.

[15] Khushf, George, "Religion in Aging and Health: Theoretical Foundations and Methodological Frontiers." *The Journal of Nervous and Mental Disease*, Vol. 183, No. 11, 1995, pp. 723 – 724.

[16] Becker, Gerhild, et al., "Do religious or spiritual beliefs influence bereavement? A systematic review." *Palliative Medicine*, Vol. 21, No. 3, 2007, pp. 207 – 217.

[17] Glock, C. Y., Ringer, B. R., & Babbie, E. E., "To comfort and to challenge: a dilemma of the contemporary church (book review)." *Socio-

logical analysis, Vol. 28, No. 3, 1967, pp. 167 – 170.

[18] Graham, Thomas W. , et al. , "Frequency of church attendance and blood pressure elevation. " *Journal of Behavioral Medicine*, Vol. 1, No. 1, 1978, pp. 37 – 43.

[19] Idler, Ellen L. , and Stanislav V. Kasl, "Religion among disabled and nondisabled persons II: Attendance at religious services as a predictor of the course of disability. " *The Journals of Gerontology Series B: Psychological Sciences and Social Sciences*, Vol. 52, No. 6, 1997, pp. 306 – 316.

[20] Idler, Ellen L. , et al. , "Measuring multiple dimensions of religion and spirituality for health research conceptual background and findings from the 1998 General Social Survey. " *Research on Aging*, Vol. 25, No. 4, 2003, pp. 327 – 365.

[21] Trumpet, Yoreel Fraser, "Faith in the Future: Health Care, Aging, and the Role of Religion. " *Journal of the National Medical Association*, Vol. 97, No. 11, 2005, p. 1577.

[22] O' Connell, Kathryn A. , and Suzanne M. Skevington, "To measure or not to measure? Reviewing the assessment of spirituality and religion in health – related quality of life. " *Chronic Illness*, Vol. 3, No. 1, 2007, pp. 77 – 87.

[23] Katz, Sidney, et al. , "Studies of illness in the aged: the index of ADL: a standardized measure of biological and psychosocial function. " *Journal of American Medical Association*, Vol. 185, No. 12, 1963, pp. 914 – 919.

[24] Klemmack, David L. , et al. , "A cluster analysis typology of religiousness/spirituality among older adults. " *Research on Aging*, Vol. 29, No. 2, 2007, pp. 163 – 183.

[25] Krause, Neal, and Jersey Liang, "Stress, social support, and psychological distress among the Chinese elderly. " *Journal of Gerontology*, Vol. 48, No. 6, 1993, pp. 282 – 291.

[26] Krause, Neal, Jersey Liang, and Verna Keith, "Personality, social support, and psychological distress in later life. " *Psychology and Aging*, Vol. 5, No. 3, 1990, pp. 315.

[27] Krause, Neal, "Religious meaning and subjective well – being in late life." *The Journals of Gerontology Series B : Psychological Sciences and Social Sciences*, Vol. 58, No. 3, 2003, pp. 160 – 170.

[28] Levi, Lennart, and Lars Andersson, *Psychological stress : population, environment, and quality of life.* Spectrum Publications, 1975.

[29] Levin, Jeffrey S. , "Religious factors in aging, adjustment, and health : A theoretical overview." *Journal of Religion & Aging*, Vol. 4, No. 3 – 4, 1989, pp. 133 – 146.

[30] Norton, Maria C. , et al. , "Gender differences in the association between religious involvement and depression : The Cache County (Utah) study." *The Journals of Gerontology Series B : Psychological Sciences and Social Sciences,* Vol. 61, No. 3, 2006, pp. 129 – 136.

[31] Maria, C. , Norton, Ingmar, S. , Lynn, M. , Franklin, et al. , "Gender differences in the association between religious involvement and depression : the cache county (Utah) study." *Psychological Sciences and Social Sciences*, Vol. 61, 2006, pp. 129 – 136.

[32] Holt, Marilyn K. , and Mary Dellmann – Jenkins, "Research and implications for practice : religion, well – being/morale, and coping behavior in later life." *Journal of Applied Gerontology*, Vol. 11, No. 1, 1992, pp. 101 – 110.

[33] Marks, Loren, et al. , "Religion and Health Among African Americans A Qualitative Examination." *Research on Aging*, Vol. 27, No. 4, 2005, pp. 447 – 474.

[34] Benjamins, Maureen R. , and Marcia Finlayson, "Using Religious Services to Improve Health Findings From a Sample of Middle – Aged and Older Adults With Multiple Sclerosis." *Journal of Aging and Health*, Vol. 19, No. 3, 2007, pp. 537 – 553.

[35] Dillon, Michele, ed. , *Handbook of the Sociology of Religion.* Cambridge University Press, 2003, pp. 179 – 189.

[36] Miller, Alan S. , and Rodney Stark, "Gender and Religiousness : Can Socialization Explanations Be Saved? 1." *American Journal of Sociology*,

Vol. 107, No. 6, 2002, pp. 1399 – 1423.

[37] Moody, Harry R., "Is religion good for your health?" *The Gerontologist*, Vol. 46, No. 1, 2006, pp. 147 – 149.

[38] Musick, Marc A., "Religion and subjective health among black and white elders." *Journal of Health and Social Behavior*, 1996, pp. 221 – 237.

[39] Musick, Marc A., et al., "Religious activity and depression among community – dwelling elderly persons with cancer: The moderating effect of race." *The Journals of Gerontology Series B: Psychological Sciences and Social Sciences*, Vol. 53, No. 4, 1998, pp. 218 – 227.

[40] Sheehan, Nancy W., Richard Wilson, and Lisa M. Marella, "The role of the church in providing services for the aging." *Journal of Applied Gerontology*, Vol. 7, No. 2, 1988, pp. 231 – 241.

[41] Van Ness, Peter H., and David B. Larson, "Religion, senescence, and mental health: The end of life is not the end of hope." *The American Journal of Geriatric Psychiatry*, Vol. 10, No. 4, 2002, pp. 386 – 397.

[42] Oman, Douglas, and Dwayne Reed, "Religion and mortality among the community – dwelling elderly." *American Journal of Public Health*, Vol. 88, No. 10, 1998, pp. 1469 – 1475.

[43] Oman, Doug, and Carl E. Thoresen, " 'Does religion cause health?': differing interpretations and diverse meanings." *Journal of Health Psychology*, Vol. 7, No. 4, 2002, pp. 365 – 380.

[44] Park, Nan Sook, et al., "Religiousness and longitudinal trajectories in elders' functional status." *Research on Aging*, Vol. 30, No. 3, 2008, pp. 279 – 298.

[45] Van Ness, Peter H., and Stanislav V. Kasl, "Religion and cognitive dysfunction in an elderly cohort." *The Journals of Gerontology Series B: Psychological Sciences and Social Sciences*, Vol. 58, No. 1, 2003, pp. 21 – 29.

[46] Brown, Philip H., and BrianTierney, "Religion and subjective well – being among the elderly in China." *The Journal of Socio – Economics*, Vol. 38, No. 2, 2009, pp. 310 – 319.

[47] Powell, Lynda H., Leila Shahabi, and Carl E. Thoresen, "Reli-

gion and spirituality: Linkages to physical health. " *American Psychologist*, Vol. 58, No. 1, 2003, p. 36.

[48] Pressman, Peter, et al. , "Religious belief, depression, and ambulation status in elderly women with broken hips. " *American Journal of Psychiatry*, Vol. 147, No. 6, 1990, pp. 758 – 760.

[49] Allen, Rebecca S. , et al. , "Religiousness/spirituality and mental health among older male inmates. " *The Gerontologist*, Vol. 48, No. 5, 2008, pp. 692 – 697.

[50] Ibrahim, Said A. , et al. , "Inner city African – American elderly patients' perceptions and preferences for the care of chronic knee and hip pain: findings from focus groups. " *The Journals of Gerontology Series A: Biological Sciences and Medical Sciences*, Vol. 59, No. 12, 2004, pp. 1318 – 1322.

[51] Sered, Susan Starr, "Women, religion, and modernization: Tradition and transformation among elderly Jews in Israel. " *American anthropologist*, Vol. 92, No. 2, 1990, pp. 306 – 318.

[52] Silverstein, Merril, and Vern L. Bengtson, "Does intergenerational social support influence the psychological well – being of older parents? The contingencies of declining health and widowhood. " *Social Science & Medicine*, Vol. 38, No. 7, 1994, pp. 943 – 957.

[53] GILES – SIMS, J. E. A. N. , and Charles Lockhart, "Explaining Cross - State Differences in Elderly Suicide Rates and Identifying State - Level Public Policy Responses that Reduce Rates. " *Suicide and Life – Threatening Behavior*, Vol. 36, No. 6, 2006, pp. 694 – 708.

[54] Smith, Timothy B. , Michael E. McCullough, and Justin Poll, "Religiousness and depression: evidence for a main effect and the moderating influence of stressful life events. " *Psychological Bulletin*, Vol. 129, No. 4, 2003, p. 614.

[55] Brown, Stephanie L. , et al. , "Religion and emotional compensation: Results from a prospective study of widowhood. " *Personality and Social Psychology Bulletin*, Vol. 30, No. 9, 2004, pp. 1165 – 1174.

[56] Taylor, Robert Joseph, and Linda M. Chatters, "Nonorganizational

religious participation among elderly black adults. " *Journal of Gerontology*, Vol. 46, No. 2, 1991, pp. 103 – 111.

[57] Taylor, R. J. , & Chatters, L. M. , "Patterns of informal support to elderly black adults: family, friends, and church members" . *Social work*, Vol. 31, No. 6, 1986, pp. 432 – 438.

[58] Taylor, Robert Joseph, et al. , "Organizational Religious Behavior among Older African Americans Findings from the National Survey of American Life. " *Research on Aging*, Vol. 31, No. 4, 2009, pp. 440 – 462.

[59] Hill, Terrence D. , "Religious involvement and healthy cognitive aging: patterns, explanations, and future directions. " *The Journals of Gerontology Series a: Biological Sciences and Medical Sciences*, Vol. 63, No. 5, 2008, pp. 478 – 479.

[60] Bader, Christopher, et al. , "American piety in the 21st century: New insights to the depth and complexity of religion in the US Waco. " *TX: Baylor University Institute for Studies of Religion*, 2006.

[61] Miller, Tracy, "US Religious Landscape Survey Religious Beliefs and Practices: Diverse and Politically Relevant. " 2008, pp. 1 – 272.

[62] Thompson, E. E. , and Krause, N. , "Living Alone and Neighborhood Characteristics as Predictors of S social Support in Later Life. " *Journals of Gerontology: Psychological Sciences and Social Sciences*, Vol. 53, No. 6, 1998, pp. 354 – 364.

[63] Thompson, Estina E. , and Neal Krause, "Living alone and neighborhood characteristics as predictors of social support in late life. " *The Journals of Gerontology Series B: Psychological Sciences and Social Sciences*, Vol. 53, No. 6, 1998, pp. 354 – 364.

[64] Wellman, Barry, and Scot Wortley, "Brothers' keepers: Situating kinship relations in broader networks of social support. " *Sociological Perspectives*, Vol. 32, No. 3, 1989, pp. 273 – 306.

[65] Wink, Paul, Michele Dillon, and Britta Larsen, "Religion as Moderator of the Depression – Health Connection Findings from a Longitudinal Study. " *Research on Aging*, Vol. 27, No. 2, 2005, pp. 197 – 220.

[66] Witter, Robert A. , et al. , "Religion and subjective well - being in adulthood: A quantitative synthesis. " *Review of Religious Research*, 1985, pp. 332 – 342.

[67] World Health Organization of Quality Group, "The development of the World Health Organization quality of life assessment instrument. " *Quality of life assessment: international perspectives. Heidelberg: Springer Verlag*, 1994, pp. 41 – 60.

[68] Miller, Tracy, "US Religious Landscape Survey Religious Beliefs and Practices: Diverse and Politically Relevant. " 2008, pp. 1 – 272.

[69] *American piety in the 21st century: New insights to the depth and complexity of religion in the US: Selected findings from The Baylor Religion Survey.* Baylor Institute for Studies of Religion, 2006.

附录　老年人宗教信仰研究访谈提纲

老年人宗教信仰研究访谈提纲

受访者姓名：_____　　联系电话：_____

访谈地点：_____　　访谈日期：____年____月____日

1. 请谈谈您个人的情况？（如文化、民族、政治面貌、婚姻状况、居住方式、工作经历、退休、身体健康状况及变化等）

2. 请谈谈您的家庭情况？（如子女数、工作、住房等）

3. 请谈谈您的宗教信仰情况？（信仰什么宗教、从何时开始、怎么接触、了解、接触原因、为什么没有信仰其他宗教、宗教为什么会吸引您等）

4. 请谈谈您平时的宗教活动？（如祈祷、祷告、礼拜、拜佛、礼佛、看听讲道、读宗教书籍、与其他人谈论宗教、时间、地点、内容、感受）

5. 请谈谈您是如何学习宗教知识的？（电视、广播、网络、书籍、影视图像、宣传册、感受）

6. 请谈谈您一年都会参加哪些宗教节日？（圣诞节、复活节、受难节、感恩节、圣母升天、洗礼、时间、地点、内容、感受）

7. 请谈谈您的家人、亲戚和朋友对您信仰宗教的态度和看法？（支持、反对、理解、和您信仰是否一样、是否希望他们信仰宗教等）

8. 请谈谈您的皈依历程？（皈依时间、原因、仪式、地点、感受）

9. 请谈谈您信仰宗教后，您自己和您的家庭发生了什么变化？（身体、精神、心理、家人关系、朋友关系、工作、影响最大的方面等）

10. 请您谈谈信仰宗教的好处与坏处？（家庭、身体、精神、心理调

适、助困济世）

11. 请谈谈宗教信仰在您生活中的作用，表现在哪些方面？（重要程度、言行、做人、做事）

12. 请谈谈您曾经是否改变过宗教信仰或改变过信仰的教派？为什么？

13. 请谈谈您如何看待信仰其他宗教的老年人和不信仰宗教的老年人？（提倡信仰、不理解）

14. 请您谈谈目前信仰宗教的老年人存在哪些问题？（功利、不虔诚、不遵守教义教规等）

后　记

　　《中国老年人宗教信仰研究》经过长时间酝酿、构思与撰写，期间有压力与困惑，也有欣喜与收获，此刻书稿最终完成，如释重负。

　　在人口老龄化背景下，老龄问题研究一直是学界关注的重大课题，老年人宗教信仰研究是对中国老龄问题研究领域的一次有益探索。此书在选题时，虽然面临数据缺乏、调研困难以及写作困惑，但最难得的是选题得到了中国人民大学老年学研究所所长杜鹏教授的肯定，经过多次交流与讨论，写作思路不断明晰，坚定了我写作信心。在写作过程中，由于研究数据的局限，需要对老年人宗教信仰进行深入了解与认识，所以采取个案深度访谈方法探索老年人信仰宗教背后的深层原因，诠释老年人宗教信仰这一现象。正是通过深入了解信仰宗教老年人群体，才发现这一选题的学术意义和学术价值。在后期写作阶段，特别是在撰写书稿的最后章节时，面临如何看待老年人宗教信仰现象这一难题。对于这一问题，见仁见智，笔者站在学者的角度提出了自己的粗浅思考。由于书稿受研究数据、文献、阅历等的局限，书中一些观点尚待进一步论证。

　　老年人宗教信仰这一课题涉及内容丰富，许多领域值得深入研究，如宗教信仰与自杀、宗教信仰与健康、宗教信仰与生活质量、宗教信仰与社会保障等，书中虽有涉及但由于数据缺乏无法展开深入讨论。随着今后科研数据地不断丰富，研究方法不断完善，笔者相信这些内容将会成为此领域的研究热点。笔者将持续关注这些领域的研究进展，继续在此领域做一些学术探索，以期形成老年人宗教信仰研究的系列成果，使人们对老年人宗教信仰现象有更深入更系统更全面的认识。

　　书稿得已问世，在此对写作以及求学过程中帮助、支持、理解和鼓励我的人表示衷心感谢。首先，感谢写作与求学过程中帮助我的老师，良师益友，润物无声。其次，感谢支持我的朋友，学海无涯，肝胆相照。最后，感谢家人对我的理解和鼓励，风雨同舟，不离不弃。

王武林

2015 年 8 月 8 日